우리 인생에

맹원재 박사
자전적 에세이

지름길은 없더라

백송 맹원재 박사 근영(近影)

목차

◆
◆

우리 인생에 맹원재 박사
자전적 에세이

지름길은 없더라

지은이 서문

❖
❖

    일본의 강점기하에 있을 때 태어나 해방과 6.25 전쟁을 겪으면서 오늘에 이르기까지의 나의 삶을 뒤돌아보면 가난과 어려움, 절망과 한숨이 희망과 경탄으로 바뀌어가는, 한편의 드라마를 보는 듯하다. 어쩌면 그 시기에 내가 너무 어려서 기억이 없어 기록할 수 없는 것도 있을 수도 있겠지만 수많은 어려움 속에서도 나의 꿈을 성취해 온 과정을 기억을 더듬어 하나하나 최대한 솔직하게, 있는 그대로 기록하기 위해 노력했다. 지난 세월에 겪었던 일들을 지금에 와서 일일이 기억하여 기록한다는 것이 쉬운 일은 아니다. 그러나 어린 시절의 일들이 이렇게 또렷하게 하나하나 기억이 되살아나는 것이 스스로도 신기하고 감사하다. 여기서는 나의 꿈이었던 선생님이 되는 과정과 선생으로서의 지난 나의 삶만을 기술하였고, 그 외의 많은 활동에 대해서는 언급하지 않았다.

    시골에서 태어난 한 어린이가 성장해 가면서 자신의 인생을 스스로 개척해 가는 과정을 한번쯤은 귀담아 들어볼 가치가 있다고 생각이 되어 기록으로 남기자는 결심을 하게 되었다. 초등학교 학생시절에 담임

선생님이 학생들에게 장래의 희망을 일일이 물어보셨다. 내 차례가 되었을 때 나는 우렁찬 목소리로 "선생님이 되겠습니다."라고 대답했다. 그 당시의 내가 되고 싶은 선생님은 초등학교 선생님이었을 것이다. 초등학교 시절의 선생님이 되는 꿈과 목표가 대학생이 되면서 대학교수로 바뀌었고, 교수가 되기 위해서 박사학위는 미국에서 받겠다고 결심한 목표가 이루어져 결국은 대학교수가 되어 교육자로서 일생을 살아온 내가 매우 자랑스러우며 행복한 삶이었음을 감사하게 생각한다. 이러한 꿈이 이루어지기까지 많은 어려움을 극복해 온 나의 열정과 노력을 고스란히 여기에 담았다. 내 스스로 생각해도, 어떻게 보면 불가능해 보이는 것을 가능으로 만들어 온 나의 지나온 삶이 대견하기까지 하다. 특히 불가능할 것 같은 일들도 그 길을 찾기 위해 열정을 가지고 갈망하고 노력하면 길이 열린다는 것을 나의 삶을 통해 체험하고 깨닫게 되었다. 그때그때마다 음으로 양으로 나를 도와주신 많은 분들을 기억하며 그분들에게 고마움을 잊을 수 없다.

 사람은 아름답게 나이가 드는 것이 중요하다. 아름답게 나이가 든다는 것은 자기의 나이에 맞게 언행을 조심하고, 생의 마지막까지 시간을 헛되이 낭비하지 않도록 노력하고, 나이에 걸맞게 본분을 지키고 책임을 다하며 사는 것이다. 내가 가장 걷고 싶었던 교육자로서 일생을 걸어온 나는 가장 행복한 사람이라고 자부한다. 성공한다고 해서 행복이 저절로 따라오는 것은 아니다. 자기의 직업을 천직이라고 확고히 믿고 자기가 하는 일에 만족하면서 보람과 즐거움, 의미를 찾으며 행복을 느끼는 사람이야 말로 성공한 사람이고 행복한 사람이다. 나는 다음 생에 다시 태어나도 지금까지 걸어온 이 길을 분명히 다시 걸을 것이라 장담한다. 나는 비교적 긍정적인 정서가 강한 편이었다. 이러한 긍정적 정서가 나의 인생을 개척하고 이끌어 가는데 큰 도움이 되었다. 이제 나는 지금까지의 나의 생에서 이룩한 것과 쌓아 놓은 모든 지식들을 후대를 위하여 아낌없이 나누어 줄 때라고 생각한다. 그런 마음에서 이 글을 쓰게 된 것이긴 하나 독자들이 어떻게 평가할지 조마조마한 마음 숨길 수 없다.

　나는 지금까지 스스로 직위(職位)를 구하고자 한 적이 단 한 번도 없었고, 직위가 맡겨졌을 때는 직위에 맞는 본분을 다하고자 최선의 힘을 쏟았다. 대학을 운영하는 총장직을 맡았을 때는 리더로서의 위엄을 유지하려 노력했고 그 위엄의 바탕에는 정직함과 신용이 있어야 함을 늘 명심하고 있었다. 언제나 과묵하며 말을 많이 하지 않았고 아무리 화가 나도 속으로 삼키며 격렬하게 성내지 않으려 노력해 왔다. 분노를 다스린다는 것은 쉬운 일이 아니나 자제력을 잃으면 그동안 쌓아온 인격이 한순간에 무너진다는 사실을 항상 마음에 담고 살았다. 끊임없이 배우고자 노력했으며, 돈에는 어떤 욕심도 갖지 않았다. 매달 나에게 지급되는 급여(給與)로서 충분했으며 그 이상은 추호도 탐하지 않았고 평생 근검절약(勤儉節約)이 몸에 배어 있었다. 사람은 성공했을 때보다 어려울 때, 실패했을 때의 태도가 그 사람의 인생을 좌우한다는 사실을 마음속 깊이 새기며, 누구보다 더 노력하고 시간의 귀중함을 절실히 깨달으며 헛되이 시간을 낭비하는 일이 없도록 유념하며 살았다. 또한 나는 나의 생각과 시선을 언제나 학교에 고정시켜 놓았으며 나의 모든 인생은 학교 내에서 하루가 시작되고 학교 내에서 하루가 끝났다 해도 과언(過言)이 아니다. 인생은 고난을 견디며 꽃을 피우기는 힘들고 긴 시간이 걸리지만 그 열매를 즐기는 시간은 한순간이다. 그러나 그 짧은 순간이 나에겐 매우 소중하고 값진 것이었다.

오늘까지 나를 이끌어 주고 나에게 깊은 자극을 준 '감동 깊은 말과 글', 일부는 직접 들은 말, 나의 메모노트에서 찾은 글, 국내외의 도서에서 읽은 글, 신문지상을 통해 읽은 글을 본 책자에 남긴다. 가능한 한 그들의 말과 글을 원문 그대로 기술하고 말과 글을 남긴 분들의 존함과 근거를 남기려고 노력했음을 밝힌다. 내가 감명을 받은 말과 글이니 본 책자를 접하는 분들, 특히 배움에 열중하는 청소년들에게도 감명을 주고 마음의 결의를 다지는데 도움을 줄 수 있기를 기대해 본다.

초등학교 시절에 만나 오늘 날까지 한결같은 우정을 이어온, 작가인 절친 이경만 학형께서 나의 글을 읽고 부족함을 지적해 준데 대해 감사드린다. 그리고 본 책자를 정성껏 디자인하고 출판해주신 (주)디플랜네트워크 심재추 박사님께 고마움을 잊지 못하며 깊이 감사를 드린다.

유학시절에는 물론 지금까지도 가정사(家庭事)에는 지나치리만큼 마음을 쏟을 수 없었던 나를 이해하고 나의 외길을 끝까지 성원해준 아내, 오늘의 나의 성공의 절반은 아내의 덕임을 밝히며 감사함을 특별히 전한다. 아버지로서 역할을 다하지 못했으나 잘 성장한 아들 성호(成鎬)와 딸 신희(信希)에게 미안한 마음과, 이제는 자신들의 앞길을 잘 개척하여 사회 일원으로의 역할을 성실히 수행하며 행복한 가정을 이루고 건강하게 살아가고 있음을 자랑스럽게 생각한다.

약력사항

● 학력
　· 학사. 건국대학교 축산대학
　· Diploma. Malling 농과대학. 덴마크
　· 석사. Guelph 대학교, 캐나다
　· 박사. California 대학교(Davis 캠퍼스), 미국

● 경력
　· Illinois 대학교, Research Associate
　· 중앙대학교 교수
　· 건국대학교 교수, 석좌 교수
　· 건국대학교 축산대학 학장, 농축대학원 원장
　· California 대학교(Davis) 객원 교수
　· 건국대학교 총장, 법인이사
　· 동덕여학단(동덕여자대학교) 이사장
　· 한국영양사료학회 회장
　· 한국반추위연구회 회장

● 현재
　· 건국대학교 명예교수
　· 한국과학기술한림원 종신회원
　· 대한민국학술원 회원(종신)

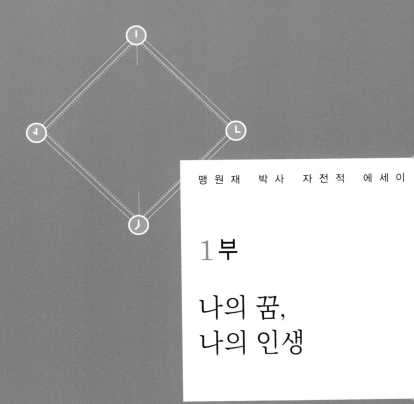

맹원재 박사 자전적 에세이

1부

나의 꿈,
나의 인생

제1장 ◆ 동심으로 채워진 고향마을

　백두대간의 줄기에서 뻗어 내린 남 덕유산의 울창한 소나무 숲에 내린 비가 땅속에 스며들었다가 다시 솟아 계곡물을 이루고 그 계곡물이 산골짜기를 따라 흘러내려 강을 이룬 금호강 상류(남강 상류), 맑은 물이 큰 바위와 돌과 돌 사이를 돌고 돌아 특유의 청아한 물 흐르는 소리를 내며 사시사철 쉼 없이 흘러간다. 그 강줄기를 따라 신작로가 꾸불꾸불 이어져 있고 강 건너 들판에 봄에는 보리가, 가을에는 벼이삭이 누렇게 익어가며 풍요로운 농촌의 운치를 한껏 높여준다. 그 누구도 그곳에 마을이 있으리라고는 짐작하지 못할, 병풍처럼 산으로 둘여 쌓인 곳에 조석으로 밥 짓는 하얀 연기가 이른 봄의 아지랑이처럼 피어오른다. 그곳이 내가 태어난 마을이다. 집집마다 돌담으로 둘려 쌓인 40여 가구가 옹기종기 살고 있다.

　마을 뒤로는 해발 1,190미터의 유서 깊은 황석산이 우뚝 솟아 있다. 깊은 산골짜기에는 소먹이 풀이 풍성하여 여름 농한기에 동네 소들이 농번기의 고된 나날들의 기억을 지우며 한가로이 풀을 뜯으면서 기력을 회복한다. 제철이 되면 어김없이 돋아나는 송이버섯, 싸리버섯 등의 각종 버섯류와 쑥, 고사리, 취나물 등의 산나물이 동네 사람들의 입맛을 돋우어 주고, 온 산에는 원시림에 가까운 아름드리 소나무가 숲을 이루어 솔갈비(소나무의 낙엽) 등 각종 땔감을 마을 주민들에게 풍족하게 제공해 준다. 소나무 껍질에서 벗겨낸 송기(소나무 속껍질)는 일제로부터 해방된 직후 극심한 가뭄으로 인한 흉년을 무사히 넘긴 귀중한 먹거리였다. 황석산 깊은 산골짜기에서 시작되어 계곡을 따라 흘러내리는 차갑고 깨끗한 개울물은 동네 인근의 천수답 벼와 밭작물의 성장을 도와주고, 동네 사람들의 식수와 풀 뜯는 소들에게 갈증을 해소해 주는 천연의 생수이다.

동네를 마주하는 앞산이 마을을 포옹하듯 감싸며 겨울의 차가운 세찬 바람을 막아준다. 아침에는 앞산 봉우리 위로 황금빛 태양이 솟아올라 산 정상의 소나무가지에 걸려 머뭇거리다가 이내 둥근 태양이 눈부시게 빛난다. 온종일 열과 빛을 온힘을 다해 마을에 쏟아 붓고 지친 듯 중천을 지나 서쪽 높은 산 뒤로 모습을 숨기면, 태양이 사라진 마을은 곧바로 칠흑 같은 어둠이 찾아온다. 불빛이라고는 없는 캄캄한 밤에 유난히 밝게 반짝이는 무수한 별들, 그 사이로 천억 개가 넘는 은하수가 만든 실개천으로 인해 일 년에 한 번밖에 만나지 못한다는 견우직녀, 오누이별의 안타까운 사연이 우리의 마음을 아프게 한다. 이어서 별빛을 시샘하듯 대낮처럼 밝은 달이 밤을 지새우다 서천으로 사라진다. 황석산 깊은 계곡과 동네 주변 소나무 숲에서 품어 나온 수정 같은 맑은 산소가 우리의 심신을 건강하게 해준다. 이처럼 어디와 비교해도 손색없는 산자수명(山紫水明)한, 산 빛이 곱고 강물이 맑은 아름다운 고향마을이다.

아름다운 자연과 함께 한 나의 어린 시절
나는 동네 맨 앞집에서 태어나 어린 시절을 보냈다. 넓은 앞마당과 부엌이 있는 안방 2개와 사랑방 2개의 본채, 방 1개에 양쪽으로 곡간이 있는 별채가 나의 집이다. 별채 지붕위에는 해마다 박 넝쿨이 우거져 하얀 박꽃이 피고 꽃이 떨어진 자리에 커다란 박이 여기저기 열린다. 집 전체는 어른 키 높이의 돌담으로 둘러 쌓여있고 왼쪽 입구 싸리문을 들어서면 아름드리 큰 감나무가 담장 안팎으로 긴 가지를 드리운다. 싸리문 오른쪽으로 디딜방아와 소와 돼지를 기르는 외양간이 있다. 외양간 옆 두엄장에는 여름내 산에서 베어온 풀과 외양간에서 나온 두엄을 섞어 논밭에 뿌릴 퇴비를 만든다. 두엄장 옆 돌담에 고욤나무가 고욤을 주렁주렁 매달고 가을을 맞이하면 잘 익은 고욤을 따서 질그릇 단지에 차곡차곡 묻어두었다가 출출한 긴 겨울밤에 밤참으로 먹는다. 싸리문 바로 옆의 볏짚 더미는 겨우내 소의 여물로 쓰이기도 하고 이엉을 엮어 본채와 별채 지붕을 해마다 새 이엉으로 교체한다. 볏 집단 옆에 땅을 파고 겨울용 무를 묻어둔다. 싹이 노랗게 돋아난 무는 무국을 끓이거나 생으로 먹으며 허기진 긴 겨울밤을 보낸다. 할아버지께서 기거하시는 사랑방 아궁이에는 쇠죽을 끓이면서 온돌방을 덥히고 장작이 타다 남은 잿불에 고구마를 구워 먹는다.

귀가 시리도록 차가운 바람이 서서히 물러나고 온기를 품은 훈훈한 바람으로 바뀌면 봄을 알리는 전령처럼 어김없이 제비가 찾아온다. 작은 방 출입문 위벽에 집을 짓고 부지런히 먹이를 나르면 이내 새끼 제비가 고개를 내민다. 마룻바닥에 수없이 제비 똥이 떨어져도 할머니께서는 조금도 귀찮은 기색을 안 하시고 걸레질을 하신다. 마당을 가로지르는 긴 철사 빨래 줄에는 일 년 내내 참새들 그리고 이른 봄부터 가을까지 제비들이 가지런히 앉아 저들 끼리 무슨 대화를 정답게 주고받는다. 장

맛비가 억세게 내리는 날 온통 비를 맞으며 연신 빗물을 털어내는 새들의 모습이 나에겐 너무나 애처롭게 보인다.

  본채와 별채 사이의 서넛 평 넓이의 텃밭주위와 담장 밑과 장독대 주위에는 백합, 봉선화, 접시꽃, 채송화, 맨드라미와 분꽃이 씨를 뿌리지 않아도 해마다 움을 돋아 꽃을 피운다. 할아버지께서 마당 텃밭에 몇 송이 심은 집안 상비용 양귀비도 예쁜 꽃을 뽐낸다. 뒷집과의 경계담장 밑에서 앵두가 익어가고 석류나무에는 탐스런 석류가 빨간 이빨을 드러내며 신맛을 자랑한다. 해질 무렵이면 유난히 많은 참새 떼가 앵두나무가지에 앉아 시위하듯 소란스럽게 목소리를 높여 울부짖는다.

  우리집 앞 돌담은 매우 길다. 이른 봄 돌담 너머에 호박씨를 심는다. 새싹이 돋으면 잡초를 뽑아주고 거름을 준다. 무성하게 자란 호박넝쿨이 담장을 넘어 집 안쪽으로 뻗으면 돌담은 이내 호박넝쿨로 뒤덮인다. 이른 아침에 노란 호박꽃이 수없이 피고 꿀을 찾는 꿀벌과 호박벌들의 윙윙 소리가 곤히 잠든 나의 새벽잠을 깨운다. 호박꽃에는 유난히 꿀이 많다. 뒷다리에 노란 꽃가루를 가득 묻힌 욕심 많은 벌들이 더 욕심을 내어 이 꽃 저 꽃으로 분주히 날아다닌다. 해가 중천을 지나 서쪽으로 기울면 싱싱하던 호박꽃들도 시들기 시작하고 벌들의 왕래도 잠잠하다. 꽃가루받이를 끝낸 암꽃이 호두알만 한 호박을 남기고 꽃은 시들어 떨어진다.

  여름밤에는 마당 가운데 멍석을 펴고 온 식구가 저녁을 먹는다. 할머니는 싱싱한 호박잎을 따서 저녁 밥솥에 찌고, 찐 호박잎쌈에 보리밥과 된장을 넣어 저녁밥을 먹는다. 막무가내로 괴롭히는 모기떼를 쫓기 위해서 풀을 베어다 모깃불을 놓는다. 때로는 마당의 멍석위에 모기장을 치고 잠을 잔다. 바뀐 잠자리 때문인지 좀처럼 잠이 들지 않는 밤, 밤하늘의 무수한 별들 사이로 수없이 별똥별이 떨어지고 돌담을 넘어 날아든 반딧불이가 형광불빛을 반짝이며 모기장 주위를 맴돈다. 한여름 무더위가 서서히 물러나면 담장 여기저기에 잘 익은 늙은 호박들이 시들은 잎사귀 사이로 모습을 드러낸다. 참새들이 모여 유난히 소란스러운 담장에는 커다란 구렁이가 혀를 날름대며 돌담을 감고 있다. 할머니는 뱀을 절대로 건드리면 안 된다고 주의를 주신다. 참새들의 절체절명의 아우성에 지쳤는지 구렁이가 슬그머니 자취를 감춘다.

이른 봄, 싸리문 옆의 큰 감나무에 새잎이 돋아나고 이내 감꽃이 핀다. 땅에 떨어진 감꽃은 주워 먹기도 하고 실에 꿰어 목걸이도 만든다. 날이 점점 더워지면 감이 커지고 가지마다 촘촘한 잎사귀가 시원한 그늘을 만들어준다. 참매미들이 이른 아침부터 감나무에서 요란스레 목청을 높인다. 나는 감나무에 올라가 놀기를 좋아했다. 동네 친구가 지나가면 감을 따 던지며 장난을 친다. 가을이 가까워지면 감나무마다 홍시가 매달리고 기다란 대나무 장대 끝에 그물주머니를 매달고 홍시를 딴다. 장대가 닿지 않는 높은 곳에 있는 홍시는 까치밥이 된다. 오색으로 곱게 물든 감나무 잎이 하나둘 땅위에 쌓이면 감이 빨갛게 익는다. 땡감을 따서 항아리에 넣고 적당하게 따뜻한 물과 약간의 소금을 넣어, 뚜껑을 덮고 방 아랫목에서 하룻밤 재우면 떫은 맛은 사라지고 단감이 된다. 할아버지는 땡감을 정성스레 깎아 곶감용으로 처마 밑에 매달아 두시면 나는 만져보고 곶감이 다된 것은 수시로 따먹는다.

이른 아침에 높은 감나무가지에서 까치가 요란하게 울면 반가운 손님이 오신다며 할머니는 좋아하신다. 나는 수시로 담장 너머로 고개를 내밀어 오가는 사람들을 살펴보며 우리 집 손님인가 기대하며 온종일 마음을 설레며 기다린다. 그러다 하루가 저물면 채워지지 않은 형언할 수 없는 아쉬움을 접으면서 누구에게도 말할 수 없는, 잡힐 듯 놓쳐버린 소중한 것을 잃어버린 것 같은 서운한 속마음을 남몰래 달랜다.

여름 한철 감나무에서 열심히 울던 매미소리가 그치고 감나무 잎이 모두 떨어지면 따지 못한 몇 개의 빨간 감이 높은 가지에 매달려 있다가 이내 홍시로 변하면 이를 우리는 까치밥이라 부른다. 까치가 새끼를 데리고 떠난 까치집이 외로이 겨우내 감나무를 지킨다.

본채 뒷마당에 닭장이 있다. 해가 지고 어두워지면 닭들이 스스로 닭장 안으로 들어가고 들짐승이 들어가지 못하도록 닭장 문을 잠근다. 어느 겨울밤 식구들이 모두 잠든 한밤중에 닭들이 요란하게 요동을 쳐 식구들이 잠을 깼다. 할머니께서 "들짐승이 닭 잡아먹으러 온 것 같다"고 하셨다. 다음날 이웃집에서 큰 덫을 빌려 닭장 문 앞에 설치하였더니 큰 너구리가 덫에 걸렸다. 가죽 털은 잘 벗겨 할머니 목도리를 만들어 해마다 추운 겨울이면 목에 감고 다니셨고 살 고기는 동네 사람들과 나누어 먹었다.

낮이 짧은 시골의 겨울밤은 무척이나 길다. 저녁밥을 짓느라 따뜻해진 온돌방 아랫목에 미리 이불을 깔아둔다. 따뜻해진 이불속에 발을 넣고 할머니를 기다린다. 저녁밥 짓는 장작이 타다 남은 숯과 재를 화

로에 담아 할머니가 들어오신다. 화롯불에 손을 쪼이며 할머니께 옛날
이야기 해달라고 조른다. 수십 번 들은 호랑이 잡는 강원도 포수 이야
기를 또 듣는다. 듣고 들어도 재미가 있다. 때로는 아랫목 이불 속에서
청국장이 발효되고 작은방 벽 천장에는 메주가 주렁주렁 매달려있다.

  겨울밤, 방 밖에는 황석산 계곡을 따라 내달려온 세찬 북풍이 휘몰아
치고 문풍지가 윙윙 울부짖는다. 호롱불의 심지가 샛바람에 꺼질 듯
흔들리며 시꺼먼 연기를 품어냈다가 다시 희미한 빛을 사방에 흩뜨린
다. 콧구멍이 호롱불 연기로 새까맣다. 밤이 깊어지면 뱃속이 출출하
다. 삼촌이 손전등을 비추며 처마 밑에서 참새를 잡아서 털을 뽑고 화
롯불에 굽는다. 막내 고모가 조금만 달라고 안달을 하면 여자가 참새
고기 먹으면 그릇 깬다며 할머니께서 안 된다고 말리시면 시무룩해진
고모의 표정이 어두워진다. 광에 숨겨두었던 잘 익은 감 홍시를 할머
니가 갖다 주신다. 막내 고모가 씻은 쌀을 계란껍질에 넣어 화롯불에
올려놓으면 밥이 되고 얼음조각이 둥둥 떠 있는 동치미와 같이 먹으며
긴 겨울밤은 그렇게 깊어간다.

  사랑방에 계시던 할아버지께서 저녁식사 후에 종종 자리를 같이 하신
다. 긴 담뱃대에 담배를 다져 넣으시고 화롯불에서 불을 붙이신다. 담뱃
대를 빨 때마다 빨간 불꽃이 피어오르다가 사라진다. 곧 담뱃대를 화로
에 툭툭 털고 사랑방으로 가신다. 이웃집에서 개짓는 소리가 들려오고
우리 집 개도 앞마루 밑에서 덩달아 목청을 높여 요란하게 짓는다.

  막내 고모와 나는 작은방에서 잠을 잔다. 잠들기 전에 장롱 뒤에 저장

해 둔 고구마를 꺼내 먹는다. 할머니께서는 웃으시며 두 생쥐들이 밤마다 고구마를 먹는다고 말씀하신다.

할머니는 작은방에서 해마다 누에를 치신다. 우리 밭 울타리에 자란 뽕나무에서 무성한 뽕잎을 따서 누에에게 주면 뽕잎 먹는 소리가 이른 봄 이슬비 내리는 소리 같다. 할머니는 직접 명주실을 뽑아 손수 천을 짜신다. 목화를 길러 무명옷감을 그리고 삼을 길러 삼베옷감을 짜신다. 그 천으로 우리들의 옷을 직접 만들어 주신다. 베틀은 작은방에 설치하고 시간이 나는 대로 할머니는 부지런히 베를 짜신다. 할머니가 자리를 비운사이 베틀에 올라 할머니처럼 나도 베를 짜본다. 호기심으로 잠깐동안 해보는 것이기 때문인지 재미가 있었다.

우리 동네에는 마을 사람들이 공동으로 이용하는 우물이 세 곳에 있다. 우물이라기보다 샘물이다. 그중에서 가장 크고 물맛이 좋은 우물은 우리집 앞 감나무 밑에 있는 샘물이다. 날씨가 아무리 가물어도 사시사철 맑은 물이 펑펑 솟아 나온다. 동네 입구에 있다 보니 여름 한 낮에 오고가는 사람들은 반드시 물을 찾는다. 한 바가지 물로 목을 축이고는 누구나 "아 물맛 좋다"라며 감탄한다. 아무리 추운 겨울에도 얼지 않는다. 우물은 두 부위로 나뉘어 있다. 안쪽은 콘크리트로 지붕을 둥글게 만들어 먼지나 감나무 낙엽이 떨어지지 않게 하여 식수로 이용되고 식수가 흘러나온 바깥은 직사각형 콘크리트 구조물이며 양쪽에 앉아 나물을 씻거나 빨래를 한다. 더운 여름에는 사람들이 윗옷을 벗고 엎드려 등목도 한다. 물 항아리를 머리에 이고 물 길러오거나 나물을 씻기 위해 나온 아낙네들로 이른 새벽부터 늦은 저녁까지 왁자지껄 시끄럽고 동네에서 일어나는 크고 작은 소식들은 이들의 입을 통해 순식간에 온 동네로 퍼져나간다. 우물은 주기적으로 동네 사람들이 순번을 정해서 청소를 한다.

우리집 앞 담장 너머에는 미나리 밭이 있다. 샘물에서 흘러나온 물로 미나리를 키운다. 동네 사람들은 봄에 잘 자란 미나리를 다듬어 장날 시장에 내다 판다. 여름밤이나 비 오는 날이면 어디에서 그렇게 많이 몰려왔는지 수많은 개구리들이 미나리 밭에서 요란하게 운다. 사람이 지나가면 뚝 그쳤다가 다시 울기 시작한다. 덩치가 조그마한 수 개구리가 암 개구리 등에 타고 사람을 피해 미나리 밭 가운데로 허겁지겁 뛰어간다. 막대기 끝에 잠자리를 매단 실끈을 개구리 입 가까이 가져가면 덥석 삼킨다. 낚시 하듯 개구리를 낚아챈다. 미나리를 베고 물을 채운 미나리꽝은 왕잠자리, 고추잠자리, 물잠자리, 실잠자리 등 수십 종의 크고 작은 잠자리들의 신나는 놀이터다. 잠자리는 큰 눈망울을 굴리며 조용히 나뭇가지 위에 앉아 있다가 기회가 오면 쏜살같이 날아가 먹잇감을 낚아챈다. 잠자리 두 마리가 꼬리를 맞대고 사랑을 나누며 시위하듯 이리저리 날아다니고 교미가 끝난 잠자리는 연신 꼬리를 물속에 넣다 빼다 하며 산란을 한다. 별빛 외에 빛이라고는 없는 유난히 캄캄한 여름밤에는 미나리꽝과 길 위에 무수히 많은 반딧불이가 날아다니고 담장을 넘어 우리집 마당까지 날아온다. 어두운 밤에 반딧불이 꼬리를 잘라 얼굴 여기저기에 붙이고 도깨비불이라며 지나가는 사람들을 놀라게 한다. 겨울에는 꽁꽁 언 미나리꽝에서 동네 아이들이 추위를 잊고 썰매를 탄다.

미나리꽝을 지나 오른쪽을 감싸고 있는 낮은 산이 끝나는 동네 입구에 수령 500년이 넘는 아름드리 정자나무(느티나무) 두 그루가 시원한 그늘을 만든다. 지대가 약간 높은 정자나무 쉼터 아래의 탁 트인 앞들에서 불어오는 바람이 매우 상쾌하여 동네 어른, 아이 할 것 없이 남자들만 모이는 유일한 장소다. 정자나무 그늘 아래에는 넓고 판판한 돌을 깔아 두어 앉아서 또는 누어서 쉴 수 있다. 고된 오전 일을 끝내고 점심식사 후 식곤증을 이기지 못한 일군들이 이곳에서 잠깐 동안 낮잠을 즐긴다. 밤에는 모기를 피해 이곳에 모여 온갖 잡담을 나눈다. 여름 한철 정자나무에서 우는 왕매미 울음소리에 귀가 따갑다. 잠시 쉬었다가 한 마리가 울기 시작하면 수십 마리가 한꺼번에 따라 운다. 닥나무 끝에 가는 실로 올가미를 만들어 왕매미의 앞발에 살며시 갖다 대면 앞발로 올가미를 끌어당긴다. 그 순간 낚아채면 올가미에 걸린 왕매미가 비명을 지른다.

정자나무 쉼터 앞 들판은 비교적 넓고 비옥하여 가을이면 우리 동네에 풍요로움을 가져다준다. 사시사철 풍부한 물이 흐르는 금호강에 보(洑)를 쌓고 물길을 만들어 물을 끌어 오기 때문에 유난히 가뭄이 심한 해에도 모내기를 할 수 있다. 그러나 함박눈이 펑펑 쏟아지는 추운 겨울 들판은 몹시 황량하고 쓸쓸하다. 보리씨를 뿌린 들판에 수백 마리의 갈가마귀 떼가 무리지어 내려앉아 보리씨를 쪼아 먹는다. 함박눈이 내리는 겨울 날씨는 대개 포근하다. 장독위에 소복소복 쌓인 티 없이 깨끗해 보이는 눈을 한 움큼씩 입에 우겨 넣을 때 그 차가움이 겨울 추위를 더 한층 매섭게 느끼게 한다.

겨울이 깊어지면 먹을 것이 없는 배고픈 꿩들이 산 아래 눈 덮인 논밭으로 내려오면 동네 청년들이 콩에 구멍을 뚫어서 콩 안에 청산가리를 넣고 눈 덮인 논밭에 놓아둔다. 배고픈 꿩들이 주워 먹고 날아가다 땅으로 떨어지면 청년들은 꿩을 주어서 출출한 하루를 즐기며 영양보충을 한다. 장작불로 따뜻해진 사랑방에서는 청년들이 모여서 새끼를 꼬고 가마니를 짠다. 눈이 녹으면 뒷산에서 땔나무를 해온다.

　산골짜기를 따라 매섭게 몰아치던 바람이 잔잔해지고 산과 들에 쌓인 눈이 녹으면 보리밭이 초록색으로 변하고 눈 녹은 물로 개울이 넘친다. 한겨울 동안 동면했던 가재들이 돌 틈에서 고개를 내민다. 우리집 앞 산수유나무도 질세라 노란 꽃방울을 수줍은 듯 터뜨린다. 수양버들나무가지에 물이 오르고 버들강아지가 피기 시작한다. 바구니를 든 동네 여자아이들이 삼삼오오 논두렁을 따라 갓 돋아난 쑥, 냉이, 씀바귀를 캔다. 이어서 온 산에 진달래꽃이 만발하고 아이들은 꽃잎을 따 먹는다. 진달래꽃이 질 무렵 철쭉꽃이 핀다. 우리들은 진달래꽃은 참꽃, 철쭉꽃은 개꽃이라 부르며 철쭉꽃은 독이 있다고 먹지 않는다.

　초록색 보리밭 위로 따뜻한 지열이 피어오르고 하늘 높이 날아오른 종달새가 비행을 멈춘 채 자기들만의 언어로 무어라 속삭인다. 한 마리 두 마리 작년 가을에 강남 갔던 제비가 눈에 띄기 시작하면 햇볕이 제법 따가워지고 춘곤증을 느낀 우리 몸은 나른해 진다. 멀리 산중턱에는 온기에 따뜻해진 아지랑이가 산 정상을 넘어 높은 하늘의 흰 구름을 향해 서서히 다가간다. 꿩들의 울음소리가 앞산에서 들려오고 새끼를 거느린 어미 꿩이 덤불속으로 몸을 숨긴다. 어디서 달콤한 향기가 바람결에 묻어오면 벌꿀들이 일제히 아카시아 꽃을 찾는다. 동네 뒷길을 따라 밭 울타리에 하얀 찔레꽃이 만발하면 학교 길에 배고 픈 아이들이 찔레 꽃잎을 한 움큼 따서 입안에 털어 넣고 굵직한 찔레 순도 꺾어서 먹는다. 동네 사람들은 보리가 익기 전까지 혹독한 춘궁 기의 배고픔을 견디어야 한다. 어느 집 굴뚝에 저녁밥 짓는 연기가 올 라오지 않으면 할머니께서는 "저 집에 쌀이 떨어졌나보다" 하시며 걱 정을 하신다. 우리집은 넉넉하지는 않았지만 보리 고개를 맞아 끼니를 굶을 정도로 가난하지는 않았다.

보리가 익어갈 즈음 동네 젊은이들은 주인 몰래 익기전의 보리를 베 어 모닥불에 올려놓고 보리서리를 한다. 보리 이삭이 불에 익으면 손 바닥으로 비비고 입으로 훌훌 불어 알곡을 부지런히 입에 넣다 보면 손과 얼굴이 새까맣게 물들고, 허기진 배를 채운 그들은 생기를 되찾 는다. 곧 앞들에 누렇게 익은 보리는 일제히 수확이 시작된다. 지게를 지고 집으로 운반된 보릿단은 마당에 펼쳐놓고 서너 명의 일꾼들이 둘 러서서 도리깨로 보리를 턴다. 보리 수확이 끝나면 고달픈 춘궁기는 끝난다.

보리 수확이 끝난 빈들에 일 년 내내 썩힌 두엄을 골고루 펼친 후 소가 끄는 쟁기로 논을 갈아엎고 물을 채운 후 땅을 고르면 이내 모내기가 시 작된다. 따가운 여름 햇볕을 받으며 힘차게 자란 벼 포기 사이에 자라는 잡초를 두세 번 뽑아주고 비료를 준 논에는 벼 포기가 늘어난다. 이내 이 삭이 피고 누렇게 익어간다. 정자나무 쉼터에서 바라보는 앞들의 벼논들 은 풍요로움으로 가득 찬다. 이내 벌레가 잎사귀 갈아먹듯 이 논 저 논에 서 벼 베기가 시작되고 집집마다 타작마당에는 탈곡기 소리가 요란하다.

가마니에 가득채운 볏가마니가 집집마다 처마 밑에 쌓이고 벼를 찧는 강가 물레방아는 밤낮으로 쉼 없이 돌아간다.

뒷산 깊은 계곡에서 시작된 작은 개울은 동네 왼쪽을 돌아 정자나무 왼쪽 아래를 따라 천수답과 들판을 구분하며 금호강과 합류한다. 금호강에는 사시사철 맑은 물이 흐르고 피라미, 꺽지, 메기, 빠가사리, 모래무지, 뱀장어 등 수많은 물고기들이 산란하고 자라는 삶의 터전이다. 동네 사람들은 강에서 수시로 물고기를 잡아 어탕을 끓여 먹으며 부족한 단백질을 보충한다. 장마로 강물이 불으면 은어가 강 하류에서 상류로 떼 지어 올라온다. 여름에 장마가 오면 강폭이 넓어지고 흙탕물이 무섭게 흘러간다. 물줄기가 바위에 부딪치는 소리, 강바닥에서 커다란 돌이 물결에 휩쓸려 굴러가는 소리가 세찬 물소리와 함께 귀청을 때린다. 물고기들은 강가 풀잎에 매달려 떠내려가지 않으려고 몸부림을 친다. 그러나 사람들은 강가의 풀을 발로 밟고 흔들어 풀에 매달린 물고기를 족대 안으로 몰아넣어 잡는다. 때로는 밤에 횃불을 밝히고 강가 모래에서 잠자는 물고기를 잡는다.

여름에는 징검다리를 건너 학교에 간다. 소낙비가 내리면 징검다리가 물에 잠기고 물이끼가 낀 징검다리가 미끄러워 자칫 실수로 미끄러져 물에 빠지면 책, 노트와 온몸이 흠뻑 젖는다. 늦가을이 되면 동네 어른들이 산에서 소나무를 베어와 다리를 새로 놓는다. 그러나 다음 해 여름 장마에 폭우로 불어난 사나운 물살에 다리가 떠내려간다. 한여름에는 학교에서 집으로 오는 길에 강에서 발가벗고 멱을 감으면 등하교 오리길(2킬로미터)에 지친 다리가 한결 가벼워진다. 어른들도 강물에서 멱을 감는다. 동네 부녀자들도 캄캄한 밤에 여럿이 모여 구석진 곳에서 목욕을 한다. 짓궂은 아이들이 몰래 훔쳐보고 모험담을 자랑하듯 이야기 한다. 강가 모래밭에는 개미 덫을 놓은 개미귀신이 수 없이 많다. 개미를 잡아 개미 덫에 넣으면 잽싸게 모래 속으로 끌고 들어간다. 모래밭에 앉아 공기놀이를 하다가 더워지면 다시 강물에 뛰어들어 더위를 식힌다.

제2장 ◆ 나의 출생기(出生期)

경남 함양군 안의면 월림리 황대 마을에서 1녀 5남의 장남으로 태어났다. 자라면서 할머니와 고모들께서 내가 태어날 당시의 상황을 수시로 들려주셨다. 음력 12월 중순의 겨울 추위가 기승을 부리는 한겨울의, 맑고 달이 유난히도 밝은 밤, 차가운 달빛이 온 마당을 가득 채우고 있었다. 황석산(黃石山) 정상의 높은 산이 만든 깊고 가파른 산골짜기를 따라 미끄러지듯 내달아 달려온 매서운 북풍이 문풍지에 매달려 요란한 소리를 내지르다 멎고 또 내지르고, 문틈으로 들어온 샛바람이 희미한 호롱불을 꺼질 듯 심하게 흔들고 있었다. 장작불로 온돌을 달구어 훈훈해진 방안에서 수다를 떨던 아이들도, 어른들도 모두 깊은 잠에 빠져들 시간이었다. 음력 12월의 보름을 하루 지난 둥근달은 차가운 밝은 빛을 사방에 쏟아 내며 서쪽 하늘로 발길을 재촉하고 있었다. 산기를 느낀 어머니를 돌보느라 할머니와 고모들도 안절부절 못하시며 물을 끓이고 아궁이에 불을 다시 지피곤 하셨다. 사랑방의 할아버지께서도 잠을 못 이루시고 가물거리는 호롱불 아래에서 애꿎은 담뱃대만 방안 화로에 요란하게 두들기며 안방에서 소식이 오기만을 기다리셨다. 외양간에서 소의 목에 단 방울 소리가 간간이 들려오고 멀리 개짖는 소리에 잠을 깬 우리집의 개도 마루 밑에서 귀를 쫑긋 세우며 경계 태세에 들어갔다.

음력 섣달 보름날의 자정이 지난 한밤중에 내가 태어났다. 한숨 푹 자고 깨니 새벽이 왔다고 고모께서 말씀하셨으나 시계가 없어 정확한 시간은 알 수 없었다. 호랑이가 한창 활동하는 한밤중이라 좋은 시간대에 태어났다고 할머니께서 말씀하셨다. 위로 누나와 연년생으로 태어난 사내아이라 모두들 좋아하셨고 특히 장손이 태어나 집안의 기쁨은 이루 말할 수 없었다. 날이 밝자 할아버지께서 읍내 면사무소에 가셔서 출생신고를 하셨다. 당시에는 유아 사망률이 높아 1년 내지 2년 기다렸다 출생신고 하는 것이 관례였다 한다. 내가 태어난 날이 양력으로는 다음해 2월이었다. 나는 언제나 양력 생일을 지낸다. 음력 생일은 태어나자마자 10여일이 지나면 2살이 되기 때문에 이것이 너무 싫어서이다. 나는 여섯 분의 고모와 세 분의 삼촌들 그리고 할아버지 할머니의 귀염둥이로 자랐다.

자신의 운명을 사랑하자

나의 의지로 내가 이 세상에 태어난 것은 아니지만 나는 나의 출생을 감사한 마음으로 받아들이고 미지의 이 세상을 나의 뜻대로 살아갈 수 있음을 자랑스럽게 생각한다. 내가 좋은 조건을 가지고 태어났든 아니면 나쁜 조건을 가지고 태어났든 그것은 나에게 주어진 몫이고 어떤 조건이든 내가 극복해 가야할 나의 운명이다. 앞을 예측할 수도 없고 내가 어느 위치에 서 있는지조차 가늠할 수 없는 넓은 세상을 마지막 순간까지 무탈하게 그리고 보람되게 살아간다면 나는 후에 지난 세월을 되돌아보며 매우 대견하고 마음 뿌듯할 것이다. 내가 어떻게 살아가고 어떤 일에 도전하고 성취해 갈 것인가는 오로지 나의 의지와 노력에 달려있고 특히 어려움을 극복해 가는 나의 강인한 의지력이 세월이 지나고 나면 나에게는 매우 자랑스럽고 보람된 것으로 받아들여

질 것이다. 이 세상을 헤쳐 가는 길은 누구나 태어난 당시의 처지와 조건에는 상관없이 꽃길은 아닐 것이다. 정도의 차이는 있을지언정 모두가 자기에게 주어진 크고 작은 짐을 지고 가야한다는 것은 피할 수 없는 운명이다. 최악의 조건하에서도 뿌리를 내려 꽃을 피우고 꽃씨를 사방에 날려 보내는 '민들레'처럼 나도 모든 어려움을 극복하고 화려한 꽃을 피울, 다가올 먼 그날을 향해 기죽지 않고 꿋꿋이 달려갈 것이다. '법정 행복한 삶'의 저자 김옥림 작가는 이 세상에 태어난 것 자체가 엄청난 축복이며, 많은 동물 중에서도 만물의 영장인 사람으로 태어남 또한 무한한 축복이다. 이처럼 축복받은 존재로서 삶을 무의미하게 산다거나, 대충 산다거나, 되는 대로 산다는 것은, 신성한 삶에 대한 모독이며 불충이라고 했다. 사람은 누구나 미래에 대한 막연한 희망과 두려움을 가지고 있다. 그러나 자신에게 타고난 주어진 재능과 능력을 갈고 닦으면서 온힘을 다해 자신의 삶을 뜻깊고 보람되게 다듬어 가는 것, 그 과정이 얼마나 대견하고 자랑스러운가.

 사람은 누구나 자신의 운명을 사랑해야 한다. 자신의 삶에서 일어나는 고난과 어려움까지도 기꺼이 받아들이는 적극적인 삶의 태도를 가져야 함은 물론이고 항상 긍정적인 삶의 태도를 견지하여야 한다. 모든 과일에 씨앗이 있듯이 사람도 태어날 때 하나의 씨앗을 품고 세상에 태어난다. 그 씨앗이 움트기 위해서는 흙 속에 묻혀서 참고 견디는 힘든 인고의 세월을 보내야 한다. 그 씨앗이 움을 틔우고 화려한 꽃을 피운 후 탐스런 열매를 맺는 것은 오직 자신의 몫이고 그 과정이 우리의 삶이다. 이 삶의 과정에서 갖가지 어려움에 부닥치는 것은 필연적인 운명이며 그 어려움을 통해 면역력이 생긴다. 그러나 어려움이 없이 자란 어린이는 성장하면서 어떠한 어려운 일에 맞닥뜨리면 극복하지 못하고 좌절하게 된다. 따라서 우리가 자라가면서 부딪치는 고난과 시련은 나를 강한 사람으로 만드는 용광로이고 이는 내게 닥친 불운이 아니라 나를 키워줄 행운의 비료와 같은 것이다. 그리고 고난의 괴로운 순간을 극복하면 우리가 미처 깨닫지 못했던 삶에 필요한 용기와 지혜로 보상받게 된다.

 가까운 고향친구들과 고향사람들은 나를 황석산의 정기를 받고 태어났다고 부추긴다. 우리집 앞마당에서 뒤돌아보면 깎아놓은 듯이 가파른 황석산 정상과 희붉은 넓은 바위가 한눈에 들어온다. 정유재란 때 산성이 함락되자 왜놈들에게 잡히지 않으려고 황석산성 안에서 진을 치고 있던 수백 명의 의병과 부녀자들이 정상의 바위 아래로 몸을 던져 정절을 지키면서 흘린 피로 바위가 핏빛으로 물들었기 때문에 '피바위'라고 부른다. 내 친구들은 물론 막내고모, 그리고 많은 동네 사람들이 황석산 정상까지 갔다 왔다고 자랑들 하였으나 어쩐 일인지 나는 한 번도 가본 경험이 없었다. 눈으로 바라보기만 해도 가파르게 높고 험한 산이다. 많은 세월이 지나도 고향을 생각하면 언제나 제일 먼저 마음에 떠오르는 것이 황석산이다. 이인식 지식융합연구소장은 '과학칼럼 고향 생각이 사회생활을 도와준다.'에서 옛날을 회고하거나 고향을 그리워하는 것이 부질없는 시간 낭비가 아니라 개인의 심리적 건강 상태에 도움이 되고 사회생활에도 보탬이 된다고 했다. 그리고 그는 심리과학지에 실린 논문을 인용하여 과거를 그리워하는 마음은 문화적 배경에 관계없이 사회적 소속감을 증대시키는 역할을 한다는 사실을 소개하기도 했다. 맞는 말이다. 오랜 세월동안 고향을 떠나 몸은 서울에 있지만 시시때때로 고향은 나의 마음을 묶어두는 마력이 있어서 마음이 고향으로 향할 때마다 세상만사를 접어두고 순간의 행복을 느낀다.

황석산 정상에 오르다

황석산은 백두대간 줄기에서 뻗어 내린 4개의 산(기백, 금원, 거망, 황석) 가운데 가장 끝자락에 흡사 칼을 세운 듯 솟구친 봉우리의 바위산이다. 경상남도 함양군 서하면과 안의면에 걸쳐 있는 산이며 남덕유산 남녘에 해발 1,192.5m 높이로 솟아 있다. 정유재란 당시 왜군에게 마지막까지 항거하던 사람들이 성이 함락되자 죽음을 당하고, 부녀자들은 천길 절벽에서 몸을 날려 북쪽 바위 벼랑을 핏빛으로 물들이며 절개를 지킨 유적지이다. 성인이 되어 고향을 방문할 때마다 황석산 정상을 바라보며 언제 한번 올라가 보나하고 기다리고 있었다. 그 기회는 대학교수직을 정년퇴임한 이듬해에야 드디어 왔다. 서울에서 오택선, 이경만과 같이 고향에 갈 때마다 우리의 별장처럼 먹고 자는 친구 백기출의 집에서 아침에 김밥과 물 등을 준비하여 각자 배낭에 챙겨 넣었다. 낙엽이 다 떨어진 늦가을이었으나 날씨는 온화하고 등산하기 좋은 날씨였다. 초등학교 졸업이후 지금까지 형제이상으로 절친하게 가까이 지내는 초등학교 동기동창생들인 오택선, 이경만, 백기출, 박남현, 이봉용, 이동원 정규철, 박기성 등과 같이 황석산 정상까지의 등산길에 나섰다.

농월정(弄月停)을 지나 서하에 속하는 산 밑에 차를 내려 산으로 접어들었다. 올라가는 등산길은 많이 험한 길은 아니었으나 소나무는 거의 없고 상수리나무 등 잡목이 산 전체를 점령하고 있는 것이 아쉬움으로 남았다. 내가 어린 시절에는 온 산이 아름다운 소나무 숲으로 우거져 있었다. 새로 단장한 황석산성에서 잠시 휴식을 취한 후 발길을 재촉하여 드디어 정상에 올랐다. 정상에는 해발 1,190미터라는 표시판이 있었고 온통 돌산으로 이루어져 있었다. 누가 그 큰 바위들을 그 높이까지 올려다 놓았을까? 정상 바위위에서 동쪽 아래로 내려다보니 깎아지른 듯 가파른 절벽, 피 바위가 넓게 가파른 경사를 이루고 있었다. 거기서 몸을 굴리면 옛 고향집 마당에 떨어질듯 급경사를 이루고 조그마하게 보이는 고향마을이 옹기종기 정답게 시야에 들어왔다. 아래에서 언제나 위로 올려다보던 어린 시절의 산을 이젠 위에서 아래로 내려다보는 마음의 감회가 새삼스러웠다. 세찬 바람이 불어오다가 멈추고 또 불어오더니 금년 들어 첫눈이 바람 따라 이리저리 휘날리기 시작하며 우리 일행의 하산을 재촉했다. 산을 오르던 반대쪽 길을 택해 하산했다. 산 정상에서 휘날리던 눈은 하산 길에는 멎어있었다. 그 후 몇 년이 지나 또 한 번 더 황석산 등산을 가자고 상의했으나 어느 누구도 나서는 친구가 없어 실행을 못하고 있다. 내가 어린 시절을 보낸 고향집 안마당에서 팔을 뻗으면 이내 닿을 듯 회색빛 바위들과 어울려 장엄하게 우뚝 솟은 황석산은 지금도 내 어릴 때의 추억 속에 깊이 뿌리 박혀 지금도 살아 움직이고 있다. 다시 한 번 더 황석산 등정 기회를 갖지 못했지만 대신에 그들과 같이 2010년 지리산 천황봉과 2011년 4월 29일 한라산 백록담에 오른 기억들은 참으로 아름다운 추억으로 남아있다. 2010년 10월에는 여러 명의 초등학교 남녀 동창들이 캄보디아의 앙크로와트 사원 등 여러 관광지와 베트남의 하롱베이 등지를 같이 여행했다. 어린 시절의 친구들과의 여행 및 산행은 나에게 새로운 삶의 활력소가 되었으며 뒤늦게라도 내가 누리지 못한 소원을 이루게 해 준 친구들의 배려와 우정이 너무나 고마웠다.

제3장 ◆ 일본에서의 생활과 귀국

내가 태어날 때 아버지는 일본에 계셨다. 당시에 일본에 간다는 것은 하늘의 별따기처럼 어려웠다고 한다. 종종 첫째 삼촌이 아버지에게 "형님은 일본 갈 때 형님 몫의 재산 다 가지고 갔다"며 얼굴을 붉히는 것으로 보아 아버지 몫의 논밭을 팔아 그 자금으로 일본에 가신 것으로 짐작된다. 일본에서 당시의 최고기술인 자동차 운전과 정비기술을 배워 관련 직장에 취업하여 일을 하신 것으로 알고 있으나 그 당시 나는 너무 어려서 정확한 것은 알지 못한다.

어머니가 일본에 계신 아버지한테 보내달라고 끈질기게 조르셔서 할아버지께서 소를 팔아 차비를 마련하여 누나와 같이 세 식구가 일본으로 떠났다. 그때가 나는 두 돌이 지난 때였다. 일본으로 갈 때 어디인지는 기억할 수는 없지만 어머니의 무릎에 올라서서 기차 창문 밖을 내다 보기위해 발버둥 치던 한 토막의 기억이 떠오를 뿐이다.

일본에서 생활한 기억도 토막토막이다. 연립주택의 방 한 칸에서 우리 식구가 기거했다. 늦은 밤에 동생이 태어나느라 일본인 조산원이 왔다 가고 이어서 아기 울음소리 들으며 다시 잠이 들었다. 어느 주말 어머니와 함께 백화점에 갔다. 무엇을 샀는지는 생각나지 않으나 흔들리는 목마를 타며 즐거워하던 그 순간이 또렷이 기억난다. 누나가 초등학교에 입학했다. 매일 사기 밥그릇에 점심을 싸가지고 갔으나 집에 돌아올 때는 언제나 깨져있었다. 그때마다 어머니는 조심성이 없다고 꾸지람을 하셨다. 나는 한 번도 부모님으로부터 꾸중을 듣거나 아이들과 싸운 기억이 없다. 물론 이런 것들이 자랑거리가 될 수는 없을 것이다. 내가 기억하지 못할 뿐 사건 사고가 있을 수도 있다. 오히려 유별난 행동에 다양한 경험이 있는 것이 바람직한 것이 아닐까 생각된다. 철없는 어린 시절이라 해서 스스로 성장하리라 믿고 제멋대로 내버려두면 올바른 성인으로 성장할 수 없다. 어린 시절부터 부모의 자상한 관심과 사랑으로 바른 가르침을 받아야 한다는 전문가들의 말을 귀담아들어보자.

어린이의 바른 훈육

조던 피터슨은 그의 저서 '12가지 인생의 법칙'에서 어린아이의 바른 성장을 위해서 적절한 훈육과 처벌이 중요하다고 했다. 통계를 보면 세 살짜리 아이들이 가장 폭력적이며 이는 새로운 영역을 탐험하고 분노와 좌절을 표현하며, 충동적인 욕망을 해소하는 행동이다. 그보다 더 중요한 이유는 스스로에게 허용되는 행동의 한계를 알아내려는 것이다. 이때 잘못된 행동을 지속적으로 교정해 주면 어린아이는 본인에게 허용되는 타인에 대한 공격의 한계를 알게 된다. 그러나 교정 조치가 없으면 호기심이 커져서 공격적인 모습을 자주 나타내게 된다고 했다. 따라서 어린아이가 다섯 살이 될 때까지 올바르게 행동하는 법을 배우지 못하면 친구를 사귀는데 평생 어려움을 겪으며, 다섯 살이 되면 그 이후의 사회화는 또래 집단에서 이루어진다고 했다. 이때부터 부모의 영향력이 차츰 감소하므로 그 전에 잘 교육해야 한다고 그는 주장했다. 미국의 월스트리트저널에 실린 미네소타 대학교 마티 로만스 교수의 발표를 보면, 3세 또는 4세부터 집안일을 도운 어린이 일수록 책임감과 성취감을 맛보며 자신감도 갖게 되어 가족, 친구 관계가 좋아질 뿐 아니라 직업적성공도 높았다고 하였다. 따라서 부모들은 아이의 성공을 바라며 공부만 시키려 하지만 집안일을 돕는 일이야 말로 성공을 위한 첫걸음이라고 말했다. 오늘날 자식의 성공을 위해서 온갖 뒷바라지를 다하는 부모들 스스로가 내가 내 자식들에게 하는 행동이 자라나는 자식을 위해서 올바른 행동인지를 한 번 더 되돌아보는 계기가 되기를 바란다. 이는 사자성어인 동성이속(同聲異俗) 즉 어릴 때의 울음소리는 같지만 자라면서 달라진다. 사람은 교육이나 환경의 차이에 따라 풍속, 습관, 예의까지 달라져간다는 의미이며 우리가 새겨 들어야 할 말이다. 이규태 코너의 '어린이 수신책'에서 어린이의 마음이란 아무것도 그려지지 않은 깨끗한 백지다. 요즈음 부모나 선생들이 그 백지에 버릇들을 그려주지 않았기에 버릇이 들지 않았다. 버릇은커녕 눈먼 애정으로 이기적이고 자기중심적으로 길러 백지를 오염시키는 작은 폭군들을 양산해 놓고만 것이라고 했다. 그러나 조상들은 가문별로 또 서당별로 수신책을 정해놓고 예닐곱 살 때부터 버릇을 가르쳤다고 했다.

패전 이후 혼란의 일본, 귀국길에 나서며

드디어 일본과 미국을 포함한 연합군들 간의 전쟁이 터졌다. 요란한 사이렌소리가 울리면 곧바로 방공호로 달려갔다. 비행기가 방공호 위를 지나 땅에 닿을 듯 낮게 날아가고 이어서 쿵하는 소리가 요란하게 들렸다. 방공호 입구에서 총을 든 순경이 비행기를 향해 마구 총을 쏘

아댔다. 비행기는 총알을 맞았는지 안 맞았는지 아무런 반응도 없이 목적지에 폭탄을 떨어뜨리고 유유히 사라졌다. 나는 방공호 입구로 가서 날아오는 비행기를 보고 싶어 애를 태웠고 순경이 안으로 들어가라고 밀치지만 비행기를 보는 것이 너무나 재미있었다.

　내게도 초등학교에 입학하라는 통지서가 왔다. 왼쪽가슴에 빨간 리본을 달고 누나와 같이 학교엘 갔으며 빨간 리본색이 내가 속한 반이었다. 누나가 데려다준 반으로 들어가니 모두 빨간 리본을 달고 조용히 앉아 있었다. 어느 누구도 말하는 학생이 없었고 모두가 침울해 보였다. 영문을 모른 나는 어리둥절한 상태로 앉아 있다가 집으로 돌아왔고 그 후로 나와 누나도 학교에 가지 않았다. 그 날이 일본이 연합군에게 항복한 날이었다.

　우리가족은 서둘러 귀국길에 올랐다. 어느 항구에 도착하니 많은 사람들이 배를 기다리고 있었다. 어머니께서 강냉이밥을 구해 오셨으나 먹기 싫어서 칭얼거렸다. 그 후 어떻게 배를 타고 현해탄을 건넜는지 기억이 없다.

　고향으로 돌아오는 기차 안은 움직이지 조차 힘들 정도로 사람들로 꽉차있었다. 누나와 나만 남겨 놓은 채 아버지와 어머니 그리고 동생은 다른 칸에 타고 있었다. 누나가 아버지를 찾는다고 앞 칸으로 가더니 돌아오지 않은 채 기차는 계속 달리고 있었다. 시간이 가면서 불안해진 나는 견디다 못해 울기 시작했다. 주위의 어른들이 달래고 위로해 줄수록 더 불안하고 고아가 된 심정이었다. 한참 지나 어느 역에서 기차가 정거했다. 차창 밖에서 나를 부르는 소리가 많은 소음 속을 헤집고 내 귀에 들려왔다. 어머니께서 내리라고 손짓을 하셨다. 어른들의 도움으로 기차 창문을 통해 간신히 빠져나왔다. 그 후 고향집까지 어떻게 왔는지 기억이 나지 않는다.

많은 시간이 지나 일본에서 발송한 짐이 도착했다. 이불 깊숙이 넣어둔 거울이 산산조각이 난 채 배달되었다. 당시 우리나라는 그 같은 큰 거울이 귀했으므로 부친 것으로 생각된다. 아버지께서 일본에서 일하시며 한 푼 한 푼 절약하여 은행에 예금한 돈을 한 푼도 찾지 못하고 휴지조각이 되었다고 안타까워하시는 말씀을 수차례 들었다. 귀국 후 우리가족 모두가 걸어서 외갓집에 갔던 기억도 또렷이 한다. 나는 너무 다리가 아파서 할아버지의 손에 매달려 간신히 걸음을 옮겼고 밤늦게 도착하여 허기진 저녁을 먹었다. 다음날 아침을 먹고 뒷산에서 밤을 따며 즐거워하던 기억이 생생하다.

전쟁이 끝나자마자 우리가족이 귀국한 것을 나는 무한히 다행으로 생각한다. 일본에 그대로 살았다면 재일교포로서 일본인의 냉대 속에 울분을 삼키지 못했을 것이다. 가장 두려운 것은 한국인으로서의 정체성(正體性, identity)을 갖지 못하고 내 후손도 일본인으로 살아야 하는 운명일 수도 있다고 가정만 해도 온몸이 오싹하리만큼 싫다. 따라서 해방과 동시에 귀국을 선택하신 부모님께 무한한 감사를 드린다. 나는 나와 내 후손이 영원히 한국인으로 살아가는 것이 더없이 행복하다.

제4장 ◆ 초등학교에 다니다

 일본에서 돌아온 그 해, 1945년 9월에 안의 초등학교에 입학했다. 그러나 입학당시에 있었던 일들은 전혀 기억하지 못한다. 다만 해방이 되고 최초로 입학하는 학년이라 신입생의 수도 많았고 학생들 간의 연령차이도 컸다. 상상외로 여학생의 수도 많았다고 기억된다.

 하루는 운동장에서 우리 반 학생들을 두 줄로 세워놓고 담임선생님께서 '차렷, 쉬어'를 계속하시며 학생들을 유심히 살펴보시더니 뒤에 서있는 나를 맨 앞으로 나오라고 하시며 오늘부터 부반장을 맡으라고 하셨다. 생각지도 못한 부반장을 맡으면서 나를 인정해주신 선생님께 깊이 감사했다. 학교에 얼마 안 계시고 군대에 장교로 지원입대하신다고 학교를 떠나셨는데 오늘날까지도 한 번도 만나 뵙지를 못했다. 그러나 어쩌다 마음이 초등학교 시절을 회상하게 되면 그 선생님이 언제나 마음속에 제일먼저 떠오른다. 집에 돌아와서 내가 우리 반에서 두 번째로 공부 잘하는 학생이기 때문에 부반장이 되었다고 자랑을 하였다. 물론 내가 반에서 두 번째로 공부 잘하는지 아닌지는 나도 모른다. 할아버지, 할머니, 아버지, 어머니 모두 기뻐하시며 "네가 노력하면 무엇이든지 이룰 수 있다"고 하시면서 칭찬과 격려를 해 주셨다. 어린 마음에도 내가 거짓말을 한 것이 아닌가 하는 두려움과 동시에 '아니야, 나는 그분들의 기대에 절대로 어긋나지 않을 거야'하는 마음의 다짐이 생겼다. 어린 마음에도 내가 인정받는다는 것이 그토록 좋았고 나도 할 수 있다는 자신감이 마음을 부풀게 하였다. 초등학교 초년의 어린 나이일지라도 스스로의 자존감(自尊感, self-esteem)을 갖도록 격려와 칭찬을 아끼지 않는 부모의 적극적인 배려, 그리고 자기가 나아갈 유일한 인생의 지도를 그려갈 수 있는 능력을 키우면서 성장해 가야 한다. 부모는 자녀의 잘못을 지적하고 이를 고치는 이상으로 그가 가진 장점을 찾아내어 칭찬해 줌으로써 그 장점을 더욱 키워갈 수 있도록 하는 것이 중요하다. 칭찬을 많이 받은 어린이가 자신감이 높은 어린이로 성장할 수 있다는 것이 교육전문가의 말이다. 어린 네가 무엇을 안다고 하며 무시할 것이 아니라 어린 너를 인정해 주며 지금부터 스스로 독자적인 배움의 길을 개척해 가도록 이끌어 주고 격려해 주어야 한다. 특히 어린 시절부터 경험의 폭을 넓이고 나의 모든 것을 바칠 만큼 값어치 있는 것이 무엇인가를 스스로 알아내는 것이 바람직하다. 아니 필수적이라 해도 과언이 아닐 만큼 중요하다. 사람은 누구나 남보다 잘하는 것을 가지고 태어난다. 그것을 찾아내도록 격려해 주고 잠재적인 능력을 인정해 주어야 한다. 스스로도 자신 속에 잠자고 있는 그 무한한 능력의 문을 열도록 노력해야 한다.

자녀의 장점을 찾아 칭찬하자

구병두 교수는 그의 저서 '자녀교육을 위한 부모수업'에서 가능하면 자녀의 장점을 찾아 칭찬을 많이 하자며 자기 효능감(效能感, self-efficacy)이 아이들의 학업성적과 상관이 높은 것으로 검정되고 있다고 했다. 자기효능이란 '나는 할 수 있다'라는 자신의 능력에 대한 확신 또는 믿음이다. 또한 긍정적인 기대와 격려를 받고 자란 아이들은 긍정적인 자아개념(自我槪念,self -concept)이 형성되는 반면 조롱과 멸시를 받고 자란 아이들은 부정적인 자아개념이 형성된다고 했다. 구병두 교수는 인간은 누구나 자기만의 독특한 재능을 가지고 태어난다. 이러한 재능은 부모나 교사에 의해 발견되어 길러지게 되며, 유태인들은 '남보다 뛰어나려 하지 말고 남과 다르게 되라'고 교육한다고 했다. 자녀의 창의성(creativity)과 인성(character)은 교육을 통해서 길러지는 것이 아니라 오히려 상상력, 호기심, 놀이 등을 통하여 이루어진다. 따라서 미래의 주인공인 아이들에게 생각하는 힘을 길러주어야 한다고 그는 강조하며, 열심히 하면 남보다 두 배 잘할 수 있지만 열심히 생각하면 남보다 백 배, 천 배 잘할 수 있다고 했다. '몰입'의 저자 황능문 교수도 삶의 패러다임을 '열심히 일하자(work hard)'에서 '열심히 생각하자(think hard)로 전환할 것을 강조했다. 부모의 무관심으로 인해 자녀가 규칙과 절제를 배우지 못하고 옳고 그름을 구분하지 못하면 가장 큰 피해를 보는 사람은 바로 자녀 자신이다. 부모가 자녀와의 갈등과 충돌을 피하고자 잘못을 교정하지 않고 내버려 두면 자녀가 궁극적으로 피해를 본다. 부모는 자녀의 행복을 보장하고 창의력을 키워주며 자긍심을 북돋아야 할 책임이 있으며 자녀를 바람직한 사회 구성원으로 키워야할 의무가 있다. 이런 의무를 다할 때 자녀는 기회와 자존감과 안정감을 얻게 된다. 따라서 헌신적이고 용기 있는 부모가 자녀에게 줄 수 있는 가장 큰 선물은 올바른 훈육이고 자녀를 제대로 키우고 싶다면 처벌을 망설이거나 피하지 말라고 데일 카네기는 주장하였다. 과잉보호에 익숙해진 자녀는 위험한 상황에 부딪치면 이에 맞서지 못하고 맥없이 무너짐으로 교정은 빠르면 빠를수록 좋다. 잘못된 행위가 교정되지 않으면 자녀는 훗날 사회에서 훨씬 가혹한 처벌을 받게 된다는 것이 그의 주장이었다.

　이지성 작가는 그의 저서, '생각하는 인문학'에서 '우리의 부모들은 아이들을 사랑하고 칭찬하고 격려하는 데는 시간을 거의 쓰지 않는다. 대신 아이들을 감시하고 꾸짖고 벌주는데 많은 힘과 시간을 쏟는다.'고 했다. 법정 스님의 법문집 '좋은 말씀'에서 가정이 건강하지 않으면 여러 가지 문제들이 파생한다. 사랑을 받지 못하고 성장한 자녀들은 성인이 되어도 사랑할 줄도, 사랑을 주는 방법도 알지 못한다. 자식을 육체적으로만 탄생시키는 어머니가 되어서는 안 되고, 이웃을 사랑할 줄 아는 따뜻한 마음을 자식의 가슴에 싹틔우는, 그래서 진정한 탄생을 맛보게 하는 어머니가 되어야 한다. 우리의 가슴에 이웃에 대한 사랑이 싹트면 그 마음이 메아리가 되어 이웃과 우리를 평화롭게 해 준다고 했다. 성공한 사람들의 공통점은 청소년기부터 자신의 목표를 주도적으로 선택하고 미래를 향한 꿈과 시간 계획을 스스로 준비하고 있다는 사실이다. 따라서 자신의 할 일을 스스로 찾고, 자신의 계획 하에 주도적으로 진행하는 적극성을 키워가야 한다. 배명복은 '친구 같은 부모도 좋지만 그보다 우선인 것은 부모다운 부모 아닐까'에서 "버릇없어도 좋으니 공부만 잘하면 돼"라고 생각하는 한국 부모들이 의외로 많다며 공부보다 중요한 게 예의와 염치란 걸 나이가 들수록 절감하고 있다. 내 아이가 버릇없다는 소리를 듣지 않게 하려면 인내와 배려를 가르쳐야 한다. 모든 일이 자기 뜻대로 되는 것은 아니기 때문에 참고 자제할 줄 알아야 한다는 것과 남에게 폐를 끼쳐선 안 된다는 것을 가르쳐야 한다. 친구 같은 부모도 좋지만 그보다 우선인 것은 부모다운 부모 아닐까. 라고 했다. 허영엽 신부는 '귀를 여세요'에서 전문가들은

가족 간에 대화를 많이 하면 자녀의 인지 능력이 향상되고 학업 성적
도 높아지며, 자녀의 탈선 빈도도 낮아진다고 한다. 매일 짧은 시간이
나마 자녀와 꾸준히 대화를 이어가는 노력이야말로 자녀교육의 첩경
이라 할 수 있겠다고 했다.

　아다 요나트(노벨상 수상자) 이스라엘 바이츠만 과학연 교수는 동아
일보와의 21년 신년특집 서면 인터뷰에서 끝없는 호기심이야말로 대담
한 아이디어를 구현할 수 있는 최고의 창조적 연료라는 것을 많은 과학
자들이 증명해 왔다고 강조하며, 호기심과 열정을 키우려면 질문을 해
야 한다고 말했다. 아이를 키우는 부모는 아이가 부모에게 질문할 때 두
려움없이 궁금한 것을 질문할 수 있는 환경을 만들어야하며, 그것은 학
교 선생님도 마찬가지라고 했다.

험난한 등굣길

　보자기에 싼 책을 허리에 동여매고 학교까지 가는 길은 멀게 느껴졌
다. 어른들은 오리길이라고 했다. 몇 학년 때인지는 분명하지 않지만
몇몇 친구들과 학교에서 집에 오는 길에 새끼줄을 사용하여 학교 정문
에서 통학로인 신작로 길을 따라 우리 마을까지 거리를 측정했다. 물
레방아를 지나 강가의 임시다리가 있는 지점 3m 전 까지가 2km이었
다. 그 지점에 돌을 쌓아 표시를 해 두었다. 그 지점부터 마을 앞 정자
나무 쉼터까지는 500m 정도이므로 우리의 등교 길은 2.5km, 즉 왕복
5km이었다. 지금에 와서 생각해보면 하루에 10,000보 이상 먼 거리를
어린 나이에 통학하였기 때문에 오늘의 건강을 지니고 있는 것이 아닌
가 생각된다.

그 당시 우리집은 물론 동네 어느 집에도 시계가 없었다. 낮에는 해 그림자로 낮 시간을 짐작하게 하고 새벽에는 닭울음소리가 아침을 알리는 시계였다. 아직 동이 트기전인데도 우리집 뒷마당 닭장의 수탉을 시작으로 동네 수탉이 여기저기서 목을 길게 빼고 긴 울음을 울기 시작하지만 창호지를 바른 방문에는 아직도 어둠으로 가득 차있다. 첫닭이 운 후 한참 있다가 두 번째 닭 울음소리가 들려오면 사방은 아직도 캄캄한데도 방문 창호지에는 희미한 여명의 빛이 감돈다. 할머니는 언제나 첫 닭울음소리에 자리에서 일어나셔서 제일먼저 싸리문을 활짝 열어 놓는다. 그래야 아침에 집안에 복이 들어온다고 하셨다. 이어서 아침밥을 다 지어놓으시고 학교가라고 깨우신다. 할머니는 사시사철 거의 같은 시간에 아침을 주셨고 초등학교, 중학교를 다니는 동안 한 번도 지각을 해 본적이 없었다. 나는 동네 학생들 중에서 언제나 제일 먼저 학교로 출발했다. 혼자 먼 길을 걸어가기 싫어서 동네 앞 정자나무 쉼터에서 친구들을 기다렸고 정자나무로 오는 순서는 언제나 같았다. 늦게 나오는 친구는 항상 늦게 나왔다. 좁은 둑길을 걸어 강가에 이르면 겨울에는 임시 나무다리를 건너 등교하였고 여름에는 큰 돌로 된 징검다리를 건너고 다시 논두렁길을 거쳐 신작로에 들어섰다. 신작로는 비포장도로인 데다 해마다 자갈을 깔아 걸어 다니기가 힘들었고 자갈을 피해 길 가장자리를 따라 걸었다. 가끔 덜덜거리는 화물차가 지나가며 휘발유 냄새를 확 내 품었고, 때로는 자동차 바퀴에 자갈이 튀어 머리위로 날아가는 위험한 순간도 있었다.

신작로 좌우 양쪽의 논이 끝나는 지점인 안의(安義)읍 초입지점의 왼쪽에는 다시 강줄기와 만나고 오른쪽에는 대밭 산의 긴 그늘이 신작로를 덮고 있다. 이 지점을 쇠불 모퉁이라고 불렀다. 낮은 산이 소의 불알처럼 생겼다고 붙인 이름이라 한다. 겨울에는 햇볕이 들지 않고 긴 산그늘 때문에 길에 눈이 덮여 있고 얼음이 얼어 미끄럽고 몹시 추웠다. 어느 여름에는 쇠불 모퉁이 오른쪽 산기슭에 땅벌이 집을 짓고 세력을 넓혀가고 있었다. 먼저 등교하던 학생들이 땅벌 집을 짓밟고 지나가면 멋모르고 뒤따라오던 학생들에게 성난 땅벌이 무리지어 무차별로 벌침 공격을 가했다. 놀라서 도망가지만 복수심에 물불 가리지 않는 땅벌은 기어코 머리카락을 뚫고 머릿속에 벌침을 쏘았다. 화가 난 학생들이 집에 가는 길에 나무를 꺾어 벌집 입구에 쌓아두고 불을 지르고 못살게 굴었다. 견디다 못한 땅벌이 멀리 도망을 갔는지 아니면 불에 타 죽었는지 자취를 감추었다. 그러나 우리는 땅벌집을 지날 때마다 극도로 긴장하며 조심해야 했다.

때로는 신작로로 등교하지 않고 아리랑고개를 넘어 학교 갈 때도 있었다. 어디쯤인지 큰 소나무가지 위에 흰 보자기로 싼 어린 아기 시체가 있었다. 지나갈 때마다 심술궂은 아이들이 돌을 주워 던지곤 했다. 나는 너무나 무서워서 돌은커녕 쳐다 볼 수도 없었다.

학교 갈 때는 짚신을 신고 다녔다. 그때는 짚신이 대부분의 우리나라 사람들이 신는 유일한 신발이었다. 내 짚신은 할아버지께서 정성 들여 예쁘게 만들어 주신 것으로 새 짚신을 신으면 언제나 발뒤꿈치에 상처가 나서 피가 흐르지만 한참 신으면 길이 나서 괜찮아지고 상처도 나았다. 겨울에는 할머니가 만들어 주신 버선을 발에 신고 짚신을 신었다. 눈이 오는 날 짚신을 신고 학교가면 짚신 밑바닥에 눈이 뭉쳐 붙어서 걷기가 힘들고 뒤뚱뒤뚱하다 넘어지기도 했다. 추운 겨울이고 버선이 온통 젖었으니 얼마나 손발이 시리고 추위에 떨었을까 상상이 가지만 동상에 걸렸다거나 추위에 고생한 기억은 떠오르지 않는다. 초등학교 몇 학년 때인지는 정확하게 기억할 수는 없지만 할머니께서 검정고무신을 사주셨다. 처음으로 고무신이 시중에 나오기 시작한 때였다. 동네 아이들은 나의 고무신을 부러워했다. 고무신을 아끼느라 신발을 벗어서 손에 들고 다니기도 했다. 그러나 며칠 신지도 않았는데 찢어져 신을 수가 없게 되었다. 고무신도 처음 신기 얼마간은 발뒤꿈치에 상처를 입혀 피가 나고 고통스러웠다. 그러나 고무신이 나오고부터 더 이상 짚신은 신지 않았다.

숫기 없던 그 시절

초등학교에서는 일 년에 한 번씩 학예회가 열렸다. 나는 2학년 때, 학예회에 발표할 '개미와 매미' 연극에서 개미 역을 맡게 되었고 학교 수업이 끝난 방과 후에 모여 연습을 하였다. 나는 개미 역을 연습하면서 웃지 않고 침착하다고 담당선생님이 칭찬을 하셨다. 연습이 끝나고 집에 오는 시간은 늦은 오후였다. 쇠불 모퉁이를 지나 일직선으로 곧게 뻗은 신작로에 접어들었으나 자동차도 인적도 없었다. 멀리 산으로 둘러싸인 우리 동네는 집은 보이지 않고 저녁밥 짓는 연기만이 집집마다 피어오르고 있었다. 높은 황석산을 넘어간 태양은 이내 두꺼운 산 그림자로 마을을 덮으며 어둠의 정적 속에 휩싸이게 했다. 아직 완전히 어두워지기 전인데도 혼자 걸어가는 신작로가 무서웠다. 강을 건너 앞산 앞을 지날 때는 캄캄했다. 너무나 무서워서 온몸에서 식은땀이 났다. 어른들은 그곳에서 밤에 시커먼 큰짐승이 도망가는 것을 보았다고 했다. 당시는 6.25 전쟁전이라 동네 어른들로부터 호랑이도 보았다는 이야기를 들었고 늑대의 울음소리는 종종 들을 수 있었다. 나에게 무서움이 배고픔을 잊게 했다. 할머니도 앞 돌담 밖으로 얼굴을 내밀며 내가 어디쯤 오나 내다보고 계셨다. 땀에 흠뻑 젖은 나를 보시고는 안도의 숨을 쉬시며 안쓰러운 듯 혀를 차셨다.

어느 날 학교가 끝나고 집으로 돌아오는데 우리들의 등하교 신작로에서 총소리가 요란하게 들렸다. 나는 너무나 무서워서 숨어 있다가 총소리가 멎은 후에도 신작로로 못가고 강 건너 산길 밑 길을 따라 집으로 왔다. 미군들이 신작로를 따라 논 가운데로 지나는 전선을 끊기 위해서 전선을 향해 총을 쏜 것이었다. 2차 대전이 끝나고 일본군이 모두 떠나고 대한민국 정부가 수립되어 미군이 더 이상 한국에 머물 이유가 없었는지 마지막 철수를 하면서 일본인이 설치한 전선을 제거하기 위한 목적이었다. 끊어진 전선줄은 많은 사람들이 가져갔고 우리집에도 둘째 삼촌이 가지고온 전선줄을 마당을 가로 질러 설치하고 빨래줄로 긴요히 사용하고 있다. 미군들이 버리고 간 종이상자를 누나가 주워 와서 보물처럼 보관하며 자랑하기도 했다.

나는 수줍음이 많은 편이었다. 이런 나를 할아버지는 숫기가 없다고 하셨다. 어른이 된 지금도 여자 앞에서는 얼굴이 빨개지고 먼저 말을 거는 경우가 거의 없다. 나도 이것이 선천적인 것인지 아니면 후천적인 것인지 의아해 하고 있다. 그러나 이것이 오히려 순수하고 매력적이라고 평하는 사람들도 있었다. 정도언은 그의 저서 '프로이트의 의자'에서 자신을 너무 사랑하는 사람일수록 수줍음이 많다고 했다. 이것이 습관화 되었는지 나는 주로 듣는데 치중하고 꼭 내가 말을 해야 할 때만 발언을 했다.

초등학교 3학년 2학기가 시작되는 시기였다. 3학년 4반에 편입된 나의 반은 남녀 혼성 반이었다. 2인용 책상에 남학생과 여학생을 짝을 지어 앉혔다. 나는 수줍어서 내 책상에 앉을 수가 없었다. 교실에 들어가지 않고 복도에 서성대고 있는데 내 짝 여학생이 나를 설득해서 데리고 들어갔다. 못이기는 척 들어가 앉았으나 말 한마디 하지 않았다. 내 짝 여학생이 더 어른스럽고 나이가 나보다 한두 살 위였다고 생각 되었으며 지금도 그녀의 이름이 무언지 학교는 졸업했는지 전혀 알지 못한다.

매사에 최선을 다하다

나는 매사에 착실하고 책임감이 강한 편이었다. 내게 맡겨진 일은 반드시 책임지고 끝내야만 하는 성격이었다. 숙제가 있을 때는 밤을 새워 끝내야 잠을 잤다. 학교에서 쥐를 잡아 꼬리를 잘라 오라고 할 때도 나의 성격상 쥐를 만지는 것은 어림도 없는 일이였으나 학교의 숙제였기에 손수 쥐를 잡아 꼬리를 잘라 학교에 가져갔고, 잔디 씨를 채취해 오라고 할 때도 며칠간 어둑어둑 할 때까지 채취하여 소정의 양을 채워 가져갔다. 말수는 적었지만 또렷하게 말을 했고 선생님이 국어책을 읽으라고 시키면 우렁차고 또렷하게 읽었다. 학교를 결석하는 것은 내겐 절대로 용납할 수 없는 일이었다. 내가 공부를 잘해서도 아니었고 열심히 공부해서도 아니었다. 학생에게는 학교 가는 것이 반드시 해야 할 본분이었기 때문이었다. 비가 많이 내린다고 해서, 눈이 많이 온다고 해서, 먼 등교 길을 핑계로 결석을 하는 동네 아이들을 나는 이해할 수가 없었다. 나는 어떤 일이든 내가 맡은 일은 최선을 다해서 완수하려고 노력했다.

　어느 여름날, 밤 동안에 소나기가 억세게 내려 앞강에 황토물이 무섭게 흘러가고 있었다. 여름철에는 강을 건널 다리도 없었다. 늦은 가을에 동네 어른들이 나무를 베어 만든 다리는 여름 홍수에 떠내려가기 전에 뜯어 버리기 때문이었다. 이런 날은 동네아이들은 결석을 했고 학교에서도 결석을 인정해 주었다. 그러나 그 날도 나는 반드시 학교엘 가야겠다고 결심을 했다. 아침에는 비는 개여 있었다. 아침 일찍 아침밥을 먹고 학교 갈 준비를 단단히 했다. 책 보따리를 허리에 단단히 매고 강가에 이르니 황토흙탕물이 무섭게 흘러가고 있었다. 과연 건널 수 있을까 두려움에 망설이며 주저주저 했다. 등하교 길에 늘 건너다니던 돌 징검다리를 건너는 것은 불가능했다. 돌 징검다리 위쪽에 강 건너 신작로 주변 논에 물을 공급하기위해 막아놓는 보(洑)가 있고 일부의 물은 물레방아를 돌리는 데에도 이용되고 있었다. 보는 강 이쪽에서 강 건너 저쪽으로 비스듬히 돌을 쌓아 만들었다. 세찬 황토물이 보의 돌덩이에 부딪치며 보 아래로 하얀 물거품을 무섭게 품어 내고 있었다. 옷을 벗어 책과 같이 책 보따리에 싸고 목과 겨드랑사이에 동여맸다. 보 안쪽에서 보 둑을 따라 황토물을 헤치며 건너기 시작했다. 이내 황토물이 목에까지 차오르고 순간 나의 무모한 행동이 후회되기도 했다. 다행이도 발에 닿는 것은 모래뿐이었다. 돌이 발에 걸렸다면 넘어져 물과 함께 떠내려갔을 것이다. 무사히 건넜다. 젖은 옷을 비틀어 짠 후 입으면서도 아무도 못가는 학교를 나 혼자라도 갈 수 있다는 것이 너무나 기뻤다. 집에 올 때는 먼 산길을 돌아오느라 밤늦게 도착했으나 할머니께서 호되게 꾸중을 하셨다. 내가 생각해도 무리한 행동이었고 자칫 죽을 수도 있었다. 이러한 극히 위험한 모험적인 행동은 누구에게도 권장할 수 없으며 절대로 다시 해서는 안 된다는 것이 나의 생각이기도 하고 또 이번 기회에 깨닫게 되는 계기가 되었다.

전쟁의 소용돌이 속

1950년 6월25일 새벽, 북한의 기습 남침으로 인한 전쟁의 소용돌이가 나라 전체를 휘저어 놓았고 아직도 전쟁이 한창 진행 중이지만 조그마한 농촌마을인 내 고향 마을은 서서히 전쟁전과 같은 일상으로 되돌아갔다. 사람들은 동네 밖에서 일어나는 일들에 대해서는 전혀 알지 못한 채 자기 일에만 열중했다. TV는 고사하고 라디오도 없고 신문도 읽는 사람이 없는 한적한, 세상과 고립된 농촌일 뿐이었다.

전쟁 전에는 우리들의 주요 놀이가 딱지치기, 제기차기, 그리고 자치기였다. 전생 후에는 탄피치기로 바뀌었다. 인민군들이 무수히 버리고 간 총알을 주워서 화약과 탄피를 분리했다. 마당에 동그라미를 그리고 그 안에 탄피를 두고 3m밖에서 다른 탄피를 던져 동그라미 밖으로 밀어내어 따먹는 게임이었다. 때로는 수류탄을 주워 와서 뇌관을 분리해서 가지고 노는 친구도 있었다. 내 또래 한 친구가 수류탄을 집에서 혼자 분리하다 폭발하여 한쪽 팔이 날아가고 얼굴에 큰 상처를 입는 사고가 났다. 이 사고가 우리 마을에 남긴 유일한 전쟁의 상흔이었다. 나는 내 또래 친구들과 종종 병정놀이를 했다. 내가 친구들의 계급을 정해주었고 나는 스스로 헌병이라고 했다. 헌병이 가장 높은 벼슬이라고 믿었다.

초등학교는 다시 개학하여 수업이 시작되었다. 나는 5학년생이었다. 우리는 또다시 정자나무 아래 모였다가 떼 지어 학교에 갔다. 학교 운동장 플라타너스 나무 밑에는 미군 탱크 4대가 엔진이 멈춘 채 서 있었다. 고장이 나서 버려두고 간 탱크였다. 우리는 쉬는 시간이면 주로 탱크위에서 놀았고 탱크 내부에도 들어가 운전대를 잡으며 전쟁터를 달리는 상상을 했다. 탱크위의 기다란 대포를 여럿이서 빙빙 돌리기도 했다. 때로는 낯선 사람들이 산소 용접기를 가지고 와서 탱크의 무쇠를 잘라 갔다. 우리들의 놀이터가 되어준 탱크는 학교를 졸업할 때까지도 긴 대포를 뽐내며 그 자리에 그대로 있었다.

학교에서 돌아오면 친구들은 모두 논과 밭에서 집안일을 거들고 산에 가서 나무를 해 왔다. 나는 논 밭일을 하지 않았으나 때때로 친구 따라 산에 가서 땔나무를 해오거나 꼴망태 메고 들로 나가 논두렁에서 연한 풀을 베어와 소 앞에 놓아주었고 고맙다는 인사인양 고개를 흔들어 방울을 울린 후 풀을 먹는 소가 좋았다. 겨울에는 머슴이 소죽을 끓이면 내가 소에게 갖다 주겠다고 자청했다.

경쟁상대가 있어야 나를 분발하게 한다

담임선생님께서는 우리 반을 5개 분단으로 나누어 분단별 경쟁을 시켰다. 나는 1분단에 속했고 분단장직을 맡았다. 시험을 볼 때마다 개인별 성적은 물론 분단별 성적을 공개하였다. 나는 우리 분단이 1등을 할 수 있도록 부단히 노력하였고 다행이도 항상 1등을 했다. 겨울에는 학생들이 등교할 때 집에서 들고 온 장작으로 난로를 지폈고 점심시간이 가까워지면 난로위에 점심 도시락을 올려놓았다. 내가 분단장을 맡고 있는 1분단은 항상 1등 성적을 유지했기 때문에 앞쪽 햇볕이 잘 들어오는 창가와 따뜻한 난로 가까이 앉았으며 등교 시에 장작 가지고 오는 것도 면제되었다. 우리 반 전체가 그대로 6학년으로 진학하면서 이런 경쟁 체재는 그대로 유지되었다. 나는 초등학교 다니는 내내 열심히 공부하였다는 기억이 없다. 그리고 나의 성적이 어느 수준인지에 대해서도 별 관심을 두지 않았다. 그러나 5학년 때부터 분단장을 맡고 분단끼리의 경쟁에서 반드시 1등을 해야 된다는 의욕과 책임감 때문에 열심히 공부했다. 그때부터 내 스스로가 공부를 잘하는 학생이라고 생각되었고 시험성적을 공개할 때마다 반에서 2,3등 밖으로 밀려난 적이 한 번도 없었다. 쑤린은 그의 저서 '어떻게 인생을 살 것인가'에서 우리는 경쟁 속에서 성장하고 경쟁 속에서 성공한다. 경쟁상대가 존재해야 우리의 잠재력이 발휘되고, 경쟁상대가 존재해야 우리가 성장할 수 있으며, 경쟁상대가 존재해야 성공을 앞당길 수 있다고 했다. 이처럼 경쟁심이란 자신의 성장을 위해 매우 중요하다. 그러나 타인과의 경쟁에서 이기는 것보다 자신이 이루고자한 목표에 한발 더 가까워지는 것이 더 중요하다는 것을 염두에 두어야 한다. 목표가 없는 사람은 발전할 수 없고 발전하지 않는 사람은 성공할 수 없다. 어떤 목표를 이루고 싶다면 끈기를 가지고 노력해야 하며 그 끈기가 성공으로 이끈다. 힘든 과정을 이겨내고 임계점을 넘어 버텨내는 순간 기적처럼 목표가 손에 잡히게 된다. 그러나 중도에 포기하면 아무것도 얻을 수 없음은 자명한 일이다.

졸업식 날(안의초등학교 38회), 반에서 5등까지 주는 우등상을 나는 받지 못했다. 며칠 동안 너무나 속이 상해 우울했었다. 졸업식 날 나를 잘 아는 동급생이 "네가 왜 우등상에서 빠졌니"하며 나를 위로했다. 우등상 자체보다도 부당한 대우를 받았다는 그자체가 나를 못 견디게 했다. 이러한 나를 할머니께서 다독이며 위로해 주셨다. 내 마음의 상처는 오래갔다. 졸업 후 지금까지 그 담임 선생님을 한 번도 찾아 인사드리지 않았다. 이런 경험은 내가 평생 동안 어느 누구에게나 편견을 갖거나 또는 부당함을 주어서는 안 된다는 교훈을 갖게 된 계기가 되었다. 부당함을 당했을 때 불평과 욕설에 그치면 아무것도 얻는 것이 없지만 여기에서 교훈을 얻으면 스스로를 한 단계 끌어 올린다. 즉 타인은 나를 비추는 거울이라는 사실을 항상 명심하고 그의 장점은 내가 본받고 그의 잘못은 내가 답습하지 않는 현명함이 있어야 내가 한발 더 앞으로 나아갈 수 있다.

초등학교 6학년 초 담임선생님께서 반 학생들에게 일일이 장래희망을 물어 보셨다. 전쟁 중이었기 때문인지 많은 학생들이 '군인'이라고 대답했다. 내 차례가 되었을 때 나는 '선생님'이 되고 싶다고 했다. 그 이후에도 나는 선생이 되겠다는 나의 목표를 바꾼 적이 없었다.

중학교 입학시험은 국가고시로 치렀고 국가고시 시험성적으로 전국 어느 중학교나 지원할 수 있었다. 초등학교 6학년 2학기 때 중학교 입시 모의고사를 치렀다. 전년도에 치른 국가고시 시험문제로 본 것이었다. 담임선생님이 학부모를 학교로 오라고 하시더니 내가 모의고사에서 6학년 전체 학생 중 2등을 했다며 칭찬을 하셨다고 할머니께서 전해주셨다. 실제로 치른 중학교 입시 국가고시에서는 내가 만족할 만큼 좋은 성적을 받지 못했으나 안의중학교에 진학하는 데는 충분한 성적이었다.

제5장 ◆ 중학교에 다니다

안의중학교는 일제로부터 해방이 된 후 우리나라에서 최초로 사립 중학교 설립인가를 받아 개교한 중학교이다. 산골오지인 안의(安義)의 몇몇 유지와 뜻있는 면민들이 국가의 미래는 교육뿐이라는 선견지명으로 사재를 출연하여 설립을 추진하였고 해방과 동시에 설립인가를 받았다. 이로 인해 초등학교 졸업 후 상급학교 진학을 꿈도 꿀 수 없었던 많은 지역 인재들이 교육의 기회를 얻게 되었다. 안의중학교 졸업생들은 이를 두고 모두 매우 자랑스럽게 생각하고 있다. 후에 초등학교와 중학교 동기동창생이며 절친한 오택선 동문이 안의중학교 이사장을, 그리고 이동원 동문이 교장을 역임하여 우리들의 자랑이 되었고, 그때 나도 이사로서 재임하는 영광을 누렸다.

산뜻한 새 교복을 입고 교모를 쓰고 왼쪽 가슴에 명찰을 달고 중학교에 갔다. 넓은 운동장과 좋은 교실을 갖추고 있던 초등학교와는 달리 광풍 누 옆 천막교실에서 수업이 시작되었다. 그러나 일 년이 지나 새 건물이 완공되어 이사를 간 중학교 교정의 건물 뒤에는 산, 교실 앞은 넓은 운동장, 운동장 앞의 자동차 도로, 그 너머에는 넓은 논이 벼 포기를 담고 있었다. 가을에 벼가 익기 전 먼저 머리를 내민 잡초인 피를 제거하기 위한 학생들의 노력봉사도 언제나 이 벌판에서 행해졌다.

이른 아침부터 들길을 따라 교복을 입은 남녀학생들이 줄을 이었다. 학교 앞을 가로지른 신작로에는 버스, 화물자동차들이 뽀얀 먼지를 휘날리며 지나갔다. 아침마다 운동장에 전교생이 나란히 줄지어 서서 아침조회를 했다. 맨 앞에서 선생님들이 줄을 맞추라는 손짓이 끝나면 교장선생님이 단상에 올라 훈시를 하셨고 훈시가 끝나면 줄지어 각자의 교실로 향했다.

교문을 지키던 규율부 학생들이 지각생들을 엎드려뻗쳐 놓고 엉덩이에 매질을 했다. 등하교 길에 상급생을 만나면 차렷 자세로 거수경례를 해야 했고, 언제나 단정하게 교복을 입고 반듯하게 교모를 쓰고 절도 있게 걸어가야 했다. 여기에 한 치라도 어긋나면 상급생의 듣기 싫은 잔소리 또는 매타작을 피할 수 없었다. 나는 상급생이 무서웠다. 무서운 만큼 조심하며 내 자신을 바르게 처신했다. 그래서인지 3학년에 진급 할 때 까지 단 한 번도 상급생의 지적을 받거나 무서운 주먹이 나를 위협한 적이 없었다. 나 또한 단 한 번도 하급생들을 위협하거나 때린 적이 없었다.

당시 선생님들은 실력 있는 분들이었다. 6.25 전쟁을 피해 피난을 오셨다가 우리학교 선생님이 되신 분들이며, 학생들을 성심성의껏 가르쳐 주셨고 우리들도 열심히 공부했다. 열심히 공부하지 않으면 안 되는 분위기였다. 영어 선생님은 영어 교과서를 깡그리 외우도록 하셨고, 국어 선생님은 명작소설 내용을 자주 말씀해 주시며 독서를 많이 하도록 자극하셨다. 미술 선생님은 우리들에게 종종 강변 둑에 앉아 풍경화를 그리게 했고 한 사람 한 사람 찾아다니시며 그림지도를 하셨다. 음악 선생님은 많은 명곡을 가르쳐 주셨다.

한 학년이 끝나면 여러 명의 학생들이 낙제를 했다. 실력이 없으면 상급학년에 진급을 시키지 않았다. 낙제의 위험성이 있는 학생들은 여름 방학 때 특별반을 편성하여 수업료 없이 영어와 수학을 특별 공부를 시켰다. 나는 미술을 잘 못했다. 그림을 그려 제출하면 항상 C를 받았다. 음악 역시 음치였고 목소리는 좋은데 음정을 잘 맞추지 못했다. 때문에 실기시험은 성적이 안 좋았으나 이론시험은 자신이 있었다. 여선생님인 음악 선생님께서 이론시험에서 만점을 받았다고 음치인 나를 합창 반에 편입시켜 합창 연습을 하였고, 안의중학생이 주축이 된 안의면민 학예회 때 여러 곡의 합창을 발표하기도 했다.

중학교 2학년, 이른 봄 따뜻한 날이었다. 체육 선생님께서 전교생을 데리고 토끼몰이를 갔다. 화사한 햇볕이 낮은 산봉우리를 감싸듯 내려 쪼이고 있었다. 학생들은 산 아래에서 산봉우리를 완전히 에워싸고 정상을 향해 올라가며 소리를 질렀다. 놀란 노루 한 마리가 이리 뛰고 저리 뛰고 왔다 갔다 하드니 결국 우리들의 포위망을 뚫고 옆 언덕으로 도망갔다. 당황한 산토끼들도 여러 마리 눈에 띄었다. 날쌘 토끼들은 줄나게 도망갔다. 간신히 2마리 산토끼를 잡아 학생들의 대열 맨 앞에 들고 줄지어 노래하며 신작로를 따라 행군하며 학교로 돌아왔다. 단순한 토끼몰이였지만 중학교 시절의 잊혀지지 않는 한 토막 추억으로 나의 기억 속에 남아있고, 전교생이 왕복 마라톤에 참여하고 골인지점에 도착하는 순서대로 등수를 알려주기도 했다.

중학교 첫 여름 방학, 부모님 뵈러 가는 길

중학교 시절의 첫 여름 방학이었다. 둘째 삼촌과 함께 서울 부모님 댁에 갔다. 나는 처음으로 가는 서울행이라 기대와 두려움이 교차되었다. 아직 전쟁 중이라 여행이 자유롭지 않은 시기였다. 그러나 제대한 상이군인이지만 군복을 입은 삼촌은 어디를 가던 거리낌이 없었다. 버스를 타고 대구로 가서 첫째 삼촌댁에서 하루 밤 자고 기차 편으로 서울로 가는 일정이었다.

안의에서 대구로 가는 버스를 탔다. 버스는 낡고 엔진소리가 요란했다. 자갈이 깔린 비포장도로를 버스는 힘겹게 느린 속도로 달렸다. 차창을 통해 시원한 바람과 함께 흙먼지가 심하게 들어왔다. 안의를 벗어나 마리에서 거창까지 가는 꼬불꼬불한 길은 아슬아슬했다. 몇 개월 전만해도 공비들이 길목을 지키다가 화물차를 세우고 많은 물건을 빼앗아간 고개 길이었고 지나가는 차들이 가끔 도로를 벗어나 강물로 굴러 떨어지는 경우도 있었다. 사고를 낸 운전수는 운전 부주의를, 예쁜 여자가 나타나 도로를 막아서 피하다가 사고를 냈다고 변명을 했다. 사람들은 곧이곧대로 믿고 귀신이 나타난 것이라는 이야기가 무성 했다는 말을 전해 들었다. 고령을 지나 고령재를 넘어갈 때는 겁이 났다. 가파른 꼬불꼬불한 언덕길을 따라 버스는 가쁜 숨을 내쉬며 느리게 올라갔고 차창 밖으로 보이는 낭떠러지는 깊고 험했다. 버스 타이어에서 자갈이 튀어 버스 밑바닥을 때리는 소리가 수 없이 들렸다. 어디쯤에서 엔진이 멈추거나 타이어가 터져 바람이 빠질 것 같은 불안감이 앞섰다. 그러나 경험 많은 버스기사는 당황하지 않고 느린 속도로 쉼 없이 아슬아슬하게 정상을 넘어 내리막길에 들어섰다. 이제부터는 속도를 줄이기 위한 브레이크 소리가 요란하게 귓전을 때렸다. 줄곧 무표정한 운전수는 이런 상황에는 닳고 닳은 베테랑 같았다. 평지 길에 들어섰을 때는 내가 긴장한 탓인지 나의 손바닥이 땀으로 흠뻑 젖어있었다.

버스는 낙동강 입구에 멈추어 섰다. 전쟁 중에 낙동강 다리가 폭파되어 나룻배에 차를 실어 건넜고 차례를 기다리는 차들이 줄을 지어 서있었다. 두세대의 차가 나룻배에 실렸고 뱃사공이 기다란 장대로 강바닥을 밀어 강을 건넜다. 반대편 강변에 닿은 버스는 시동을 걸고 강둑을 올라 다시 도로 위를 달렸다. 아침 일찍 출발한 버스가 늦은 오후에야 대구에 도착했다. 버스 차장이 큰소리로 "오라이"를 외치는 시내버스를 타고 대구에 사시는 첫째 삼촌댁에 도착했다. 할머니께서 싸주신 보따리를 숙모님께 드렸다. 할머니는 대구에 가는 인편이 있을 때마다 콩, 팥 등 직접 농사지은 농산물을 싸 보내셨다.

하룻밤을 곤하게 잔 후 대구에 사시는 고모도 만나고 친구 형이 심부름꾼으로 일하는 사무실엘 갔다. 마침 벽에 걸려있는 전화벨 소리가 요란하게 울렸다. 수화기를 들고 한참 이야기를 주고 받더니 나보고 잠시 기다리라며 그는 사무실을 나갔다. 그가 없는 사이 또 전화벨이 울렸다. 나는 주저했다. 전화선을 타고 목소리를 들을 수 있다는 것은 믿을 수 없었다. 계속 요란하게 울려대는 벨소리에 마지못해 망설이며 수화기를 들고 귀에 댔다. 저쪽의 목소리가 분명히 들렸다. 처음으로 들어보는 전선을 타고 들려오는 전화 목소리였다.

서울행 기차를 타기 위해 대구역으로 갔다. 나를 대합실에 기다리게 하고 삼촌은 기차가 줄지어 서있는 역내로 들어가셨다. 시간이 한참 지난 후 나오시더니 따라오라고 했다. 군복을 입은 삼촌을 제지하는 사람은 아무도 없었다. 당시는 전쟁 중이라 군복이 모든 것을 지배했었다. 어느 화물칸에 이르러 타라고 했다. 북쪽을 향한 맨 앞쪽에는 검은 연기를 품어내는 기관차가 금방 출발할 듯 요란하게 기적을 울리더니 긴 화물칸을 매달고 덜커덕 소리를 내며 움직이기 시작했다. 삼촌과 내가 탄 화물칸은 아무것도 실려 있지 않았다. 날은 어둑어둑해지고 있었다. 철도변 인근건물들이 시야에서 사라지고 이내 넓은 들 너머로 검은 산이 보였다. 철도변의 전봇대가 일정한 간격으로 뒤로 밀려나고 멀리 불빛이 나타났다 사라지기를 반복했다. 기차가 내품는 검은 연기가 긴 화물칸 전체를 덮었다. 캄캄한 어둠이 밀려왔다. 기차는 반복적으로 덜커덩덜커덩 일정한 소리를 냈고 조용한 밤길이 무서웠는지 요란한 기적소리를 수시로 내 질렀다.

　내 머릿속은 텅 비어있었다. 집을 떠날 때와는 달리 처음으로 서울에 간다는 흥분도, 오랜만에 부모님을 만난다는 기대감도 머릿속 구석진 곳으로 밀어 넣고 화물칸 문틈으로 새어 들어오는 어둠에 쌓인 풍경에 시선을 집중하고 있었다. 무언가 머릿속에 환한 빛이 들어오다가도 이내 어둠속에 묻혀 허우적거리는 갑갑한 순간들이 교차되고 있었다. 나는 머리를 세차게 흔들었다. 이제 나는 산골소년에서 구각을 깨고 새로운 세상으로 탈출하기 위해 오늘 이 밤에 서울을 향해 달린다고 마음을 달랬다. 다시 집을 떠날 때의 기대감과 호기심으로 되돌아갔다. 기차가 요란한 기적을 울리며 어느 정거장에 들어섰다. 속도가 느려지더니 덜커덩하며 멈춰 섰다. 삼촌이 어디론가 갔다 오시더니 기차를 바꿔타야 한다고 하셨다. 긴 화물칸을 연결한 또 다른 기관차가 시커먼 연기를 내품으며 기적을 울렸다. 삼촌과 나는 재빨리 그 기차의 화물칸에 올라탔다. 지붕이 없는 화물칸이었다. 정거장을 벗어나자 캄캄한 밤하늘이 나를 맞이했다. 총총한 별들이 어둠을 뚫고 쏟아질 듯 다가왔다. 호기심과 다소의 두려움으로 가득 찬 내 눈동자처럼 별들도 초롱초롱 밝게 빛났다. 선로 밖 모든 풍경이 뒤로 밀려나는데 하늘의 별들은 계속 나를 따라왔다. 은하수도 북두칠성도 집 마당에서 보는 그 자리에 있었다. 동녘이 희붉게 물들어갈 즈음 별들은 자취를 감추었다. 잠깐 잠이 들었는데 기차는 덜커덩 멈춰서며 잠을 깨웠다. 새벽이슬에 옷이 촉촉이 젖어 있었고 드디어 기차는 서울역에 도착해 있었다.

그 다음에도 여름방학이 오면 나는 혼자 서울에 갔다. 대구 삼촌댁에서 하룻밤을 자고 차비를 아끼기 위해서 대구역에서 완행열차를 탔다. 기차 안은 온갖 사람들로 몹시 붐비었고 좌석을 차지하는 것은 생각도 할 수 없었다. 기차가 정거장에 정차할 때마다 무거운 봇짐을 진 승객들이 앞 다투어 내리고 또 객실로 들어왔다. 승객과 함께 아주머니들이 비좁은 통로를 헤집고 들어와 "김밥과 삶은 계란사세요"를 외치며 지나갔다. 차창밖에는 어린아이들이 열린 창문으로 김밥을 팔고 받지 못한 돈을 받기위해 움직이는 기차를 따라 열심히 뛰고 있었다. 기차가 정거장을 떠나 속력을 내기 시작하면 여기저기서 김밥과 삶은 계란을 먹는 소리로 몹시 소란스러웠다. 나는 할머니가 기차 안에서 먹으라며 싸주신 삶은 계란을 주머니에 손을 넣고 만져보며 허기진 배를 참고 견디며 서 있었다. 계란을 꺼내 먹는다는 것이 왠지 쑥스러웠다. 나는 좀 별난 성격이 있다. 혼자서는 식사를 하지 않는다. 지금도 아무리 배가 고파도 혼자는 식사 하러 가지 않는다.

어디쯤인가 붐비는 승객들을 밀치고 상이군인이 학용품을 들고 객실 안으로 들어왔다. 그는 "전쟁 중에 팔을 잃었으나 정부에서는 아무런 보상도 없고 가족들을 부양하기위해 이렇게 학용품을 팔고 있으니 제발 팔아 달라"며 하소연 하였다. 그의 잘린 팔에는 쇠갈고리가 달려 있었다. 가난한 승객들은 주저하며 남의 눈치를 살피는 것으로 느껴졌다. 나는 상이군인의 잘린 팔을 보고 전쟁의 참혹함을 깨달으며 마음이 아팠다. 또 한편으로는 쇠갈구리와 상이군인의 표정을 보며 두려운 마음이 들어 나는 연필 몇 자루를 샀다. 상이군인은 "어린 학생도 이렇게 팔아주는데 여러분들도 사줘야하는 것 아닌가요" 하며 강압적인 어조로 하소연했다. 여기저기에서 많은 승객들이 연필을 샀다. 그는 만족스러운 표정으로 다음 칸으로 옮겨 갔다.

서울에 가까이 온 어느 역이었다. 많은 승객이 빠져나가고 다시 많은 승객이 객실 안으로 들어왔다. 승객들 중에 깨끗한 교복과 교모를 쓴 학생이 섞여 있었다. 분명 서울에 있는 어느 학교에 다니는 학생으로 보였다. 나의 촌티 나는 초라한 모습과 비교되는 그 학생은 너무나 부럽도록 의젓해 보였다. 나는 그 학생을 처다 보고 또 처다 봤으나 나와는 비교될 수 없는 존재로 인식되었다. "그래 이거야" 하며 나는 마음 속으로 외치며 "나는 서울로 가야지. 반드시 서울에서 고등학교를 다닐 거야"하고 그 학생을 보고 결심을 굳혔다. 이름도 모르는 그 학생은 내게 강한 자극과 경쟁심을 불러 일으켰다. 그때는 내가 중학교 3학년 여름 방학 때였다.

젊은 시절에 철저히 고민하고 괴로워해야 한다

초등학교 6년을 다니는 동안 나는 한 번도 나의 장래에 대한 생각이나 고민을 해본 적이 없었다. 단지 학생으로서의 본분인 결석하지 않고 열심히 학교를 다녀야 한다는 것이 전부였다. 그러나 중학생이 되고 부터는 나의 장래에 대한 생각에 깊이 빠져들었다. 그러다보니 내가 많이 부족한 사람이라는 생각에서 벗어날 수가 없었다. 성장해 가면서 먼 미래의 나의 모습을 상상하면 할수록 더 큰 부족함이 나를 압박해 왔다. 동네 옆 동산의 잔디밭에 누워 어디론가 흘러가는 뜬 구름을 보며 이곳 시골을 벗어나 멀리멀리 떠나고 싶다는 강한 욕망에 사로잡히기도 했다. 강 건너 신작로에 먼지를 일으키며 달려가는 저 자동차를 타면 어디론가 갈 수 있겠지 하고 수없이 뇌이다 보면 어둠이 주위를 삼켜버리곤 했다. 이즈음의 나의 마음은 형언할 수 없는 먼 미래를 향해 하늘의 뜬 구름처럼 뚜렷한 방향도 없이 방황하고 있었다. 내가 누구인지 무엇을 해야 하고 무엇을 할 수 있는지에 대한 끝없는 의문과 회의가 꼬리를 물고 머릿속을 맴돌았다. 이시형 박사도 그의 저서 '내성적인 사람이 강하다'에서 누구든 청소년 시기에는 철학자가 된다며 자기 존재에서 우주공간의 존재에 이르기까지 회의가 많고, 고민한다고 했다. 이런 고민은 20대 초반에 이르러 절정에 이르며 이들의 몸부림은 처절한 자기와의 투쟁이다. 젊은 시절에 철저히 고민하고 괴로워해야 하며 이런 체험을 통해 자기를 돌아보고 세상을, 그리고 우주를 보게 되는 것이라며 고통 없이, 삶이 무언지를 알 수는 없는 법이라고 했다.

여름방학이 끝나자 3학년 2학기가 시작되었다. 중학생 시절로는 영원히 되돌아갈 수 없는 마지막 학기인 셈이었다. 나는 앞으로의 진로를 구체화하기에는 아직은 설익은 시기일 수도 있지만 그러나 먼 미래의 내 모습을 마음에 그리며 고민을 거듭해야하는 나이인 것은 분명했다. 도쓰카 다카마사도 그의 저서 '세계 최고의 인재들은 어떻게 기본을 실천할까'에서 다음과 같이 언급했다. 인생에서 무엇보다 중요한 것은 어느 한 시점에서 자신을 진지하게 돌아보고 자신이 무엇을 하고 싶은지 내면과 깊이 있는 대화를 함으로써 자신을 새롭게 발견하는 과정의 연속이 중요하다. 자신의 내면과 깊이 있게 대화하고 장기적인 목표를 설정하되 중요한 것은 자기의 전 인생을 걸만한 중요한 목표를 반드시 한번은 정해야 한다. 미래는 불확실하기 때문에 두려워하는 요인이 되기도 하지만 또 반대로 생각하면 무한한 가능성이 있는 희망이 나를 이끌어주는 요인이기도 하다. 때문에 내 자신의 숨겨진 가능성을 찾아내는 것이 최우선이 되어야 한다고 했다.

피터 홀린스는 그의 저서 '어웨이크'에서 특별한 천부적 재능을 가진 사람은 없다. 성공한 사람들은 그저 열심히 노력하고 반복적으로 기회를 찾아다니다 약간의 운을 만났을 뿐이며 운 역시 열심히 움직여야 얻을 수 있는 것이지 누구도 아무 노력 없이 거머쥘 수는 없다고 했다. 이 시기의 나는 내 인생이 지금 어디쯤 와 있으며 어떻게 해야 좀 더 구체화하여 목표점에 도달할 수 있을 가를 두고 연일 생각에 잠겼다. 자신이 어떤 사람인지는 자신이 자신을 어떻게 바라보느냐에 달려있다고 한말이 마음에 강하게 다가왔다. 자신을 믿고 온 마음을 다해 노력하면 현재는 보잘 것 없는 존재일지라도 성공한 미래를 보장 받을 수 있다는 사실을 분명하게 믿어야겠다. 성공한 사람이라고 해서 태어날 때부터 특별했던 것이 아니라 그저 평범한 사람이 불가능하고 두려운 일에 날마다 도전한 뒤에 성공을 이룬 것뿐이다. 라는 피터 홀린스의 말이 위안을 주었다.

성공과 실패는 갈망과 목표의 차이

  중학교 졸업(7회)을 앞두고 서울을 오고 가며 더 넓은 세상에 더 많은 경쟁자가 있다는 생각이 머릿속에 맴돌았다. 지금까지 지나온 세월들을 너무나 안이하게 살았고 내가 태어나 자란 산골짜기 협곡처럼 좁은 안목에서 살았다는 생각에서 벗어날 수가 없었다. 지난 시간들을 되돌릴 수는 없을진대 지금부터가 더 중요하다는 결론에 이르자, 중학교를 졸업하고 첫걸음은 무슨 한이 있더라도 넓은 세상인 서울로 가서 공부하겠다는 마음을 다시 굳히게 되었다. 리웨이원은 그의 저서 '인생에 가장 중요한 7인을 만나라'에서 조물주는 모든 인간에게는 비슷한 수준의 능력과 지혜를 부여했다. 자신이 직접 선택할 수 없는 가정환경을 제외하고, 그 외의 것들은 스스로 달라진다면 충분히 바꿀 수 있다. 가장 중요한 것은 내가 나의 꿈을, 나의 목표를 얼마나 간절히 원하느냐, 내면의 원동력인 갈망이 얼마나 크냐에 달려있다. 다시 말하면 성공과 실패하는 사람의 차이는 갈망과 목표의 차이에서 나타난다는 것이다. 그의 주장에 의하면 사회계층의 분포는 언제나 피라미드 형태를 띠는데 그 꼭대기에 오를 수 있는 사람은 지극히 적으나 그 정점을 차지한 이들은 언제나 먼 미래를 내다보며 인간관계를 소중하게 생각하며 자기인생을 스스로 개척한 사람이라고 했다. 이 같은 말은 인생의 출발점에서 중심을 잡지 못하고 방황하는 청소년들에게 미래를 향한 마음의 자세와 방향을 제시하는 나침반과 같은 역할을 하리라 믿으며 우리가 가진 강력한 무기는 성실과 열정임을 기억해야 한다. 스펜스 존슨이 그의 저서 '선물(The present)'에서 세상에서 가장 소중한 선물 (present)은 바로 현재(present)라고 한 것처럼 현재, 이 시간을 나의 것 으로 만들어 후회 없이 최선을 다 하여야 한다. 과거보다 나은 현재를 원할 때는 과거에서 소중한 교훈을 배워 과거의 잘못을 반복하지 않고 현재를 보람되게 보내야 하며 현재보다 나은 미래를 원할 때는 미래를 위한 계획을 세우고 목표를 설정하여 이를 착오 없이 이행하여야 한 다. 사람이 사는 이유는 희망이 있기 때문이다. 희망이 기회를 만들어 주고 인생을 성공으로 이끌어 간다. 희망을 가지고 사는 사람은 적극 적이고 능동적이며 진취적이고 매사에 긍정적인 생각을 갖고 살아간 다고 한다. 조던 피터슨은 그의 저서 '12가지 인생의 법칙'에서 오늘에 집중하라. 그래야 현재를 온전히 살 수 있고, 바로 눈앞에 놓인 그 일에 완전하게 그리고 올바르게 힘을 쏟을 수 있다고 했다.

신은 누구에게나 공평하다고 웨이슈잉은 그의 저서 '하버드 새벽 4시 반'에서 언급했다. 사람은 누구나 똑같이 태어난다. 누가 더 큰 성공을 이루는 것은 그 만큼 더 성실하고 노력했기 때문이지, 그 이상도 그 이 하도 아니다. 태여 날 때부터 능력을 갖춘 사람은 아무도 없다고 했다. 그리고 웨이슈잉이 그의 저서에서 인용한 마이클 샌들은 "아무리 기름 진 땅이라도 씨를 심어 가꾸지 않으면 결코 달콤한 열매를 기대할 수 없는 것과 마찬가지로 아무리 똑똑한 사람이라 하더라도 성실하지 못 하면 일자무식의 사람보다도 우둔한 인간이 될 수도 있다"고 했다. 이 들의 말은 나에게 커다란 자신감과 위안을 주었으며 주저 없이 다음 단계의 나의 길을 나아갈 수 있는 용기를 주었다. 신체적, 정신적으로 가장 활력이 넘치고 어떠한 가능성도 열려있는 10대 후반에서 20대 초

반의 나이에 노력하지 않으면 인생 최고의 기회를 잃는다. 젊은 시절
에는 막연하게 커다란 성공을 꿈꾸고 남들보다 훨씬 대단한 위치에 오
르기를 바란다. 그렇지만 어떻게 해야 가슴에 품은 그 꿈을 실현시킬
수 있는지에 대해서는 잘 모르는 경우가 많다. 즉 지금 당장 시작하면
되는 것을 모르고 있다. 지금 당장 출발하면 아무리 먼 길이라도 달릴
수 있다고 웨이슈잉은 말했다.

제6장 ◆ 고등학교에 다니다

약점과 부족함, 실패를 극복하는 노력

  학업을 마치고 사회에 진출할 때 각자의 실력도 중요하지만 인맥(人脈)도 더 없이 중요하다. 좋은 인맥을 가지려면 명망 있는 학교의 선택이 필수요건인데 나는 고등학교의 선택에서 실패했다. 그 실패는 두고 두고 후회와 나의 약점이 되었지만 나는 그 약점을 극복하기 위해 부단히 노력해 왔다. 한 번의 실패 때문에 좌절하고 포기하는 사람은 아무것도 이룰 수 없는 사람이다. 사람에게 최고의 고통인 3중고(보지도, 듣지도, 말하지도 못하는)를 안고 있는 헬렌 켈러(Helen Keller)를 전 세계가 놀라게 한 인물로 만든 앤 설리반(Ann Sullivan)은 "시작하고 실패하는 것을 계속하라. 실패할 때마다 무엇인가 성취할 것이다. 네가 원한 것을 성취하지 못해도 무엇인가 가치 있는 것을 얻게 되리라"고 했다. 또한 그는 "절대로 포기하지 말라. 모든 가능성을 다 시도해 보았다고 생각하지 말고 언제나 다시 시작하는 용기를 가져야 한다."고 했다.

  발명왕 에디슨이 전구를 발명하기까지 2천 번의 실패가 있었다고 한다. 개인적인 약점은 어떤 이에게는 실패의 핑계거리가 되기도 하지만 나에게는 분명히 재도약과 성공의 불씨가 되었다. 약점과 열등감은 노력과 성장을 자극하는 계기가 된다. 가령 학력에 열등감을 느껴서 남보다 몇 배 더 노력하자고 결심한다면 도리어 바람직하다고 가이미 이치로와 고가 후미타케는 그들의 저서 '미움 받을 용기'에서 언급했다. 정주영은 그의 저서 '하버드 상위 1퍼센트의 비밀'에서 프랑스 문화인류학 교수인 샤롤 가르두는 '약점과의 싸움은 인간을 움직이는 원동력'이라고 설명했다. 우리의 삶에는 반드시 아쉬움과 부족함(결핍)이 있어야 한다.

아쉬움과 부족함이 있어야 지혜가 눈을 뜨고 마음이 진실해질 뿐만 아니라 부족함을 극복하고자 하는 삶의 원동력이 발동한다. 정해승 교수는 그의 저서 '열두 발자국'에서 결핍이 욕망을 만든다. 원하는 것이 있는데 그것이 결핍되었다고 느꼈을 때 우리는 그것을 채우려고 노력하며 그런 노력이 우리를 성장시키고 때로는 성취하게 하며, 성숙하게 만든다고 했다. 특히 어린 시절 겪는 결핍은 삶의 원동력이 되기도 한다. 때문에 남들보다 좋은 환경에서 태어나 항상 채워진 삶을 산다고 해서 좋아할 일은 아니다. 이들은 삶에 대한 의지와 생활력이 약하고 어려운 일에 부딪치면 이를 극복하지 못하고 좌절하며 때로는 인생을 포기하기도 한다. 인생은 장거리 경주이다. 이 과정에서 수많은 예기치 못한 일들이 우리 앞을 가로막는다. 이처럼 우리의 앞길은 누구에게나 꽃길이 아님을 각오하고 어려움을 이겨내고 힘차게 달려갈 각오를 단단히 해야 한다. 정호승 시인은 그의 저서 '내 인생에 힘이 되어준 한마디'에서 사람은 자기 일에 최선을 다할 때 가장 아름답게 보이며, 부족함이 있을 때 노력이 촉발된다고 했다. 무무는 그의 저서 '행복이 머무는 순간들'에서 네가 앞으로 원대한 꿈을 꾸든, 대단한 업적을 세우기를 갈망하든 앞으로 나아가는 길에서 '패배의 다리'를 피해갈 수는 없다. 너는 이 다리를 건너면서 새로운 자신을 계속 만들어가야 한다고 했다. 손병수의 '희망이야기'에서 1%의 희망이 99%의 절망을 이겨낸다. 어떤 일이든 포기하지 않고 마지막 1%를 더 노력하는 사람이 성공을 맛보게 된다. 물이 섭씨 99도에서는 끓지 않다가 100도에서 끓기 시작하는 것과 같이 포기하지 않고 마지막 1%를 더 노력하는 사람이 성공을 맛보게 된다는 사실을 깨닫는 자만이 소기의 목표를 이룰 수 있다고 했다.

  시골에서 중학교를 다닌 내 실력을 감안하지 않고 서울의 최고명문 고등학교의 입학원서를 보내왔다. 사실 원서를 쓰면서도 나 자신도 어느 수준의 고등학교인지도 몰랐다. 최선을 다했으나 낙방하고 말았다. 1년 더 공부해서 원하는 고등학교에 가야지 하면서도, 실망하기 보다는 좋은 경험을 했다며 위안을 했다. 시골에서 자란 내가 서울에 적응하기 위해서는 이정도의 시련을 겪어봐야 정신을 차리게 된다고 스스로를 위로하였다.

  신문을 읽다가 우연히 후기고등학교 모집광고를 보고 깊이 생각해 보지도 않고 원서를 구입해서 제출했다. 사실 누구와도 구체적으로 상의할 대상도 없었다. 재수를 하더라도 아무학교나 다니면서 준비하는 것이 촌놈티를 벗어나서 서울에서의 학교생활에 적응하는데 도움이 되리라고 생각되었기 때문이기도 했다. 합격했다. 등록금을 내고 개학을 맞았다. 한 학기 동안은 학교생활에 충실하면서 열심히 공부를 하여 자신의 능력을 테스트해 보고 2학기부터는 고등학교 재수입시 준비를 하기로 마음먹었다. 언제나 창문가 맨 앞 책상에 앉았다. 휴식시간에도, 뒷자리에서 어떤 소란이 있어도 상관하지 않고 책을 보며 공부했다. 간간이 내게 말을 거는 학생이 있긴 했지만 불량해 보이는 학생들은 내겐 상관하지 않았다. 그들끼리 책상을 밀쳐놓고 치고받고 싸우는 때도 있었다. 그들이 떠드는 큰 목소리가 들려왔다. "어제 깔치를 만났는데…" 등등. 나는 상상할 수 없는 이야기들을 자랑스럽게 늘어놓기도 했다. 지난 일요일 극장에 갔다가 감독 선생님한테 붙들렸는데 간신히 도망갔다는 이야기도 늘어놨다. 그들은 나팔바지와 신발 밑창에 징을 박아 걸음을 걸을 때마다 요란한 소리를 냈다. 순진하고 착한 시골학생들과는 달라도 너무 다르다고 생각되었다.

실패보다 두려운 것은 현재에 만족하는 것

수업이 끝나면 나는 곧 바로 집으로 왔다. 그날 배운 것은 반드시 복습을 했고 내일 배울 내용도 예습했다. 특히 영어와 수학에 많은 시간을 할애하였고 화학과목도 좋아했다. 내 나름대로 계획을 세워 거기에 맞추어 충실히 시간을 활용하려고 최선을 다했다. 한 번 입시에서 실패한 경험이 나의 결의와 실천에 커다란 보탬이 되었다. 당시의 나의 좌우명은 '양보는 하되 지지는 말라'였다. 책상 앞 벽에 큰 글씨로 써서 붙여놓고 매일 들여다보며 마음을 가다듬었다. 존 맥스웰도 그의 저서 '사람은 무엇으로 성장 하는가'에서 실패는 언제나 유익한 교훈을 준다. 그러나 실패보다 두려운 것은 현재의 나에 만족하는 것이다. 우리의 내면에는 모든 것을 해낼 수 있는 무한한 힘이 잠들어 있으며 인생은 긴 마라톤이며 아직도 갈 길이 멀다고 했다. 백영옥의 말과 글(171) '매일의 오늘'에서 결국 성공이 아닌 실패에 대한 태도가 한 사람의 인생을 바꾼다고 했다. 실패했거나 결과가 좋지 않았을 때는 그 원인을 면밀히 분석하고 교훈을 얻어야한다. 그러나 실패를 아쉬워하고 후회하며 삶이 침체되면 그는 재기할 수 없는 패배자가 된다.

　한 학기가 끝나고 여름방학이 시작되는 날 성적표를 받는 날이었다. 담임선생님께서 내 이름을 부르신 후 한참 뜸을 들이시다가 내가 "특대생으로 선발되었다"고 하시며 칭찬해 주셨다. 특대생은 수강한 모든 과목의 평균점수가 90점 이상이어야 했다. 1학년 전체에서 나 혼자였다. 그리고 특대생은 다음 학기 등록금이 면제되었다. 무척 기뻤다. "그래 노력하면 반드시 대가가 있는 거야"하며 뿌듯한 자신감이 생겼다. 한편으로 그러면 내년 입시준비는? 하고 생각에 이르자 머릿속이 복잡해졌다. 한학기가 끝나면 반드시 원하는 고등학교에 가기위한 준비를 하겠다는 마음이 다소 느긋해지기 시작했다. 2학기가 다가오자 내 실력을 인정받는 학교에 다니기로 결정했다. 전국의 고등학교가 동일 교과서로 공부할 테니 여기서 인정받으면 다른 학교에서도 인정받을 수 있을 것이라고 내 스스로 결론을 내렸다. 또한 당시의 우리집의 경제 상황으로 볼 때 등록금이 적은 돈이 아니었다. 한편으로 지난번의 입시 실패는 다시 생각해보면 전화위복(轉禍僞福)이 아니었나 하고 생각되기도 했다. 과거의 고통을 오늘의 디딤돌로 삼고 과거의 실패를 오늘의 보석으로 삼을 수 있어야 과거를 잊고 앞으로 나아갈 수 있다. 아무리 기억하고 싶지 않은 과거라도 긍정하고 받아들이면 오늘의 자양분이 된다. 과거는 이미 지나간 죽은 날이니 앞만 생각하자고 마음을 되잡았다.

노력이 실력이다
　사실 노력만큼 진정한 실력은 없다. 노력은 절대 거짓말을 하지 않고 그 대가를 반드시 되돌려준다. 고통 없는 성공은 있을 수 없다. 정호승 시인은 그의 저서 '내 인생에 힘이 되어준 한마디'에서 한 마리의 개미가 보리 한 알을 물고 담벼락을 오르다가 69번을 떨어지더니 마침내 70번째 목적을 달성했다는 것이다. 석공이 돌덩어리를 힘껏 100번을 내리 쳤는데도 금하나 가지 않다가 101번째 내리치자 쩍 갈라졌다고 했다. 이처럼 마지막 순간까지, 나의 목적이 달성될 때까지 최선을 다하는 자, 반드시 목표를 꽉 움켜진다는 진리를 확고히 믿어야 한다. 우리의 뇌는 무한한 잠재력을 지니고 있고 우리가 지닌 뇌 전체의 5% 밖에 사용하지 못하고 있다 한다. 젊었을 때 뇌를 더 많이 사용해야 하며, 머리를 많이 쓸수록 더욱 활성화되고 똑똑해진다. 사람은 재능이나 능력의 차이는 거의 없거나 크지 않다는 것이 뇌 과학자들의 견해이다. 오직 차이가 있다면 노력의 차이이다. 즉 재능이 1%라면 나머지 99%는 오로지 노력에 의한 것이다. 이런 것을 두고 수적석천(水滴石穿), 즉 물방울이 모여 돌을 뚫는다는 뜻으로 꾸준히 노력하면 큰일을 이룰 수 있음을 이르는 말이다.

나는 특히 영어공부에 많이 치중했다. 영어 사전을 한 장 찢어 영어단어를 완전히 외우고 버렸다. 어느 날 나는 나의 영어 회화 실력을 시험해 보고 싶었다. 당시에는 6.25 전쟁 후 이기 때문에 서울거리에 미군 병사가 많이 다녔다. 큰길에서 기다리고 있다가 지나가는 미군 병사를 따라갔다. 가까이 접근해서 "헬로"하고 말을 걸었다. 그는 깜짝 놀라며 나를 돌아보더니 나를 밀치고 가던 길을 가버렸다. 나의 갑작스런 접근에 그 병사는 구걸하는 것으로 착각한 듯 했다. 무안을 당한 나는 뒤로 물러났고 그 후로는 한 번도 미군 병사와의 대화를 시도해 본적이 없었다.

담력과 용기가 있어야 한다

　담력을 키우기 위해 태권도를 배우고 싶었다. 태권도 도장에 가서 연습하는 모습을 며칠 동안 창문을 통해 살펴보았다. 집에 가서 아버지에게 태권도를 배워야겠다고 나의 의견을 말씀드렸다. "태권도는 깡패들이나 하는 것"이라며 아버지께서 단호히 거절하셨다. 나는 결국 포기하고 말았으나 가끔 그때 배우지 못한 것이 후회가 되었다. 태권도를 배웠다면 한두 번은 큰 사고를 치는 일이 생겼을지도 모른다. 상대에 대해 울화통이 터져도 이길 자신이 없어서 울분을 삼키며 물러난 적이 여러 번 있었기 때문이었다. 부당한 일을 당했을 때 이를 단호히 거부하고 나의 의사를 분명히 밝힐 수 있는 당당함은 우선 신체적인 당당함을 가질 때 가능하다. 사실 목소리를 높여야 할 때 주저하거나 침묵하는 것은 거짓말을 하는 것과 같다고 한다. 조던 피터슨은 그의 저서 '12가지 인생의 법칙'에서 인간도 바다가재처럼 자세와 겉모습으로 상대를 평가하고, 당신이 패배자의 자세를 보이면 패배자로 취급하며, 반대로 당신이 당당한 자세를 하고 있으면 당신을 다르게 보고 그것에 맞게 대우한다고 했다. 자세부터 반듯하게 바로잡아야 한다며, 구부정하고 웅크린 소극적인 자세는 당장 버리고 자신의 생각은 거침없이 당당하게 말해야 하고 부당한 일을 당했을 때 초기부터 단호히 거부하고 의지를 분명하게 밝히면 가해자는 심리적으로 위축되고 행동에도 제약을 받으며, 폭력성은 한번 나타나면 거침없이 확대되는 특성이 있다. 능력이 없고 힘이 부족해서 어쩔 수 없이 자신을 지키지 못하는 사람과 마찬가지로 적절한 반응을 보이지 않아서 자기영역을 지키지 못하는 사람 역시 쉽게 착취 대상이 되기 마련이라고 했다.

부모의 칭찬과 사랑의 중요성

어느 주말, 수학을 가르치시는 담임선생님이 우리 집을 방문하셨다. 아버지와 마주앉아 약주를 드시면서 담임선생님께서 "댁의 아들이 공부를 잘한다"고 하시며 칭찬을 하셨다. 아버지는 매우 기쁜 표정을 지으시며 "선생님께서 잘 지도해 주신 덕분입니다" 라고 말씀하셨다. 선생님이 떠나신 후 아버지는 어머니에게 "우리 듣기 좋으라고 하신 말씀이겠지" 하셨다. 나는 물끄러미 아버지를 쳐다보며 어떻게 그렇게 말씀을 하시는지 실망하였고 모든 의욕이 사라지는 충격을 받았다. 모든 것을 민감하게 받아들이는 청소년기의 자녀들에게 부모의 말 한마디 한마디가 큰 영향을 미친다는 사실을 간과해서는 안 된다. 또한 사람은 누구나 탁월한 면을 가지고 태어난다. 부모는 자녀의 탁월함을 끄집어낼 줄 알아야 한다. 차동엽 신부도 그의 저서 '무지개 원리'에서 사람은 인정받을 때 변화되고 새롭게 거듭나기 시작한다고 했다. 도쓰카 다카마사는 그의 저서 '세계최고의 인재들은 어떻게 기본을 실천할까'에서 누구에게나 "잘했다(well done)"는 말보다 더 가치 있는 말은 없다고 했다. 동시에 부모는 자식의 지닌 장점을 찾아내서 칭찬함으로써 그가 자신의 장점을 계속 키워 나갈 수 있도록 독려하는 것이 중요하다. 그러나 집에서 부모가 자녀의 결점을 지적하며 잔소리를 퍼부으면 자녀는 결국 '나는 아무것도 할 수 없어'라는 생각에 빠지게 된다고 스웨이는 그의 저서 '인생은 지름길이 없다'에서 지적하고 있다. 뿐만 아니라 사람이 오랫동안 격려와 칭찬을 받지 못하고 계속 단점을 지적 당하는 환경에 처하면 결국 '자기부정'에 빠져 아무것도 할 수 없는 상태가 된다고 했다. 자오위핑도 그의 저서 '판세를 읽는 승부사 조조'에서 리더나 선생, 가장으로서 우리 모두는 아랫사람에게 말을 할 때에 언제나 긍정적인 격려를 잊어서는 안 된다는 사실을 기억해야 한다고 했다. 사실 뒤떨어진 아이들에게 개발할 수 있는 장점이 많다. 만약 부모님이나 선생님이 그들에게 무책임하게 악성 꼬리표를 붙인다면 정말로 자포자기(自暴自棄)할 수도 있다. 반대로 장점을 긍정하고 방법을 가르쳐 주며 자주 격려하는 등 적극적으로 인도하고 특히 그들에게 암암리에 좋은 꼬리표를 붙여주면, 그들은 은연중에 적극적인 방향으로 발전하려고 노력할 것이라고 했다.

나는 머리가 뛰어나서라기보다는 노력이 더 큰 비중을 차지했다고 스스로 믿고 있으며, 특대생의 자리를 계속 유지해야만 한다는 중압감으로 교과서외에 폭넓은 독서도 못했고 친구들과 어울려 영화구경도, 여행도 못 다닌 것이 두고두고 아쉬웠다. 내 자신에 충실한 것 외에 새로운 친구들을 사귀는 것도 등한시했고 또 노력도 하지 않았다. 청소년기는 폭넓은 독서와 다양한 경험들을 스펀지처럼 흡수해 마음의 양식을 쌓아야 하는 시기임을 깨닫지 못했다. 사실 그 당시는 지금도 마찬가지겠지만, 학생에게는 학교의 성적만이 모든 것을 대변해주는 유일한 지표이기도 했다. 정해진 답을 외우거나 찾아내는 교육이 아닌 자기만의 합리적인 답을 제시할 수 있는 능력을 기르고 창의력을 배양하는 교육에는 한참 못 미치는 것이 당시의 우리나라의 학교교육형태였고 70여년이 지난 지금도 그 상황은 마찬가지이다.

청소년기에 독서를 많이 해야 한다

청소년기에 많은 독서의 기회를 가져야 한다. 새로운 책을 읽을 때마다 우리의 뇌는 역량이 커지고 생각과 감정은 성장하게 된다. 이케다 다이사쿠는 그의 저서 '인생좌표'에서 독서는 인간만이 누릴 수 있는 특권이다. 독서는 일생의 재산일 뿐만 아니라 무엇과도 바꿀 수 없는 마음의 필수영양원이 되어 우리의 삶을 건강하게 한다. 독서는 다른 사람이 체험한 다양한 경험들을 나의 것으로 만들어 주고 내가 가보지 못한 넓은 세상을 훨훨 날아다니게 하여 내 인생을 풍족하고 행복하게 이끌어준다고 했다. 도쓰카 다카마사는 그의 저서 '세계최고의 인재들은 어떻게 기본을 실천할까'에서 독서로 얻은 정보와 지식을 그대로 받아드리는 수동적인 배움에서 벗어나 한 문장 한 문장에 자신의 경험을 반영하여 능동적으로 탐구하면서 나라면 어떻게 활용할까를 생각해야 독서의 질이 현격히 향상된다고 했다. 읽으면 세배로 생각하라. 즉 한 시간 동안 책을 읽었다면 내용을 다시 음미하며 생각하는데 세 시간을 사용하라는 것이다. 독서의 목적은 정보(인풋)로만 인식하지 않고, 독서에서 얻은 지식과 배움을 얼마나 나의 것으로 이끌어낼 수 있는가(아웃풋)에 있으며 이렇게 하면 독서에서 얻는 지식의 질이 극적으로 향상된다고 했다. 빌 게이츠는 '확신, 도전만이 성공비결' 대담에서 "인간에겐 한계가 있지만 그 한계를 넘어설 수 있게 해주는 것이 독서"라며 "탁월한 삶을 꿈꾼다면 책을 더 많이 읽으라고 권하고 싶다"고 했다. 고도원은 '위대한 시작'에서 좋은 책을 읽고 있으면 내 영혼에 불이 켜지고 독서로 생기는 상상력은 시야를 탁 트이게 한다. 상상력은 미래를 창조하는 가장 큰 에너지이라고 했다. '법정 행복한 삶'의 저자 김옥림 작가도 좋은 책을 읽으면 그 좋은 책의 내용이 나 자신의 삶으로 이어져야 한다. 독서는 단순히 책을 읽는 행위가 아니라 삶을 살아가는데 필요한 지혜를 구하고, 정서를 풍부하게 하여 바른 인성을 기르게 함은 물론 청소년들에게 교양미를 지니게 하는 반드시 필요한 '지적

수단'이다. 몸에 자양분을 공급하는 영양소와 같이 마음과 정신을 맑고 바르게 하는 책 즉, 양서를 읽어야 하며 책을 읽은 후에는 반드시 책 내용대로 실천하는 것이 살아있는 독서이며 내 삶으로 만드는 지혜라고 했으며, 독서는 눈과 입으로 읽고, 마음으로 느끼고, 몸으로 행동해야 한다는 것이다.

나는 졸업할 때까지 계속 특대생으로 선발되어 등록금을 면제 받았고 졸업 시에는 수석졸업으로 서울시 교육감(김영훈 교육감)상을 받았다.

넓은 교지에 새 교사를 신축하고 서울 도심에 위치한 현재의 다소 좁은 교지를 떠나 이전 준비에 분주하시던 교장 선생님께서 교통사고로 갑자기 운명하시었다. 이는 내가 졸업한 이후에 일어난 일이었다. 그 이후 교장선생님 사모님께서 특정종교의 신자로서 이 학교를 특정종교에 기증한다는 소문이 파다했다. 당시에는 그 종교에 대한 이해 못할 소문이 있어 인식이 매우 좋지 않았었다.

대학생인 나에게 어느 날 모교 고등학교 재학생대표가 모교 고등학교로 꼭 와달라는 연락이 왔다. 졸업 후 처음으로 방문하는 학교인지라 다소 긴장되는 마음을 진정시키며 교문을 들어서니 상상할 수 없는 광경이 눈에 들어왔다. 세상에 이런 일이 학교에서 일어날 수 있는가 나의 눈과 귀를 의심했다. 교장실 창문은 모두 박살이 났고 책상과 의자 등등 집기들이 여기 저기 흩어져 있었다. 한참 공부하고 있어야 할 시간에 학생들은 무리지어 구호를 외치고 있었고 선생님들을 어디에도 눈에 띄지 않았으며 이런 사태가 오래전부터 진행되고 있었음을 말해주고 있었다.

학생대표와 몇몇 간부들과 대화를 주고받았으나 사태는 이미 악화될 대로 악화되어 수습될 가능성이 전혀 없어 보였다. 대화의 상대가 잠적하고 나타나지 않는 상태에서 어떤 방안을 강구할 수 있는 여지도 없어 보였다. 참담한 마음으로 발길을 돌리는 길밖에 없었다. "학생의 본분을 잊지 말라"는 말 한 마디만 남기고 교문을 나서는 나의 마음은 무어라고 표현할 수가 없었다.

얼마 자나지 않아 일간신문에 내 모교를 어느 고등학교와 통합시킨다는 기사가 실렸다. 내가 3년 동안 다니던 고등학교의 교명은 역사 속으로 자취를 감추었고 나의 마음속에서도 영원히 지워진 학교가 되어 이제는 이름조차 거명하는 것이 싫어졌다. 여기에도 일체 학교명을 거론하지 않은 것은 그만큼 실망했고 자존심이 상했기 때문이었다. 그럼에도 불구하고 그때의 동기생들과의 만남은 오랫동안 지속되었으나 나는 그 모임에도 적극성을 보이지 않았다. 이제는 어떤 애착도 없다.

2부

날마다, 날마다
새로워지는 삶

제7장 ◆ 대학교에 다니다

진로를 결정하는 가장 중요한 관문, 대학시절

대학의 선택은 내 인생의 진로를 결정하는 가장 중요한 마지막 관문이라고 생각하며 고민이 많았다. 나를 아껴주시는 고교 선생님께서는 고교 성적으로 학생을 선발하는 연세대학교 아니면 고려대학교의 무시험 전형에 원서를 제출하도록 강력히 추천하셨으나 나는 관심이 없었다. 그러나 나보다 성적석차가 뒤진 몇 친구가 연세대학교와 고려대학교에 각각 무시험전형으로 합격하였다. 나는 일단 진학을 포기하고 시골에 계시는 조부모님께로 가서 1년을 같이 지내며, 어린 시절 나에게 온갖 사랑을 쏟아주신 두 분께 효도를 다하는 기회를 가지게 된 것을 두고두고 잘한 일이라고 생각하게 되었다. 내가 행동으로 보인 효도라기보다는 나의 존재 자체가 할아버지 할머니께는 큰 효도가 된 것이었다. 이런 기회를 갖지 않았다면 나는 후에 할아버지, 할머니를 생각하며 심한 마음의 상처에 시달렸을 것이 분명했다.

시골에서의 일 년은 무척 행복했다. 지난 3년 동안 공부에만 매달려 아무것도 생각할 틈이 없었던 세월 속에 찡그렸던 얼굴을 할아버지 할머니 앞에선 활짝 펴고 어렸을 때 그 모습 그대로 재잘대며 웃음꽃을 피웠다. 원영 스님이 '삶과 믿음의 고향, 내 착한 영혼이 숨어있는 곳'이라는 글에서 고향은, 그리고 가족은 내 착한 영혼이 숨어있는 곳이라고 했다. 그는 부모에게 자식은 희망이다. 성공이나 부, 명예와 상관없이, 가족은 존재만으로도 삶의 기쁨이라고 했다. 이러한 사실을 가슴으로 절감하며 더 없이 행복했던 시간들은 화살이 과녁을 향해 날아가듯 순식간에 흘러갔다.

시골에서 지낸 1년간의 시간은 금방 지나갔으나 나 자신을 되돌아보면서 나를 일깨우는 매우 보람된 시간이기도 했다. 다시 입시철이 다가오자 대학진학에 대한 열망이 불같이 일기 시작했다. 우연히 신문을 펼치다가 "이거야" 하고 외치며 시선이 집중되었다. 그것은 건국대학교 축산대학의 신입생 모집 광고였다. 4년간 등록금 면제, 기숙사 입사 및 숙식 제공 그리고 졸업 후 덴마크 유학이었다. 그 무엇보다도 덴마크 유학이 가장 가슴 설레게 했다. 당시의 우리나라의 경제 여건으로 보아 외국 유학은 좀처럼 생각할 수 없었기 때문이었다. 또 한편으로 어느 누구에게도 재정적 신세를 지지 않고 대학을 다닐 수 있다는 것이 나에게는 너무나 큰 기쁨이고 기회였다. 신문광고를 들고 곧바로 상경하여 원서를 제출하고 입학시험을 치렀다. 예상외로 입시경쟁률이 18:1로 매우 높았다. 필기시험에 이어 면접시험이 진행되었다. 연세가 지긋하신 몇 분들 앞에 서서 장래의 포부와 소신을 밝힐 때 머리를 끄덕이며 흐뭇한 표정으로 몇 가지 물어 보시던 그분들의 모습이 지금도 내 기억에 생생하게 남아있다.

축산 인재 양성의 장, 건국대학교
일본의 36년간의 지배와 6.25 전쟁을 겪은 1950년대의 우리나라는 너무나 가난한 나라였다. 따라서 전체인구의 70%를 차지하는 농민들의 생활수준의 향상이 무엇보다 우선시 되어야 한다는 것이 건국대학교 설립자, 유석창 박사님의 지론이었다. 그러기 위해서는 유축농업, 즉 축산입국이 유일한 길이라 생각하고 이를 이끌어갈 인재양성을 위해 축산대학을 설립하고 이에 합당한 인재를 육성하고자 했던 것이다. 18:1의 경쟁률을 뚫고 합격한 학생들에게는 교비장학생으로 생활관에 입사하여 숙식제공 그리고 세계 제일의 축산 선진국인 덴마크 유학을 약속했었다. 농촌에서 태어나 어릴 때부터 농촌의 가난과 어려움을 온몸으로 느끼며 자란 나에게는 더없이 소중한 절호의 기회라고 생각되었다.

합격 통지서를 받고 학교로 향하는 마음은 내가 원하는 모든 것을 손에 쥔 듯 부러울 것 없는 마음이었다. 동대문에서 기동차로 3,40분 거리, 인분의 악취가 진동하는 뚝섬 벌판의 채소밭을 지나 학교의 정문이 보이는 한적한 곳에 내렸다. 정문을 들어서니 캠퍼스의 중앙도로 왼쪽으로 새 건물들이 눈에 들어왔고 오른쪽의 낮은 언덕위에 Y자형의 중앙도서관의 웅장한 모습이 시선을 끌었다. 한강에서 끌어온 물이 낭떠러지로 떨어지며 폭포를 이루고 다시 물레방아를 한 바퀴 돌린 후 2만여 평 넓이의 일감호(호수)로 흘러들어 갔다. 잔잔한 호수에 수양버들이 물위에 그림자를 띄우고 길게 밑으로 늘어진 버들가지를 호수 물에 담그고 있었다. 사람의 발자국 소리를 듣고 몰려드는 수백 마리의 색동옷 입은 잉어 떼들은 인적이 몹시 그리웠던 모양이었다. 때마침 수십 마리의 야생 오리 떼들이 거북선 마냥 물위를 잽싸게 헤엄쳐 갔다. 중앙도서관 옥상에 오르니 캠퍼스 전체가 시야에 들어왔다. 저 멀리 한강이 보이고 뚝섬유원지에 이르기까지가 학교의 땅이며 총면적이 80만평에 이른다고 했다.

교비장학생으로 선발된 축산대학생 71명은 강의실을 기숙사로 개조한 방 하나에 8개의 침대를 비치하고 1실 8명씩 기거했다. 얼마 후에는 축산대학생만의 전용 생활관(기숙사)이 완공되어 그곳에서 생활했다. 기숙사의 아침 기상은 오전 6시, 침대 정리와 청소가 끝나면 세면장에서 세수를 하고 일부는 옥상에서 태권도를 배우고 일부는 일감호 주위를 따라 거닐면서 신선한 공기를 마시며 산책과 독서를 즐겼다. 7시30분에 전원이 식당에 모여 식사를 하고 9시에 첫 강의가 시작되었다. 강의 시작 5분 전에는 모두가 강의실에 입실하여 교수님을 기다렸고 강의시작에서 끝날 때까지 숨소리도 죽여 가며 강의에만 열중했다. 이 같이 열심히 공부하는 그때의 습관이 축산대학 1기 졸업생 62명 중 16명이 국내외의 유명대학교에서 박사학위를 받는 원동력이 되었다고 생각한다.

　학생들은 축산장(우사, 양돈장, 양계장), 농장과 임산장에 순환 배치되었다. 매일 아침 5시에 기상하여 축사에서는 소젖을 짜고 양돈장과 양계장에서는 청소 및 사료 주기 등 각자 책임지고 모든 관리를 도맡아 하면서 축산기술을 현장에서 몸소 익혔다. 농장에서는 삽을 들고 땅을 1m 깊이로 갈아엎으면서 인내심과 땅에 대한 애착심을 길렀다. 오늘날 많이 보급된 비닐하우스 채소 재배는 그때 학교농장에서 최초로 시작되었으며 오이, 참외, 수박 등의 재배기술을 이웃농장에 보급하였다. 임산장에서는 묘목 가꾸기와 사과, 배 등의 유실수의 접붙이기 기술을 배웠다.

　생활관에서의 생활은 축산대학생들에게 가장 중요하고 잊을 수 없는 소중한 추억을 남겨주었고 강의실 못지않게 인격도야와 단결심, 그리고 우정을 깊이 심어주는 도장이기도 했다. 매 학기마다 입실 학생들을 바꾸어 모두에게 같은 방에서 기거하며 생활하는 기회를 주었고, 코고는 소리, 잠버릇과 생활습관 등을 모두 보고 듣고 겪으면서 생긴 우정은 어른이 된 지금도 남들이 부러워 할 정도로 두텁다. 아침에 눈을 뜨는 순간부터 옷 입는 습관, 세수하는 모습, 밥 먹는 습관, 걸음걸이, 공부하는 자세, 운동, 대화할 때의 표정, 웃는 모습, 잠자리에 드는 모습까지, 모든 것을 가까이서 지켜보면서 대학 4년간을 같이 지냈으니 우리들의 우정은 한집안 식구나 다를 바가 없었고 여기서 싹튼 우애와 이해심, 협동정신은 매우 각별했다.

축산대학 1기생들은 학교 성적 못지않게 인물 점수가 큰 비중을 차지하고 있었다. 때문에 첫 학기가 끝나고 신입생 71명중에서 9명이 인물점수 미달로 퇴교를 당했다. 이처럼 축산대학의 교육이념은 타 대학과는 비교되지 않는 특수함이 있었다. 그 이유는 인간교육, 생활교육, 기술교육을 통해서 그 당시의 어려운 농촌현실을 바로잡고 발전시킬 수 있는 인재양성에 중점을 두었기 때문이었다.

2학년 개학이 되어 얼마 되지 않아 4.19 혁명(1960)이 봇물 터지듯 터져서 걷잡을 수 없도록 온 서울 시내를 소용돌이 속으로 휘몰아 갔고 축산대학생들도 조심스럽게 규탄집회와 질서 안전에 참여하면서도 학생의 본분인 수업과 실습에 등한시 하지 않으려 최선을 다 하였다. 그때 우리반 학생들은 구이동 정수장에 불온세력의 독극물 투입을 감시하고자 밤을 새우며 감시활동을 했다. 그러나 혼란한 사회 분위기가 캠퍼스에도 전달되어 휴강이 잦았고 그 기간의 수업 분위기는 매우 좋지 않았다.

2학년이 끝나고 3학년 수업이 시작될 4월초(1961년)에 축산대학 1기생 전원이 다 함께 육군에 입대하여 논산 훈련소로 향했다. 대학생 신분으로 입대하면 학보병이라 하여 군 복부기간이 18개월로서 일반병사의 3년 6개월에 비해 절반이었다. 논산 훈련소에서 전반기 훈련이 거의 끝날 무렵 5.16 사태가 일어났으나 훈련병의 신분인 우리는 본연의 훈련에 매진할 뿐이었다. 달라진 것이 있다면 훈련병에게 가혹한 체벌이 금지되었고 매일 먹는 식사가 다소 좋아 졌다. 논산에서의 전, 후반 훈련이 끝나고 우리 모두는 전방으로 배치되어 군 생활을 하였다. 18개월간의 군대생활은 나에게 새로운 환경에 적응할 수 있는 능력과 인내심, 그리고 국가를 위해 나를 희생할 수 있다는 애국심 등 나홀로 서기를 할 수 있는 자신감을 심어준 매우 귀중한 기회이며 시간이었다. 때문에 제대 후 나는 한층 더 성숙한 어른이 되었다는 마음으로 세상을 바라보게 되었다. 우리는 모두가 같은 날 제대하여 이듬해인 1963년 신학기에 대학 3학년생으로 복학하였다.

실력만이 미래의 힘

우리는 다시 축산대학생만의 전용 생활관에 입사하여 단체생활을 계속하였다. 군 입대 전에 비해 달라진 것은 같은 방에 후배들도 같이 배정되어 선후배가 상호 친숙해지도록 했다는 것이다. 군 복무를 마친 나는 예전과는 달리 어른이 다 된 기분과 책임감으로 매사에 신중하면서 내 스스로의 진로에 대해 심사숙고하게 되었다. 사실 대학시절은 내 자신의 자아발견을 위해 고민하는 제2의 탄생기로서 새로운 차원의 나를 찾기 위해 고뇌하는 시기였다. 젊은 날의 고민은 깊을수록 큰 축복이라고 이시형 박사는 그의 저서 '내성적인 사람이 강하다'에서 언급하고 있다. 나는 고뇌를 통해서 성장의 방안과 장래를 향한 나의 최상의 길을 찾아가야만 한다는 어떤 절박함에 빠져들고 있었다. 이 시기의 나는 현실적인 문제보다는 앞으로 내가 무엇을 성취하여야 하는가에 대한 고뇌가 가장 깊었고 지금까지의 나를 벗어버리고 새로운 차원의 나로 거듭나야 한다는 생각에 골몰했다. 다소 내성적인 나는 남들 앞에 나서는 것을 극도로 자제하면서 학교 수업과 학점에 신경 쓰며 오직 실력만이 미래의 나를 이끄는 유일한 힘이고 길임을 마음속에 다짐하였다. 일반적으로 내성적인 성격이 열등성과 연관하는 경향이 있다고 주장하나 이는 잘못된 것이라고 이시영 박사는 그의 저서 '내성적인 사람이 강하다'에서 언급하고 있다. 그는 성공한 사람은 외향성보다 내향성이 많았다며 이는 내향성은 조용하고 모범생이기 때문이다. 인생길은 마라톤 경주와 같은데 외향성이 단거리 선수라면 내향성은 마라톤 선수이다. 마라톤 경주는 지루하고 단조로우나 끈기가 있어야 하고 근성이 강해야 하며 지루함을 견뎌낼 수 있는 인내심이 있어야 한다. 인생이란 이러한 과정을 밟아가면서 삶을 이끌어 가는 것이라고 했다.

인생은 지름길이 없다

학교 기숙사생활 중에 주말에는 가까운 친구들이 양복으로 갈아입고 외출하는 모습을 보고 순간적으로 그들이 부럽다는 생각을 하다가도, 나는 책을 들고 도서관으로 향하며 나의 미래가 책속에 있고 나를 이끌어 주는 힘 또한 내 안에서 나온다고 다짐을 했다. 이나모리 가즈오가 그의 저서 '생각의 힘'에서 지적한 것같이 인생의 길목에서는 에스컬레이터처럼 편리한 탈것은 없다. 한 걸음 한 걸음 자신의 발로 걸어나가면서 자신의 힘으로 오르는 것 말고는 다른 방법이 없다고 했다. 스웨이도 그의 저서 '인생은 지름길이 없다'에서 인생은 지름길이 없다고 했으며 성공하는 삶을 살고 싶다면 공상에 머무는 생각을 뛰어넘어 그 목표에 상응하는 행동을 해야 한다. 소중한 오늘을 함부로 낭비해서는 안 된다. 오늘을 지배할 수 있는 사람이 꿈을 이룰 수 있다. 성공한 사람들의 비결은 과거에 미련을 두지 않고, 현재에 충실하고, 오늘의 일을 내일로 미루지 않는다. 나의 하루를 소중하게 생각하고, 어제의 일로 후회하지 말고, 내일을 위해 오늘을 낭비하지도 말자며, 매일매일을 새롭게 시작한다는 마음을 가져보자고 했다. 그는 물이 반쯤 들어있는 병을 보고 누구는 물이 반이나 남았어하며 기뻐하고, 누구는 물이 반밖에 없잖아 하며 절망한다며 긍정적인 생각은 긍정적인 결과를, 부정적인 생각은 부정적인 결과를 불러온다. 긍정적인 생각은 의지력을 키워주고 의지력은 자신이 믿는 대로 뭐든 이루게 하는 신비한 힘을 가지고 있음을 강하게 믿어야 한다. 긍정적인 사람은 역경과 불행 속에서도 아름다움을 발견할 줄 알고, 그들은 언제나 미래를 향해 나아가며, 스스로 인생의 주인공이라고 생각한다. 설령 어두운 그림자가 드리운다 해도 미래에 대한 희망을 버리지 않으며 우울해하거나 비관하지 않는다. 반면에 인생을 부정적으로 생각하는 사람은 언제나 불안하고 우울하며 온갖 걱정거리를 안고 살아간다. 이런 태도는 건강에도 나쁜 영향을 미칠 뿐 아니라 인생 전반에 어두운 그림자를 드리운다(스웨이, 인생은 지름길이 없다.). 일론 머스크는 '확신, 도전만이 성공비결'대담(對談)에서 실현 가능성을 생각하지 말고 하고 싶은 일을 꿈꾸고 이를 이뤄가는 것이 성공이라고 하며 10% 가능성만 있어도 나는 도전 한다고 했다. 같은 대담에서 빌 게이츠는 야심을 갖는 것보다 더 중요한 것은 동시대 사람들을 뛰어넘는 생각을 하는 것이라고 했다. 마거릿 대처도 "우리는 생각하는 대로 된다"고 했다. 우리의 뇌는 우리의 생각에 따라 움직인다. 부정적으로 생각하면 부정적으로, 긍정적으로 생각하면 긍정적으로 작동한다. 나는 반드시 나를 이길 수 있다는 긍정의 마음으로 소기의 목표를 향해 매진할 때 성공할 수 있다.

나를 이끌어 준 격려의 시와 글귀

이 시기에 나를 흔들림 없이 붙잡아 준 것은 러시아의 문호 알렉산드르 푸시킨(Aleksandr Pushkin)의 시 <삶이 그대를 속일지라도>이었다.

삶이 그대를 속일지라도/ 알렉산드르 푸시킨

삶이 그대를 속일지라도 슬퍼하거나 노여워하지 말라

슬픔의 날 참고 견디면 기쁨의 날이 오리니

마음은 미래에 살고 현재는 늘 슬픈 것

모든 것은 순간에 지나가고

지나간 것은 다시 그리워지나니.

불확실한 미래를 바라보며 방황하는 상급학년 대학생인 나에게 푸시킨의 시는 얼마나 큰 위안과 희망을 주었는지 모른다. 그러나 현재가 아무리 어렵고 힘들더라도 견디며 끝까지 노력하면 반드시 이루어진다는 진리를 믿는다는 것이 말처럼 쉬운 일이 아니다. 독일의 문호 괴테(Goethe)도 그의 저서 '파우스트'에서 인간은 노력하는 한, 방황하게 마련이라고 했다. 방황하는 젊은이들은 그만큼 자신의 미래를 위해 노력하고 고뇌하고 있다는 방증이기도하다. 방황하며 무엇이든지 붙잡고 싶을 때는 성공한 위인의 말 한마디가 우리의 마음을 이끌어 준다. 차동엽 신부도 그의 저서 '무지개 원리'에서 큰 인물의 뒤에는 그들을 먹여 살린 격려의 말이 있다고 하였다. 게리 켈러와 제이 파파산은 그들의 저서 '원씽(The One Thing)'에서 사람에게는 누구나 자신에게 최초로 영향을 미치고, 자신을 훈련시키고 관리해준, 가장 중요한 한 사람이 있기 마련이다. 라고 했다. 여기에 미국의 저술가 데일 카네기의 짧은 명구를 되새겨본다. "성공할 것이라 믿어라, 그러면 성공할 것이다(Believe you will be successful and you will)." 이는 자신감이 최고의 성공비결이며 자신에 대한 확고한 믿음임을 보여주는 글귀이다. 복싱선수 알리도 선수생활을 은퇴하면서 "나의 승리의 절반은 주먹이었고 절반은 승리를 확신한 나의 말이었다."고 했다. 이처럼 성공한 사람들의 공통점은 하나같이 긍정적이고 적극적인 말을 한다. 스웨이도 그의 저서 '인생은 지름길이 없다'에서 나에게 힘이 되는 글귀를 써놓고 반복적으로 읽으면 강한 믿음이 형성된다고 했다. 간절히 원하면 정말 이루어진다는 피그말리온 효과(pygmalion effect)를 믿고 용감히 도전할 수 있는 사람만이 '불가능'을 극복하고 잠재력을 발휘하여 성공에 이를 수 있다.

잠재력을 깨우자

스웨이는 그의 저서 '인생은 지름길이 없다'에서 우리의 잠재력은 말

그대로 잠재된 에너지다. 사람의 의식과 무의식을 빙산으로 형상화해 볼 때, 의식은 수면위에 드러난 일부분이고(5%), 무의식은 수면 아래에 감춰진 대부분이다(95%). 우리는 무한한 잠재력을 가지고 있으면서도 일반적으로 잠재력의 10분의 1만을 활용할 뿐이다. 라고 했다. 그러므로 무의식을 활용해 잠들어 있는 잠재력을 깨워 개발하는 것은 만능열쇠로 미래의 문을 여는 것과 같이 기적이 일어날 수도 있다. 말한 대로 이루어진다는 말은 반복하면 주술처럼 뇌의 잠재의식을 자극해 의식보다 더 큰 힘으로 상상을 현실화 시킨다. 우리의 뇌의 대부분은 의식보다 잠재의식이 차지하며 말은 잠재의식을 자극한다.

청춘기는 누구나 고뇌하며 준비하는 기간

청춘기에는 누구나 불확실한 미래를 바라보며 나아갈 방향을 확고하게 결정하지 못하고 고뇌하는 시기이다. 이케다 다이사쿠는 그의 저서 '인생좌표'에서 청춘은 고뇌와 희망이 맞서 싸우는 전쟁터이다. 이 전쟁터에서 반드시 희망이 승리해야만 한다며 승리를 위해 포기할 줄 모르는 도전정신의 기개를 가져야 하고, 생각지도 못한 슬픔이나 고뇌에 맞닥뜨렸을 때는 새롭게 도전할 때가 왔다고 마음을 정해야 한다고 했다. 우리는 분명히 역경과 장애를 극복하는 과정에서 인간이 새롭게 태어난다는 사실을 믿어야 한다. 자기 자신의 부족함을 인정하고 그것을 노력으로 채워나가겠다는 겸허한 자세를 견지할 때 우리는 앞을 향해 매진할 수 있다. 어떠한 불리한 조건하에서도 이를 극복하기 위해 전심전력으로 노력하는 모습이야 말로 얼마나 뜻깊고 아름다운가를 되새겨 보자. 마크 맨슨도 그의 저서 '신경 끄기의 기술'에서 당신이 선택한 고통이 당신을 만든다며 고통은 때로 우리를 다시 일어서게 하고, 더 강한 사람으로, 더 현실적인 사람으로 만들어 준다고 하였다. 정호승 시인은 그의 저서 '내 인생에 힘이 되어준 한마디'에서 살아가다 보면 대패질을 하는 시간보다 대패 날을 가는 시간이 더 길 수도 있다. 특히 젊은 날은 대패 날을 가는 시기라고 했다. 이우근도 '중앙일보 칼럼'에서 봄에 뿌린 씨앗이 금방 수확의 결실로 이어지지는 않는다. 비바람과 뙤약볕, 가뭄과 태풍의 시련을 견뎌내는 기다림 끝에야 가을의 들녘은 비로소 풍성해진다고 하였다. 고도원은 그의 저서 '위대한 시작'에서 젊다는 것은 모든 것을 다시 시작할 수 있다는 뜻이고 인생이라는 그림을 완성하기 전에 몇 번이고 고쳐 그릴 수 있는 때라고 했다. 우리의 꿈이 자라기 위해서는 역경, 시련, 좌절, 절망의 계곡을 건너야 한다. 이 모든 어려움을 딛고 일어서면 이것이 인생의 자산이 되지만 이를 극복하지 못하고 그대로 주저앉으면 인생의 패배자가 된다. 그러므로 진정한 성공이란 끊임없는 노력으로 스스로의 잠재력을 최대한으로 발휘하여 강한 나를 만들어가며 자신의 가치를 날로 높여가는 것이다. 고도원은 '위대한 시작'에서 여러분 안에 숨 쉬고 있는 "위대함"의 씨앗은 그냥 싹트지 않습니다. 바로 새로운 것에 도전할 때, 남들이 하는 대로만 따라가려고 하지 않을 때 비로소 거친 땅을 뚫고 나오게 됩니다. 라고 했다.

사람은 누구나 마음속에 에베레스트산을 품고 있다

1953년 인류 최초로 에베레스트산의 등정에 성공한 에드먼드 힐러리(Edmund Hillary)는 "내가 정복한 것은 산이 아니라 내 자신이다"라고 했다. 그의 말은 학창시절의 나에게 큰 울림을 주었고 오늘의 내가 있기까지 줄곧 나에게 용기와 마음의 다짐이 흐트러지지 않도록 묶어

주는 단단한 동아줄이 되었다. 사람은 누구나 마음속에 에베레스트산을 가지고 있다. 산에 오르기 전에 정신적 무장 뿐만 아니라 신체적 단련이 필요하다. 스스로를 어떻게 얼마나 단단히 단련했느냐에 따라 산에 오르는 속도는 물론 등정 높이를 결정하게 된다. 산에 오르다 어디쯤에서 중도 포기하느냐가 그 사람의 인생이 결정된다. 그러나 모든 어려움을 극복하고 끝까지 오르는 자는 그의 꿈과 인생목표가 성취되는 것이며 그것은 오직 스스로를 이기는 자 만이 가능하다. 우리의 삶에서 가장 이기기 어려운 상대는 바로 자기 자신이고 스스로를 이기는 가장 강력한 힘을 가진 자 또한 자기 자신이라는 사실을 세상의 어려움을 극복하고 소정의 목표를 이룬 사람들은 그들의 체험에서 깨닫게 된다. 다시 말하면 인생이란 결국 자기 자신과의 싸움이며 진정으로 싸워 이겨야 할 대상은 세상 그 무엇도 아닌 내 자신이라는 것이다. 우리들은 누구나 위대함의 씨앗은 가지고 있다. 각자 자기 안에 있는 씨앗을 발아시키기 위해서는 젊었을 때 우선 무엇이라도 시도하고 배워가며 자신에게 가장 맞는 일을 찾아내야 한다. 내가 맡았던 모든 일에 최선을 다하고 결과가 좋든 실패했든 거기서 항상 뭔가를 배워야 한다. 산 정상에 오르는 길은 여러 가지다. 어떤 길을 택하느냐는 중요하지 않다. 명심해야 할 것은 자신이 그 등산을 한다는 것이다. 열심히 기술과 실력을 갈고 닦다보면 그 일에 열정도 갖게 되고 흥분되고 자부심을 느낄 일을 하게 되며, 이것이 정상이고 여러분의 삶의 목표이다. 그러나 돈이 목표가 되면 아무리 많은 돈을 벌어도 만족할 수 없다.

고난을 통해 지혜가 생기고 자신감이 성공으로 이끈다

나무를 꺽꽂이 할 때는 반드시 척박한 모래밭에 심어야 스스로 뿌리를 내려 부족한 물과 영양분을 흡수한다. 그러나 비옥한 땅에 꺽 꽂이를 하면 뿌리를 내리지 못하고 말라 죽는다. 사람의 경우에도 어려움 없이 자란 사람일수록 생활력과 삶에 대한 의지력이 약해서 어려운 일에 부딪쳤을 때 그것을 극복하지 못하고 쉽게 포기한다. 그래서 "하늘이 큰 재목으로 쓸 인재는 어려서부터 가난과 질병 그리고 어려운 환경을 주어서 이를 스스로 극복하는 과정에서 지혜의 눈을 뜨게 하고 세상을 향해 용감하게 나아갈 능력을 기르도록 한다."고 맹자(孟子)는 말했다. 이처럼 사람은 고난을 통해서 목표를 향한 스스로의 신념과 결의를 굳혀가는 것이다. 다시 말하면 가장 큰 고통을 겪을 때 가장 큰 성공의 씨앗이 움트고 있음을 깨달아야 한다. 이를 증명하듯 세계적으로 성공한 사람들의 90%는 무에서 유를 창조한, 즉 흙수저(dirt spoon)에서 시작하여 인생의 목표를 달성한 사람들이다. 영국의 철학자 제임스 앨런(James Allen)은 "큰 성공을 원한다면 큰 자기희생을 지불해야 한다."라고 했다. 즉 성공은 힘든 고통을 견딜 수 있는가에 달려있다는 뜻이다. 어떤 어려움과 고통이 있더라도 자기 자신을 믿고, 할 수 있다는 자신감을 가지고 매진하면 반드시 소기의 목표에 다가갈 수 있다.

자신감은 최고의 성공 비결이지만 노력이 전제되지 않은 자신감은 자기기만에 불과하다. 우리가 무수히 겪는 좌절과 실패는 우리에게 주는 단련의 기회이므로 이를 잘 극복하고 좌절과 실패에서 교훈을 얻어야 우리가 이루고자 하는 성공에 도달할 수 있다. 스웨이는 그의 저서 '인생은 지름길이 없다'에서 사실 우리는 시련을 통해 성장한다. 해결할 수 없는 문제가 있다면, 그것은 문제 자체가 어려워서가 아니라 그것을 너무 어렵게 생각한 나머지 용감히 맞서지 못하기 때문이며 고난과 도전에 직면했을 때, 사람들은 그 때문에 무너지는 게 아니라 극복할 수 없다고 생각하는 자신 때문에 무너진다. 당신은 스스로 자신을 생각하는 것보다 훨씬 뛰어나므로 자신을 과소평가하지 말고 고난은 나를 성숙시켜주는 가장 좋은 스승이며 고난 앞에서 취하는 긍정적인 태도는 향후 성공의 훌륭한 밑거름이 될 것임을 믿으라고 했다. 강영우 박사는 그의 저서 '우리가 오르지 못할 산은 없다'에서 고난과 역경은 소중한 자산이며 '실패는 성공의 어머니'라는 말은 진리이다. 실패는 고난에 대한 인내를 길러주어 쉽게 포기하지 않도록 해 준다며 역경을 도전의 기회로 삼으라고 했다. 마크 맨슨이 그의 저서 '신경 끄기의 기술'에서 말한 것처럼 결국은 당신이 선택한 고통이 당신을 만든다. 즉 운동을 즐기는 사람은 멋진 몸을 갖고, 워커홀릭(workaholic)은 초고속승진을 하며 고된 연습을 견딘 아티스트는 무대 위에서 빛을 발한다고 했다.

웨이슈인은 그의 저서 '하버드 새벽 4시 반'에서 성공하기 위해 우리가 갖추어야 할 덕목 중 가장 중요한 것은 자신감(self-confidence)이며, 자신감을 갖기 위해서는 첫째 자신의 운명을 바꾸려는 용기가 있어야 하고, 둘째 나는 할 수 있다는 긍정적 사고, 셋째 자기의 장점을 찾아 이를 극대화 시키는 노력이라고 했다. 동시에 자기가 가장 좋아하는 일이 무엇인지 찾아내고 스스로가 이루고자하는 인생의 목표를 명확히 세워 그 목표를 향해 노력이라는 엔진이 움직이도록 가스페달(gas pedal)을 힘차게 밟을 때 100% 자신감이 생긴다. 많은 사람들이 실패하는 이유는 능력이나 시간이 부족해서가 아니라 자신이 집중할 수 있는 하나의 뚜렷한 목표가 없기 때문이다. 일을 처리하는 능력 역시 자신감에서 나온다. 인생의 바다에서 부딪히는 크고 작은 무수한 파도들, 그것을 헤치고 앞으로 굳건히 나아가는 원천적 힘이 자신감이다. 따라서 자신감은 삶을 이어가는 동력이라고 했다. 도쓰카 다카마사도 그의 저서 '세계 최고의 인재들은 어떻게 기본을 실천할까'에서 자신감이 쌓이면 책임감이 높아지고, 책임감이 높아지면 우리가 이루고자하는 목표도 성취할 가능성이 더욱 높아진다며, 자신감의 원천에는 분명 끊임없이 반복된 노력과 준비가 있어야 한다고 하였다. 잭 웰치는 그의 저서 '잭 웰치, 끝없는 도전과 용기'에서 자신감은 사람들에게 용기를 주고, 자신의 한계를 극복하게 해주고, 보다 큰 위험을 감수하게 하여 스스로 가능하다고 생각했던 것 이상의 성취를 할 수 있도록 해준다. 또한 사람들에게 기회를 제공하고, 상상조차 못했던 일들에 도전하게 하고 각자의 성공에 대해서 가능한 모든 방법을 동원해 보상해 줌으로써 자신감이 생겨나게 된다고 했다. 세상은 바다와 같고 우리의 삶은 항해와 같다는 웨이슈잉이 그의 저서 '하버드 새벽 4시 반'에서 한 말이 마음에 와 닿는다. 그는 인생이라는 바다위에서 우리는 늘 거친 파도와 싸워야 한다며 이때 자신감은 끊임없이 맞설 수 있는 힘의 원천이 된다. 인생이라는 바다에서 상처없이 온전한 배는 없다. 우리가 해야 할 일은 자신감을 잃지 않는 것이다. 그것이 어려움을 물리칠 수 있는 가장 강력한 무기이기 때문이라고 했다.

지력, 심력, 체력 그리고 고난과 역경이 심력을 길러준다

성공하기 위해서 우리가 가져야 할 세 가지 능력은 첫째는 지력(知力)이다. 지력은 지식의 능력, 지식의 힘이다. 둘째는 심력(心力)이다. 심력은 마음의 힘, 마음이 미치는 힘이다. 셋째는 체력(體力)이다. 체력은 건강, 즉 강인한 신체 능력이다. 이들 셋 중에 우리에게 성공과 실패를 가르는 가장 중요한 요인 하나를 꼽는다면 단연 심력이다. 강영우 박사는 그의 저서 '우리가 오르지 못할 산은 없다'에서 심력(heart)은 지력(mind)이나 체력(body)과 마찬가지로 길러지는 것이다. 그러나 아무에게나 고난과 역경이 심력을 기르는 도구가 되는 것은 아니다. 미국의 제16대 대통령 링컨과 같이 고난에 처했을 때 그것을 긍정적인 관점에서 보고 도전하는 사람들에게는 심력을 개발하는 기회가 되지만, 그것을 부정적인 관점에서 보고 불평하고 원망하고 탄식하는 사람들에게는 반대로 심력을 파괴하는 계기가 되어 패배자의 인생을 살게 된다고 했다. 강영우 박사의 저서에서 미국 교육부 통계에 의하면 영재 학생들의 반 이상이 미성취자로 인생을 살고 있다고 한다. 우리나라에서도 부모 세대는 자녀들에게 그들이 맞는 실패를 해볼 기회를 주지 않았고, 그들이 가지는 문제나 갈등을 통해 심력을 길러주는데 소홀했으며, 지력을 키우는 데만 중점을 두었다. 고난과 역경을 통해서 심력이 길러질 수 있다는 교육의 진리를 체험을 통해서 알고 있는 부모 세대들이 그것을 자녀 교육에 적용하지 못했다고 했다.

　미국 코네티컷대학의 렌줄리(Renzulli) 교수가 영재 학생들의 미성취원인을 밝히는 연구에서, 영재로 판명되지 않은 중상정도의 기본 능력을 갖춘 학생들 가운데 인생의 장기적 목적이 뚜렷하고 성취동기 유발이 잘 되어 있는 학생들을 선발하여 영재교육을 시킨 결과 원래 영재로 판명된 학생들 못지 않은 결과가 나타났다는 것이다. 다시 말하면 지적능력은 다소 낮아도 심력을 기르면 아인슈타인이나 에디슨과 같이, 노력에 의해 천재가 될 수 있는 가능성이 있다는 뜻이다. 심력을 기르는 데는 시련과 역경이 중요한 역할을 할 때가 많다. 이때 역경을 초래하는 사건 자체가 심력에 영향을 주는 것이 아니고 그 사건 자체로 인한 결과를 부정적으로 보느냐 긍정적으로 보느냐가 중요하다고 했다. 우리의 교육도 무분별한 교육열에 근거한 주입식 지식 중심교육, 성적 중심교육에서 지력, 심력, 체력을 균형 있게 발전시키는 교육으로 전환되어야 한다.

게으르거나 미루는 습관을 버리고 남과 비교하지 말라.

사람은 누구나 게으르거나 미루는 습관을 가지고 있다. 이 같은 습관은 우리의 인생을 망치게 하고 목표달성을 어렵게 만든다. 때문에 프랭클린 루스벨트는 "게으름은 철에 녹이 스는 것처럼 우리 몸도 녹슬게 한다."라고 했다. 웨이슈잉은 그의 저서 '하버드 새벽 4시 반'에서 게으름은 당신을 부지런히 갉아 먹는다. 게으름은 바이러스와 같아서 그 누구도 이를 피할 수 없으며 한번 정착된 게으름은 쉽게 벗어나기가 어렵다. 게으르거나 미루는 습관은 충분히 제시간 안에 완성될 일마저도 너무나 어려운 일로 만들어 버린다. 성공하는 사람들이 지금 당장 시작을 하는 대신에 많은 평범한 사람들은 '기다림'이라고 포장된 '게으름' 때문에 시간을 낭비한다. 특정시간을 기다리며 '그때부터 시작해야지'라고 말하면서 그때가 되면 좋은 기회가 찾아올 거라고 생각하는 것이라고 했다.

쑤린도 그의 저서 '어떻게 인생을 살 것인가'에서 세상에 93%의 사람이 미루는 나쁜 습관 때문에 결국 아무것도 이루지 못한다며, 이는 미루기가 사람의 적극성을 죽일 수 있기 때문이다. 당신이 이 93%의 사람 중에 한명이 되고 싶지 않으면, 아무것도 이루지 못하는 패배자가 되고 싶지 않으면 나쁜 습관을 뿌리 뽑고, 오늘 할 일을 절대 내일로 미루지 말라고 했다. 오늘 할일을 절대 내일로 미루지 말고 그때그때 처리하는 습관을 기르고, 남보다 한발 앞서 완성하는 부지런함이 경쟁력 있는 자신을 만들어 간다고 했다. 결국 경쟁은 타인과 하는 것이 아니라 자기 마음속에 뿌리 깊게 자리 잡은 시간을 낭비하는 게으름, 안이함과 내일로 미루고 싶어 하는 자신의 마음과의 경쟁이다. 자기 자신과 경쟁하여 스스로를 이기는 힘, 그것이 남을 이기고 자신을 성공으로 이끄는 힘이다. 웨이슈잉은 게으름을 이길 수 있는 유일한 무기는 성실함이다. 성실함이란 끊임없이 자신의 목표를 향해 노력하고 계속 배우는 자세를 잃지 않는 것이며 성실한 사람은 이미 현명하고 지혜로운 사람이 되는 열쇠를 쥔 셈이라고 했다.

여의길상(如意吉祥)이라는 말이 있다. 길하고 좋은 일은 의지에 달려 있다. 좋은 일을 생각하면 좋은 일이 생긴다는 뜻이다. 고도원도 '위대한 시작'에서 긍정적인 마음, 웃는 얼굴은 운명마저 바꾼다. 인간의 삶을 가장 불행하게 하는 가장 강력한 요소 한 가지만 꼽으라면 남과 비교하는 것이다. 남과 비교하는 순간 삶의 리듬은 헝클어지고 내 목표는 초라해진다. 남과 비교하는 순간 스스로 불행의 싹을 키운다고 했다. 법정 스님의 법문집 '좋은 말씀'에서 다른 누구와 우리 자신을 비교하는 일에는 반드시 시샘과 열등감이 따른다. 비교해도 좋은 것은 어제의 나와 오늘의 나이다. 물도 한곳에 고여 있으면 탁해지고 쇳덩이도 쓰지 않으면 녹이 쓴다. 자기 울타리 안에 갇혀 좁은 생각에 머물러 있으면 성장할 수 없다. 우리는 다른 사람의 장점과 성공의 비결을 분석하고, 그것을 자신의 것으로 만들어야 한다. 남들과 비교하여 누가 더 잘났는지 따지지 말고, 겸허하게 상대의 장점을 배워야 한다. 상대가 누구든 자세히 관찰하면 분명 배울만한 점을 발견하게 된다(스웨이). 강영우 박사도 그의 저서 '우리가 오르지 못할 산은 없다'에서 남과 비교 경쟁하지 말라며, 비교해서 자신이 나은 것같이 생각되면 교만해지기 쉽고, 못한 것같이 생각되면 열등감을 느끼고 시기, 질투심이 생기기 쉽다고 했다.

경쟁상대가 있어야 성공을 앞당길 수 있다

경쟁심이란 자신의 성장을 위해 매우 중요한 요소이다. 쑤린은 그의 저서 '어떻게 인생을 살 것인가'에서 경쟁상대가 있어야 우리의 잠재력이 발휘되고, 경쟁상대가 존재해야 우리가 성장할 수 있으며, 경쟁상대가 있어야 성공을 앞당길 수 있다고 했다. 경쟁은 내가 상대보다 더 빠르게 뛰고 싶다면 더 많이 노력해야 된다는 데 그 의미가 있다. 즉 상대와 경쟁을 할수록 내 안에 잠자고 있던 잠재력을 좀 더 쉽게 발견할 수 있고, 의욕을 불태울 수 있으며, 자신의 능력을 향상시켜 조금씩 성장할 수 있다는 뜻이다. 그렇다. 우리는 경쟁 속에서 성장하고 경쟁 속에서 성공한다. 그러나 도쓰카 다카마사는 그의 저서 '세계최고의 인재들은 어떻게 기본을 실천할까'에서 타인과의 경쟁에서 이기는 것보다 자신이 설정한 목표에 한발 더 가까워지는 것을 중요하게 생각해야 한다. 어릴 적 꿈과 지금의 목표를 비교해 보고, 자신의 목표를 향할 뿐 타인과 비교하여 자신이 지금 서 있는 위치, 도달한 수준을 확인하지 않는다. 즉 다른 동료를 경쟁자로 인식하고 그들과 승부한다는 식으로 생각하지 않아야 한다. 오직 자기가 설정한 목표에 다가가는 것만을 생각해야 한다는 것이라고 했다.

　학교당국은 학생 각자의 장래 진로에 대해 많은 관심을 가지고 때때로 스스로의 진로 계획을 무기명으로 적어 제출하도록 하였다. 그때마다 나는 나의 적성으로 보아 후진양성, 즉 교수직을 원한다고 나의 장래 희망을 나타냈고 그것이 결국 나의 최종 목표로 굳어졌다. 이재영 교수님께서 여름방학 때 미국의 자매대학을 방문하고 오셔서 미국 방문기를 강당에서 학생들에게 설명해 주셨다. 미국 방문 그 자체가 모든 사람들에게 관심의 대상이 되던 시기였다. 여러 설명 중에 한 가지 기억에서 지워지지 않는 것은, 화장실 세면대에서 수도꼭지를 열지 않고 수도꼭지 밑에 손을 갖다 대면 물이 나오고 손을 떼면 물이 나오지 않기 때문에 너무나 신기해서 손을 넣었다 빼기를 반복하며 시험해 보았다고 했다. 설명을 듣는 당시는 우리들 모두도 도저히 이해할 수 없었다. 그렇지 않아도 미국은 지구상 최고의 국가임에 틀림없음을 잘 알고 있기 때문에 나는 그때부터 공부하러 미국으로 가야지 하고 나의 꿈을 키우게 되었다.

　나는 3학년 때부터 윤희섭 교수님 연구실에 내 책상을 두고 공부하면서 심부름도 하고 조교처럼 지냈다. 그 자체가 장차 내가 교수가 될 꿈을 키우는데 큰 자극제가 되었다. 윤 교수님 방에 있다 보니 자연스럽게 많은 교수님들과도 친숙하게 되는 계기가 되었고 때마침 프랑스에서 박사학위를 받고 부임하신 신상주 교수님과도 친하게 되었다. 그분이 프랑스로 유학할 수 있는 길을 열어 주시겠다고 약속하셨다. 희망에 부푼 나는 당장 프랑스 말을 배우려 명동에 있는 불란서 어학원(알리앙스 프랑세스)에 등록하였다. 초급반으로 부족하여 중급반까지 등록하여 초급반 수업이 끝나면 바로 중급반에 가서 공부하는 열성을 보였다. 그러나 프랑스 유학의 길은 끝내 열리지 않아 마음조리고 아쉬워했지만 지금에 와서 생각하면 프랑스로 유학가지 않은 것이 얼마나 다행이었나 하고 생각된다. 왜냐하면 나는 미국유학을 더 선호했고 결국 그 목표를 이루었기 때문이다.

모교 황칠성 교수님이 오스트레일리아 정부 장학금을 받고 유학을 떠나셨다. 출국하시던 날 김포공항에 배웅을 나갔다. 교수님이 출국장으로 들어가신 후 나는 티켓을 구입하여 전망대로 갔다. 청사에서 걸어서 비행기로 향하는 승객들의 모습이 한눈에 들어왔다. 어떤 분은 멈춰 서서 전망대를 향해 열심히 손을 흔들었다. 모든 승객이 비행기 안으로 들어간 후 약 30분 지나서 비행기가 서서히 움직이더니 요란한 굉음과 함께 하늘 높이 치솟아 시야를 벗어났다. 모든 사람들이 전망대를 빠져 나갔다. 나는 한참이나 비행기가 사라진 하늘을 응시하며 그 자리에 머물러 있었다. 그때 나는 대학 4학년이었다. 나도 졸업하면 저 비행기를 타고 기필코 유학을 떠나리라는 마음을 다지며 형언할 수 없는 간절함이 온 마음을 사로잡았다. 미국의 영화배우 카일 챈들러(Kyle Chandler)는 "기회는 노크하지 않는다. 그것은 당신이 문을 밀어 넘어뜨릴 때 모습을 드러낸다."고 했다. 마음으로만 결심하고 행동에 옮기지 않으면 아무소용이 없다는 뜻이다. 나는 나의 꿈을 하나하나 차분히 그리고 확고히 계획을 세우고 분명히 나의 미국 유학의 목표를 이루리라 마음먹었다.

4학년 1학기 초, 한정협회에서 주관하여 덴마크 유학생을 선발한다는 공고를 접했다. 덴마크는 우리나라 새마을 운동을 이끌어 가던 류달영 박사가 그의 저서 '새 역사를 위하여'에서 지상낙원으로 표현한, 축산대학생들에게는 꼭 가보고 싶은 선망의 국가였다. 외세의 침략과 지배로 가난했던 나라가 농사짓기 어려운 황무지를 일구어 옥토로 만들어 세계최고의 부와 농업, 특히 낙농국가로 발 돋음 한 그들의 역사를 배우고 선진 축산기술을 익혀 우리나라의 가난을 벗어나기 위한 모델국가로서는 손색이 없는 최상의 위치에 있는 국가였다. 전국적으로 필기시험과 면접을 통해 12명을 선발하였으며 우리학교에서도 3명이 합격하여 덴마크로 떠났다. 나 자신도 응모 여부를 놓고 심각하게 고심하였으나 대학 4년 졸업이 우선이라는 결론을 내리고 응시를 포기하였다. 윤쾌병 교수님의 주선으로 일본의 육가공 공장에 실습생으로 다수의 졸업을 앞둔 축산대학생들이 떠났다. 당시의 우리나라 형편상 좀처럼 받기 어려운 여권을 윗주머니에 넣고 자랑스럽게 활보하던 일본에 실습생으로 선발된 친구들의 모습이 지금도 눈에 선하게 남아있다. 윤쾌병 교수님께서 나에게도 일본에 갈 것을 권유 하셨으나 일본에 가고 싶다는 생각은 추호도 없었다. 일본의 지배 하에서 독립투사들을 혹독하게 고문한 일본인의 잔인함을 역사책에서 읽은 그 여운이 깊게 남아 있었기 때문이었다고 나는 생각된다.

창의성을 길러주지 못하는 교육

일학년 입학 때부터 졸업할 때까지 교수님께서 불러주는 강의 내용을 받아쓰고 설명을 듣는 것이 유일한 공부법이었고 질문과 토론은 전무 했었다. 외부에서 강의하러 오신 교수님께 휴식시간에 수업 중에 이해되지 않은 강의내용에 대해 질문을 했다가 호되게 야단을 맞은 이후로 나는 듣기만 할 뿐 일체의 질문을 하지 않았다. 왜 그 교수님이 그토록 화를 내셨는지 도무지 이해할 수가 없었다. 그러나 유학중에 학생들은 대부분 수업 중에 궁금하거나 이해되지 않은 부분이 있으면 거리낌 없이 손을 들어 자유롭게 질문하고 대화하는 모습이 비교되어 야단맞은 그때가 생각이나 씁쓸하게 웃었다. 토케이어는 그의 저서 '영원히 살 것처럼 배우고 내일 죽을 것처럼 살아라'에서 질문은 해답과 같은 힘을 가지고 있다. 훌륭한 물음은 훌륭한 답을 끌어낸다. 이는 좋은 질문이 해답과 마찬가지의 힘을 지니고 있기 때문이라고 했다. 사실 질문과 토론이 없는 수동적인 교육방식은 수강하는 학생들의 개성 있는 지식을 얻기가 어렵다. 즉 틀에 박힌 교육을 받고 자란 청년들에게 도전과 창조는 몸에 맞지 않는 옷이다. 젊은이는 가능성의 존재다. 그러나 우리의 교육 현실은 다소 비관적이다. 지식을 전수하는 데는 부족이 없으나 완성된 인격체를 만들어 내는 데는 부족하고 창조적인 참인간을 키워내는 교육은 찾아보기 어렵다. 가정교육이나 사회교육은 있으나마나였고 풍부한 인생경험을 가진 어른들의 역경을 헤쳐 온 삶에 대한 산지식은 후대에게 전수되지 않고 있었다. 배움에 있어서 긍정적인 정신과 태도는 매우 가치 있고 지속적인 학습동기를 부여한다.

창의적 사고 기법문야의 대가인 에드워드 드 보노(Edward de Bono)는 '창의력은 신비한 능력이나 선천적으로 주어지는 재능이 아니라 훈련에 의해 개발될 수 있는 능력'이라고 했다. 창의성(creativity)은 '새롭고 독창적이고 유용한 것을 만들어 내는 능력 또는 전통적인 사고방식을 벗어나서 새로운 관계를 창출하거나, 비일상적인 아이디어를 산출하는 능력'을 의미한다. 2014년도에 발표한 글로벌 창의지수에서 우리나라의 위치는 82개 조사국 중 27(0.598)위이다. 1위는 스웨던(0.923), 2위 미국(0.902), 3위 핀란드(0.894)이고 일본은 30위 (0.541)이었다. 창의지수 측정요소는 기술(technology), 지능(talent), 관용(tolerance)이었다.

이광조 교수(쉐마 인성교육)는 우리나라 교육은 듣고 암기하고 시험 보고 잊어버리는 교육이며, 참된 교육은 듣고 암기하고 체험하고 시험 보고 생활에 적용하고 국가 및 사회와 인류를 위해 활용한다고 했다. 그는 한국식 교육은 일반적인 주입식 강의로 지식을 전달하는데 치중 하므로 질적 교육보다는 양적 교육에 치중하고 학업성취도 및 취업에 초점을 맞추는 교육을 한다고 했다. 반면에 이스라엘 교육은 지식 습 득보다는 지혜습득에 교육의 초점을 맞추고 사려 깊고 논리적인 교육 이며 양적 교육보다는 질적 교육에 치중하며 실용과학보다는 기초과 학분야에 치중한다고 했다. 그러한 교육의 결과로 이스라엘 국민의 평균 IQ는 95로 세계 184개 나라 중 29위로 우리나라 국민의 평균 IQ 106(2위)보다 뒤처지지만 노벨상 수상자는 전체 수상자의 30%를 차지 할 정도의 놀라운 결과를 보이며 그 차이는 교육의 차이에서 나타난 것이라고 했다.

이지성 작가는 그의 저서 '생각하는 인문학'에서 '교육'은 우리의 현재 를 만든 뿌리이자 미래를 결정지을 자양분이며 사람은 교육받은 대로 생각하고 행동 한다. 즉 우리의 두뇌는 우리가 받은 교육대로 프로그 래밍 되어 있다. 우리가 창의적이지 못한 이유는 엄마 뱃속에 있을 때부터 주입식 교육을 받았기 때문이다. 이제 독서와 사색을 통해 스스로 깨우치는 자기교육 시스템을 구축해야한다고 했다. 우리의 뇌 속에는 약 140억 개의 뉴런, 즉 신경세포가 있다. 뉴런들은 서로 뭉쳐서 신경회로, 즉 생각 시스템을 만들어 우리의 몸에 명령을 내려서 우리의 삶을 이어가게 한다. 우리의 삶을 변화시키고자 한다면 먼저 신경회로를 새롭게 바꾸어야 한다. 그러기 위해서는 신경회로를 구성하고 있는 뉴런들에게 지속적으로 진실을 알려주어 새로운 신경회로를 만들도록 해야한다고 했다. 홍찬식의 '창의력 교육의 오해'에서 '의식과 대비되는 무의식은 개인의 경험이 축적된 창고'로 정의했고, 무의식은 평소에는 의식의 방해로 인해 가려져 있지만 휴식을 통해 마음이 이완되고 편안한 상태가 되면 창의력의 원천이 된다고 했다. 어느 순간에 '문득' 또는 '갑자기' 아이디어가 떠오르는 이유는 무의식이 힘을 발휘한 덕분이며 '무의식은 창의력의 샘물 같은 것'이라고 설명했다. 필요한 지식을 충분히 취득하고, 현실에 대한 고민과 사고를 거듭한 상태에서 정신을 쉬게 할 때 창의력이 나온다는 사실이다. 기본과 준비 없는 창의력은 존재하지 않는다고 했다.

"선행학습은 바보짓, 우리나라 영재학교엔 영재가 없다"의 대담에서 강성모 카이스트 총장은 "지금처럼 교수가 일방적으로 강의하는 방식으로는 우리 아이들에게 미래가 없다. 시험을 잘 쳐서 성적을 잘 받는 것이 중요한 게 아니다. 창의적인 인재를 길러 내기 위해서는 토론을 통한 교육으로 바뀌어야 한다. 학생들이 수업 전 인터넷에 미리 올라온 과제를 읽고 공부한 뒤 강의실에서는 토론하는 방식으로 수업을 진행해야 한다."고 주장했다. 오준호 교수는 "중고교부터 대학까지 생각할 틈을 주지 않고 정답만 찾는 주입식 교육을 받다 보니 그 영향이 대학원 석, 박사 학생들까지 미칠 정도로 심각하다. 어떤 사안에 대해 문제를 주면 스스로 고민해 풀려고 하지 않고 인터넷부터 찾아 하나의 정답만 구하려 한다."며 "선행학습 같은 바보짓이 없다. 머리 좋은 아이들이 이상하게 훈련을 받고 대학에 들어오고 있다. 잠재력이 뛰어난 아이들이 초, 중, 고교 12년 동안 주입식 교육과 선행학습의 포로가 돼 틀에 갇힌 채 바보가 돼 간다며 영재학교에 영재가 없다."고 했다. 강성태는 '교육 메시지'에서 교육은 하느님이 주신 아이들의 잠재력을 꽃이 만개하듯 피어나게 하는 것이지 어른들의 생각과 지식을 무조건 주입하는 것이 아니라며, 성적은 사교육도 지능도 아니다. 끈기와 테크닉이라고 했다. 여기서 끈기는 '공부량'이고 테크닉은 '공부법'이며 공부를 잘하는 것은 결국 '공부량'과 '공부법'의 문제라고 했다.

박용삼은 그의 저서 '테드, 미래를 보는 눈'에서 창의성의 원천은 일상의 절실함이라고 지적하며 이제 빠른 추격자(fast follower) 전략은 이제 시효가 지났다며 제4차 산업혁명시대의 살길은 창의력뿐이다. 즉 결국 머리싸움이다. 하지만 머리 좋기로 유명한 한국의 학생들은 그 좋은 머리를 닥치는 대로 외우고 정답을 맞추는 요령을 배우는데 다 소비하고 있다고 지적했다. 이래서는 나라의 미래를 기약할 수 없고, 교육제도를 비롯한 한국사회 전체의 시스템은 과거 산업화 시대에 최적화 되어 있으므로 이를 과감하게 벗어버려야 한다. 사람의 본질인 다양성(diversity), 호기심(curiosity), 창의성(creativity)에 기반을 둔 새로운 교육제도가 시대의 흐름이 될 것이며, 낡은 교육체제에 일대 혁명을 가져올 수 있다고 했다.

정해승 교수는 창의적인 아이디어를 많이 얻기 위한 노력으로 첫째 운동이 중요하다. 운동을 하면 연령 고하를 막론라고 신경세포가 많이 만들어진다. 꾸준한 운동이 우리의 뇌를 오랫동안 건강하게 만들어 나이가 들어서도 창의적인 발상을 하는데 도움을 준다. 둘째로 수면이 중요하다. 특히 젊을 때 많이 자야 우리의 뇌는 자는 동안 낮에 얻었던 정보 중에서 쓸데없는 것들은 버리고 의미있는 것들은 장기 기억으로 저장하는 일을 한다. 셋째는 아무리 강조해도 지나치지 않는 것이 독서, 여행, 사람들과의 지적대화이며 끊임없이 세상으로부터 자극을 받아야 한다고 했다. 이러한 새로운 자극은 뇌에 저장되어 있다가 필요한 때가 되면 나의 것이 되어 완전히 새로운 모습으로 활용하게 된다. 함영준 마음건강 길 대표는 '운동으로 근육 강화되듯 취미로 뇌 강화 된다'에서 숲 속에서 사람이 자주 다니면 길이 나고, 인적이 드물면 잡초와 나무로 뒤덮여 자연스레 없어지듯, 뇌도 자주 쓰면 마치 고속도로 같이 뻥 뚫려 작용한다고 했다. 윤승옥은 그의 칼럼 '운동량 세계 꼴찌, 이것이 미래 경쟁력'에서 세계보건기구(WHO)가 전 세계 146개국 학생(11-17세)의 신체 활동을 조사해 발표한 보고서 내용은 매우 심각했다며 우리나라는 운동량이 부족한 학생 비율이 94%로 최하위였고 여학생은 97.2%로 거의 전원이 신체 활동이 부족하다고 하였다. WHO 측은 "한국은 국민소득이 높은데 청소년 운동량은 심각하게 부족한 특이 사례"라고 언급했다. 그러나 미국은 거의 대부분의 학생이, 일본은 70%의 학생이 스포츠 활동을 한다고 했다. 그런데 뇌는 운동을 통해 발달하고 뇌세포 생성도 촉진된다. 따라서 운동한 직후 공부를 하면 학습능력이 향상된다. 뿐만 아니라 운동은 뇌의 정서적 기능에도 관여하고 타인과의 교류를 통해 사회성도 키워준다고 했다. 어느 과학자는 "자녀가 수학이 어렵다고 하면, 나가서 운동부터 하세요."라고 조언했다고 했다. 켄베인도 그의 저서 '최고의 공부'에서 운동하면 근육이 발달 하듯이, 뇌 역시 실제로 자라며 세포상호간의 새로운 연결을 만들어내고 노력하면 지능이 향상될 수 있다. 규칙적이고 꾸준한 운동, 일정시간 동안의 충분한 수면, 건강하고 균형 잡힌 식습관이 두뇌와 학습에 도움을 주고 강의를 듣기 전에 한 시간 동안 유산소운동은 그렇지 않은 학생보다 성적이 훨씬 뛰어나다고 했다. 고도원도 '위대한 시작'에서 인용한 영국의 과학전문지(뉴사이언티스트)에서 발표하기를 일주일에 3번 30분간 운동을 하면 학습능력과 집중력이 15% 향상된다고 하였다. 운동은 뇌세포가 성장하는데 도움을 주고 운동을 하는 동안 엔도르핀(endorphin)과 세로토닌(serotonin)이 분비되어 스트레스를 해소하고 지구력을 높여 집중력을 증가시켰고, 운동은 읽기 능력과 문장 이해력을 17% 향상시켰다고 했다.

꿈, 희망, 도전 그리고 실패를 두려워하지 마라

오랫동안 꿈을 그리는 사람은 마침내 그 꿈을 닮아간다고 앙드레 말로(Andre Malraux)는 말했다. 꿈이 있으면 희망이 생기고 그 희망이 우리를 성공으로 이끌어간다. 존 어데어는 그의 저서 '성공하는 리더는 혼자 뛰지 않는다.'에서 희망은 인간에게 기운을 솟아나게 해주는 산소와 같은 존재이다. 자기 자신을 믿고 하고자하는 방향이 분명하면 우리의 인생은 그 방향으로 향하여 가게 되어있으며, 어떤 일이든 시도하는 이에게 길은 열리게 된다는 확신과, 무엇이든 끝까지 하면 반드시 이루어진다는 신념이 나에게 큰 힘이 되었다고 했다. 자오위핑도 그의 저서 '판세를 읽는 승부사 조조'에서 마음에 품은 뜻이 커야 사업도 큰 법이고 목표가 높은 곳에 있어야 성취도 높게 마련이다. 우리 들의 꿈은 처음에는 이루기에 불가능해 보인다. 그러나 반드시 이루고 말겠다는 굳은 의지를 가지고 노력하면 불가능한 꿈은 없다고 했다.

내가 내 자신을 믿고 내 자신에 집중해야 한다는 글을 최근에 나의 스마트 폰에 들어온 '아침편지'에서 읽었는데 그 글이 내 마음을 사로잡기에 여기에 소개하고자 한다. 누가 쓴 글인지는 밝히지 않았다

〈내가 내 자신에 대해〉

내가 내 자신에 대해 포기하지 않으면 절대로 실패하지 않아요.

무엇보다, 누구보다, 나를 믿어주는 사람은 바로 나 자신이어야 해요.

〈나 자신에게〉

나 자신에게 더욱 집중하라. 언제나 나를 일 순위에 두어라.

다른 이의 삶에 한눈팔며 살기엔 내 인생이 너무 소중하다.

존 맥스웰은 그의 저서 '사람은 무엇으로 성장하는가'에서 "누구에게나 내면에는 성공의 씨앗이 있다며 그 씨앗을 잘 돌보면서 물과 영양분을 주면 성장이 시작된다. 성장은 의식적으로 노력해야 가능하며 특히 발전하겠따는 의지, 지금보다 더 나은 사람이 되고자하는 꿈, 자신이 정말로 이루고자 하는 것을 실천하려는 노력이 있어야 한다. 인생에 속도는 중요하지 않다. 그대 자신의 속도로 가라. 천천히, 그러나 꾸준히 가라"는 말을 남겼다. 자오위핑은 그의 저서 '판세를 읽는 승부사 조조'에서 "인생에서 직선도로를 만나면 반드시 위기의식을 느껴야한

다. 반면에 구불구불 힘든 길은 오히려 경각심을 갖게하고 계속 발전하는 원동력이 된다는 사실을 잊지 말아야 한다"고 했다. 김태길 교수는 그의 저서 '삶이란 무엇인가'에서 각자에게 주어진 여건 아래서 스스로 선택한 길을 위하여 최선을 다한다면, 그는 비록 '일류'가 못된다 하더라도 훌륭한 사람으로 평가되어야 마땅할 것이라고 했다.

'세상은 넓고 할 일은 많다'의 저자 김우중 회장은 "젊음이 값진 것은 젊음이 지니고 있는 도전과 모험심 때문이다. 젊은이는 실패를 두려워하지 않는다. 실패를 두려워하거나 현실에 안주하려는 사람은 이미 젊은이의 자격이 없다. 끊임없이 공부하고, 도전하고, 자기개발에 전념해야하며, 끊임없이 스스로를 채찍질하지 않으면 퇴보한다. 젊은이들은 '나' 중심의 좁은 사고방식에서 벗어나서 '우리' 중심의 넓은 사고 세계를 세워야한다. '나' 중심의 사고는 차이를 차별로 떨어뜨리지만 '우리' 중심의 사고는 차이를 개성으로 끌어올린다. '나' 중심의 사고는 이기주의에 갇혀있으나 '우리' 중심의 사고는 이타주의를 향해 열려있다. '나'를 넘어 '우리'로 살자"며 우리는 어느 도민(道民)이 아니라 대한민국 사람이라고 했다.

대학교를 졸업하다

드디어 대학을 졸업하게 되었다(1965년 2월). 뉴질랜드로 떠날 준비를 하고 있었으나 구체적인 일정이 잡히지 않고 있었다. 서울우유와 공동으로 뉴질랜드 파견생 5명을 필기시험을 거쳐 선발하여 큰 기대감을 가지고 기다리고 있는 중이었다. 기다리는 중에 다시 덴마크 유학생 선발시험이 있었다. 작년과 같이 전국적으로 12명 선발에 우리학교 졸업생 5명이 합격하였고 나 역시 합격생 중에 포함되어 있었다. 학교에서 신원보증을 하였기 때문에 쉽게 비자를 받을 수 있었다. 덴마크 정부에서 왕복 항공료, 숙식비, 한 달 용돈 30$, 필요한 의복구입비 그리고 책과 학용품을 제공해 준다고 하였다. 덴마크로 떠나는 우리일행 5명에게 윤희섭 교수님이 송별회 겸 저녁식사로 불고기 백반을 사주셨고 나에게는 특별히 말씀하시길 "박사학위 받기 전에는 귀국하지 말라"는 당부를 하셨다. 덴마크로 떠날 준비를 하며 가슴은 희망에 부풀었고 동시에 미지의 불확실한 세계에 대한 두려움도 있었다. 그러나 내가 꿈꾸어 오던 꿈을 반드시 이루겠다는 의지를 거듭거듭 다지며 김포공항으로 발길을 옮겼다. 대학을 선택할 때부터 누구와도 상의하지 않고 오직 나의 선택에 의해서 이루어 졌고 덴마크의 유학이 대학선택의 가장 큰 기준이 되었던 목표가 이루어진 지금, 앞으로도 내가 선택한 길이 나를 이끌어 주리라 확신하며 두려움 없이 달려가리라 마음을 굳게 다짐했다. 모든 청소년들은 삼년지애(三年之艾), 삼년간 숙성한 쑥이라는 뜻으로 오랫동안 계획을 세워 준비해야 일을 이룰 수 있다는 말이며 이를 깊이 가슴에 새겨야 한다.

제8장 ◆ 덴마크에 유학하다

유학길에 오르다

　1965년 대학을 졸업한 그해 5월 드디어 노스웨스트 비행기에 올랐다. 그 당시에는 우리나라에서 외국으로 출발하는 유일한 비행기였다. 덴마크 정부에서 제공하는 전액 장학금(full scholarship)을 받았다. 한정협회에서 주관하는 선발시험에 12명이 합격하여 이들과 함께 출발하는 유학이었다. 배웅 나온 가족과 친구들을 뒤로하고 기내로 들어갔다. 드디어 비행기를 탄다는 기쁨과 낯선 외국에 나가면서 생전 처음 타는 비행기로 인한 불안감이 뒤섞인 묘한 기분이었다. 창문 쪽 좌석을 배정받았으므로 좁은 창문을 통해 밖을 내다볼 수 있었다.

　이륙한 비행기는 이내 육지를 벗어나 동해바다 위를 날았다. 바다의 흰 물결이 보이는 것으로 보아 세찬 바람이 파도를 일으키는 것 같았고 커다란 물고기가 보이는 듯도 했다. 그토록 간절히 바라던 유학의 길에 올랐다는 감회에 푹 빠져 들었다. 앞으로 내게 다가 올 미래가 고무풍선처럼 부풀어 오르다가도 알 수 없는 내일에 대한 불안감에 휩싸이기도 했다. 이제 어제는 옛날이 되었고 내일은 장담할 수는 없으나 오늘을 위해서 최선을 다하는 것이 내일을 보장받는 삶이라며 마음의 결기를 새롭게 했다. 내 마음은 드디어 소원을 이루었다는 대견함과 언제 다시 돌아올 수 있을지를 예측할 수 없는 장도임을 수없이 되새기며 형언할 수 없는 감회에 들떠 있었다. 이륙 후 2시간 가까이 비행했다. 다시 육지가 보이더니 일본 하네다 공항에 착륙한다는 기내 방송에 정신이 번쩍 들었다.

오후 늦게 일본 하네다 공항에 도착했다. 입국 수속을 끝내고 호텔에서 제공한 미니버스를 타고 도쿄 시내로 향할 때는 어둠의 장막이 내린 밤이었다. 차창 밖으로 가로등과 창문에 환한 불을 밝힌 건물들이 빠르게 뒤로 밀려났다. 일본이 우리보다 수십 배는 더 잘산다는 선입견 때문인지 나는 기가 죽어 있었다. 해방 전 어릴 때 일본에서 살았었지만 지금은 얼마나 변했을까를 상상하며 차창 밖을 열심히 내다보는 중에 목적지인 도쿄 시내에 위치한 힐튼호텔에 도착하여 짐을 풀었다.

먼저 일본 도쿄에 와서 실습을 하고 있는 대학 동기생들에게 전화를 했다. 여럿이 반가워하며 호텔로 달려왔다. 그들과 같이 긴자거리와 공원 그리고 시내의 밤거리를 돌아다녔다. 어느 커다란 은행 건물 입구 출입문에 거지로 보이는 사람이 잠을 자고 있었다. "그래, 너희들도 별 수 없이 거지가 있네." 하고 생각하니 주눅이 들었던 마음이 다소 가벼워지는 듯했다. 짧은 만남에 하고 싶은 말들은 너무나 많았으나 서로 손을 꼭 잡으며 눈으로만 말을 주고받았다. 꼭 성공해서 고국으로 돌아가자고….

도쿄에서 하룻밤 자고 다시 공항으로 향했다. 하네다 공항에서 덴마크 수도 코펜하겐까지 가는 스칸디나비아 항공기(SAS)의 탑승수속을 끝내고 공항 면세점에서 카메라를 샀다. 내가 환전해 가져간 돈 50

달러에서 40달러를 지불했으니 큰 지출이었다. 그러나 생전 처음 대하는 덴마크의 신기한 것들을 고스란히 가져올 수 있는 길은 사진밖에 없기 때문에 큰마음 먹고 구매했다. 그러나 덴마크에 도착하면 왕복 비행기표는 물론 숙식비, 학비 그리고 매달 용돈까지 덴마크 정부로부터 받게 되니 걱정할 필요가 없었다. 비행기는 남쪽루트를 따라 타이베이, 마닐라, 방콕, 뉴델리, 카라치, 로마 등, 여러 도시를 거쳐 비행했다. 들리는 공항마다 승객들은 비행기에서 내려 공항 대합실에서 한두 시간 가량 쉬었다 다시 탑승했으며 이는 비행기에 주유를 위한 것이라 했다.

비행기 창문을 통해 바라보는 하얀 구름은 가벼운 깃털처럼 부드러워 보였고 솜털 같은 구름층은 뛰어내려도 구름과 같이 가볍게 떠있을 것 같았다. 이렇게 큰 비행기가 많은 승객을 태우고 날아간다는 것이 신기하기만 했다. 끝없이 펼쳐진 저 구름 너머 서쪽으로 지는 태양이 만든 저녁노을이 눈부시게 쏟아져 들어왔고 그 아름다움은 글로서 표현할 수 없을 정도로 황홀했다. 이내 비행기 창밖은 어둠에 휩싸였고 상공을 지나는 큰 도시의 밤하늘은 감탄사가 절로 나올 정도로 아름다웠다. 도시 전체를 어둠의 장막으로 가리고 시야에 들어오는 도시의 불빛은 깜깜한 밤하늘의 별빛보다 더 밝고 찬란하게 빛났다. 밤하늘을 계속 날아가던 비행기가 로마 공항에 도착했을 때는 낮이었다. 로마 공항에서 2시간 머물다가 다시 출발하여 덴마크 코펜하겐을 향해 날아갔다. 낮게 뜬 엷은 구름사이로 지상의 도시와 산들이 시야에 들어왔다. 나는 눈길을 창문에 붙이고 시야에 들어오는 모든 것을 놓치지 않겠다는 심정으로 열심히 내려다보았다.

출발지 하네다 공항에서 목적지 코펜하겐 공항까지 약 25시간이 걸렸다. 코펜하겐 공항에서 입국수속을 끝내고 다시 국내선 비행기를 갈아타고 오후스 공항으로 향했다. 비행기는 낮게 날아갔다. 비행기에서 내려다보는 덴마크는 나라 전체가 산이 없는 푸른 초원이었고 여기저기 풀을 뜯는 젖소 떼들이 한없이 한가롭고 평화로워 보였다. 넓은 방목장 가운데에 자리한 농가가 띄엄띄엄 눈에 들어왔고 잘 가꾸어진 땅에 보리가 초록색 옷을 입고 이방인인 나를 올려다보고 있었다. 오후스 공항에 내려서 짐을 찾아 대학에서 마중 나온 사람을 따라 미니버스를 타고 1시간 거리, 한적한 시골마을인 맬링(Malling)에 위치한 대학에 도착하여 1인 1실의 기숙사에 입사했다.

덴마크에 도착하다

다음날 환영행사가 열렸다. 덴마크 외무부 장관이 환영인사 차 오셨다. 학교에서 그를 영접하는 소란도 없었고 푹신한 의자도 없었으며 학생들이 앉는 의자에 우리와 같이 앉았다. 유학생 환영을 위해 장관이 오는 것도 놀랄 일이지만 하늘같이 높으신 분을 저렇게 허술하게 대접해도 되는지 우리 일행은 모두 의아해 하며 지켜보았다. 그는 근엄하기보다는 친절한 이웃집 아저씨 같은 인상을 풍겼다. 외무부 장관의 따뜻한 환영인사에 이어 교통경찰의 특강이 있었다. 운전 중에 교통위반으로 걸리면 교통경찰이 뭐라고 말을 해도 못 알아듣는 척하면 범칙금을 부과하지 못한다고 하였다. 거짓 행세를 하라니 참 재미있는 나라에 왔다는 생각이 들었다.

그는 우리 중에 아무도 운전면허증을 가진 학생이 없음을 알고 놀라

위하였다. 뉴스로 보는 서울에는 자동차가 많은데 어째서 운전면허증이 없느냐는 것이었다. 십대 후반이면 누구나 다 운전면허증을 취득할 수 있는 그들의 입장에서는 이해하기 어려웠을 것이다. 며칠 후 맬링 주민들과의 저녁 만찬이 있었다. 대학 당국의 주선으로 50여명의 지역 유지들을 학교에 초청하여 한국 학생들과 저녁식사를 했고, 이어서 우리들로 하여금 한국을 대표하는 노래를 하도록 권유를 받았다. 우리들은 일어서서 우리의 애국가를 부르겠다고 했다. 애국가를 부르는 순간 지역유지들 모두가 기립해서 예의를 갖추고 애국가를 경청하는 모습에 우리들은 깜작 놀랐다. 이런 그들의 모습은 그들의 애국가를 신성시하고 평소 애국심이 그들의 마음속에 배여 있음을 나타내는 것으로 우리들에게 비춰졌다.

류달영 선생님은 그의 저서 '새 역사를 위하여'에서 덴마크를 지상의 낙원으로 표현했고 우리는 그의 저서를 읽고 많은 감명을 받았었다. 외세의 지배와 황무지 밖에 없는 가장 가난한 나라가 땅을 일구어 비옥한 땅으로 바꾸어 가장 잘사는 나라로 탈바꿈한 덴마크는 달가스와 구룬트비와 같은 선각자의 노력과 온 국민이 피와 땀을 흘린 대가로 후손들이 오늘과 같은 부유함과 영광된 국가에서 살 수 있게 된 것이다. 덴마크는 지금은 깨끗하고 부유함을 누리는 국가이지만 19세기에는 비참할 정도로 가난하고 어려운 나라였다. 시인이며 교육 운동가, 정치인이었던 그룬트비 목사는 하느님을 사랑하고, 이웃을 사랑하며, 땅을 사랑하자는 3애(三愛)정신으로 국민을 일깨우고 "밖에서 잃은 것을 안에서 찾자"고 외치며 국토를 개발하여 농업, 특히 낙농업 기술을 보급하여 세계 최고의 낙농국가로 발돋움 하는데 크게 기여하였다.

현재 인구 500만의 작은 국가이지만 국왕을 중심으로 투철한 애국심으로 똘똘 뭉친 덴마크는 지상에서 가장 강한 나라임을 누구도 부인하지 않는다. 덴마크 국민들의 근면성과 친절함은 우리가 본받아야 할 가장 큰 덕목이다. 그들은 정치에 대한 관심이 매우 높아서 나라를 이끌어가는 정치가들의 정책에 대해서는 강도 높은 비판을 쏟을망정 사람에 대해서는 일체 헐뜯고 비난하지 않는다. 덴마크의 역사는 불우했다. 외세의 침략과 지배, 척박한 토양과 가난하고 작은 나라였다. 오늘날 세계 최고의 부유하고 행복한 나라가 되기까지는 온 국민이 한마음으로 힘을 합쳐 피땀을 흘린 결과였다. 개인보다 국가를 우선으로 생각하는 애국심이 강한 국민, 자기 나라의 국기에 진심어린 경의를 표하는 국민, 거리 어디에서 마주쳐도 누구에게나 웃음 띤 얼굴로 인사를 나누는 국민, 농담으로라도 거짓말을 할 수 없는 진실된 국민 그리고 자기에게 주어진 일에는 최선을 다하는 부지런한 국민들이다.

덴마크 유학중 새로운 지식과 기술을 연마한 그 이상으로 덴마크의 정신을 배운 것이 나에게는 더 값진 보람이었다. 내가 미국의 좋은 직장을 버리고 귀국을 택한 용기, 국경일에는 반드시 태극기를 계양하는 습관, 선거가 있을 때 빠짐없이 투표하기 그리고 나의 일에 최선을 다하는 것이 애국하는 길임을 깨우쳐 준 것도 당시 그들에게서 배운 덴마크 정신 때문이다. 우리가 공부하는 대학이 위치한 맬링은 조그마한 도시였다. 산책을 나갔다 마주치는 사람마다 다정한 눈길과 온화한 얼굴로 "고대"하며 인사를 했다. 고대(good day)는 덴마크 말이며 좋은 하루라는 뜻이다. 어린이, 청년들, 그리고 노인들도 예외가 없었다. 처음에는 인사를 받는 것이 다소 당황스러웠다. 지금까지 성장해 오면서 지나치는 낯선 사람에게 인사를 해본적도, 받아 본적도 없었기 때문이었다. 그러나 이내 적응이 되어 누구에게나 따뜻한 눈길과 웃음 띤 얼굴로 인사를 건네게 되었다. 인사를 주고받는 마음이 이렇게 즐거울 수가 없었다. 실제로 사람의 마음은 우리가 생각하는 것보다 매우 사소한 것으로도 감동을 받고 또 감동을 준다는 사실을 깨닫게 되었다.

우리가 마주치는 덴마크인의 얼굴은 거짓으로 농담도 감히 못할 정도로 순진하고 온화해 보였다. 사람의 얼굴은 태어날 때 운명적으로 결정되지만 자라며 사회생활을 하면서 주위환경과 스스로의 노력으로 얼굴표정을 어느 정도 고칠 수 있다고 한다. 사람은 저마다 매일매일 자기의 얼굴을 조각하면서 살아간다. 진실한 마음으로 살아가면 진실한 얼굴로, 그리고 허황되고 거짓된 마음으로 살아가면 흉한 얼굴이 새겨진다. 그러므로 우리는 스스로의 딱딱하고 무표정한 각자의 얼굴을 자애롭고 너그러운 얼굴로 바꾸도록 노력하여야 한다. 사회생활을 하는데 인상만큼 중요한 것은 없다. 우리가 짓는 따뜻한 눈길과 부드럽고 온화한 얼굴은 백 마디의 칭찬 이상의 호감과 감동을 준다. 좋은 얼굴을 가지려고 노력하면 자기도 모르는 사이에 얼굴이 호감 가는 얼굴로 변해간다.

덴마크는 산이 없고 평지이거나 낮은 구릉이어서 전 국토를 거의 모두 경작지로 또는 방목지로 활용할 수 있다. 큰비가 내리지 않는 대신 수시로 이슬비가 내려 대지를 촉촉이 적셔주기 때문에 가뭄이 없고 작물과 풀이 잘 자란다. 겨울 추위도 심하지 않고 눈도 내리지 않는다. 비옥하고 오염되지 않은 토양에서 자란 풀을 먹고 생산된 치즈와 버터 등 낙농제품은 전 세계가 그 품질을 인정하여 세계 제1의 수출국으로 도약하는 발판이 되었고 가장 좋은 품질의 돼지고기를 생산하는 돼지 품종인 랜드레이스는 씨돼지로는 물론 돼지고기 수출시장을 석권하고 있다. 덴마크에는 소고기보다 돼지고기가 훨씬 비싸다. 그리고 최고품질의 돼지고기는 모두 수출하고 등외품질의 돼지고기만을 국내에서 소비한다고 한다.

덴마크의 대부분의 젊은이들은 어릴 때부터 본인의 적성과 능력에 따라 철저한 직업교육을 받고 직업전선에 뛰어들며 극소수의 인재만이 대학에 진학한다. 따라서 국가 전체에 대학교가 3개뿐이다. 고등학교를 졸업하고 대학 입학자격시험에 합격하면 '스투덴트'라고 부르며 특수 모자를 쓰고 마차를 타고 거리를 누비며 전체 마을사람들이 다 같이 축하해 준다.

덴마크로 유학 온 12명의 한국 학생들은 때로는 우리들만이, 때로는 덴마크 학생들과 같이 기숙사에 생활하며 수업을 들었다. 1년에 한두 번 체육관에서 댄스파티가 열렸다. 덴마크 학생들은 축제 때에 예쁘게 차려입은 여자 친구를 초청하여 음악에 맞추어 신나게 춤추는 모습이 우리 한국 학생들에게는 낯설기도 하고 또 몹시 부럽기도 했다. 이때가 되면 한국 학생들도 춤추는 연습을 열심히 하여 그들의 여자 파트너를 양해 받아 춤을 추기도 한다. 그러나 맘 편한 춤 상대는 교수님의 사모님들이다. 그분들은 춤에 익숙하지 않은 한국 학생들을 음악에 맞추어 잘 이끌어 주셨다. 작은 도시 맬링 시내 호텔에서도 일 년에 몇 번의 댄스파티가 열렸다. 주로 젊은 층의 남녀가 참여하였고 우리 일행도 수시로 참여하여 그들과 어울렸다.

　봄볕이 따뜻한 어느 봄날, 대학 기숙사의 잘 가꾸어진 잔디밭에 앉아 앞으로의 진로 생각에 푹 빠져있었다. 나는 무슨 일이 있어도 미국으로 건너가 학업을 계속하리라 마음을 굳히고 있을 때 가까이에서 들려오는 참새소리에 정신이 번쩍 들었다. 손으로 잡을 수 있는 가까운 거리에 서너 마리의 참새가 무언가를 찾는 듯, 아니면 지금까지 보지 못했던 낯선 사람을 살피는 듯 고개를 갸웃거리며 분주하게 움직이는 그 새들은 우리나라에서 본 참새와 똑같았다. 크기도, 울음소리도 그리고 몸짓도 하나 다르지 않았다. 사람을 무서워하지 않고 가까이 다가오는 참새들이 신기했다. 내가 일어서도 날아 갈 생각을 하지 않았다. 덴마크에 사는 참새들은 사람들을 일상 만나는 친구로 생각하는 듯 했다. 마음은 다시 한국으로 되돌아갔다. 우리가 사는 집주위에 무수히 많은 참새들이 산다. 밤에는 어디에서 잠을 자는지 자취를 감추었다가 아침 일찍부터 마당이며 돌담과 울타리에서 하루를 시작한다. 사람들과 너무나 친숙한 참새들이다. 그런데도 참새들은 사람들을 극도로 무서워한다. 사람이 나타나면 먼 거리인데도 줄행랑을 친다. 아이들은 참새들이 조금만 가까이 있어도 돌멩이를 던진다. 참새뿐 만이 아니다. 매미도, 잠자리도 그리고 개구리도 아이들의 손에 잡히면 살아남지 못한다. 뱀은 눈에 띄는 대로 돌멩이나 몽둥이의 공격을 받아 잔인하게 죽는다. 전쟁터에서 적을 사살하듯 생물들을 해치는데 추호의 주저함이 없고 아무런 죄책감도 없이 살생을 즐긴다. 우리도 이제 덴마크인과 마찬가지로 우리 주위에 있는 모든 생물의 생명을 소중히 생각하고 친구처럼 서로 어울리고 보살피는 자세를 가져야 한다. 슈바이처 박사는 이런 말을 했다. "나는 나무에서 잎사귀 하나라도 의미 없이는 따지 않는다. 한 포기의 풀꽃도 꺾지 않는다. 벌레도 밟지 않으려고 노력한다." 사람인 우리가 따뜻한 마음으로 새들을 품어야 덴마크의 참새처럼 사람을 무서워하지 않고 사람에게 가까이 다가온다.

덴마크 유학중에 사람이란 같은 공간에서 오랫동안 함께 생활하다보면 그 환경에 따라서 친구들 상호간에 예기치 못한 의견충돌과 반목과 질시가 따른다는 사실을 직접 목격하고 깨달은 점이 많았다. 나를 아프게 하고 힘들게 하는 상대방은 나를 비추는 거울이라고 하는 말을 마음에 새기며, 이국에서의 우리들의 우정이 손상이 가지 않도록 조심 또 조심하며 내가 꿈꾸는 나의 미래를 향해 열심히 노력하면서 나의 보람된 유학생활을 보내고자 결심하였다.

스웨덴 여행

1966년 4월 초, 덴마크에 살고 있는 한인회의 초청을 받아 코펜하겐에서 스웨덴 남부로 가는 배를 타고 여행길에 올랐다. 선상에서 맞이한 바람은 몹시 매섭고 추웠다. 국제선 페리이기 때문에 모든 물건은 면세혜택을 받는다고 했다. 특히 덴마크는 담배 값이 비싸기 때문에 흡연자는 담배를 많이 구매했다. 나는 담배를 피우지 않기 때문에 관심이 없었다. 선상에서 바라보는 육지는 또 다른 느낌을 주었다. 수십 마리의 갈매기 떼가 배가 지나온 물길을 따라 날아오며 물속을 열심히 살펴보며 뒤따라 왔다. 배의 갑판 위에도 손에 잡힐 듯 열심히 따라오는 수많은 갈매기 떼들이 무척이나 정겨웠다. 2시간 후에 스웨덴의 말뫼에 도착했다. 말뫼 시내를 구경하고 100년의 역사를 가진 말뫼국립대학교를 방문했다. 대학현황 소개에 이어 학생의 기숙사에 관한 이야기를 들을 때는 무척 놀랐다. 남녀 학생에게는 반드시 이웃하여 기숙사방을 배정한다는 것과 졸업할 때는 여학생의 수에 따라 캠퍼스커플이 탄생한다며 자랑스럽게 설명하였다. 당시의 나의 상식으로는 도무지 이해가 되지 않았다. 같은 건물에 남녀학생이 기숙한다고 해도 이해할 수 없는 놀라움인데 서로 옆방에 남녀가 같이 있다는 것은 상상도 할 수 없는 충격 그 자체였다. 물론 덴마크에 온 이후 강의실에서 남녀학생이 포옹하고 서로 손잡고 강의를 듣는 장면에 다소 익숙해 있었지만, 이것은 아닌데 하는 생각이 지배적이었다. 그 당시 우리나라에서는 남녀가 악수하는 것도 용납할 수 없는 시절이었기 때문이다. 이 모든 것이 선진국의 문화를 배우고 익숙해지는 과정이라 생각되며 비록 하루의 짧은 여행이었지만 값진 여행이었다고 생각되었다.

46일간의 유럽 여행

덴마크에 간 이듬해인 1966년 여름방학에 덴마크 학생들과 같이 전세버스로 유럽여행길에 올랐다. 이탈리아까지 왕복 46일간의 여행이었다. 우리 한국 학생 일행은 여행 내내 버스 차창에 태극기를 붙여 놓았다.

첫 날 독일 국경에 이르니 군복을 입은 군인 두 명이 국경을 지키고 있었다. 그들을 보는 순간 잠재의식 속에 남아있었던 나치군대의 무시무시한 모습이 연상되었다. 한 군인이 버스 안으로 들어와 우리 일행을 쭉 살펴보고 내려갔다. 여권검사도 없었다. 국경이 현재의 우리나라 고속도로 톨게이트 한 칸 정도였다. 우리나라 남북 경계선 정도의 삼엄함을 예상했던 나는 너무나 허술함에 놀랐다. 그리고 교과서에서 배운 독일 나치군대에 대한 선입견이 나의 머리에 이렇게 오래도록 남아 있다는 사실에 새삼 놀라면서 청소년들의 올바른 역사교육이 얼마나 중요한가를 새삼스럽게 깨닫게 되는 계기가 되었다.

독일의 함부르크에 도착해서 호텔에 들었다. 저녁식사 후 인솔 지도교수께서 "큰길건너 골목길로 가면 재미있는 곳이 있으니 가 보라"고 일러주셨다. 어두운 밤이지만 큰길은 밝은 불빛으로 대낮처럼 밝았고 네온사인이 찬란했다. 여럿이 어울려 교수님께서 일러준 대로 골목길로 들어섰다. 도로 중앙은 승용차가 지날 수 없도록 막아놓고 도로 양쪽으로 많은 사람들이 지나다녔다. 그 곳은 환락가였고 모두가 호기심 넘치는 시선으로 쇼 윈도우에 반나체로 앉아있는 여성들을 보면서 지나갔다. 학생들에게 교수님이 이런 곳을 가서 보라고 하시다니 하며 너무나 놀랐다. 대학을 졸업하고 군대도 갔다 온 성인이지만, 그래도 순진한 우리에겐 오랜 동안 충격으로 받아들여졌고 아직까지도 생생한 기억으로 남아있다.

함부르크에서 1박을 하고 독일의 국경을 넘어 네덜란드로 들어가서 제일 먼저 차를 멈춘 곳이 튤립공원이었다. 형형색색의 튤립꽃이 눈이 부시도록 아름다웠다. 그 이후로는 지금까지도 네덜란드를 생각하면 튤립꽃이 제일 먼저 연상되었다. 풍차마을을 거쳐 바다를 둑으로 막아 조성한 농토에 도착했다. 둑 위에 올라서니 대서양의 검푸른 물결이 밀려와서 둑에 부딪쳐 생긴 하얀 물결이 다시 메아리처럼 대서양 바다로 밀려나고 있었다. 뒤돌아서니 끝이 보이지 않는 광활한 넓은 들이 눈앞에 펼쳐졌다. 때마침 보리 수확기라 20여대의 하베스터가 나란히 보리 수확을 하고 있는 장면이 마치 전쟁터의 탱크무리가 적진을 향해 달려가는 것 같은 느낌을 주었다. 둑 위에 서서 대서양의 해수면과 비교하니 농토가 해수면보다 낮은 것이 확연히 눈에 들어왔다. 그래서 국명이 낮은 땅, 즉 네덜란드로 불린다고 했다.

네덜란드의 어느 시골마을에서 2주간의 농장실습을 했다. 우리 일행은 각자헤어졌으나 모두 이웃에 있었다. 내가 실습생으로 간 농장은 착유젖소 20두 규모의 소농이었고 젊은 부부와 어린 딸이 전 식구였다. 나는 작업복을 입고 주인 남자를 따라다니며 구경하는 것이 전부였다. 저녁에는 부인이 나를 태우고 야외 구경을 시켜주기도 하고 친정집에도 데려가기도 했다. 친정집 오빠는 자녀가 8명이었다. 내가 방문했을 때 8명 자녀 모두가 2층 방으로 올라가는 계단에 나란히 앉아 호기심 어린 눈으로 나를 지켜보고 있었다.

내 친구 중 한명이 실습생으로 있는 이웃집은 대농인데다 시내에 피복 공장을 운영한다고 했다. 딸만 넷인데 나를 전화로 초청해 주어서 저녁에 모여서 재미있게 놀았다. 한번은 그 집 일꾼이 말을 몰고 밭에 베어놓은 건초 뒤집기를 하고 있었다. 쉬운 일 같아서 "내가 해 바도 되느냐"고 물었더니 선뜻 해보라고 말을 멈추고 말에서 내렸다. 그러나 말이 내가 시키는 대로 말을 듣지 않아 쩔쩔매고 있었다. 14살 된 그 집 막내딸이 웃으며 "자기가 하는 것을 보라"고했다. 어린 여자 아이지만 일꾼에 뒤지지 않을 정도로 건초 뒤집기를 능숙하게 잘하는 것을 보고 나는 놀랐다. 14살밖에 안된 부자 집 막내 어린 딸도 이렇게 농사일을 잘하는데 저 멀리 가난한 나라인 우리는 어림도 없는 일이라고 생각하니 우리나라가 못사는 이유가 여기에 있구나 하는 생각이 들었다. 부모가 농사를 지으면 모든 자식들도 남녀를 불문하고 농사일에 능숙해져야 하는 것이 정상이라는 생각이 머리에서 떠나지 않았다.

우리 일행은 네덜란드에서의 일정을 마치고 벨기에로 갔다. 어린 소년의 오줌 누는 동상을 재미있게 관람하고 육지와 섬을 연결하는, 세계에서 가장 긴 다리를 버스로 건넜다. 벨기에의 독립을 위해 프랑스군과 싸우다 죽은 수많은 충혼을 기념하기 위해 세운 웅장한 전쟁기념탑 앞에 서서 그들의 애국심에 경의를 표했다. 역사적으로 힘이 강한 나라는 약한 이웃나라를 침범하고 이를 방어하기 위해서 또는 빼앗긴 국토를 되찾기 위해서 수많은 젊은이가 목숨을 잃는 비극적 역사가 세계 도처에서 행해져 왔다. 우리나라의 역사적 비극도 마찬가지이었다. 국력을 키워 강한 나라로 존재하는 길만이 우리를 지키는 유일한 길임을 역사적 사실들이 증명해 준다. 이것이 벨기에의 전쟁기념관이 내게 던져준 깨달음이요 메시지였다.

해가 지고 날이 어두워 밖이 잘 보이지 않는 저녁에 독일, 프랑스와 스위스의 3국이 서로 맞닿는 국경지점을 지나 스위스로 들어가고 있다고 버스 운전사가 설명했다. 버스 차창을 통해 밖을 열심히 내다 봤으나 야간 운행이라 도로 양쪽으로 높은 산만이 헤드라이트에 비칠 뿐 아무것도 보이지 않았다. 마치 깊은 산중으로 들어가는 느낌뿐이었다. 한참을 버스가 달리다 어느 호텔 앞에서 멈추어 섰다. 그러나 주위가 깜깜해서 아무것도 보이지 않았다. 날씨가 차가운 것으로 보아 깊은 산 정상이 아닌가 하는 생각이 들었다. 아침에 눈을 뜨자마자 밖으로 나갔다. 상쾌하고 서늘한 공기가 얼굴을 스치고 지나갔다. 산 아래로 꾸불꾸불한 자동차도로가 보였고 우리는 산중턱에 있었다. 멀리 산 정상에는 하얀 눈이 쌓여있었다. 이내 아침을 먹고 호텔을 출발했다. 산중턱까지 소들이 올라와 한가롭게 풀을 뜯다가 지나가는 버스 소리에 놀라 고개를 돌리니 소의 목에단 방울이 맑은 소리로 울렸다. 산속을 지날 때도, 호수 길을 달릴 때도 지나치는 모든 것이 한 폭의 그림이었다. 길가의 집 창문마다 예쁜 화분들이 색색의 꽃들을 피우고 있었다.

　프랑스의 파리, 누구나 가 보고 싶은 도시이다. 베르사유 궁전과 이웃한 원예학교 기숙사에 짐을 풀었다. 곤하게 하룻밤을 자고 새벽 일찍 베르사유 궁전까지 산책을 나갔다. 잠긴 정문 쇠창살 너머로 말을 탄 동상과 화려한 궁전 건물이 시야에 들어왔다. 말로만 듣던 궁전을 볼 수 있다는 생각에 마음은 벌써부터 설레기 시작했다. 아침식사 후 일행과 함께 많은 관광객 틈에 끼어 궁전 안으로 들어갔다. 안내원의 설명을 하나도 놓치지 않으려 애쓰며 그를 열심히 따라 걸었다. 예수의 부활과 재림 등 성서를 중심으로 한 벽화로 꾸며진 왕실 소강당, 대형 벽화와 천정화로 장식된 헤라클레스의 방, 프랑스의 승리를 주제로 그린 작품으로 채워진 전쟁의 방, 루이 14세의 생애를 그린 천장화와 크리스탈상들리에와 황금촛대로 꾸며진 거울의 갤러리, 루이 14세가 사용한 왕의 침실 그리고 마리 앙투아네트가 사용한 왕비의 침실 등을 둘러보며 너무나 아름다운 장식과 벽화에 감탄을 금치 못하였다. 흥분된 마음으로 정원으로 나왔다. 루이 14세의 명을 받고 완성했다는 정원은 조각과 분수대 등 프랑스식 정원의 최고 걸작으로 평가 받고 있는 아름다운 정원 풍경이 우리의 마음을 매료시켰다.

파리 시내 몽마르트 거리에 위치한 한 호텔로 숙소를 옮겼다. 화려했던 영광의 시대를 대변하는 베르사유 궁전에 이어 예술의 도시를 가감 없이 대변하는 루브르 박물관, 300미터 높이의 웅장한 에펠탑과 에펠탑 효과의 뒷이야기, 유럽을 주름잡던 영웅인 나폴레옹의 붉은색 대리석관이 안치된 앵발리드 돔 성당, 나폴레옹 군대의 의기양양한 전쟁승리의 대행진을 연상케 하는 개선문, 영화 때문에 더욱 익숙해진 노트르담 사원, 볼거리 많은 센 강 유람선 투어 등, 나의 마음은 고급스러운 프랑스 문화에 완전히 녹아들었다. 어떠한 것도 추호의 소홀함 없이 온 정성을 다해 기념비적 유산을 남겼기에 후대를 살아가는 프랑스인들의 자부심이 어떠할까를 생각하니 한없이 부러웠다. 파리 시내를 거미줄처럼 이어주는 전철 교통망 역시 상상이상의 부러움을 주었다.

프랑스 파리에서 4일 밤을 지난 후 이태리로 출발했다. 기차를 타고 알프스산을 관통하는 지하터널을 지나오니 우리가 타고 다닌 버스는 미리 와서 기다리고 있었다. 이태리 북부의 아름다운 호수가 있는 리바에서 잠시 쉬었다. 때마침 자전거를 옆에 세워놓고 호수를 바라보고 있는 대학생으로 보이는 젊은 청년과 대화를 나누었다. 그는 방학만 되면 만사 제쳐놓고 자전거로 유럽 전역을 여행한다고 했다. 나라밖을 마음대로 나갈 수 없는 새장 안에 갇혀있는 당시의 우리의 처지와 비교해볼 때 그들이 너무나 부러웠고 자유로워 보였다.

이태리의 북부 도시 밀라노에서 일박을 하고 로마로 갔다. 이탈리아,

천년 동안 유럽을 지배해 온 국가답게 화려하고 웅장한 유산을 많이 남겼다. 빵과 오락으로 국민을 유인하여 제국을 몰락으로 몰아간 원형경기장인 콜로세움에서는 영화에서 본 장면을 연상하며 호랑이가 사람을 물어뜯는 잔인한 장면과 검투사의 목숨을 건 싸움을 즐기며 게으른 국민의 말로가 어떤 결과를 초래하는가를 깨닫게 하였다. 당시의 로마제국은 부유함이 넘쳐 타락과 음란함 그리고 게으름이 만연했고 이것이 결국 천년을 이어온 로마제국을 멸망으로 이끌었다. 기독교 본산인 바티칸시티 내의 베드로 성당의 웅장함, 시스티나 성당 내의 천지창조와 무수한 벽화를 그린 천재화가 미켈란젤로를 다시 보는 듯 모든 것이 쇠 조각을 끌어당기는 지남철처럼 나의 마음을 잡아당겼다.

　이어서 오스트리아의 세계에서 가장 높다는 다리를 거쳐 덴마크로 다시 돌아오는 여정, 잊을 수 없는 감동이 영구히 남는, 걸작 조각품처럼 나의 마음속에 깊이 각인된 여행이었다. 감수성이 강렬한 젊은 나이에 충격과 보람 그리고 내가 알지 못했던 세계를 몸소 체험하는 것은 내 생애 전체를 풍요롭게 하는 값진 경험임에 틀림없었다. 눈으로 본 것이 머리를 거쳐 가슴으로 영구히 새겨진 보람되고 평생 기억할, 잊을 수 없는 여행이었다. 그 후로도 10여회 유럽을 여행하였지만 그때처럼 강렬한 감동을 느끼지는 못하였다. 젊었을 때 여행을 많이 다녀야 한다는 성공한 사람들의 권유를 새삼 되새기며, 여행만큼 사람의 사고와 상상력을 풍부하고 다양하게 그리고 깊이를 더해주는 것은 없다는 것에 기꺼이 한 표를 던진다. 뿐만 아니라 이번 여행은 세상을 살아가는데 반드시 필요한 자신감을 나에게 강하게 심어주기도 했다.

친절과 사랑을 느낀 농장실습

덴마크에서의 유학기간은 1년 6개월이었다. 1년은 대학에서 이론교육을 받았고 나머지 6개월은 3곳에서 실습을 했다. 첫 번째 2개월간의 실습은 농장에서, 두 번째 2개월간의 실습은 낙농공장에서 시유와 유제품 제조과정 그리고 세 번째 2개월간의 실습은 인공수정센터(bull testing station)에서 실시되었다. 첫 번째 농장실습에서의 경험담을 여기에 소개한다.

첫 번째 농장실습은 덴마크 북쪽에 위치한 농촌마을 모스(Morse)의 Johanese Riis 씨의 농장이었다. 학교에서 제공한 미니버스에서 내리니 인상이 매우 좋은 40대의 부부가 반가이 나를 맞이했다. 나만 내려놓고 떠나가는 일행을 바라보며 순간 나 혼자라는 생각에 가슴이 내려앉는 외톨이라는 충격이 잠시 밀려왔다.

농장의 주택은 하얀색 칠을 해서 마치 별장처럼 느껴졌다. 마당은 전체를 작은 돌을 박아 깔려있었고 마당을 감싸고 ㄷ자형의 축사의 중앙에 풍차가 높이 솟아 바람에 따라 세차게 또는 서서히 돌아가고 있었다. 주택 뒤편은 넓은 잔디밭과 우거진 숲이 차지하고 있었다.

농장주 부인이 내가 기거할 방으로 나를 안내하였고 남편이 나의 가방을 들고 뒤따라 들어왔다. 방은 넓고 큰 침대가 창문 쪽으로 놓여있고 베드스프레드가 단정히 덮여 있었다. 한쪽으로 책상이 놓여있고 그 옆으로 옷장이 있었다. 거실로 들어갔더니 모든 식구들이 호기심과 환영하는 눈빛으로 나를 맞이하였다. 동갑내기 40세 부부와 14살의 큰 딸, 11살의 아들 그리고 5살의 딸을 거느린 행복해 보이는 가정이었다. 11살의 외아들은 초등학교만 졸업하면 이 농장의 후계자로 농사일을 할 것이라고 소개했다. 예쁘고 매우 건강해 보이는 20대의 여성이 출퇴근 파출부로 요리와 집안일을 도왔다.

농장규모는 농지 100헥타르에 착유우 100두, 육성돈이 500마리 정도였다. 착유우는 약간 나이가 들어 보이는 일꾼이 혼자서 담당하고 있었고 농장관리는 남편과 20대의 일꾼 한명이 맡아하였다. 학교에서 돌아온 11살의 초등학교 4학년생인 아들이 아버지를 도와 트랙터 운전도 하고 돼지에게 사료도 주는 등 농장 일을 도왔다. 남편은 오래된 독일제 승용차를 타고 있었으며 동네 사람들을 만날 때 나를 태우고 다니며 자랑하듯 인사를 시켰다.

나는 주인 남자를 따라다니며 농장 일을 도왔다. 이정도 규모의 농장이면 우리나라의 농장주들은 어떤 생활을 할까 생각해 보았다. 아마도 근사한 외제 차에 농장주는 가끔 농장을 둘러보며 일꾼들을 독려할 뿐 본인은 일을 안 할 것이고 고용 일꾼은 10명 이상이 될 것이다. 서울에 큰 아파트를 구입해서 부인과 아들과 딸들은 서울에 기거하며 과외받으며 대학에 들어가는 것이 유일한 목표일 것이다. 농장은 일꾼들을 고용해서 일을 시키면 되는 것이지 내가 직접 손발에 소똥을 묻힐 필요가 없다고 생각할 것이다. 즉 덴마크는 농사꾼이 농사를 짓고 우리나라는 고용 일꾼이 농사를 짓는다고 생각하면 될 것 같았다. 어느 쪽이 경쟁력 있는 농사꾼인지 결론은 뻔하다. 뿐만 아니라 이정도 규모의 농장이면 우리나라는 매우 부유하게 살지만, 덴마크에서는 부자는 아니지만 주인 남자가 열심히 일해야만 부족함이 없는 생활을 할 수 있을 정도이다.

농지에는 가축에게 먹일 사료용 보리와 사탕무, 유채와 건초용 풀을 재배하였고 일부는 방목지로 이용되었다. 농장 후계자를 꿈꾸는 11살의 초등학교 학생은 집에 돌아오면 책가방을 내려놓고 아버지를 도왔다. 그는 트랙터 운전도 능숙하게 잘하고 열심히 농장 일을 하는 그 아이의 모습이 기특하고 자랑스러웠다.

주말에 식구들과 이웃동네에 사는 80세가 넘는 농장주의 부모님 댁에 방문을 했다. 그들은 연로해 보였고 남자는 양손을 몹시 떨었다. 나를 스투덴트라고 소개했고 매우 친절하게 대해 주었다. 내가 만난 많은 덴마크인 중에 코리아라는 나라를 잘 알지 못해서 속으로 몹시 자존심이 상했다. 6.25 전쟁 때 병원선을 보내준 참전국가인데도 그들의 기억 속에 코리아는 남아 있지 않을 정도로 잊혀진 국가였다. 농장주의 아이들은 나를 많이 따랐다. 14살 딸은 나에게 영어와 독일어를 가르쳐 달라고 했고, 11살 아들은 나의 덴마크말의 발음을 고쳐준다며 끈질기게 반복 발음을 시키며 귀찮게 굴었고, 5살 딸은 주인 부부가 보는 앞에서 뽀뽀를 하려고 달려들어 나를 난처하게 하기도 했다.

시골의 작은 마을에서 때때로 댄스파티가 열렸다. 마을의 남녀노소가 다 같이 모여 음악에 맞추어 댄스를 즐겼다. 홀의 한쪽에는 젊은 남자들이, 그리고 반대쪽에는 여자들이 앉아 있다가 음악이 시작되면 남자들이 일어나 쏜살같이 마음에 드는 여자에게 달려가 정중히 절을 하고 춤출 것을 요구했다. 조용히 앉아 있는 나에게도 여성이 다가와 함께 춤추길 요청했으나 한 번도 춤을 춘 경험이 없는 나는 춤을 못 춘다며 정중히 사양했다. 사람들 만나기가 쉽지 않은 농촌에서 이 같은 주기적인 댄스파티는 청춘남녀가 자연스럽게 교제할 수 있는 좋은 기회를 제공하는 것으로 나는 이해했다.

  농가 뒷마당 숲속에 벌통이 있었다. 이웃사람이 주인집 허가를 받고 갖다 놓았다고 했다. 대학 재학 때에 꿀벌을 다루는 실습을 했기 때문에 겁 없이 조용히 다가갔다. 갑자기 벌들이 달려들어 나의 얼굴에 벌침을 놓고 달아났다. 평소에 보던 낯익은 얼굴이 아닌 동양인이 나타나니 벌들도 놀란 모양이었다. 얼굴이 퉁퉁 부어오르기 시작했다. 마침 그날 저녁 나를 위해 4촌 친척집에 저녁 초대가 있는 날이었다. 식구 모두가 떠났으나 나는 얼굴 때문에 혼자 집에 남았다.

때마침 전화벨이 울렸다. 행여 주인 부부가 나 혼자 있는 것이 안타까워 전화를 걸었나보다 하고 받았으나 낯선 사람의 전화였고 아직은 덴마크 말이 서툴러 나는 무슨 말인지 알아들을 수가 없었다. 잠시 기다리라고 하고 우사에서 일하는 일꾼을 찾으러 방을 나왔다. 때마침 그가 폭스바겐을 타고 내 앞을 지나갔다. 급히 손짓을 하며 차를 세웠으나 잘 가라는 손짓으로 오해하고 손을 흔들며 가버렸다. 순간 이놈이 나를 무시하나 하는 생각과 집 떠난 서러움 같은 마음에 눈물이 쏟아졌다. 누가 있었다면 참았을 텐데 혼자 있다 보니 괜히 서러움이 복받쳤다.

  농장주인 남자는 과거 지역 낙농협동조합 조합장일 때 초청을 받아 영국을 갔다 왔다는 이야길 수십 번이나 자랑스럽게 이야길 했다. 마음만 먹으면 언제든지 갔다 올 수 있는 가까운 거리인데도 외국여행이 좀처럼 쉽지 않은 모양이었다. 아니면 검소한 그들의 한 단면을 나타내는 것일 수도 있었다.

드디어 2개월간의 실습 기간이 끝났다. 대농임에도 주인남자의 농사일, 일찌감치 하나밖에 없는 외아들을 후계자로 지목하고 어려서부터 농장 일을 익히도록 시키는 그들의 자녀교육, 2명의 일꾼을 데리고 큰 농장을 운영하는 그들의 저력에서 세계 제일의 경쟁력을 갖게 되었음을 깨닫게 되었다. 학교에서 보낸 미니버스가 도착했다. 주인남자는 내게 용돈을 쥐어 주었고 주인여자는 나를 끌어 앉은 채 큰 소리로 울기 시작했다. 나도 눈시울을 적시며 무거운 발걸음을 옮겼다. 그 후 크리스마스 휴가 때 이곳에 와서 1주일을 지냈고 그들 부부도 내가 있는 학교를 방문해서 재상봉의 기회를 가진 바 있었다.

그로부터 20년이 지난 1985년, 영국, 독일, 노르웨이, 덴마크 농가를 방문하여 암모니아 처리 보릿짚의 제조 및 활용 비디오 촬영길에 왔다가 일부러 그 농장을 찾았다. 하루 전에 방문계획을 연락하고 찾아갔더니 전식구가 나를 기다리고 있었다. 주인부부는 60세가 되어 아직도 건강한 모습으로 농장을 운영하고 있었고, 11살이던 아들은 31살이 되어 이웃 농장을 구입하여 농부의 길을 걷고 있었으며 결혼하여 딸을 데리고 왔다. 14살이던 큰딸은 결혼하여 딸을 둔 34살의 가정주부로 행복하게 살고 있다고 했다. 5살이던 막내딸은 25살이 되어 현재 대학생이며 남자친구가 있어 곧 결혼할 예정이며 오늘 같이 참석하지 못해 안타까워한다며 안부만 전해 주었다. 20년 전 단 2개월간의 짧은 만남이었지만 이렇게 깊은 정이 남아 있다니 감격스러웠다. 동양의 잘 알지도 못하는 나라에서 온 외국인인 나를 위해 최선을 다해준 그들의 친절과 사랑이 지금도 내 마음속에 깊숙이 녹아있다. 뼈가 많은 생선 후라이를 내가 싫어한다고 해서 뼈를 다 발라내고 먹으라고 주던 그들이었다.

귀국을 결심하다

드디어 졸업일이 다가 왔다. 나는 귀국 대신 캐나다 행을 결정하였다. 한국에서 덴마크로 출국할 때의 결심대로 북미에 가서 석. 박사 학위를 취득하겠다는 결심엔 추호의 변화가 없었다. 코펜하겐의 캐나다 대사관에서 입국 비자를 받았다. 친구 두 명도 동행하기로 결정하였다. 그러나 문제가 생겼다. 대학 학장께서 "모든 비용을 들여 한국 학생들을 초청하여 공부시킨 것은 돌아가서 모국에 기여하기 위한 것이다. 만약 고국 대신 타국에 갈려면 일단 귀국했다가 출국하기 바란다."며 간곡히 귀국을 종용하였다.

이는 우리보다 1년 먼저 덴마크에 유학을 온 한국 유학생 12명중 10명이 한국으로 귀국하지 않고 미국과 캐나다로 떠났기 때문이었다. 나는 귀국이냐, 캐나다행이냐를 두고 고심했다. 그 당시에 더 큰 꿈을 위해 캐나다로 떠나는 선택을 버리고 귀국한다는 것은 나의 모든 꿈이 산산조각이 나는 것 같은 심정이었다. 그러나 가난한 우리나라의 경제부흥을 위해 베풀어준 덴마크 정부의 은혜를 저버려서는 안 된다는 것이 나의 소신이었다. 곰곰이 며칠을 고심한 끝에 나는 바로 캐나다 대사관을 방문하여 사정을 상세히 설명하고 캐나다 입국 비자를 취소하고 귀국하기로 마음을 정했지만 친구 2명은 캐나다 행을 강행하였다. 내가 이러한 결정을 내리는 데는 밤잠을 못자며 며칠간의 숙고(熟考) 끝에 내린 결론이었다. 나는 결초보은(結草報恩)의 마음으로 귀국을 결심한 것이었다. 즉 사람은 죽어도 은혜를 잊지 않고 반드시 갚는다는 정신이 있어야 사람의 도리를 다 하는 것이라고 생각했기 때문이다.

제9장 ◆ 귀국하다

1966년 11월, 나는 코펜하겐 발 도쿄 행 스칸디나비안 에어라인(SAS) 비행기에 탑승하였다. 덴마크로 떠날 때의 화려했던 미래의 꿈은 완전히 사라지고 다시 암울한 세계로 밀려들어가고 있다는 무거운 마음으로, 시간이 가는 줄도 모르는 사이에 일본 도쿄에 도착해 있었다. 일본 도쿄에서 하룻밤을 보내면서, 나의 선택이 잘못된 것이 아닌가하고 후회가 되어 잠을 이룰 수 없었다. 앞으로 유학의 기회를 영영 잡지 못할 수도 있다는 생각에 이르니 미칠 것 같은 마음이었다. 그 당시에 내가 다시 출국을 한다는 것은 실제로 하늘의 별따기나 다름없었다. 지나간 일에 후회한들 무슨 소용이 있겠는가? 깨진 유리병속의 물이 엎질러졌다고 울어본들 아무런 해결책이 될 수 없다. 깨진 유리잔을 치우고 물을 닦아 내는 것이 유일한 방안이다.

도쿄에서 일박하고 도쿄 하네다 공항에서 노스웨스트 비행기를 탑승하고 김포공항에 도착했다. 공항 입국 수속을 끝내고 가방을 찾기 위해 기다리고 있었다. 다른 사람들은 모두 짐을 찾아 떠났는데 내 가방은 찾을 수가 없었다. 당황해서 서성이는 나에게 낯모르는 사람이 다가오더니 신분증 제시를 요구하였다. 사정을 설명해도 못들은 척하며 위압적인 말투로 겁을 주어 그렇지 않아도 속이 상해 미칠 지경인 나를 불안하게 만들었다. 덴마크에 유학중인 1년 6개월 동안 덴마크 사람들의 친절이 몸에 밴 나는 불친절하고 고압적인 그의 태도가 구역질 날 정도로 역겨웠다. 그러나 나는 여기에 항거할 수 없는 힘없는 일개 국민일 뿐이었다. 짐은 3일 후에 무사히 도착해 다시 김포공항까지 가서 직접 찾아왔다.

귀국 즉시 대학교 은사님들께 인사드리고 재학생들에게는 유럽여행 중에 찍은 슬라이드와 덴마크에서 얻은 산지식을 중심으로 귀국보고 겸 특강을 했다. 집에 왔다는 안도감도 잠시일 뿐 다시 마음이 요동치기 시작하면서 앞날에 대한 걱정으로 불면의 밤이 연속되었다. 아무것도 손에 잡히지 않고 불안감속에 시간은 더디게 흘러갔다. 젊음은 길지 않다. 지금을 놓치면 영원히 후회할 것이다. 세월부대인(歲月不待人)이라 했다. 즉 세월은 사람을 기다려 주지 않는다는 뜻이다. 사람을 기다려 주지 않는 것이 세월이니 부지런히 시간을 아껴 내가할 수 있는 모든 방안을 찾기 위해 최선의 노력을 해야겠다는 생각뿐이었다.

안전지대를 벗어나 도전해야 한다

이듬해인 1967년 2월, 모교에서 대학원 신입생을 모집한다는 공고가 나왔다. 일단 대학원에 진학하기로 하고 시험을 보았다. 합격했다. 등록을 하고 수업을 시작했으나 제대로 공부가 될 리가 없었다. 한 학기가 끝나고 다시 개학이 다가오자 등록을 포기하기로 결심하고 무슨 수를 써서라도 다시 출국해서 처음에 결심했던 대로 소기의 목적을 달성해야겠다고 다짐했다. 지금의 불분명하고 아직 설익은 내 인생을 꽉 채우려면 지금의 위치에서 과감하게 벗어나서 특단의 계기를 마련해야 한다는 것이 나의 소신이었다. 피터 홀린스도 그의 저서 '어웨이크'

에서 인생에서 빛나는 모든 순간은 우리의 안전지대(comfort zone) 바깥에 있다. 안전지대는 대다수의 사람이 선호하는 익숙하고 안정감을 느끼는, 우리의 마음속에 있는 가상의 장소로서 여기에 머물면 자극이 없고 야망이 사라져 성장하지 못한다. 우리가 이루고자 하는 모든 것은 안전지대 밖에 있으므로 성장을 원한다면 반드시 안전지대를 깨고 나와야 한다고 했다. 안전지대를 탈출하는 것은 원하는 것을 붙잡으려는 합당한 동기와 대담한 태도 그리고 끈질긴 노력으로 행동하면 가능하다고 했다. 쑤린도 그의 저서 '어떻게 인생을 살 것인가'에서 안전지대에 연연하는 사람은 따뜻한 물에 미련을 두는 개구리와 다를 바 없다며 궁극적으로는 끓은 물속 개구리신세가 된다. 안락함을 탐하는 마음을 극복해야 하며, 자신의 안락지대에서 벗어나 예전에는 하지 못했던 특별한 일을 해야 끊임없이 자신을 뛰어 넘을 수 있고, 자기를 계발할 수 있으며 인생의 가치를 실현할 수 있다. 한 사람의 성장 과정은 곧 안락지대를 끊임없이 넓혀가는 과정이자 "불편함"과 "편안함"을 반복하는 여정이라고 했다.

 데일 카네기도 행동하지 않으면 의심과 두려움이 자라나서 망설이게 하지만 행동을 시작하면 용기가 커진다고 하였다. 무엇이든 시작이 가장 어렵다. 그래서 시작이 반이라는 속담이 있는 것이다. 목적을 이루기 위해서는 주저 말고 과감히 시작해야 한다. 고도원은 '위대한 시작'에서 도전할 때 꿈은 현실에 가까워지지만, 도전하지 않으면 꿈은 머나먼 달나라 이야기에 불과하다. 아무리 좋은 꿈을 가졌다 해도 행동하지 않으면 무용지물이다. 라고 했다. 스웨이는 그의 저서 '인생은 지름길이 없다'에서 행동은 인생을 변화 시킬 수 있고, 감정은 행동을 변화시킬 수 있다. 온몸을 던져 정해진 목표를 향해 달려갈 때 몸도 마음도 편해지고 자신감이 생기고 삶이 자유로워짐을 느낄 수 있다. 누구나 살아가면서 자신의 삶을 뒤돌아보며 순간순간을 점검해보며, 잘하면 스스로를 격려해 주고 잘못하면 고쳐서 잘하도록 노력해야 한다고 했다.

지혜로운 선택이야말로 자신의 삶을 온전하게 이끄는 '비결'

 제일 먼저 머리에 떠오른 것이 캐나다 대사관이었다. 덴마크에서 귀국할 때 그곳 캐나다 대사관에서 나의 입장을 충분히 설명하고 한국에서 다시 출국할 수 있도록 선처해 달라고 부탁을 했었다. 그들은 물론 내게 어떠한 언질도 주지 않았었다. 두근거리는 가슴으로 캐나다 대사관을 방문했다. 나에 관한 모든 기록이 주 덴마크 캐나다 대사관으로부터 주 한국 캐나다 대사관으로 이첩되어 있었다. 서류를 자세히 검토하던 담당관이 긴장하고 있는 내게 덴마크에서 캐나다 입국비자를 취소하고 귀국한 사유를 물었다. 나는 "내게 유학의 기회와 공부를 시켜준 덴마크 정부를 배신할 수 없었다."고 설명했다. 담당관은 "서류에도 그렇게 기록되어 있다"며 웃음 띤 얼굴로 다시 캐나다 입국 비자를 받는데 아무런 하자가 없다며 캐나다 입국 비자를 주겠다고 약속했다. 너무 기쁜 나머지 몇 마디 농담을 주고받다가 몇 번이나 감사하다는 인사를 하고 귀가했다.

 나는 다시 희망에 들뜨기 시작했다. 결국 어떤 상황에서도 절망하지 않고 어려움을 이겨내기 위해 불굴의 노력을 기울이니 희망의 끈을 다시 붙들게 된 계기가 된 것이다. 그리고 어떠한 일이 있어도 정도의 길을 밟을 때는 반드시 그 기회를 다시 잡을 수 있다는 확신을 갖게 되었다. 만약 그 당시에 내가 귀국을 하지 않고 캐나다로 출국했다면 나는 평생 덴마크의 은혜를 저버린 사람이라는 죄책감을 안고 살아갈 수밖에 없었을 것이다. 사람은 살아가면서 중요한 선택의 기로에 놓이게 될 때가 있다. 그 선택이 그 사람의 운명을 좌우한다. 김옥림 작가도 그의 저서 '법정 행복한 삶'에서 우리 앞에는 항상 오르막길과 내리막길이 놓여있다. 이중에서 하나를 선택해야 한다. 선택은 우리의 운명이 좌우될 만큼 삶에 미치는 영향이 크다. 지혜로운 선택이야말로 자신의 삶을 온전하게 이끄는 '비결'이라고 했다.

대학 졸업 후 군복무도 마쳤으며 외국에도 갔다 온 내가 캐나다 출국에 필요한 경비를 부모님께 의존할 수는 없었다. 오직 내 힘으로 개척해 가야만 나의 목표를 달성할 수 있다고 다짐했다. 누구의 도움은 나의 의타심(依他心)만 키우고 나를 나약하게 만들어 나의 의지를 좀먹는 행위로만 작용하게 될 것으로 생각되었다. 생각다 못해 캐나다로 먼저 간 친구, 이기대에게 편지를 보냈다. 서울에서 토론토까지 가는 비행기 표를 사서 보내주면 내가 가서 벌어서 1년 안에 반드시 갚겠다고 했다. 얼마 후 그에게서 답신이 왔다. 편지 속에는 비행기표도 들어 있었다.

드디어 1967년 11월 22일 출국날짜를 정하고 비행기 좌석을 예약했다. 그리고 조부모님, 부모님 슬하에서 결혼을 하기위해 서둘러 11월 4일 결혼식을 올렸다. 그 당시 출국할 때 내가 가지고 나갈 수 있는 미화는 500달라 이었다. 그러나 나는 50달라만 환전해서 가지고 나갔다. 주위 몇 분들이 염려가 되었는지 보태주겠다고 제안했지만 단호하게 거절했다. 남에게 의존하면 나의 긴장감과 각오가 오히려 풀리게 된다며 나를 믿고 내 뜻대로 할 수 있도록 부탁을 드리며 이 돈이면 충분하다고 우겼다. 그러나 그런 오기를 부린 것을 지금에 와서 생각해보면 상상도 할 수 없는 무모함이었다. 또한 이를 가능하게 한 것은 나의 젊음과 자신감 때문이 아니었나 생각된다. 귀국한지 1년 만에 다시 출국하는 것이며 귀국으로 인해 내가 가진 가장 큰 행운은 부모님 슬하에서 사랑하는 사람과 결혼을 하고 출국하는 것이었다. 미래는 부단히 노력하며 미래를 개척하고자 열과 성을 다하는 자의 것이며 이렇게 함으로써 나의 목표가 나를 이끌어 줌을 분명히 믿고자 했다. 그리고 어떤 경우에도 좌절하지 않는다는 불요불굴(不撓不屈)의 마음으로 앞만 보고 질주하자는 결의를 다졌다.

제10장 ◆ 캐나다로 출국하다

1967년 11월 22일, 여행가방 1개에 옷가지와 공부하는데 꼭 필요한 몇 가지 전문서적을 챙겨 가까운 곳에 여행하듯, 토론토의 친구에게도 나의 출국을 알리지 않고 홀가분한 마음으로 캐나다행 비행기에 탑승했다. 그때에 내 주머니에는 달랑 미화 50달라가 전 재산이었다. 출국 비행기를 탄다고 생각하니 비로소 내가 나의 꿈을 향해 날아간다는 실감이 났다. 무슨 일이 있어도 내가 꿈꿔왔던 박사학위 취득을 미국에서 받겠다는 나의 오랜 꿈의 싹을 보는 느낌이랄까…. 시시때때로 내 마음속에 먹구름처럼 몰려왔던 어떤 불안감이 점점 사라지면서 마음의 안정을 되찾았다. 덴마크 유학과 우리나라보다 선진국인 잘사는 유럽 여러 나라들을 여행하면서 터득한 이런저런 소중한 경험으로 영어소통은 문제없다고 다짐하니 자신감이 생겼다. 앞으로 어떤 어려움에 처하더라도 '내가 심사숙고하고 결심한 일을 반드시 이루겠다.'는 결의를 다짐하고 또 다지면서 황금빛 희망을 품었다. 언제나 긍정적이며 희망적인 것만 생각하며 어떠한 어려움에도 내가 스스로 결심한 일은 꼭 이루고 말겠다는 결의를 다지니 순간적으로 내 스스로가 숙연해졌다. 나를 음으로 양으로 이끌어 주신 조부모님을 위시한 가족들, 스승님들께 마음속 깊이 감사의 기도를 하는 동안 내 마음은 꼭 성공하고 돌아오겠다는 각오가 뜨겁게 용솟음쳤다.

신념이 성공과 삶의 원동력, 성공도 실패도 자신이 만든다

스웨이는 그의 저서 '인생은 지름길이 없다.'에서 신념이 없는 사람은 엔진이 없는 차와 같고, 신념은 성공의 원동력이자, 기적을 만들어 내는 힘의 원천이다. 신념은 내재된 에너지를 자극해 필요한 의지와 행동을 이끌어 내는 삶의 원동력이라고 했다. 또다시 내게 도전의 기회가 왔고 그 도전을 충분히 감당할 수 있다는 자신감에 충만한 내가 누구보다 행운아라는 생각이 내게 용기를 북돋아 주었다. '성경에 비추어 본 채근담에 담긴 삶의 지혜(홍자성 지음, 임덕일 엮음)'에도 도전이 없는 인생은 승리의 희열도 맛보지 못한다. 겉으로 볼 때 생활 속의 모든 고난과 좌절은 우리를 억누르는 무거운 짐 같지만 그 속에는 희망이 숨을 쉬고 있다. 햇빛이 비온 뒤에 더욱 찬란히 빛나고 있음을 명심해야 할 것이며, 고통은 인내를 낳고 인내는 시련을 이겨내는 끈기를 낳고 그러한 끈기는 희망을 낳는다고 했다. '채근담'에서 기술한 것처럼 운명은 그냥 주어지는 것이 아니라 스스로 만들어 가는 것이며 성공도 실패도 자신이 만드는 것이다. 스스로의 노력에 따라 실패하다가도 성공할 수 있고, 성공하다가도 실패할 수 있다. 불은 쇠를 단련시키고 역경은 사람을 강하게 단련시킨다. 법정 스님도 삶에 어려움이 없으면 자만심이 넘치고, 잘난 체하고 남의 어려운 사정을 모르고 마음이 사치해진다고 했으며, 그 누구도 무한불성(無汗不成), 땀 흘리지 않으면 성공할 수 없다.

반가운 만남

비행기 좌석에 앉으려는 순간 누군가 내 이름을 부르는 소리가 들렸다. 깜짝 놀라 뒤돌아보니 절친한 대학 동기 동창생인 이경태가 웃으며 손을 흔들었다. 그도 토론토까지 간다며 동행하는 친구를 만나 불안이 가신 듯 안도하는 표정이 뚜렷했다. 이미 토론토에 거주하는 친구에게 연락해서 공항에 마중 나오기로 약속이 되어있고 거처할 숙소(방)도 마련되어 있다고 했다. 나는 속으로 다행이다 싶었다. 그와 같이 가면 걱정하지 않아도 된다며 안심이 되었다. 그 친구는 아무에게도 연락 않고 무작정 출국한 나를 보고 놀라는 눈치였다.

토론토에 도착하면 제대로 먹지 못할 수도 있다는 생각에 기내에서 주는 식사는 열심히 먹었다. 출국 준비로 다소 지친 탓인지 피로가 엄습해왔지만 잠은 오지 않았다. 머릿속에는 온갖 생각으로 복잡했다. 앞으로 전개될 내 인생의 가상의 자서전을 머릿속에 열심히 쓰고 지우고 다시 쓰기를 반복했다. 그러나 한가지의 목표만은 지울 수 없었다. 대학교 재학 때 세운, 박사학위를 받고 대학교수가 되겠다는 그 목표가 내 인생의 전부라는 생각에는 변함이 없었다. 목인석심(木人石心), 흔들림 없는 굳은 의지를 가진 사람으로 최선을 다하면 반드시 나의 목적을 이룰 수 있다며 두 주먹을 불끈 쥐었다. 뒤돌아보니 친구는 깊은 잠에 빠져있는 듯했다.

캐나다 밴쿠버 공항에서 잠시 내려서 입국 수속과 세관검사를 거친 후 다시 이륙하여 3시간쯤 지나서 밤늦게 토론토 공항에 도착했다. 나 혼자 왔었다면 얼마나 당황했을까 하는 생각이 들었다. 짐을 찾아 밖으로 나오니 차를 가지고 마중 나온 친구가 기다리고 있었다. 덴마크에서 같이 캐나다로 떠나자고 의기투합(意氣投合)하던 친구 중 하나인 신영춘이었다. 덴마크에서 헤어지고 1년 만에 캐나다에서 다시 만나는 그는 너무 반가워서 우리는 한참이나 서로 껴안고 있었다. 승용차도 자기 것이라고 했다. 차를 가질 정도면 안정이 된 상태라고 생각이 들었다. 한국에서 온 예쁜 간호사와 결혼하여 행복하게 살고 있다며 자랑을 했다. 덴마크에서 캐나다로 온지 1년 만에 안정을 찾은 그를 보는 내 마음도 뿌듯한 행복감을 느꼈다. 사실 그 친구는 다소 어수선하기도 했지만 정이 철철 넘치는 친구였다. 대학 4년을 그리고 덴마크를 거쳐 다시 1년 만에 만나는 그의 모습이 자신감에 충만한 것을 보니 그는 캐나다 생활에 만족하는 것으로 생각되어 내게도 안도와 기쁨을 주었다.

한참을 달리다 어느 집 앞에 차를 세웠다. 토론토 시내의 다운타운(downtown)에 있는, 앞으로 우리가 살아갈 집이었다. 2층에 올라가니 낯모를 한국인 청년이 몇 명 있었다. 모두 그 집에서 셋방을 살고 있는 사람들이었다. 토론토에 같이 온 이경태와 나는 방 하나에 같이 기거하기로 하고 킹 베드에서 같이 잠을 잤다. 방세가 한 달에 캐나다 돈으로 30달러였으므로 각자 15달라 씩 부담하기로 하여 집세 비용이 반으로 절감되었다. 모두가 공동으로 사용할 수 있는 부엌에서 각자 요리하여 식사하고 냉장고도 공동으로 사용하도록 되어있었다.

다음 날 은행에 가서 미화 50달러를 캐나다 돈으로 바꾸니 60달러를 주었다. 슈퍼마켓에서 식빵, 계란, 쨈 등을 사다가 냉장고에 넣어 두었다. 우리는 각자가 먹고 싶은 것을 사다가 냉장고에 넣어두고 먹기로 하고 월말에는 들어간 총비용을 나누어 각자 부담하기로 하였다. 1개월에 들어가는 식비는 대략 20달라가 소요되었다. 나는 거의 매일 식빵에다 계란후라이를 넣어 샌드위치를 만들이 먹었고 사과 하나를 디저트로 먹었다. 룸메이트인 내 친구는 나보다 요리 솜씨가 좋아 같이 있을 때는 그가 만든 간단한 요리를 먹기도 했다. 한번은 다른 집에 사는 친구가 찾아와 냉장고를 열어보더니 누가 고양이용 통조림을 넣어두었느냐고 물었다. 그때 생각이 났다. 내 룸메이트가 "슈퍼마켓에 갔더니 통조림이 가격이 싸서 사가지고 와서 냉장고에 넣어두었으니 먹어라"라고 했다. 그도 "먹어보니 맛이 있었다."고 한 말이 생각났다. 나는 요리를 싫어해서 먹지 않았었다. 깜짝 놀라 냉장고를 열어보니 고양이 그림이 그려있는 고양이용 고기통조림이었고 식비를 아끼기 위해서 가격만 보고 내 룸메이트가 사온 것이었다.

나는 직장을 구하기 위해 친구 이경태와 함께 토론토 인력센터 (manpower center)에 찾아갔다. 그러다 내가 이경태에게 권유했다. "직장을 구하기 위해 애쓰지 말고 너의 특기인 태권도 도장을 열어 이곳 토론토에 보급하는 것이 최선의 길이며 돈이 부족하면 토론토에 있는 동기동창 친구들에게 십시일반으로 조금씩 도와주도록 내가 앞장서겠다고 설득했다. 나도 그동안 받은 월급에서 100달러를 그에게 내놓았다. 드디어 그는 태권도 도장을 개관하여 성공하였고 토론토에서 유명 인사가 되었다. 그의 성공은 그의 성실함과 투철한 정신력이었고 그는 신임이 두터운 매우 좋은 친구이기도 했다. 이경태와 나의 룸메이트로서의 생활은 아내가 한국에서 올 때까지 약 5개월간 지속되었다. 후에 이경태가 예쁜 신부와 토론토의 한 교회에서 결혼식을 올릴 때 내가 신랑 들러리, 즉 베스트 맨(best man)을 서기도 했다.

제11장 ◆ 석사학위과정 입학과 장학금 약속을 받다

토론토 도착 후 이틀 밤을 자고 아침 일찍 토론토에서 60마일 떨어진 조그마한 교육도시 구엘프(Guelph)시에 위치한 구엘프대학교(University of Guelph)에 그레이하운드 버스를 타고 찾아갔다. 캐나다에서 가장 유명한 수의과대학과 농과대학을 가진 종합대학교이며, 원래는 토론토대학교에 속하는 대학이었으나 1964년도에 독립하면서 종합대학교로 승격되었다. 대학 캠퍼스에 들어서니 캠퍼스 전체에 잔디광장이 아름답게 조성되어 있고 대학 건물은 모두 5층 이하이며 대학본부 건물은 고풍스러운 건물이었다. 사전 예약도 없이 무작정 학교를 찾아갔다. 대학 안내도를 보고 축산학과를 찾아 건물 입구에서 교수님의 명단을 살펴보고 Dr. J. B. Stone을 찍었다. 그의 연구실을 노크하니 마침 안에서 대답이 들려왔다. 낯선 동양인이 찾아오니 그는 약간 의아한 표정을 지었으나 그의 첫인상이 좋아 안심이 되었다. 의자에 앉은 채 양다리를 책상위에 올려놓고 무슨 용무가 있느냐는 표정으로 나를 살펴보았다. 나는 코리아에서 캐나다에 온지 2일 밖에 안 되는데 교수님 지도하에 석사학위를 받고 싶다며 대학 4년간의 성적표를 건네주었다. 그는 찬찬히 성적표를 살펴보고 나를 몇 번 처다 보더니 웃음 띤 얼굴로 "좋아" 하시며 "NRC(National Research Council)장학금, 즉 국가 연구위원회 장학금을 준다며 액수는 연간 3,000달라 이고 학기는 9월에 시작된다"고 하셨다. 본 대학에 공부하려는 모든 외국인 학생은 미시건 영어 테스트(Michigan English test)에 합격해야 된다고 주를 달았다. 캐나다는 모든 대학교가 국립대학교이며 학비가 비싸지 않았다. 당시에 이정도의 장학금이면 우리식구가 1년 생활하는데 등록금을 내고도 부족함이 없는 액수였다. 영어시험에 합격한 후 교수님 지도하에 석사학위를 받도록 하겠다고 다시 한 번 다짐하며 모든 것을 이룬 듯 날아갈 듯이 행복한 마음으로 그의 사무실을 나와 토론토로 돌아왔다.

좋은 스승을 만나는 것은 50% 이상의 성공

내가 그를 만난 것은 너무나 큰 행운이었다. 훌륭한 스승을 만나는 것은 하늘이 주는 축복이다. 그리고 훌륭한 인생을 살았던 사람들 대부분은 좋은 스승이 있었음을 역사가 증명해 주고 있다. 류태영의 사랑편지, '좋은 인맥 만들기'에 훌륭한 스승을 만나는 것은 자기 인생에서 50% 이상을 성공한 것이나 다름없다고 했다. 학교를 방문할 때의 초조하고 불안했던 마음이 세상을 다 얻은 듯 기쁨으로 충만되었다. 마음으로 결심하고 과감히 도전하면 희망의 씨앗을 심는 것이라는 이치를 이번 경우에도 여실히 느꼈다. 캐나다에 입국해서 최우선적으로 대학교를 방문하여 입학과 장학금을 확보한 것은 나에게는 천혜의 행운이며 앞으로 내가 나아갈 목표를 향한 첫걸음을 올바르게 내디딘 것이었다. 초조하고 방황하던 나의 마음이 차분하게 안정되었고 하루하루의 생활이 활기 넘치는 시간으로 채워졌다. 이제 앞으로 어떤 일을 하더라도, 그것이 비록 힘들고 고달픈 일일지라도 목표가 분명해진 나에게는 아무런 장애요인이 될 수 없음을 확신했다. 스웨이가 그의 저서 '인생은 지름길이 없다'에서 어두운 먹구름 뒤에는 항상 빛나는 태양이 있고, 겨울이 지난 뒤에는 언제나 따뜻한 봄이 찾아온다. 어떤 고난이든 고난 뒤에는 늘 행운이 숨어있으니 절대 희망을 버리지 말아야 한다고 했다. 그의 이 말이 나에게 무한한 용기와 힘을 보태어 주었다. 나에게 전액 장학금을 약속한 J. B. Stone 교수는 내 일생에 잊을 수 없는 가장 큰 은인이며 언제나 마음속 깊이 고이 간직하고자 한다.

제12장 ◆ 병원식당에서 접시 닦는 일을 시작하다

 토론토 도착 3일째 되는 날 아침 일찍 인력센터(Manpower Center)에 가서 등록을 하고 차례를 기다렸다. 얼마를 기다리니 나의 이름을 불렀다. 무슨 일이든 좋으니 빨리 일할 수 있는 곳을 소개해 달라고 담당자에게 부탁하면서 내가 대학을 졸업했으니 참고해 달라고 했다. 담당자가 한참 여러 서류를 살펴보더니 주소와 장소를 적은 메모지를 넘겨주며 찾아가 보라고 했다. 그곳은 캐나다 암협회에서 운영하는 암 전문병원(성 마가렛 병원)이었다. 즉시 병원으로 가서 인사담당관을 만나니 첫인상이 까다로워 보이는 중년 여성이 "이곳에서 줄 수 있는 일은 병원식당 접시 닦는 일 뿐"이라고 했다. 하루가 급한 나의 입장인지라 마음에 들지 않았지만 일단 일하겠다고 결정했다. 시간이 나는 대로 다른 직장을 구하든지 아니면 대학원에 진학할 때 까지 견디자는 생각이었다. 사실 지금은 어떤 일을 해도 곧 대학원에 진학하여 떠난다고 생각하니 무슨 일이든 상관없다는 생각이었다. 내 주머니 사정도 내 마음을 급하게 내몰았다.

병위사지(兵爲死地)의 마음으로 일하자

 다음날 병원식당으로 출근을 했다. 한 주일은 아침 6시부터 그리고 다음 주는 10시부터 번갈아 출근시간이 바뀌는 일정이었다. 출근카드를 찍고 락커룸에서 상하 모두 하얀 위생복으로 갈아입고 식당 부엌으로 가니 남미 자메이카 태생의 청년이 접시를 닦고 있었다. 나 이후에 채용된 영어 한마디도 못하는 이태리 출신 중년 남성과 나를 포함해 3인이 모든 접시와 요리 기구를 닦았다. 나머지는 모두 음식을 조리하는 여성들이었다. 하루 종일 말 한마디 않고 접시만 닦고 있는 나에게 요리하는 여성들이 농담을 걸어오기도 했다. 왠지 마음이 극도로 위축되어있는 나는 농담할 마음의 여유가 없었다. 당시에는 고무장갑도 없었다. 손이 물에 불어 조금만 그릇모서리에 부딪치면 살이 찢어지고 따가웠다. 아침 6시에 출근하는 날은 코피가 자주 나왔다. 처음 일을 시작할 때와는 달리 날이 거듭될수록 이일을 하려고 이곳에 왔냐며 내 자신이 한심하게 생각될 때도 있었다. 그러나 한편으로 나를 달래곤 했다. 자기가 하는 비록 작은 잡무일지라도 이를 하잘 것 없는 일이라 생각하는 사람은 큰일도 책임감 있게 해내지 못한다. 아무리 작고 보잘 것 없어 보이는 일이라도 언제나 최선을 다하자. 내가 앞으로 석사, 박사학위를 받고 못 받고는 오늘 이 어려움을 어떻게 무난히 극복하느냐에 달려있다며 다시 마음을 가다듬었다. 사람은 누구나 정도의 차이는 있지만 고난과 역경의 위기를 만나고 그 위기에서 자신의 무한한 잠재력과 존재가치 그리고 사명감을 발견하며 이런 과정을 거쳐 위대한 인물로 성장하게 된다. 즉 사람은 어려움을 극복하면서 더 성숙해지고 자기의 정체성이 분명해진다는 것이다. 현재 자기에게 주어진 일, 비록 그것이 어떤 하찮은 일일지라도 최선을 다해 누구보다 잘하는 사람이 성공할 수 있는 정신적 무장이 되어 있는 것이다. 고사성어의 병위사지(兵爲死地), 즉 전쟁에 목숨을 걸듯이 일에 임해 온힘을 다 쏟고 이를 견디어 내야 성공의 길로 나아갈 수 있다.

고난의 토양에서 자라는 기회, 실패는 늘 성공과 함께

  김우중 회장은 그의 저서 '세계는 넓고 할 일은 많다'에서 어려울 때가 기회이다. 어쩌면 기회는 어려울 때만 생기는 것인지도 모른다며 고난의 토양위에서만 자라는 것이 기회이다. 남들만큼 하면 현상 유지를 할 수 있을지는 몰라도 앞서기를 기대할 수는 없다. 남들이 하지 않을 때, 남들이 두 손 놓고 있을 때, 또는 남들이 힘들다고 포기해 버릴 때, 그 때 배전의 노력을 쏟는 사람, 그 어려움 속에 달려들어 위기를 기회로 바꿔놓는 사람, 그 사람만이 진정으로 이길 수 있다. 위기를 희망으로 뒤집는 일, 역경과 어려움 앞에서 무릎 꿇지 않고 도전의 힘찬 발걸음으로 내딛는 일, 그것은 젊은이의 특권이면서 동시에 마땅히 해내야할 의무이기도 하다. 실패가 무서워 도전을 하지 못한 사람은 평생 동안 성취의 기쁨을 맛볼 수 없을 것이라고 했다. '법정 행복한 삶'의 저자 김옥림 작가는 실패는 성공과 늘 함께한다. 실패의 쓴잔을 마셔봐야 참된 인생의 맛을 알게 되고 행복에 대해 알게 된다. 실패는 인간에게 고뇌의 늪과 같다. 하지만 그 고뇌는 생산적으로 받아 들여야 한다. 고뇌를 이길 수 있는 힘을 길러야 한다고 했다. 그리고 법정 스님은 고뇌를 이기는 비결은 '선의(善意)'와 '성실'에 있으며, 고뇌 속에서 우리는 근원적인 '나'로 돌아가는 것이라고 했다.

가장 큰 고통 속에는 가장 큰 행복의 씨앗이 있음을…

  오늘의 나의 고되고 힘든 나날에서 인내심을 키우고 나의 장점을 찾아야 한다고 다짐했다. '가장 큰 고통이 있을 때 가장 큰 행복의 씨앗이 움트고 있음을 알아야한다'는 말을 나의 메모 노트에서 발견한 것이 커다란 위안이 되었다. 어느 나라에서나 흙수저에서 성공한 사람들의 공통점은 처음 시작한 보잘 것 없는 일일지라도 정성을 다해 성실히 수행함으로써 인정을 받아 승승장구한 사람들이다. 박용삼은 그의 저서 '테드, 미래를 보는 눈'에서 금수저(golden spoon)가 아닌 흙수저(dirt spoon)를 채용하라며 흙수저에게는 남다른 열정과 목적의식이 있다. 달리 기댈만한 구석이 없는 흙수저들은 '자신을 통제할 수 있는 건 오로지 자신밖에 없다'는 믿음으로 움직인다. 일이 잘 안 풀릴 때는 쉽게 좌절하기보다 더 나은 결과를 위해 어떻게 해야 할지를 끊임없이 자문하며 스스로를 무너지지 않게 잡아주는 열정과 목적의식으로 무장되어 있다고 했다. '시련은 있어도 실패는 없다'의 저자 정주영 회장은 불운은 몇 배의 노력으로 극복하고 호운은 또 적극적으로 성장에 활용해서 다음의 불운에도 끄떡없는 힘을 비축해야 한다. 좋지 않은 일이 닥쳐와도 겁먹지 말고 '이 시련은 나로 하여금 더 큰 일을 감당할 수 있도록 하기 위한 것'이라 생각하라고 했다. 이처럼 큰 인물을 만들기 위해서는 시련과 고통을 주는 것이다. 고통과 고뇌를 모르고 성공한 사람은 한번 넘어지면 일어나기 어렵지만 고통을 견디며 자란 사람은 오뚝이처럼 다시 일어설 수 있다. 정호승 작가는 그의 저서 '내 인생에 힘이 되어준 한마디'에서 고통은 나의 마음을 자라게 하고 영혼을 성숙하게 한다고 했다.

쑤린은 그의 저서 '어떻게 인생을 살 것인가'에서 고난이 닥쳤을 때 우리에게는 2가지 선택지가 주어진다. 하나는 능동적으로 맞서는 것, 다른 하나는 수동적으로 받아들이는 것이다. 무수한 좌절을 겪어야 비로소 성공할 수 있다. 좌절을 대하는 태도를 바꿔 좌절 앞에 의기소침해지는 대신 이를 자신을 단련하는 기회이자 자신을 넘어서는 기회로 삼는다면 평범함을 벗고 비범한 나로 거듭날 수 있음을 강조했다. 좌절을 딛고 일어서면 좌절의 경험은 내 인생의 자산이 되지만, 좌절에 넘어져 그대로 주저앉으면 좌절의 경험은 곧 인생의 재앙이 된다고 했다. 존 맥스웰은 그의 저서 '사람은 무엇으로 성장하는가'에서 고생이 없으면 발전도 없고 시련은 누구나 겪게 마련이다. 그렇지만 아무나 교훈을 얻는 것은 아니다. 그 속에서 교훈을 얻을 수 있다고 믿고 맞서는 사람만이 교훈을 얻는다고 했다. 스펜스 존슨은 그의 저서 '선물'에서 삶의 고통은 현재의 상태와 우리가 바라는 상태의 차이에서 기인되며 중요한 건 고통스런 상황을 겪을 때 그것을 피하려고 자꾸 다른 생각을 하지 말고 그 고통에서 배움을 얻도록 노력하는 것이라고 했다. 마크 맨슨도 그의 저서 '신경 끄기의 기술'에서 성공을 결정하는 질문은 '나는 무엇을 즐기고 싶은가'가 아니라 '나는 어떤 고통을 견딜 수 있는가' 라고 했다. 즉 고통을 이용해 우리를 변화시키고 우리를 더 강한 사람으로, 더 현실적인 사람으로 단련시켜 성공의 길로 나아가게 만든다는 것이다. 김홍신 작가도 그의 저서 '인생사용 설명서'에서 세상은 늘 고통을 나누어 준다. 그러나 세상이 주는 고통만큼 우리는 강한 생명력을 얻는다고 했다. 프랑스의 사상가 몽테뉴는 그의 저서 '사색의 광장'에서 인생은 평화와 행복만으로 살 수 없으며 괴로움이 필요하다. 이 괴로움을 두려워하지 말고 슬퍼하지도 말라. 인생의 희망은 늘 괴로운 언덕길 그 너머에서 기다리고 있다고 했다. '성경에 비추어 본 채근담에 담긴 삶의 지혜(홍자성 지음, 임덕일 역음)에서 괴로움은 즐거움의 씨앗이고, 즐거움은 괴로움의 싹이다. 즉 괴로움 뒤에 기쁨이 온다는 뜻이다. 맑은 하늘에서는 무지개를 볼 수 없고, 무지개는 어둠과 비와 구름의 뒤편에서 자신의 차례를 기다리고 있다고 했다. 마틴 루터 킹 목사도 "오직 어둠속에서만 별을 볼 수 있다"고 했다. 헬렌 켈러는 "세상이 비록 고통으로 가득하더라도, 그것을 극복하는 힘도 가득하다"고 했다. 괴테도 고난이 올 때 마다 그것이 참된 인간이 되어가는 과정임을 기억하라고 했다. 따라서 우리는 어려움을 극복하면 더욱 강해질 수 있다는 것을 확고히 믿어야 한다.

  프랑스의 사상가 몽테뉴는 그의 저서 '사색의 광장'에서 인간은 시련 뒤에 인격이 형성된다며 한 알의 밀알이 흙속에서 썩는 인고 속에 생명의 씨눈이 트고 성장의 아픔을 치른 후에야 꽃이 피고 열매가 맺힌다. 이와 같이 우리 인생도 불행과 이별, 고독, 눈물, 절망, 실패, 좌절 등의 큰 시련을 극복하는 데서 인격이 형성되고 인생의 꽃이 피어 열매를 맺을 수 있는 것이라고 했다. 스웨이도 그의 저서 '인생은 지름길이 없다'에서 좌절과 실패의 터널을 지나야 비로소 성공이라는 빛을 볼 수 있다. 따라서 인생에 풍랑이 불어 닥친다면 정면으로 응시하고 이겨낼 수 있어야 한다고 했다. 이나미는 '중앙일보'에서 고통자체가 성공의 자양분이며 역경이 길 때 마음항체가 생긴다고 했다. 좌절은 성공의 씨앗을 품고 있으며, 긍정적인 생각은 우리 인생에 큰 영향을 미친다. "고생 끝에 낙이 온다."는 말처럼 인생에 시련이 찾아와도 좌절하지 않고 긍정의 생각으로 잘 견디면 머지않아 꿈꾸던 행복을 누리게 된다고 했다. 쑤린이 그의 저서 '어떻게 인생을 살 것인가'에서 기술한 하버드대 심리학자 벌리스 프레더릭 스키너 교수는 많은 성공인사가 성공을 거머쥘 수 있었던 이유는 그들이 수백 번의 실패를 겪고 그 속에서 교훈을 얻었기 때문이었다며, 그들이 실패를 경험하지 않았다면 큰 성공을 거두지 못했을 것이라고 말했다. 이케다 다이사쿠도 그

의 저서 '인생좌표'에서 '역경과 장애를 타고 넘었을 때 인간은 만들어
진다. 남이 알아주지 않아도 자기답게 꾸준히 한 걸음 한 걸음 노력한
사람은 마지막에 승리한다. 성취로 가는 길에는 그저 노력만이 필요하
다. 누구에게도 특별한 비결은 존재하지 않는다. 성공한 사람은 그저
노력했을 뿐이다.'라고 했다.

그 모든 노력은 자기 자신에 대한 믿음을 강화하는 토대를 만들어주
고 노력을 들인 다음에야 비로소 자신에게 불가능이란 없다는 것을 깨
닫게 되는 것이라고 피터 홀린스는 그의 저서 '어웨이크'에서 언급했
다. 노력은 절대로 거짓말을 하지 않는다는 사실이 불변의 진리임을
믿으니 오늘 내가 겪는 힘든 나날을 견뎌낼 힘이 솟았다. 어떤 어려운
일을 하면서도 즐겁다고 생각하면, 부정적인 감정은 줄어들고 실제로
일이 즐겁게 느껴질 수 있다. 동감공고(同甘共苦), 즉 달고 쓴 것은 함
께 한다는 뜻으로 기쁨과 괴로움은 같이 한다는 말이다. 나는 고생 끝
에 낙이 온다는 사자성어 고진감래(苦盡甘來)를 입버릇처럼 외우고 다
녔다. 김옥림 작가도 그의 저서 '법정 행복한 삶'에서 밝은 것을 보려면
어두운 것도 동시에 볼 줄 알아야 한다. 세상의 이치는 그와 반대되는
것을 통해 더욱 '본질의 빛'을 드러내는 법이다. 현재 힘들고 어려운 일
이 있을지라도 불평불만 대신 긍정적으로 받아들여 어려움을 이겨낼
수 있도록 해야 한다. 그렇게 하다보면 어려움을 이겨내고 좋은 결과
를 얻게 된다고 했다.

낮에는 일하고 퇴근 후에 야간학교를 다니며 영어와 화학을 수강했
다. 여기 토론토에서는 본인만 부지런하면 야간에 어떤 과목도 무료

로 공부할 수 있었다. 대학원에 입학하면 화학을 미리 공부해 두면 도움이 되리라 믿었고 영어수강은 대학에서 요구하는 미시건 영어 테스트를 대비해서 하루도 빠지지 않고 열심히 다녔다. 영어단어는 Word power 책을 사서 낮에 일하다 쉴 때, 출퇴근 전철 안에서, 집에서 식사할 때도 읽고 또 읽었으며 그 책 한권에 들어있는 단어는 모조리 외웠다. 연습만큼 위대한 재능은 없다는 말과 같이 노력해서 안 되는 일이 있겠느냐는 것이 나의 소신이었다. 이는 곤란을 이겨내야만 바로 설수 있다는 질풍지경초(疾風知勁草)를 생각하게 했다. 즉 강한 바람이 불어보아야 비로소 강한 풀인가 아닌가를 안다는 뜻으로 곤란을 격어보아야 비로소 재능이나 역량을 알 수 있다는 말이다.

미시건 영어 테스트는 매 토요일마다 토론토대학에서 실시되었으며 가장 중요한 시험 중 하나가 에세이(essay)형 영어작문이었다. 시험관이 그 때 그 때마다 다른 토픽(topic)을 정해서 에세이 시험을 치렀다. 나는 매 토요일마다 토론토대학의 시험장소 입구에서 기다리다가 시험을 치르고 나오는 학생에게 그날의 토픽을 물어보고 집에 와서 열심히 영작문을 해보며 실력을 쌓아갔다. 나머지 문법, 영어단어 등의 테스트는 자신이 있었다. 미시건 영어 테스트는 100점 만점에 80점 이상을 받아야 합격이 되는데 드디어 80점 이상을 받아 대학에 입학할 자격을 갖추었다.

생우우환(生于憂患) 사우안락(死于安樂)을 깨닫게 한 귀중한 시간

대학원에 진학할 때까지 1년 6개월 동안 병원식당에서 접시를 닦는 일을 하였으나 내 주위의 어느 누구에게도 말하지 않았고 심지어 후에

토론토로 온 아내까지도 내가 어디서 무슨 일을 하는지 몰랐다. 이것은 내가 하는 일이 부끄러워서라기보다는 내 마음의 역경을 이겨내고 메마른 내 마음의 토양에 희망의 씨앗을 뿌려 움을 틔우고 성장하도록 침묵의 단비를 뿌리는 과정이기 때문이었다. 비록 짧은 세월이었지만 토론토에서의 생활은 생우우환(生于憂患) 사우안락(死于安樂)을 깨닫게 하는 매우 귀중한 시간이었다. 이는 어려운 상황은 사람을 분발하게 하지만 안락한 환경에 처하면 쉽게 죽음에 이른다는 뜻이다. 인생은 언제나 시련과 함께하고 그 시련이 인생을 더욱 값있게 만든다는 사실을 받아들이는 것만으로도 행복하게 살아갈 수 있다. 사람뿐만 아니라 동물의 세계에서도 마찬가지이다. 천적이 없는 동물은 시간이 갈수록 허약해지지만 천적이 있는 동물은 점점 강해지고 웬만한 공격은 스스로 이겨낼 수 있다는 것이다.

그동안 일하며 저축한 돈으로 내가 한국에서 토론토로 올 때 빌린 비행기표 값을 모두 현금으로 갚을 수 있었다. 그러나 마음에 걸리는 것은 그간의 이자를 계산하지 않고 원금만 갚은 것이다. 실제로 은행에 예치한 현금도 이자가 없는 것이 캐나다 은행의 실상이었다. 내가 어려울 때에 이기대 동문이 내가 한국에서 출국할 수 있도록 비행기표를 보내준 은혜는 언제나 잊지 않고 마음속 깊이 간직하고 있다.

제13장 ◆ 아내가 토론토로 오다

겨울이 가고 1968년의 봄이오니 날씨도 제법 따뜻해졌다. 아내로부터 모든 서류수속이 끝나고 캐나다로 출국할 비행기를 예약했다는 편지가 왔다. 내가 캐나다로 출국하기 직전인 1967년 11월 4일에 결혼식을 올리고 18일후인 22일에 나는 출국했었다. 내가 출국하고 약 5개월 후에 우리부부는 다시 토론토에서 재회하는 것이다. 아내와는 결혼 전 3년 가까이 사귀어 왔지만 중간에 우여곡절이 많았다. 아마 아무런 희망이 없어 보이는 내 입장이 장애요인이었을 것이다. 그때 나는 조부모님과 부모님 슬하에서 결혼식을 올릴 수 있어 너무나 행복했다. 사실 나는 지금 떠나면 언제 귀국할지 아무런 기약이 없었고, 살아생전 조부모님을 뵙는 것도 마지막이 아닐까 생각되었다. 그러나 나 자신의 앞길을 개척해야 하는 절박함에 어떤 마음의 여유도 없었다. 오직 내게 다가 온 기회를 동아줄을 잡듯 움켜지고 놓치지 않는 것만이 지금 내가 해야 할 최우선의 긴급한 일이었다. 모든 인간적 도리는 내가 목적한 목표를 성취한 이후에나 가능한 것이었다.

약 5개월 동안 토론토에서 같이 지냈던 룸메이트인 이경태와 헤어져야 했다. 나는 우리가 살 셋방을 구하기 위해서 여기저기 다녔다. 셋집 놓음(for rent) 팻말을 붙인 집마다 찾아다니다 드디어 한집을 선택해 계약을 했다. 계약이 끝나고 보니 집주인이 20년 전 우크라이나에서 이민 온 사람임을 알고는 공산주의 국가 사람인데 괜찮을까 하는 염려가 되었다. 그만큼 나에게 공산주의는 악마의 소굴처럼 무섭고 피하고 싶은 존재였다. 아내가 도착하기 전에 이것저것 사다가 냉장고에 채워 넣었다. 한국에서 먹기 어려운 바나나, 한국에서 저녁 늦게 귀가할 때 한두 개 사다가 아무도 몰래 아내에게 주곤 하던 귤도 한 자루 사서 냉장고에 넣어 두었다. 바나나도 귤도 한국에서는 먹기 어려운 귀한 과일이었으나 이곳에서는 매우 흔한 과일이었다.

일찌감치 공항에 나가 기다렸다. 비행기가 너무나 늦게 도착한다는 생각이 들어 조바심이 났으나 실은 정시에 도착했다. 많은 사람들 틈에 아내가 5개월 전과 똑같은 모습으로 나타났다. 반가운 마음은 어떻게 표현할 수가 없었다.

첫 외국생활에서의 신혼생활

토론토에서의 삶은 내게도, 아내에게도 우리의 삶 중에 가장 고달픈 나날이었다. 이럴 때 일수록 삶을 향한 마음의 자세가 매우 중요하다. 사람은 누구나 그의 인생이 순풍일 때는 깨닫지 못하다가도 어렵고 힘든 시기에 직면하면 자신이 너무나 초라하고 작아 보이기도 한다. 그러나 점차 그 어려움을 극복해가는 자신의 능력을 발견함과 동시에 마음먹은 목표 달성을 향해 매진하는 자신의 저력도 찾게 된다. 그러나 좌절의 늪에서 빠져 나오지 못하면 그의 인생은 초라하고 보잘 것 없는 모습으로 추락한다. 따라서 힘든 시기일수록 좌절하지 않고 희망의 씨앗을 심어야 나중에 열매를 거둘 수 있는 것이다. '다른 사람보다 뛰어나고 싶으면 남보다 더 많은 고난을 견뎌라'라는 말도 있지 않은가.

직장에서 귀가할 시간에는 아내가 지하철역에까지 마중을 나왔다. 집으로 오는 길에 슈퍼마켓에서 몇 가지 음식재료를 사 오기도 하고 인근공원에서 산책을 하기도 했다. 항상 계란후라이에 샌드위치로 한 끼를 때우던 내가 맛있는 음식을 먹게 되었고 직장에서의 고된 하루가 집에 도착하면 눈 녹듯 사라졌다.

뛰어나고 싶으면 더 많은 고난을 견뎌라

저녁시간에는 아내와 같이 영어학원에 다녔다. 나는 집에 돌아와서도 영어단어를 외우고 발음교정을 하면서 영어공부에 집중했다. 무엇이든 열심히 하는 것이 복잡한 머리를 달래고 미래를 위한 투자라고 믿었다. 사실 지나간 과거에 대해서는 아무것도 할 수 있는 일이 없지만 오늘에 대해서는 할 수 있는 일이 무한정 많으므로 오늘을 위해서 열심히 사는 것이 결국 미래를 보장받는 길임을 마음속 깊이 다짐했다.

일요일에는 아내와 같이 한인교회에 갔다. 한국에서 모교의 총장을 지내신 정대위 박사께서 퇴임하시고 토론토에 오셔서 연합교회내의 한인교회 담임목사로 계셨다. 예배도 드리고 목사님도 뵙고 또 절친한 친구들과 후배들도 만났다. 교회가 끝나면 친구들 모두 우리 집으로 와서 김치반찬으로 밥을 먹으며 이국에서의 향수를 달랬다. 우리들은 즐거운 시간이었지만 아내에게는 고된 시간이기도 했다.

하루는 아내가 말하기를 어제 집주인이 "애기를 언제 낳느냐"며 자기들은 "애기를 좋아하지 않으니 이사 가기 바란다."는 통보를 받았다고 했다. 집주인 남자는 친절하지 않을 뿐만 아니라 심술이 많은 인상을 가진 노인이었다. 당장 이사를 가기로 마음먹고 나와 아내는 방을 구하기 위해 적극적으로 찾아 나섰다. 여기저기 기웃거리다 어느 집에 들어가 주인을 만났다. 홍콩에서 이주한 중국인이 사는 집으로 2층을 세 놓는다며 아기가 있어도 좋다고 했다. 젊은 중국인 부부와 어린 아들, 딸 그리고 할머니가 전체식구이며 집주인 부부의 인상이 매우 좋았다. 특히 젊은 부인은 지금까지 내가 만난 중국인 중 가장 미인이었다. 이집으로 이사하기로 결정하고 바로 계약을 했다. 그리고 일주일 후 일요일에 이사를 했다.

아내의 출산

친구 부인이 간호사로 일하는 병원의 산부인과 의사를 소개받아 아내는 주기적으로 병원에 가서 검진을 받았다. 아침 출근할 때 아내에게 "오늘 퇴근시간에 맞춰 토론토 시내 이튼백화점 입구에서 만나자"고 약속을 했다. 퇴근시간이 임박해서 내게 전화 받으라는 통보가 왔다. 한 번도 직장에서 전화를 받아본 적이 없는 나는 깜짝 놀라면서 사무실로 달려가 전화를 받았더니 아내였다. 아내가 이튼백화점으로 가고 있는데 갑자기 배가 아파 병원으로 갔단다. 담당의사가 진찰을 하더니 깜짝 놀라며 곧 아기가 나올 텐데 병원까지 시내버스를 타고 왔느냐며 입원하라고 해서 입원수속이 끝나고 현재 분만대기실에 있다고 했다. 병원으로 불이 나게 달려가니 간호사가 가운을 입혀주었다. 분만대기실로 갔더니 아내는 내게 "점심 먹었느냐"며 오히려 내 걱정을 했다. 그러다 진통이 오면 내손을 움켜쥐고 참느라 안간힘을 썼다. 진통이 멈추면 제발 나가서 식사하고 오라고 애원하다시피 했다. 간호사가 병실로 들어와서 진통 간격이 10분 이내로 오면 연락하라며 나갔다. 이내 연락했더니 나보고 복도에서 기다리라고 하며 아내는 분만실로 옮겨갔다. 복도에서 기다리는 동안 겁나게 뚱뚱한 산모가 남편의 손을 잡고 복도를 왔다 갔다 하며 운동을 하고 있었다. 10분도 안되어서 간호사가 신생아를 안고 내게 오더니 "네 아들"이라며 "축하한다"고 했다. 처음 보는 신생아의 얼굴이 길고 못생겼다는 생각이 얼핏 머리를 스치고 지나갔다. 이내 이동식 침대에 누워 아내가 나왔다가 입원실로 곧바로 들어갔다.

이튿날 퇴근 후 면회를 갔다. 한 임산부가 전화기를 잡고 수다를 떨고 있었다. 아내가 "저 여자 금방 애를 낳았는데 욕실에서 샤워하고 나오더니 저렇게 전화기에다 대고 수다를 떨고 있다"며 "너무나 건강해 보인다."고 했다. 반면에 아내는 꼼짝도 못하고 누워있었고 많이 힘들어 보여 안쓰러웠다. 일주일이나 퇴원해도 좋다고 했으나 아내는 여전히 힘들어했다. 산모와 애기가 퇴원해도 된다는 간호사의 전화를 받고 애기를 데리러 갔더니 담당의사가 황달기가 있다며 하루 더 검사해 보아야 한다고 했다. 눈물을 글썽이는 아내를 데리고 퇴원을 하고 집으로 돌아왔다. 아기도 다음날 아무 일 없이 퇴원했다. 아내는 밤 내내 아기를 돌보느라 잠을 못 갔다. 행여 아기 우는소리에 내가 잠을 이루지 못할까봐 안절부절 못 하였고 아침을 챙겨주고 내가 출근해야 다소 마음이 놓인다고 했다. 태어난 아들의 이름은 영어로 Edwin, 약자로 Eddy로 부르기로 했다. 한국 이름은 한국에서 아버지께서 성호(成鎬)로 작명하여 보내주셨고 그대로 한국에서 호적에 올렸다.

출산한지 2개월이 되었을 때 아내는 토론토 변두리에 있는 직장에 다니기 시작했다. 아기는 일층에 사는 중국 할머니가 봐주기로 했다. 그 할머니는 영어는 할 줄 모르나 우리로서는 다행한 일이었다. 아내는 무척 힘들어했고 자꾸만 여위어갔으며 죽을힘을 다해 견디는 것 같았다. 집에 돌아오면 아기 돌보느라 여념이 없었다. 집안이 조금만 흐트러져 있어도 견디지 못하는 성격이라 모든 것이 잘 정돈되고 깨끗해야만 되었다. 아내는 하루도 쉴 날이 없는 고달픈 생활이었다. 그러나 나는 그때에 직장을 다니지 못하게 하지 못한 것을 크게 후회하고 있다. 지금도 그때를 생각하면 마음이 아프고 눈엔 눈물이 고인다. 아내에겐 육아와 직장생활로 지나친 고통의 부담을 지운 것이 분명했기 때문이었다.

그렇게 힘들고 열심히 생활하던 곳이 토론토 다운타운 켄달 애베뉴 15번지, 첫 외국생활에서의 신혼생활과 아내의 출산 그리고 직장생활 등등으로 가장 힘들게 살았던 그곳에 다시 가보자고 아내와 약속했었는데 정년 후 아직까지도 그 약속을 지키지 못하고 있다. 많은 세월이 흘렀으나 마음속에서 지워지지 않는 토론토에서의 희로애락(喜怒哀樂), 잊을 수 없을 것이다. 그러나 매우 값진 시간이기도 했다. 왜냐하면 어려움을 통해 우리는 조금씩 성장했고 단단한 정신적 무장으로 내 스스로의 정체성이 확립되었다고 해도 과언이 아니었기 때문이다.

제14장 ◆ 구엘프대학교 대학원(석사과정)에 다니다

날이 따스해지고 벌써 1969년 6월로 접어들었다. 고난의 시기에 뿌린
씨가 움을 틔우기 시작한다는 느낌이 들었다. 이는 이제 내가 학교로 돌
아가겠다는 마음을 굳혔기 때문이었다. 학교로 돌아갈 수 있다는 희망
하나로 나도 아내도 토론토에서의 심적으로 고달픈 삶을 견디어 냈는지
도 모른다. 그만큼 희망이란 우리에게 모든 어려움을 참고 견디게 하는
만능의 힘을 가지고 있다.

대학원에 진학하다

구엘프대학교(University of Guelph)를 찾아가 내게 대학원 진학과 장
학금을 약속한 Dr. J. B. Stone 교수를 만났다. 영어시험도 보았고 합격
도 자신 있었다. 교수님께서는 부학장으로 승진되어 대학 실험농장 건
설에 전념해야 하기 때문에 대학원생을 지도할 수 없으니 다른 교수를
소개 하겠다고 제안하며 Dr. D. N. Mowat 교수를 지금 당장 가서 만
나라고 권유했다. 그를 만났더니 9월에 학기가 시작되나 지금부터 학
교에 와서 일할 수 있느냐고 물었다. 장학금은 9월부터 지급되니 지금
부터 9월까지는 별도로 임금을 지급하겠다고 약속했다. 당장 오겠다
고 약속하고 토론토로 돌아왔다.

사실은 이제부터 시작일 뿐인데도 모든 어려움이 끝난 것처럼 나는

희망으로 부풀어 있었다. 내가 꿈꾸어 온 목표를 향해 한 발자국 다가섰다는 생각에 그동안의 어려웠던 시간들이 모두 바람에 실려 날아가 버린 기분이었다. 인생은 기회가 왔을 때 망설이거나 이것저것 생각하다간 기회를 놓치기 십상이기에 기회 앞에서는 능동적으로 행동하고 과감히 붙잡아야 한다고 웨이슈잉은 그의 저서 '하버드 새벽 4시 반'에서 언급하였다.

다음 날 병원 인사담당관을 만나 대학원 진학으로 이곳 병원을 떠나야겠다고 전했다. 그리고 같이 일하던 분들께도 마지막 인사를 나누었다. 오늘을 마지막으로 다시는 이곳에 오지 않는다는 마음으로 병원을 둘러보았다. 한두 살 밖에 안 되는 어린이가 암으로 투병하는 모습이 눈에 들어 왔다. 천사 같은 어린이들을 이런 불치의 병에 시달리게 하다니 신이 있다면 너무 불공평하다는 생각에 마음이 아팠다. 이런 병원에서 1년 6개월 동안 일을 했구나하고 새삼스럽게 느껴졌다.

아내에게도 이제부터 다시는 힘든 일은 하지 말라고 당부했다. 오랜만에 활짝 웃는 얼굴로 아들을 데리고 한가로이 공원을 산책했다. 지난 날 한국에서 잠시 방문하신 연세 있는 교수님께서 짧은 핫팬츠를 입고 걸어가는 젊은 여성을 보고 너무 신기하다며 나보고 사진 한 장 같이 찍어도 되는지 물어봐 달라고 하시던 그 공원이었다. 그의 카메라를 받아 그 여성과 노교수가 같이 포즈를 취한 사진을 찍어주던 생각이 떠올라 혼자 웃었다.

일요일 토론토 한인교회에 가서 마지막 예배를 드리고 목사님과 지인들에게 작별 인사를 했다. 모두들 자기 일처럼 기뻐하고 축하해 주었다. 불행하게도 최근에 한인교회가 쪼개져 또 다른 한인교회가 생겼다. 세력의 확장이라면 이보다 더 좋을 수 없다. 그러나 교회가 분리된 뒷이야기들이 우리를 실망시키고 있었다. 그동안 고생하며 살던 집 그리고 정들었던 주인집 사람들과도 헤어 져야 했다. 우리 아들이 태어나고 중국인 할머니가 정성껏 돌보아 주어 매우 고마운 분들이었다. 집주인인 젊은 부부도 마음씨가 좋아 우리에게 조금도 불편함을 주지 않았었다. 서로 헤어지는 날, 손을 마주잡고 축하를 받았고 또한 진심 어린 마음으로 그간의 고마움을 그들에게 전하고 헤어졌다.

인구 5만 명의 작은 도시, 구엘프(Guelph)

드디어 대학교가 자리 잡고 있는 도시, 구엘프(Guelph)로 이사를 왔다. 토론토에서는 60마일 떨어진 인구 5만 명의 작은 도시였다. 학교까지는 버스로 10분 거리의 시내, 워터루 애배뉴(Waterloo Ave.) 52번지에 방을 얻었다. 구엘프대학교는 토론토대학교에 속하는 농과대학(Ontarlo Agricultural College, OAC)과 수의과대학(Ontario Veterinary College, OVC)으로 출발 하였다가 1964년에 종합대학교로 승격, 독립된 아름다운 캠퍼스를 가진 국립대학교이다.

이사 후 다음 날 학교에 갔다. 지도교수를 만나, 그의 안내로 나의 연구실로 갔다. 3층 건물의 2층에 우리학과가 자리 잡고 있었고 내가 사용하는 연구실은 나를 포함 3명의 대학원생이 사용하는 대학원생 전용연구실이었다. 한명은 영국에서 온 석사과정, 또 한명은 인도 출신 박사과정 학생이었다. 연구실에는 전용전화와 바닥에는 붉은색의 카펫이 깔려있었다. 건물 3층은 영양학과, 1층은 컴퓨터학과가 사용하고 있었고 그리고 실험동물과 소중대동물 실험동이 본 건물과 연결되어 있었다.

1969년 9월 1일은 개학날이었다. 지도교수께서 나의 학부 4년간의 수강과목을 자세히 검토하시더니 이번 첫 학기는 생화학과 통계학 과목을 수강하도록 권유했다. 이 대학에서는 석사학위를 받기 위한 이수학점수와 이수해야 할 과목이 정해 있는 것이 아니라 학생의 과거 수강과목과 연구방향에 따라 지도교수가 수강하라고 지정해주는 과목을 모두 이수해야만 했다. 그리고 과목에 따라 선수과목을 이수해야 할 때는 반드시 선수과목부터 이수해야 했다. 나는 지도교수의 제안을 받아들이고 수업준비에 들어갔다. 우선 중앙도서관에 가서 캐롤을 교부받았다. 중앙도서관의 4층과 5층에는 대학원생만이 이용할 수 있는 캐롤이 있었다. 캐롤에는 한 사람 한 사람이 독립적으로 이용할 수 있는 칸막이와 책상 및 잠금장치가 있는 책장이 구비되어 있었다. 도서관 바닥은 붉은 색의 산뜻한 카펫이 깔려있어 발자국 소리가 들리지 않아 좋았다.

시간은 공평하다

첫 강의가 있는 날이었다. 내 자신을 돌아보며 두려움이 앞섰다. 이곳 대학원생들은 대학 4년간을 충실히 공부한 학생들임에 틀림없었다. 나는 어떤가? 1960년 4.19 민주화운동 이후 혼란한 사회분위기와 대학생들의 시도 때도 없이 연일 계속되는 데모로 인해 휴강이 잦았고 졸업할 때까지 한 학기에 과목마다 노트필기 2, 3장이 전부였다. 그러나 나는 이곳 학생들과 경쟁해야만 했다. 작은 나라 한국의 학생이 그들보다 우수하다는 매운맛을 보여주어야 한다는 생각이 온통 머릿속을 지배하고 있었다. 어떻든 시작은 기울어진 운동장임에는 부인하지 못하는 입장이었다. 그들은 모국어가 영어인데 비해 나는 영어가 서툴다. 문제는 시간을 어떻게 다스리느냐에 따라 성공과 실패가 결정된다. 그들에게나 나에게 주어진 하루는 24시간으로 공평하다. 차이는 그 24시간을 어떻게 사용하느냐에 달려있다. 그들이 8시간 공부하면 나는 16시간 공부하고 그들이 10시간 공부하면 나는 20시간 공부하면 된다는 각오였다. 세상에는 소중한 것이 많지만 그 무엇보다도 소중한 것 중의 하나가 현재의 나에겐 바로 시간이다. 성공하는 사람은 열심히 일하지만 시간이 여유가 있고 실패하는 사람은 게으르지만 언제나 바쁘다고 말한다. 즉 성공하는 사람은 시간을 아끼고 잘 관리하며 살지만 실패하는 사람은 시간에 끌려다니며 헛되이 시간을 낭비한다는 생각이 불현듯 머리에 떠올랐다. 우문식도 그의 저서 '긍정심리학의 행복'에서 억만장자와 일반인들의 차이는 시간의 양이 아니라 시간을 관리하는 방법이라며, 시간관리를 잘 한다는 건 급하게 처리할 일을 먼저 하는 게 아니라 중요한 일을 먼저 하는 것이다. 많은 사람들이 시간이 부족하다고 하는데 정말 시간이 부족한 건지, 불필요한 곳에 시간을 쏟느라 시간이 부족한 건 아닌지 생각해 보라고 했다. 어쨌든 나에게 시간은 일각천금(一刻千金), 짧은 시간이라도 천금과 같이 귀중했다. 또한 나의 미래는 나의 오늘에 의해 결정되며 시간은 시간으로 존재하지 않고 노력의 결실로 존재한다는 정호승 작가(내 인생에 힘이 되어준 한마디)의 말이 큰 울림을 주었다.

웨이슈잉도 그의 저서 '하버드 새벽 4시 반'에서 세상에는 가장 공평한 것이 있으니, 바로 시간이라며 나이가 들어서 아무것도 이루지 못한 것은 젊은 시절에 시간을 소중히 여기지 않았기 때문이라고 했다. 만약 우리가 시간을 소중히 여기고 자신의 잠재력을 발휘한다면 불가능한 일도 해낼 수 있다. 성공을 위하여 가장 중요한 것은 목표와 방향을 분명히 하는 것이고, 그 다음에는 1분 1초를 소중히 여기며 제대로 활용하는 것이다. 경영학의 대부 피터 드러커는 "성공한 사람은 5분 더 생각하고 5분 더 행동하는 사람이다."라고 했다. 노력하는 사람을 이길 자는 없다고 결론을 내리니 자신감이 생겼다. 누구든 어려움이 없는 사람은 없다. 중요한 것은 진정으로 할 수 있다고 믿으면 반드시 할 수 있다는 사실이다. 나는 할 수 있다는 긍정적인 자기암시는 사람의 잠재력을 높이고 실제로 말하는 대로 이루어진 자신을 발견하게 될 것을 확고하게 믿는 것이다.

대학원에서의 첫 강의

생화학 강의실로 향했다. 책을 든 학생들이 줄줄이 걸어갔다. 한 사람 한 사람 모두 똑똑하고 영리해 보였다. 저네들보다 내가 더 잘해야지 하고 마음을 다짐하며 강의실로 들어갔다. 큰 계단강의실은 학생들로 꽉차있었다. 나는 맨 앞자리에 앉았다. 정확한 강의 시작시간에 교수님이 들어오셨고 환등기는 교육조교가 이미 설치해 두었다. 바로 강의가 시작되었다. 무슨 말인지 귀에 쉽게 들어오지 않았다. 알아들을 수 있는 모든 것은 열심히 노트에 필기했으나 제대로 되지 않았다. 점차 머리가 멍해지기 시작했다. 어떻게 한 시간이 지났는지 모르게 첫 강의시간이 끝났다. 우르르 몰려나가는 학생들을 따라 강의실을 나와 도서관의 내 자리로 향했다. 필기한 노트를 펼쳐 보았으나 무슨 내용인지 알아볼 수가 없어서 막막해지며 긴장되기 시작했다. 교과서를 펼쳤다. "아, 오늘은 여기까지 강의를 했지"하고 속으로 생각하며 강의한 범위를 읽기 시작했다. 처음 한두 번 반복해서 읽을 때는 잘 이해가 안 되던 교과서 내용이 5번 반복해서 읽으니 상당수준까지 이해되기 시작했다. 20번을 반복 읽으니 완전히 이해되어 어떤 내용이라도 질문하면 대답할 수 있다는 자신감이 생겼다. 이후부터는 강의가 끝나면 도서관으로 와서 배운 범위를 무조건 20번 반복 읽었다. 차동엽 신부는 '무지개 원리'에서 글을 백번 읽으면 그 뜻이 절로 들어 난다고 했다. 즉 반복해서 많이 읽으면 그 뜻을 파악할 수 있다는 뜻이다. 이는 중국 위나라 동우의 고사에 나오는 말로서 독서백편의자현(讀書百遍義自見), 글을 백번 되풀이해 읽으면 뜻을 저절로 알게 된다는 뜻으로 무엇이든 하고 또 하고 반복하는 사이에 진리를 터득하게 된다는 뜻으로 인용되는 말이다.

중간시험일이 다가왔다. 시험범위까지 20번을 읽고 시험장에 들어가며 어떤 문제든지 자신이 있다고 생각했다. 일주일 후에 시험지를 돌려받으며 깜짝 놀랐다. 붉은 글씨로 잘 못쓴 단어는 고쳐주고 틀린 답안은 정답을 기입한 후 학생들에게 답안지를 돌려주었다. 한국에서 대학 4년간 한 번도 경험하지 못한 현상이었다. 나는 A학점에서 1점이 부족하여 몹시 아쉬워했다. 지도교수에게 이야기했더니 출발이 좋았다며 격려해 주었다. 그 후 두 번째와 세 번째 시험에 모두 A학점으로 생화학 과목은 평균하여 A학점을 받았다. 통계학 과목 역시 A학점을 받아 첫 학기는 소기의 목적을 무난히 달성하였다. 그 후부터는 어떤 과목에도 자신이 있었다.

아침 7시에 집을 나와서 강의실 가는 시간외에는 하루 종일 도서관에서 공부만 했다. 집에서 싸가지고 온 샌드위치와 보온병에 담아온 커피로 점심을 대신하고 밤 1시에 집에 돌아와 저녁을 먹었다. 주중이나 주말이나 똑같은 생활이었다. 아내가 나의 건강 걱정을 많이 했다. 평생 운동은 안했지만 내 건강은 타고난 체력인지 한 번도 아파본적이 없어서 참 감사하다.

첫 학기가 끝난 후 아내가 수의과대학 연구실에 연구원으로 취직이 되었다. 두 살 된 아들을 베이비시터에게 맡기며 마음 아파하는 아내의 모습이 참 안타까웠다. 나에게도 잠시라도 좋으니 아들하고 놀아달라고 사정하였으나 그 부탁을 들어줄 마음의 여유가 나에겐 없었다. 나는 오직 내가 정한 목표를 향해 나아갈 뿐 그 어떤 것도 나의 마음을 돌려놓을 수 없었다.

대학원에 진학한지 1년이 지나 수의과대학 길 건너편에 있는 집으로 이사를 했다. 아내는 걸어서 2, 3분 거리 그리고 나는 5, 6분이면 연구실에 도착할 수 있어서 잠깐 집에 들러 이제 집에서 저녁을 먹을 수 있었다. 저녁을 먹고 난 후 졸음이 쏟아지면 소파에 몸을 쪼그리고 토끼잠을 잤다. 10분쯤 지나면 온몸이 저려오며 잠을 깨웠다. 잠을 깨는 즉시 일어나 도서관을 향해 발걸음을 재촉했다.

세미나 발표가 준 자신감

3학기 째에는 학과목 수강 외에 세미나 발표를 해야만 했다. 학과 전체 교수님과 대학원생 앞에서, 내 평생 처음으로 영어로 발표하는 세미나였다. 세미나 원고를 작성하는데 한 달, 그리고 발표 연습을 하는데 한 달이 걸렸다. 매일 밤마다 텅 빈 강의실에 아내와 아들을 앉혀놓고 환등기를 비추며 발표 연습을 했다. 연습 중, 시간이 조금 지나면 아내가 손을 들어 조금 천천히 하라고 했다. 처음부터 다시 천천히 발표하다가 나도 모르게 또 빨라지곤 했다. 그렇게 한 달간 인내심 있게 꾸준히 연습한 결과 다소 틀이 잡혔고 어느 정도 자신감도 생겼다. 드디어 내 차례의 세미나 발표가 있는 날, 눈이 펑펑 내렸다. 학과 교수님과 대학원생들이 속속 세미나실로 들어왔다. 그들 앞에 서니 가슴이 두근거리기 시작했다. 그 순간 학과장 여비서가 와서 "오늘 눈이 너무 많이 내려서 조기 귀가 조치가 내렸으니 세미나 발표가 끝나는 즉시 모두 귀가하기 바란다."고 통보했다. 그동안 준비한대로 최선을 다해 1시간 가량 발표했으나 어떻게 발표했는지 나는 아무런 정신이 없었다. 발표가 끝나자마자 토론시간도 없이 모두 귀가 준비에 바빠 서둘러 퇴장했다. 나의 발표에 대해 지도교수의 눈치를 살폈다. 그가 내게 던진 한마디의 말 "참 목소리 하나 좋다"가 전부였다.

이번의 세미나 발표는 나에게 큰 자신감을 심어 주었다. 이는 실전과 다름없는 긴장감속에서 끊임없는 반복적인 연습 결과였다. 어느 누구도 반복적인 준비 없이 자기능력을 제대로 발휘할 수 있는 사람은 없다. 이후로는 어떤 세미나 발표도 그리고 국제학회 논문 발표에도 무대공포증이 많이 줄어들어 마음의 큰 동요 없이 발표할 수 있는 능력과 자신감이 생겼다. 어렵고 힘들다고 피하면 아무것도 얻는 것이 없다. 그럴수록 더 준비하고 노력해야 한다. 한번 어려움을 극복하면 모든 것이 탄탄대로가 된다는 것이 이번 세미나 발표의 교훈이었다. 데일 카네기도 그의 저서 '성공대화론'에서 전문 연설가들도 연설 직전에는 항상 무대공포증을 느낀다. 대중연설을 해야 할 때 두려움을 느끼는 것은 발표내용과 청중이 보일 반응에 확신이 없기 때문이며, 이런 문제를 해결하기 위해서는 사실 한 가지 방법밖에 없다. 그것은 연습, 연습, 또 연습하는 것이라고 했다. 다른 사람들 앞에서 느끼는 어느 정도의 두려움은 자연스러운 현상이며 무대공포증이 오히려 연설을 더 잘할 수 있도록 돕는다는 사실이다. 오직 준비된 자만이 자신감을 가질 수 있다는 것은 만고의 진실이다.

　두 번째 학기에도 모든 과목 A학점을 받았다. 이제부터는 석사학위 논문 실험준비에 여념이 없었다. 면양 8마리의 제1위에 피스툴라(fistula)를 장착하고 실시하는 대사실험이었다. 면양을 각자의 대사케이지에서 사육하면서 정확한 양의 사료를 일정한 시간에 급여하고 분과 오줌을 일정한 시간에 채취하여 분석해야 했다. 나를 도와주는 테크니션(technician)이 있었으나 그의 손을 빌리지 않았다. 행여 눈금 하나라도 잘못 읽어 오류가 생길 염려를 우려했기 때문이었다. 손이 필요할 때에는 주말을 기다렸다가 아내의 손을 빌렸다. 내게는 아내가 가장 정직한 손이었다. 나는 노력한 만큼 좋은 결과가 나와서 석사학위 논문 실험은 무사히 끝났다.

　나는 평생 마음속에 소중히 간직하고 있는 잊을 수 없는 꿈이 있다. 1971년도가 시작되면서 석사학위 과정도 이제 막바지 고비를 넘고 있을 때였다. 좀처럼 꿈을 꾸지 않는 내가 너무나 생생한 꿈을 꾸었다. 꿈속에 고향마을 옆, 어린 우리 또래친구들이 모여 종종 축구를 하던 곳이 있다. 공이래야 볏짚새끼줄을 둥글게 감아 만든 허접한 공이었다. 장소는 넓고 평평했으나 곧게 자란 울창한 소나무들이 차지하고 있었고 소나무와 소나무사이의 간격이 넓어 우리가 축구하는 데는 큰 지장이 없었다. 꿈에 그곳에 갔다. 그곳에서 황금빛이 찬란한 돼지를 잡으려고 40~50명 쯤 되는 사람들이 황금빛돼지 뒤를 따르며 우르르 뛰어다니고 있었다. 내게로 달려오는 그 황금돼지를 내가 잡았다. 두 손으로 황금빛돼지를 어깨 위로 번쩍 들어 올리며 "이 자리에 궁궐을 짓자"고 외쳤다. 깨고 나니 너무나 생생한 꿈이었다. 그 이후에 어떤 어려움이 있을 때나, 마음이 지칠 때 마다 이 꿈을 생각하면 용기가 되살아났다. 이 꿈은 내게 어떤 어려움과 시련이 있어도 반드시 극복하고 나의 목표를 달성할 수 있음을 암시하는 꿈이라고 믿었다. 이 꿈은 지금까지도 나의 마음속에 고이 간직되고 있는, 나만의 북극성이 되고 있다.

박사학위를 향해

1971년이 다가 오자 박사학위 과정 선택을 위한 대학 선택에 신경을 써야만 했다. 10개 대학교를 선정하여 입학원서를 보내고 세분의 교수님께 추천서를 부탁드렸다. 한 달도 안되어서 캐나다 앨버타대학교에 계시는 Dr. Milligan 교수께서 NRC 장학금을 줄 테니 오라고 연락이 왔다. 워낙 유명한 교수님이기에 예비로 원서를 제출한 것이었다. 나중에 알게 된 사실이지만, 내가 박사학위를 받은 캘리포니아대학교 지도교수인 Baldwin 박사 지도하에 그도 박사학위를 받은 분이었다. 그후 나와 공동저자로서 논문을 발표하기도 했고 또 학회에서 만나면 우리는 서로 과학적 형제(scientific brother)라며 친하게 지냈다. 그는 내가 석사학위를 받고 떠난 후에 나의 모교인 구엘프 대학교에서 부총장을 역임했다. 그러나 나는 애초부터 미국에 가서 박사학위를 받는 것이 목표였다. 두 달쯤 지나서 미시건 주립대학교의 Dr. Bergen 교수께서 연락을 주셨다. 5월까지 기다리다 미시건 주립대학교로 가기로 결정하고 학생 기숙사까지 예약했었다.

5월말쯤에 캘리포니아대학교 축산학과 대학원 위원회 위원장이신 Dr. Heitman 교수로부터 전화를 받았다. 연구조교 장학금(research assistantship)을 줄 테니 오겠느냐고 했다. 너무나 기뻐서 가겠다고 바로 약속을 했다. 그는 장차 나의 학위논문 지도교수는 대학에 와서 1년 내로 결정하면 된다고 했다. 실은 몇 개월 전에 Heitman 교수로부터 "금년은 장학금 예산이 줄어서 예년에는 20명 정도 장학금을 주었으나 금년에는 2 내지 4명 정도만 지급하기 때문에 경쟁이 치열하다"는 편지를 받았었다. 드디어 내가 가장 원하던 대학교에서 박사학위과정의 공부를 할 수 있게 되었다.

1971년 6월초 석사학위 논문 예비발표에 이어 본 심사에서 무난히 통과되어 모든 석사학위과정이 끝나고 졸업식만 남겨 두었다. 그러나 후련하기보다는 이제부터 다시 시작이라는 무거운 부담감이 더 컸다. 어려운 박사과정을 무난히 끝내기 위해서는 아프지 말아야지 하고 생각하니 갑자기 오른쪽 복부 아래가 아프기 시작했다. 맹장이라고 자가진단하고 차라리 시간 여유가 있는 지금이 수술 적기라고 생각하며 패밀리 닥터(family doctor)에게 예약을 했다. 그가 자세히 진찰하더니 맹장이 아니고 가스가 차서 그렇다고 했다. 그의 말을 듣고 나니 아픈 배가 순식간에 사라졌다.

너는 굿 스마일(good smile)이 있지 않니

　캘리포니아대학교로 떠나면서 인사차 석사학위 지도교수 연구실에 갔다. 그는 "박사 과정은 많은 사람들과의 교제가 중요하니 가능한 많은 학자들과 사귀라"고 했다. 학점취득과 실험에 매달려 학과 행사와 대학원생들의 친목모임에도 여유롭게 참석하지 못한 나에 대한 안타까운 마음의 표현이라고 생각했다. 나의 대답이 "실은 나는 다른 사람들과 잘 어울리지 못 한다"고 했더니 그는 "아니야, 너는 굿 스마일(good smile)이 있지 않니"라고 했다. 나는 지금까지 이를 전혀 의식하지 못하고 있었다. 지도교수의 말을 들으니 새삼 웃음의 중요성이 마음에 다가왔다.

　데일 카네기는 그의 저서 '데일 카네기 인간관계론'에 기술하기를 미소의 효과는 강력하다. 미소는 "나는 당신을 좋아해요. 당신은 나를 행복하게 만들어 줘요. 뵙게 되어 반갑습니다."라고 말하는 것과 같고 전화로 이야기할 때도 미소를 지으면 당신의 미소가 목소리를 통해서 상대에게 전달된다고 했다. 따라서 당신의 미소는 호의를 전달하는 심부름꾼이다. 그리고 미소는 가정의 행복을 만들어 내며, 사업에서는 호의를 베풀게 하고, 우정의 표시로 나타나기도 한다. 미소는 또한 지친 사람에게는 안식이며 절망에 빠진 사람에게는 행복이고, 슬픈 사람에게는 태양이며, 모든 문제에 대한 자연의 묘약이기도 하다. 그러나 미소는 살 수도 없고 구걸할 수도 없으며, 빌리거나 훔칠 수도 없다. 왜냐하면 미소는 누구에게나 주기 전에는 아무 쓸모가 없기 때문이라고 했다. 토케이어는 그의 저서 '영원히 살 것처럼 배우고 내일 죽을 것처럼 살아라'에서 웃음은 곧 자신을 지켜가는 지성인 것이다. 라고 했다. 사실 많은 사람들은 얼굴의 웃는 표정이 입고 있는 옷보다 월등히 더 중요하다는 사실을 모르고 일생을 살아간다. 분명히 우리의 육체와 더불어 영혼의 건강을 위해 꼭 필요한 것은 "웃음"과 "사랑"이다.

우리는 오래전부터 귀에 익은 좋은 말이 있다. 일노일노 일소일소(一怒一老 一笑一少)이다. 한 번 화를 내면 그만큼 늙고, 한 번 웃으면 그만큼 젊어진다는 뜻이다. 이것은 절대적으로 맞는 말이다. 우리의 육신(肉身)은 마음을 따라간다. 우리 주위의 가까운 친구들을 눈여겨보면 평소 잘 웃고 화를 잘 내지 않는 친구는 분명히 젊어 보인다. 김정일도 그의 저서 '아하, 프로이트 2'에서 웃음은 우리에게 젊음과 건강, 아름다움, 상쾌함을 가져다준다. 아무리 이목구비(耳目口鼻)가 단정해도 얼굴에 그늘이 있으면 예쁘다고 봐주기가 어렵다. 웃음은 부작용이 없는 만병통치약이라 했다. 리웨이윈은 그의 저서 '인생에 가장 중요한 7인을 만나라'에서 사람과 사람의 관계는 거울과 같아서 내가 상대에게 미소를 지으면 상대 역시 내게 미소를 짓는 법이며 미소는 마음의 병을 고치는 만능치료제이자 인관관계를 부드럽게 해주는 윤활유이다. 그러나 위선적인 미소는 지어서는 안 된다. 왜냐하면 그런 미소에 속을 사람은 없기 때문이라고 했다. 잭 캔필드와 마크 빅터 한센의 저서 '영혼을 위한 닭고기 수프'에서 서로에게 미소를 보내세요. 그가 누구든지 미소는 당신에게 서로에 대한 깊은 사랑을 갖게 해주고, 미소는 사람사이에 꾸밈없고 자연스런 관계를 맺어준다. 미소는 꾸밈없는 행복을 드러내는 표정이며 웃을 때 눈가에 주름이 생기면서 눈이 가늘게 떠진다. 그러나 가짜 미소에는 눈의 표정이 없다. 라고 했다.

김옥림 작가는 그의 저서 '법정 행복한 삶'에서 미소를 잃은 얼굴은 살아있는 얼굴이 아니라며 미소 짓는 얼굴은 친근감을 주고 온화한 느낌을 갖게 하고 미소를 잘 짓는 사람은 거부감이 없으며 그와 가까이 해도 좋겠다는 생각을 갖게 한다. 미소를 잘 짓고 상대를 잘 웃게 하는 사람은 인간관계가 좋고 상대에게 좋은 평가를 받는다. 미소 짓는 얼굴엔 따뜻한 에너지가 느껴지고, 살아있음의 따뜻함, 생동감 넘치는 생명력이 미소 속에 가득 넘쳐난다고 했다. 따라서 사람들과 좋은 관계를 맺고 싶다면 미소 지어라. 미소 짓는 얼굴은 누구에게나 환영받는 살아있는 얼굴, 생명력이 넘치는 얼굴이다. 류태영의 사랑편지 '웃는 모습과 성격'에서 항상 미소 짓는 사람은 내성적이고 부끄러움이 많고 이성적인 사람이다. 일을 할 때는 신중하며 남의 입장에서 객관적으로 상황을 관찰하고 결정할 줄 아는 사람이라고 했다.

　박용삼은 그의 저서 '테드, 미래를 보는 눈'에서 오래 살려면 많이 웃어 라는 주제 하에서 웃음은 분노조절장애를 이기는 최고의 열쇠 라며, 미소는 코르티솔(cortisol)과 아드레날린(adrenaline), 도파민(dopamine)같이 스트레스를 높이는 호르몬의 수치를 낮추는 대신 엔돌핀(endorphin)처럼 기분을 좋게 하는 호르몬을 분비하고 혈압을 낮추는 효과도 탁월하다고 했다. 그러나 하루에 20번 이상 미소를 짓는 성인은 전체의 3분의 1에 불과하고 반면 아이들은 평균 400번 미소 짓는다고 했다. 한 연구에 의하면 우리나라 성인의 절반 이상이 분노조절 장애가 있고, 10명 중 1명은 치료가 필요한 지경이다. 뇌에서 분노가 일어나는 부분은 흔히 '파충류의 뇌'라고 부르는 변연계인데, 여기에 충동과 기억, 그리고 7가지 기본 감정인 화, 경멸, 공포, 혐오, 기쁨,

슬픔, 놀람이 생겨난다. 이런 원시적인 감정과 충동을 처리하고 길들이는 능력은 인간에게만 있는 전전두엽에서 나온다. 뇌중의 뇌라고 할 수 있는 전전두엽은 평생에 걸쳐 계속 성장하고 변화한다. 결국 분노는 정신적 미성숙의 증거일 뿐이라고 했다. 이미도의 무비 식도락(201) '인생은 한번 뿐이다(You only get one life)'에서 웃음은 닫혀있는 마음을 여는 열쇠라고 했다.

다음은 조선일보에서 읽고 메모해둔 글이다. 누구의 말인지는 나의 기록에 없다. 우리의 얼굴은 정체성(正體性, identity)의 핵심이며 얼굴은 우리의 마음도 나타내고 의사소통의 수단이기도 하며, 얼굴에 있는 43개의 근육이 1만개가 넘는 표정을 만든다고 했다. 또한 웃음은 사람간의 거리를 가장 가깝게 해 준다(The shortest distance between two people is a smile). 이는 누구도 부인하지 못할 것이다. 상기 문장은 알파문구의 메모노트표지에 새겨져 있는 문장이다.

고난을 성장의 디딤돌 삼아

한국에서 대학을 다니던 당시 한국의 4.19 혁명이후 어수선한 사회의 소용돌이 속에 제대로 공부를 못했던 내가 캐나다 학생들과의 경쟁해서 추호도 뒤지지 않았다는 자부심과 오래전부터 나의 꿈이었던 미국에서의 박사학위과정, 특히 내가 가장 원하던 대학교에서 공부하게 된 행운을 잡은 기쁨과, 잠시이긴 하지만 토론토에서 겪었던 심적 갈등 등이 머릿속을 휘젓고 지나갔다. 그러나 분명한 것은 고난을 성장의 디딤돌 삼아, 성공할 수 있다는 확고한 마음가짐으로 최선을 다하며 살아갈 때 더 나은 내일이 찾아온다는 진리를 분명히 믿는 것이었다. 이 모든 것은 뜻이 있으면 길이 열린다는 사자성어 유지경성(有志 竟成)을 마음에 떠올리게 했다.

내가 박사학위를 받고 한국으로 돌아와 대학교수로 재직할 때, 많은 유능한 제자들이 나의 지도하에 석사학위 또는 박사학위를 취득하였 다. 그중 내가 가장 아끼고 사랑하는 박호성 군이 나의 지도하에 석사 학위를 받은 후 나의 모교인 구엘프대학교에서 우수한 성적으로 박사 학위를 취득하여 나와 친분이 있는 구엘프대학 교수들로부터 칭찬의 소식을 전해줄 때 나의 기쁨은 말할 수 없을 정도로 컸다. 또한 박호성 박사는 김은중, 최낙진, 김현진, 주종원을 영국에 유학하도록 주선하 였고 이들 중 김은중과 최낙진은 영국에서 박사학위를 받고 귀국하여 현재 국내 모 국립대학교에 교수로 재직하고 있고, 김현진과 주종원은 영국에서 연구원과정을 끝내고 귀국하여 나의 지도하에 박사학위를 취득하였다.

토론토에 사는 대학 4년 후배가 헤어지는 내게 마지막 선물이라며 아 내와 같이 영화 구경을 가자고 제안을 했다. 캐나다에 와서 처음으로 가 보는 영화였다. 러브 스토리(Love story)로서 진한 감동을 받았다. 나는 나의 목표 달성을 위해 내 자신에게만 모든 힘을 쏟았지만 아내 에게도 아들 성호에게도 조그마한 배려도 해준 것이 없다는 자책감이 나의 마음을 늘 아프게 했으나 이내 마음속에서 지워버리고 모든 것은 목표를 이룬 이후에나 가능한 일이라고 다짐하며 가족을 남겨두고 박 사과정을 이수하기 위해 나 혼자 캘리포니아로 떠나는 비행기에 탑승 했다.

제15장 ◆ 캘리포니아대학교 대학원(박사과정)에 다니다.

캘리포니아 데이비스에 도착하다

캘리포니아대학교는 가을학기. 겨울학기, 봄학기, 여름학기(방학) 등의 4학기제, 즉 쿼터시스템(quarter system)으로 운영된다. 나는 첫 학기가 10월 3일에 시작되기 때문에 1개월 전에 가서 여러 가지 개학준비를 하기위해 1971년 8월말에 캘리포니아로 출발했다. 일단 가족은 캐나다에 남겨두고 나 혼자 비행기에 탑승했다. 비행기가 캘리포니아로 접어들어 고도를 낮추니 강열한 태양에 고사하여 노란색을 띤 마른 풀들이 시야에 들어왔다. 여태까지 어디에서도 보지 못한 낯설은 풍경이었다. 목적지에 도착한다고 생각하니 가슴이 설레며 다소 흥분된 기분이었다. 나의 목표 달성의 마지막 관문이며 석사학위과정 때보다 더 어려운 과정이다. 내가 무사히 끝낼 수 있을까? 등등 끝없는 의문이 머리를 떠나지 않았다. 그러나 마음속에서 패한 사람은 현실에서도 패 할 수밖에 없다는 말을 되새기며 나는 충분히 능력이 있다고 자신감을 부추기며 도착을 기다렸다. 샌프란시스코 공항에 내리니 더운 공기가 얼굴에 확 풍겨 왔다. 택시로 샌프란시스코 시내 그레이하운드 버스터미널에 도착하여 이내 그레이하운드 버스를 타고 베이 브릿지(Bay bridge)를 건너 오클랜드, 버클리(Berkely)를 거쳐 하이웨이 80을 따라 동쪽으로 2시간 걸려 내가 다닐 캘리포니아대학교가 위치한 목적지 데이비스(Davls)에 도착했다.

한국에서 유학 온 박사과정 학생과 당분간 룸메이트로 같이 지내기로 했다. 그는 한 달 전에 도착해서 적응 훈련을 받는다고 했다. 그의 안내를 받아 시내 자전거상에 가서 3단 기어 자전거를 구매했다. 이곳에서는 자전거가 필수 이동수단이었고, 자전거를 탈 수 있어야 데이비스 시민이 되는 것이라며 그는 먼저 온 티를 냈다.

캘리포니아 대학교

이튿 날 룸메이트의 도움을 받아 같이 나란히 자전거를 타고 학교로 향했다. 모든 시내 도로 양쪽에는 자전거 전용도로가 있었고 자전거 전용도로에는 승용차가 절대로 침범할 수 없으며, 자전거 교통위반을 감시하는 교통경찰이 눈에 띄었다. 학교 정문을 통해 교내로 들어오니 110년이 넘는 긴 역사를 지닌 캠퍼스는 넓고 큰 나무들이 숲을 이루어 시원한 그늘을 만들어 주었다. 전체 캠퍼스 면적은 500만평, 중심 캠퍼스는 100만평에 이른다. 캠퍼스 중앙에 넓은 잔디밭 광장이 있고 파란 잔디가 시원스레 눈에 들어왔다. 이는 밤마다 잔디에 물을 주기 때문이라고 했다. 잔디밭에 면해서 내가 속한 학과의 고풍스러운 2층 건물이 눈에 들어왔고 건물 전체를 축산학과만이 사용하고 있었다. 1층에 자리 잡고 있는 사무실을 거쳐 학과장 비서실 여직원에게로 다가갔다. 마침 먼저 온 신입 박사과정 학생이 수속을 진행하고 있었다. 뒤이어 내가 인사를 했더니 서류를 주면서 서명하라고 했다. 서류에는 내가 박사학위를 받을 때까지 연구 장학금(research assistantship)을 지급한다는 서류였다. 잠시 기다리는 동안 구엘프대학교 석사학위지도교수가 보낸 추천서가 눈에 들어왔다. 그의 추천서에 '그는 조용하고 열심히 공부하며 굿 스마일을 가지고 있다'는 등 내 성격과 연구 능력 등

2페이지에 달하는 긴 추천서를 보내 주셨다. 이어서 여직원이 먼저 온 학생과 나를 서로 인사시키며 금년에는 여기 두 학생에게만 장학금을 주게 되었다고 했다. 이날 이후로 미국태생인 그와 나는 매우 친하게 지냈고 이후에 우연히도 박사학위논문을 같은 날 제출했다. 이어서 나는 국제학생상담실에서 도서관 이용, 캠퍼스 생활, 비자관련 설명과 기타 오리엔테이션을 받았다.

다음 날 학과대학원위원회 위원장이신 하이트만(Heitman)박사에게 인사차 방문했더니 지금 영양학부 대학원 학습지도교수인 Quinton박사에게 가서 이번 학기에 수강할 과목에 대해 자문을 구하라고 하여 나는 그를 만나 수강과목을 확정했다.

논문지도교수는 1년 이내에 선정하면 된다고 했으나 지금 선정하는 것이 좋을 것 같아 두 교수님 중에 한분으로 결정하기로 마음먹었다. 한 분은 에너지 대사관련 전문가로 명성을 날리는 분이었고 또 한 분은 동물 생화학자임과 동시에 모델링에서 타의 추종을 불허하는 분이었다. 두 분 다 면담한 결과 지도교수를 맡아 지도해 주시겠다고 약속했으나 결국 동물 생화학자이신 Dr. Baldwin 교수의 지도를 받기로 결정했다. 교수님 전용 실험실 옆방에 나의 연구실을 배정받았다. 그 방에는 이미 남미 아이티에서 유학 온 박사과정학생이 있어 나와 같이 사용하기로 하였다. 우리 외에도 미국인인 남학생 2명, 여학생 1명, 스위스에서 유학 온 여학생 1명, 칠레에서 유학 온 남학생 1명 등 모두 7명의 박사과정 학생과 수명의 석사과정 학생이 Baldwin 교수의 지도를 받았다.

개학직전에 데이비스 시내 중앙공원에서 축산학과에 지원한 신입대학원생 환영행사를 겸한 학과 파티를 가졌다. 학과 교수 사모님과 대학원생 부인들도 참여했다. 숯불을 피워놓고 교수님들이 손바닥만 한 소고기를 구워 학생들의 접시에 일일이 담아 주었다. 나의 지도교수가 잘 익은 큼직한 소고기를 나와 아내의 접시에 놓아주며 "캘리포니아 소고기맛이 어떤가 맛보라"며 웃으며 농담을 했다. 교수님이 직접 소고기를 구워 학생들에게 배식하는 모습이 신선하고 한국에서는 상상도 할 수 없는 장면이었다. 종이접시에 담긴 소고기를 먹으며 처음 만나는 여러 교수님들과 대학원생들에게 인사를 나누며 친교를 다졌다.

영양학을 전공하는 교수와 대학원생들은 소속 학과와는 상관없이 모두 영양학 그룹(nutrition group)에 포함되어 동일 커리큘럼 하에서 학점을 이수하였다. 여기에는 영양학과, 축산학과, 식품공학과와 의과대학에 소속된 영양학 전공 교수가 모두 참여하였고 그들 지도교수의 지도를 받는 대학원생들 모두가 학과에 상관없이 영양학 그룹에 포함되었다.

학기가 시작되면서 Baldwin 교수와 그의 지도를 받는 박사과정 대학원생들은 저널 클럽(Journal Club)을 결성하여 매주 한번 점심시간에 샌드위치를 먹으면서, 각자가 준비해온 한편의 논문을 발표하고 상호 토론을 하는 시간을 가졌다. 그리고 관심 있는 학과 교수님들께서도 종종 참여하기도 했다. 매 금요일 오후 4시가 되면 지도교수께서 대학원생들의 연구실 방문을 일일이 두드리며 오늘은 비어 데이(beer day)라며 생맥주 마시러 가자고 독려하셨다. 모두가 하던 일을 중단하고 나란히 자전거를 타고 캠퍼스를 벗어나 생맥주집으로 향했다. 대학캠퍼스 내에서는 일체의 음주가 금지되어 있었고 모두가 철저하게 지켰다. 누구라고 할 것 없이 자진해서 카운터에 가서 생맥주 한 피처를 사들고 와 탁자에 놓으면 스스로의 의지대로 따라 마시며 마음껏 대화에 참여했다. 교수와 학생 구분 없이 스스럼없는 친구 분위기였다. 두 시간 가량 격의 없이 대화를 주고받다가 집으로 향한다. 비가 오는 날이면 부인들이 차를 가지고 오면, 자전거를 자동차 트렁크에 넣어 집으로 왔다. 수시로 지도교수가 대학원생과 가족들을 집으로 초대하여 맥주파티를 했다. 그럴 때는 각자의 부인들이 간단한 음식을 만들어 가지고가서 같이 먹으며 친교를 다졌다. 이처럼 지도교수와의 학문적인 대화 외에도 인간적인 접촉과 격의 없는 대화는 학교생활을 보람되게 보내는데 큰 촉매제가 되었다.

첫 학기를 마치고

한 학기가 어떻게 갔는지 모르게 지나갔다. 나는 최선을 다했음에도 불구하고 내가 예상한 것 보다 만족할만한 성적을 얻지 못해 속이 상했다. 첫 학기가 끝나자 마침 크리스마스 휴가철이라 아직까지 캐나다에 머물고 있는 가족을 만나러 가기로 했다. 샌프란시스코에서 시카고까지 가는 값이 저렴한 전세비행기가 있어 다행이었다. 시카고 공항에서부터는 미국 디트로이트 인근 프린트에 사는, GM자동차 회사의 회계사로 근무하는 셋째 처남이 휴가를 얻어 나를 태우고 캐나다 구엘프까지 드라이브 해주었다. 장장 10시간 이상 걸리는 장거리였다. 가족이 기다리는 집에 오니 너무나 좋았다. 아들 성호도 많이 컸고, 혼자 아들 돌보며 직장 생활하는 아내에게 너무나 미안하고 감사했다. 짧은 기간이나마 공부를 잊고 가족과 어울리며 공부에 지친마음을 깨끗이 씻어 내었다. 그러나 그런 행복한 시간은 길지 않았다. 다시 가족을 멀리하고 학교로 되돌아가야 했다.

꾸준한 노력으로 대학생활에 적응해가다

매학기가 시작하기 전에 등록과 수강신청을 해야만 했다. 등록 시에는 넓은 잔디밭에서 책상을 배치하고 등록을 받았고 학과장과 교수님 사모님이 나와서 도와주었다. 그분들은 대학원생들의 얼굴을 알기 때문에 학생들의 이름을 부르면서 다정한 인사를 나누고 친절하게 등록을 도와주시어 너무나 고맙고 좋았다. 수강신청은 개설과목과 강의시간을 기록한 안내 소책자가 구내 서점에 비치되어 누구나 무료로 가져갈 수 있었다. 수강신청을 할 때는 다음 두 가지를 반드시 확인해 보아야 했다. 하나는 내가 듣고자하는 과목의 선수과목을 내가 이수했느냐 여부이고 이수하지 않았다면 선수과목을 먼저 이수해야만 했다. 둘째는 학기말 시험이 중복되지 않도록 이수과목을 선택해야만 했다. 모든 과목은 학기말 시험시간표가 이미 결정되어 있고 변경이 절대 불가하기 때문에 학기말 시험이 겹치지 않도록 과목을 선택하여야 했다.

모든 학기말 시험은 어떤 과목이든 상관없이 두 시간 동안 진행되었다. 수강신청을 할 때는 담당교수의 강의평가 자료를 참고할 필요가 있다. 모든 과목은 학기말 시험이 끝나면 학생회가 주관하여 강의평가를 하고 그 결과를 책자로 발간하여 구내서점에 비치하여 원하는 학생은 누구나 가져갈 수 있었다. 강의 담당교수의 강의태도, 열의, 이해도

와 학점의 공정성 등이 점수화되어 공개되었다. 따라서 모든 교수들은 좋은 강의평가를 받기 위해서 최선을 다하고 동시에 평가결과에 대해 신경을 많이 쏟는다.

강의가 시작되면 제일먼저 시라버스(syllabus, 강의개요)를 나누어 주었다. 시라버스는 강의하는 교과목의 강의 내용과 참고자료는 물론 학기말 시험의 출제경향과 학점평가기준 등 자세하게 기록하여 교과목과 강의자의 특성이 잘 나타나도록 작성했다. 중간고사는 일정한 기간이 없이 교수의 의도대로 몇 번이고 치른다. 어떤 과목은 매주 퀴즈를 보기도하고 보통 2번 내지 3번이 일반적이었다. 학기말 시험은 이미 정해진 시간에 2시간 동안 치르고 시험문제는 도서관 참고실에 비치되어 있으므로 담당교수의 출제경향을 알아보기 원한다면 참고실에서 열람하면 된다.

강의시간은 예외 없이 한 시간이고 연속강의는 어떠한 경우도 허용되지 않았다. 모든 강의는 녹음이 되어 비치되므로 강의내용이 이해가 안 되어 다시 듣고 싶거나 결강을 했을 때는 시청각 실에 가서 녹음테이프를 빌려 들을 수 있었다. 강의하는 교수들의 강의법은 모두가 차이가 있었으나 가장 마음에 드는 강의는 완벽한 준비로 아무런 참교자료 없이 백묵만 들고 한 시간 내내 막힘없이 강의하는 모습이었다. 이것이 후에 내가 교수가 되었을 때 사용한 강의법이었고 학생들이 졸업후에도 두고두고 입에 올리며 감탄을 감추지 않았다. 수강과목 중에서 세미나 과목이 특히 유익했다. 왜냐하면 학자로서 자기의 지식 또는 연구결과를 대중에게 전달하는 능력이 매우 중요하기 때문이다.

첫 학기는 연구논문 한편을 읽고 요약해서 발표하고 동료학생들과의 토론 그리고 담당교수의 논평을 거쳐 본인의 발표능력을 키워 갔다. 둘째학기는 3편의 논문 그리고 다음은 본인이 정한 특정주제를 가지고 한 시간 내내 세미나 발표를 하였다. 이러한 과정에서 대학원생들의 발표능력은 향상되었고 앞으로 학자로서의 스스로의 발표능력을 나타낼 수 있는 자신감을 갖게 된다. 도쓰카 다카마사도 그의 저서 '세계최고의 인재들은 어떻게 기본을 실천할까'에서 최고 인재들의 프레젠터이션 뒤에는 실천과 다름없는 긴장감속에서 끊임없이 반복하는 연습이 있다고 했다. 제대로 된 준비 없이 자기능력을 100% 발휘할 수 있는 사람은 없다. 꾸준한 연습으로 만들어 내는 좋은 성과 그리고 그 성과가 낳은 자신감, 그 자신감이 하나씩 쌓여 감에 따라 더욱 높아지는 자신감, 이 선순환의 첫걸음에는 드러나지 않는 곳에서 묵묵하게 그리고 치열하게 이어진 준비가 있음을 명심해야 한다고 그는 말했다.

둘째 학기에 의학생리학(medIcal physiology) 과목을 수강할 때였다. 때마침 한국 여학생이 영양사(dietician) 전공 석사학위 과정을 이수하기위해 의학생리학을 같이 수강하게 되었다. 수강학생이 300명이 넘어 대형 계단강의실에서 강의가 이루어졌다. 수강학생이 많기 때문에 20명씩 소그룹으로 나누어 각 소그룹마다 교육조교를 배치하여 소 강의실에서 질문과 이해 안 되는 강의 내용을 다시 설명하도록 하였다. 그 여학생이 언제나 먼저 와서 내 자리를 미리 확보해주어 나란히 앉아 수강을 했다. 나는 강의내용을 열심히 필기했으나 그 여학생은 듣기만하고 노트필기를 하지 않았다. 왜 필기를 안 하느냐고 그녀에게 물었더니 저녁 때 집에 가서 강의내용을 상기하며 노트필기를 한다고 했다. 나는 대단히 우수한 학생이구나 하고 생각하면서 감탄했었다. 나중에 안 사실이지만 그 여학생이 노트필기를 하지 않은 것은 강의노트를 구매해서 보고 있었던 것이다. 대단위 강의는 대학인근 복사 집(copy shop)에서 해당과목을 수강하는 아르바이트생에게 강의노트를 작성하게 하고 강의가 끝나자 1시간이내에 타이핑해서 정기구독자에게 배부 했다. 그러한 사실을 나는 전혀 알지 못했고 그녀는 왜 그런 사실을 내게 숨겨왔는지 이해할 수가 없었다.

룸메이트의 부인이 한국에서 곧 도착할 예정이어서 나는 방을 구해야 했다. 나는 2베드룸 아파트에 1실 2명씩, 4인이 거주하는 아파트로 이사를 했다. 내방의 룸메이트는 미국인 ROTC생으로 성실하고 좋은 학생이었다. 나는 아침 일찍 집에서 나오면 밤 12시에 잠을 자기위해 들어가기 때문에 서로 대화할 시간이 없었다. 주말에 다소 늦게 나올 때 잠시 이야기하는 것이 전부였고 가끔 캠퍼스에서 오가다 만나면 내게 무리하지 말라는 말을 남기곤 했다. 언제나 아침과 점심은 샌드위치 그리고 저녁은 켄터키 후라이드 치킨으로 저녁을 대신했다.

아내와 아들이 함께 하게 된 캘리포니아 생활

겨울 쿼터가 끝나고 봄 쿼터가 시작되었다. 아내가 캐나다에서 이곳으로 오겠다고 연락이 왔다. 이미 대학원생 아파트를 예약해 놓고 순서를 기다리는 중에 배정이 되었다고 연락을 받아 다행이었다. 내가 입주한 기혼자 전용 아파트는 솔라노 파크(Solano Park)라 부르며 이름 그대로 공원 속 2층 아파트였다. 아파트 외곽에 주차장이 있고 동과 동 사이는 잔디밭과 우거진 큰 나무들로 에워 쌓여 있었다. 바로 인근에 학교에서 운영하는 유치원이 있어서 아들 성호가 그곳에 다녔다. 아동심리학을 전공하는 학생들이 유치원생들을 돌보며 일일이 관찰하고 기록한다고 했다. 내가 속한 학과 연구실까지는 걸어서 15분, 자전거로는 5분이내의 거리였다.

아내는 밤에 학교의 중앙 잔디밭에서 자전거 타기 연습을 했다. 내가 뒤에서 넘어지지 않게 자전거를 붙잡고 열심히 페달을 밟으라고 했다. 수십 번 넘어지며 며칠 간 연습하더니 능숙한 솜씨로 자전거를 탈 수 있게 되었다. 성호가 학교간 사이 아내는 도서관과 강의실을 찾아다니며 아동심리학, 불어와 일어 등을 청강하며 보람된 시간을 보내려고 애를 썼다. 여름에는 아내와 성호가 같이 학교 수영장에서 수영을 배우며 지냈다.

대학본부 건물인 므랙 홀(Mrak Hall) 뒤편에 덕 폰드(duck pond), 즉 오리 떼가 유영을 하는 작은 연못이 있었다. 사람들이 다가가면 오리 떼가 몰려와서 먹을 것을 달라고 꽥꽥 소리 지르며 그들 나름의 애교를 떨었다. 아내는 성호를 데리고 덕 폰드에 자주 갔다. 성호에게 빵조각을 오리에게 던져 주게 하면 오리들이 성호를 에워싸는 모습이 고마움을 표시하는 애교로 보였다. 많은 남녀 학생들이 잔디밭에 앉아 평화로운 오리 떼의 유영을 보면서 공부에 지친 마음을 잠시나마 위로받기도 했다.

집이 지척인데도 점심은 샌드위치를 만들어 가지고 다녔다. 낮 12시 점심시간이 되면 캠퍼스 중앙 잔디밭 코너에서 경쾌한 밴드음악이 들려왔다. 많은 학생들이 몰려 앉아 샌드위치를 먹으면서 음악을 듣고, 신이나면 다 함께 일어나 디스코 춤을 신나게 추었다. 우리 일행도 다소 떨어진 잔디밭에 앉아 샌드위치를 먹으며 음악소리에 귀를 기울었다. 오후 한시가 되면 어김없이 밴드 연주가 끝나고 학생들은 모두 본연의 자리로 되돌아간다.

대학원생 아파트인 솔라노 파크 옆에 오르간익 가든(organic garden)이 있었고 원하는 학생에게는 약 50m 길이의 밭고랑을 무료로 이용할 수 있도록 제공해 주었다. 아내가 그 밭에서 토마토, 호박 등을 재배하였다. 농약은 물론 비료도 전혀 주지 않았는데도 토마토와 호박이 주렁주렁 매달렸다. 한 번도 농사일을 해 본 경험이 없는 아내가 호미로 흙을 일구어 열심히 농사를 지은 덕분에 우리 식구가 먹을 양 이상으로 많은 수확을 할 수 있었다. 남은 농산물은 밭 입구에 놓아두면 누구나 와서 가지고 갔다.

데이비스는 거주하는 주민 30,000여 명에 학생 20,000여 명인 교육도시이며 1년 내내 범죄가 없는 조용한 도시였다. 캘리포니아 수도 새크라멘토(Sacramento)에서 하이웨이 80을 따라 서쪽을 향해 자동차도 15분 달리면 데이비스로 진입하는 도로가 나온다. 그 진입도로가 2차선 도로인데 도로 확장 여부를 결정하는 주민투표가 실시되었다. 주중에는 진입도로가 좁아 출퇴근 시간에 기다리는 자동차가 줄지어 서 있었다. 그런데도 도로확장 여부를 묻는 주민 투표를 실시하였으나 원하지 않는 주민이 우세하여 부결되었다. 이유인즉 진입도로를 확장하면 데이비스시내에 차들의 왕래가 많아지고 따라서 범죄건수도 늘어날 수 있다는 것이었다. 그 후 25년 뒤 본인이 연구 년으로 가 있는 1997년도에 다시 진입로 확장 가부를 묻는 투표가 실시되었으나 역시 부결되었다. 이처럼 좁은 진입로의 불편을 감수하면서도 도시의 확장 또는 차량 통행량의 증가를 우려하는 시민들의 여론이 우세함을 알 수 있다.

봄 쿼터에는 피크닉 데이(picnic day) 행사가 해마다 주말에 열렸다. 학과마다 전시회 준비와 졸업생들에게 초청장 보내기에 여념이 없었다. 총학생회에서 주관하는 퍼레이드는 밴드를 앞세우고 말 탄 기마대와 각종 가장행렬이 뒤를 따랐다. 작은 도시 데이비스는 각지에서 온 동문들과 지역주민들의 대학 방문으로 연중 가장 많은 인파가 캠퍼스를 찾아 본 행사를 지켜보았다. 모든 학과는 그들의 특색을 나타내는 전시회를 개최하여 졸업생들과 지역주민들에게 그들의 자랑거리를 과시하였다. 이처럼 학생회가 주최하는 큰 행사가 진행되어도 질서정연하고 어떤 소란도 일어나지 않았다. 더구나 캠퍼스 내에서는 알코올이 포함된 어떠한 음료의 반입이 금지되었고 이는 철저하게 지켜지고 있었다.

봄 학기가 끝나고 여름방학이 시작되었다. 학생들 대부분이 아르바이트를 위해 일자리로 떠났고 또 일부는 여름학기에 개설되는 학과목을 이수하기 위하여 캠퍼스를 찾아왔다. 동시에 중앙 잔디광장에서는 또 하나의 큰 행사가 개최되었다. 즉 홀 어스 페스티벌(whole earth festival)이었다. 이는 1960년대 미국의 캘리포니아를 중심으로 일어난, 젊은이들이 중심이 된 히피 운동의 일환이며, 기존의 사회제도와 가치관을 부정하고 자연으로의 회귀 등을 주장하는 운동이었다. 평소에 보지 못한 옷차림을 한 사람들이 공예품을 팔거나 10여 명의 남자들이 원을 그리고 서서 완전 누드로 음악에 맞추어 하루 종일 춤을 추었다. 중앙 잔디광장은 물건을 사거나 낯선 사람들을 구경하기 위한 인파들로 매우 붐볐다. 히피 정신은 디지털 혁명, 즉 제3차 산업혁명에 결정적으로 기여하였고, 히피 정신에 잘 부합하는 서비스인 위키피디아(Wikipedia)를 탄생시켜 현재 전 세계에서 가장 많은 사람이 애용하고 가장 많은 정보를 담고 있는 브리태니커 백과사전보다 140배 이상 많은 사람이 사용하는 사이트가 되었다(정재승, 열두 발자국).

어느 날 학교에 갔더니 학교가 확 뒤집어졌다. 내용인즉 지난밤에 캠퍼스 내에서 어느 여학생이 남자로부터 희롱을 당했고 이는 본대학교의 110년 역사에서 처음 있는 일이라고 했다. 이로 인해 모든 남학생이 공부하다 늦게 귀가하는 여학생을 집에까지 배웅하는 운동이 시작되어 그 후 오랫동안 지속되었다. 이처럼 대학 캠퍼스는 물론 대학도시 데이비스는 범죄가 없는 가장 안전한 도시의 명성을 오랫동안 유지해 오고 있었다.

1973년과 1974년에는 스트리킹(누드로 달리기)이 유행이었다. 발가벗은 남학생이 수업 시작 직전의 강의실에 들어와 한 바퀴 돌아 뛰어나가고, 중앙 잔디광장에서도 수시로 스트리킹이 일어나 많은 학생들의 시선을 집중시킨다. 가끔은 학생들이 소리쳐서 뒤돌아보면 발가벗은 여학생이 중앙 잔디광장을 가로질러 쏜살같이 달려가는 모습이 눈에 들어왔다. 이것도 한때 유행처럼 1,2년간 수시로 일어나더니 시간이 지나며 주춤해졌다.

하루는 대학본부에서 연락이 왔다. 새크라멘토 법정에서 한국인 2명이 재판을 받는데 통역을 해줄 수 있느냐는 것이었다. 보상은 충분히 해 준다고 덧붙였다. 당연히 해야 할 일이었다. 차를 몰고 새크라멘토 법정으로 갔다. 곧 재판이 시작되었다. 젊은 한국인 두 청년이 미국인과 다툼이 있었는데 미국인이 칼을 들고 협박을 해서 칼을 뺏고 메치기 한 사건이었다. 통역이 끝나자 두 청년이 고맙다는 인사와 새크라멘토 한인교회 목사님이 한국의 나의 모교 이야기를 자주하셨다며 만나지 않겠느냐고 했다. 그들과 함께 바로 달려갔더니 잘 아는 이두섭 목사님이셨다. 나의 대학 1년 후배인 서광덕이 스탁턴(Stockton)에 사는데 지금 만나러 가자면서, 목사님이 손수 운전하시어 1시간 반 걸리는 거리를 달려갔다. 10여 년 만에 만나는 가까운 대학 1년 후배인 서광덕을 만나 매우 반가웠다. 그 이후로 일요일이면 나는 아내와 같이 새크라멘토에 위치한 한인교회를 다녔다. 후배도 일요일마다 교회에서 만났고 경우에 따라 레스토랑에서 식사를 하면 그가 언제나 식사 값을 지불했다. 나는 학생이고 본인은 직장인이라며 내가 식사 값을 내는 것을 한사고 만류했다. 아내에게 한인 2세들에게 한글을 가르쳐 달라는 목사님의 부탁을 받고 아내는 손수 한글교재를 만들어서 주말마다 열심히 한글을 어린이들에게 가르쳤다. 성호도 같이 한글을 배우는 기회가 되어 더욱 열정적으로 가르친다고 했다.

아들 성호가 초등학교에 입학을 했다. 아내는 성호의 학교에 가서 자원봉사도 하고 초등학교 학생들에게 한국을 소개하는 특별행사도 했다, 미국인 담임선생님이 한복을 직접입고 이것이 한국 여성이 입는 전통의상이라고 학생들에게 소개하기도 했다. 이처럼 학교와 학부모간에 유기적인 친밀관계를 유지함으로써 학부모들의 학교에 대한 관심을 유발시키고 자녀들에게도 안정감을 주는 등 긍정적인 효과를 가져왔다.

구두자격시험

2년 후 박사과정에서 요구하는 학과목의 학점 이수가 모두 끝났다. 이제 남은 가장 중요한 단계는 구두자격시험(qualifying exam)에 합격해야만 했다. 지도교수는 구두자격시험 준비를 위해 매주 1회씩 만나 1시간씩 3개월간 질문하고 대답하는 연습을 하자고 제안하였다. 물론 나로서는 거절할 이유가 없었다. 지도교수는 내가 시험에 합격할 수 있을까 염려가 앞섰든 것이 분명했다. 그러나 2번 실시해보더니 이정도면 충분하다며 더 이상 진행할 필요가 없다고 했다. 구두자격시험 날짜는 3개월 후로 확정하고 시험장소는 통상 대학본관 건물 2층에서 실시하는 것으로 결정이 되었다. 이 순간부터 시험 볼 때까지 긴장과 초조함 때문에 잠을 제대로 잘 수가 없었다. 이것은 나만이 겪는 것이 아니라 구두시험날짜가 정해지면 누구나 똑같이 겪는 긴장과 스트레스이며 학과 내에도 소문이 퍼져 모두가 긴장하며 그날을 지켜보게 된다. 첫 번의 구두시험에 떨어지면 한 번의 기회가 더 있으나 두 번째 떨어지면 기회가 없을 뿐만 아니라 학교를 떠나야 했다. 합격률이 생각보다 높지 않다는데서 모든 학생들이 긴장하는 요인이 된 것이다. 구두시험 날에는 전 가족이 시험장 밖에서 초조하게 지켜보며 합격여부를 애타게 기다리며, 구두시험은 통상 3시간 지속되었다.

드디어 나의 구두시험 날이 다가왔다. 지도교수 포함 5명의 교수가 큰 책상의 양쪽에 앉고 내가 맨 앞에 서 있었다. 인사를 드리자 시험관 위원장이 내게 밖에 나가 있으라고 했다. 그동안에 나의 성적표 등을 살펴보고 내가 시험 볼 자격이 있는가를 검토하고 상의한 후 타당할 때 입실시킨다. 5분쯤 지났을까 문을 열고 나온 위원장이 나를 입실시키고 먼저 박사학위논문 실험 프로포절(proposal)에 대해 설명하라고 주문했다. 프로포절을 30분 가까이 설명한 후 실험에 대해 질문이 오갔다. 드디어 위원장을 필두로 돌아가며 각종 질문을 쏟아냈다. 조금도 막히지 않고 자신 있게 대답했다. 그만큼 철저하게 준비했고 어떤 질문에도 답할 수 있다는 자신감이 있었다. 2시간쯤 지났을까 두 교수가 고개를 절레절레 흔들더니 이만하면 됐다며 질문을 끝내자고 제안을 했다. 통상 3시간 걸리는 구두시험이 2시간 만에 끝나는 순간이었다. 구두시험이 끝나고 학과로 돌아오니 대학원생들, 학과사무실 직원들이 모두 긴장해서 기다리고 있었다. 그날 저녁 생맥주집에서 구두시험교수님들과 동료 대학원생들 다 같이 축하파티를 열었고 또 많은 칭찬도 받았다.

염원하고 염원하던 박사학위

부족한 분야는 시간 나는 대로 청강을 하면서 본격적으로 학위논문 준비에 들어 갔다. 소의 저1위의 피스툴라(fistula)장착을 위한 수술은 수의과대학 Morris 교수가 수고해 주셨다. 소에게 급여할 실험용 순수사료(purified diet)는 내가 직접 배합하였고 사료급여시간은 1초도 틀리지 않게 설계된 자동급여기로 실시했다. 일정한 시간별로 피스툴라를 통해 제1위액을 채취한 후 다시 인공 배양하여 단순당, 복합당과 셀룰로스의 분해속도를 시간별로 측정하고 방사성 동위원소를 이용하여 분해된 각종 탄수화물이 미생물 체조직합성, 휘발성 지방산합성 및 탄산가스로 전환된 비율을 측정하였다. 그리고 아미노산의 종류가 반추위 미생물의 성장에 미치는 영향 등 4종류의 실험을 실시하였다. 한 실험이 끝날 때마다 실험결과를 요약해서 지도교수에게 제출하였다. 1년여 동안 실시한 4종류의 실험이 최선을 다한 만큼 만족할만한 결과가 나와 이정도면 학위논문으로 충분하다고 지도교수께서 말씀하셨다.

박사학위논문을 쓰기 전에 유명 학회지에 먼저 투고하기로 결정하고 지도교수에게 나의 의견을 제안했다. 그의 허락을 받고 논문을 작성하여 투고한 결과 심사를 거쳐 1976년도에 4편의 논문이 미국 낙농학회지에 게재, 발표되었다.

학회지에 논문을 투고하고 나니 나의 학위논문 쓰기는 너무나 쉬웠다. 학위논문 타이핑은 전적으로 아내가 맡아서 수고해 주었다. 타이핑에 매달려 밤을 새는 모습에서 나의 박사학위는 아내의 공이 컸으며 감사한 마음 잊지 않고 있다. 사실은 타이핑뿐만 아니라 실험용 시료 채취와 분석에도 헌신적으로 나를 도와주었다. 이는 어떤 실험에서도 제3자의 손을 100% 신뢰할 수 없는 나의 성격 때문이었다. 마지막으로 학위 지도위원회 위원인 네 분 교수님들의 서명과 지도교수의 서명을 받아 최종 박사학위가 결정되었다. 그날 저녁 우리 집에서 교수님들과 동료 대학원생들과 다함께 조촐한 축하 파티를 가졌다. 박사학위 논문제목은 'Factors influencing rumen microbial growth rates and yields: Effects of sources of nitrogen and energy.'였다.

목표달성은 노력하는 사람에게 주어지는 프리미엄

드디어 1975년 6월, 박사학위수여식이 거행되었다. 한인교회 목사님과 교인들 그리고 많은 친구들이 축하해 주기위해 오셨다. 지도교수와 나란히 입장해서 단상으로 올라가 총장과 대학원장으로 부터 학위증을 수여 받았고 지도교수가 박사학위 후드를 목에 걸어 주었다. 박사학위를 받는 분이 수백 명인데도 한 사람 한 사람 일일이 학위증을 수여하였고 참여한 모두의 얼굴에는 행복으로 가득 차 있어 장시간을 기다리는 지루함을 조금도 찾아볼 수 없었다. 일요일에는 새크라멘토 한인교회에서 나를 위한 간단한 축하 행사가 있었다. 진심으로 축하해 주시는 그분들 모두가 너무나 고마웠다.

대학교 다닐 때 미국에서 박사학위를 받겠다는 꿈을 이룬 것뿐만 아니라 석사학위과정을 다닐 때 늘 마음속에 품었던, 나의 전공분야에서 세계 제일가는 대학에서 박사학위를 받겠다는 목표도 달성되었다. 목표달성은 그것을 찾으려고, 붙잡으려고 부단히 노력하는 사람에게 주어지는 프리미엄이라고 했다. 뿐만 아니라 목표가 분명하면 분명할수록 성취도가 높고 목표를 이룰 방법과 지름길도 용이하게 발견할 수 있다는 말을 믿고 꾸준히 노력한 결과라고 생각한다. 전심치지(專心致志), 온정신을 한 군데로 집중하라는 뜻으로 목표한 일을 두고 끊임없이 노력하면 이루지 못할 일이 없다. 그러나 내가 그렇게도 간절히 원하던 목표를 이루었다는 행복감은 잠시일 뿐, 이제 다시 새로운 목표를 설정하고 그 목표를 향해 다시 출발해야 한다는 다급한 마음이 나를 온통 지배했다.

진정한 행복이란 무엇인가?

나는 나의 최종목표인 박사학위를 받으면 무한히 행복하리라 믿었다. 그러나 그 행복감은 잠시일 뿐이었다. 우문식도 '긍정심리학의 행복'에서 내가 원하는 걸 얻는데서 오는 행복은 그 지속 기간이 짧다고 했다. 그러면 사람들이 추구하는 행복이란 과연 무엇일까? 행복은 어떻게 얻어지는 것이고 어떤 경우에 행복을 느낄까? 많은 사람들은 행복에 대해서 어떻게 생각하는가가 궁금하여 그들의 행복에 대한 정의를 찾아본다. 류태영의 사랑편지, '나는 행복한 사람'에서 행복은 먼 곳에 있지 않고, 미래에 있지도 않고, 돈으로 살 수 있는 것도 아니고, 훔쳐올 수 있는 것도 아니며, 다만, 내 마음속에 있습니다. 라고 했다. 정해승 교수는 그의 저서 '열두 발자국'에서 행복은 예측할 수 없을 때 더 크게 다가오고, 행복은 보상의 크기에 비례하지 않고 기대와의 차이에서 비롯될 뿐만 아니라 미래를 알 수 있다면 행복도 사라진다고 했다. 조던 피터슨도 그의 저서 '12가지 인생의 법칙'에서 행복은 산 정상에서 느끼는 잠깐의 만족이 아니라, 산을 오르는 길에서 느끼는 희망이며, 행복은 희망에서 나온다. 즉 희망이 행복감을 구성하는 주요 요소라고 했다. 김소원 심리상담사는'행복은 특별호텔 뷔페식사권이 아닙니다.'에서 사십년을 살아보니 행복은 거창한 무엇이 아니라 소소한 일상 속에서 느끼고 경험하는 즐거움이었다며 생각해보면 무언가를 이루었을 때의 기쁨은 생각보다 그것을 누리는 시간이 짧았고 행복감은 그리 여운이 길지 않았다. 오히려 책을 출간되었을 때의 기쁨보다 책을 쓰면서 느꼈던 행복감과 만족감이 컸다. 물론 그때의 행복감에는 힘듦과 고통은 포함된다. 사실 행복은 외부조건에 달려있는 것이 아니라 자신의 마음가짐에 달려있는 것이라고 했다.

마크 맨슨은 그의 저서 '신경 끄기의 기술'에서 행복은 답이 없는 방정식이 아니다. 인간의 본성은 불만과 불안을 포함하며 이것들이 지속적인 행복을 달성하는데 필수요소다. 행복은 문제를 해결하는데서 나온다고 했다. 행복은 잡을 수 있는 것이 아니라 마음속에 숨어있는 행복의 씨앗을 온 마음으로 키워가는 것이다. 그러나 고통을 통하지 않고서는 인간의 진실한 행복은 만날 수 없다는 것이 문제라고 도정일과 최재천이 그들의 저서 '대담'에서 언급하고 있다. '성경에 비추어 본 채근담에 담긴 삶의 지혜(홍자성 지음, 임덕일 엮음)'에서도 괴로움과 즐거움을 함께할 때만 행복이 온다. 행복은 양파와 같은 것이며 시련 속에 들어있는 것이 행복이며 고난, 아픔, 시련, 그것들이 행복의 요소이다. 즉 고난과 행복은 쌍둥이다. 만족하는 법을 배우려면 행복이 더 많이 소유하는데 있지 않고, 지금 가지고 있는 것으로도 행복할 수 있다는데 초점을 맞춰야 한다. 우리가 욕망의 굴레에서 벗어날 수 있는 길은 지금 가지고 있는 것에 대하여 즐길 줄 알고, 만족감 속에서 삶의 자유와 행복을 얻는 것이라고 했다.

김홍신 작가도 그의 저서 '인생사용 설명서'에서 당신의 인생을 책임질 수 있는 사람은 오직 당신뿐이니 반드시 스스로 행복을 찾을 수 있어야 합니다. 라고 했다. 김태길 교수는 그의 저서 '삶이란 무엇인가'에서 행복이라는 말의 좀 더 깊은 뜻은, 단순히 감각적인 고락의 차원을 넘어서서, 마음속 깊은 곳에서 보람과 만족을 느끼며 지속적인 기쁨이 가득한 삶을 가리킨다. 행복한 사람은 첫째로 마음이 평화로우며 마음의 평화는 행복의 기본 조건이다. 둘째로, 행복한 사람은 자신의 삶에 대해서 보람을 느낀다. 순간적 즐거움보다는 지속적 즐거움 속에 행복은 깃들어 있으며, 지속적 즐거움은 보람된 세월을 보내는 사람들만이 느낄 수 있는 삶의 기쁨이며 보람된 삶을 살고 있음을 스스로 인정하는 가운데 마음이 평화로운 사람은 행복하다는 결론이다. 원만한 대인관계 즉 인화(人和)는 물질생활의 풍요나 육체의 안락보다도 행복을 위해서 중요한 조건이라며, 금력이나 권력에서 아무리 막강한 위치에 오른 사람이라 하더라도 많은 사람들의 미움을 사는 처지에 놓이게 되면, 행복과는 요원한 거리에 있다. 그러나 돈도 권세도 없는 서민에 불과한 사람도 주위 사람들과의 대인 관계가 원만하여 기쁨 또는 슬픔을 함께 나눌 친구가 많으면 그런대로 삶이 대견하고 다사로우며 행복하다고 했다.

톨스토이는 '인생론'에서 겸허한 마음으로 세상을 보면 모든 것이 행복이며 기쁨이고 만족뿐이라고 했다. '성경에 비추어 본 채근담에 담긴 삶의 지혜(홍자성 지음, 임덕일 엮음)'에서 행복은 자신이 만들어가는 것이다. 어떤 마음으로 생활하느냐에 따라 행복이 결정된다. 즉 배가 고파 죽을 지경에 놓이면 라면 한 그릇에서 행복을 느낀다. 피곤해서 쓰러질 것 같을 때는 침대에 누울 수 있다는 사실만으로 행복하다. 이처럼 행복은 일상생활의 소소한 일에서도 찾을 수 있다고 했다. 구병두 교수도 그의 저서 '자녀교육을 위한 부모수업'에서 행복은 저절로 찾아오지 않는다. 그래서 행복해지기 위해서는 노력해야 한다. 행복은 생각보다 거창하거나 특별한 것이 아니라 일상의 기쁨 또는 즐거움이다. 그러므로 우리는 제각기 순간순간을 행복해지려고 노력하자고 했다. 법정 스님도 행복의 비결은 필요한 것을 얼마나 갖고 있는가가 아니라 불필요한 것에서 얼마나 자유로워져 있는가 하는 것이다. 즉 행복의 본질은 '마음의 풍족함'에 있다. 물질의 풍족함에서 오는 행복은 잠시지만, 마음의 풍족함에서 오는 행복은 오래간다고 했다. 법정 스님은 행복하게 살고 싶다면 긍정적이고 낙관적으로 사는 당신이 되라. 긍정적인 생각이 없으면 우리는 어느 한 순간도 행복해질 수 없다. 이렇듯 그 사람의 인생은 그 사람의 '마음의 빛깔'에 따라 결정된다는 것이다.

  사람마다 생각하는 행복이 같을 순 없다. 슈테판 클라인(Stefan Klein)은 이 지구상에는 60억의 사람이 살고 있으며, 따라서 각 사람마다 느끼는 60억 개의 행복이 있다며 그 행복은 자전거 타기나 바이올린 연주를 배우는 기술처럼 행복도 배울 수 있는 기술이라고 했다. 이처럼 행복의 기준은 사람마다 다르다. 우문식은 그의 저서 '긍정심리학의 행복'에서 행복은 정의가 아니라 살아가는 방법이며, 당신이 도달해야 하는 목표가 아니라 어떻게 살아가는지에 대한 과정이기 때문에 그 과정이 사람마다 다르다고 했다. 당신과 내 인생이 다른 것처럼 사람마다 각각 처한 환경에 따라 여러 갈래 길이 있는 법이며, 그래서 행복은 애초부터 비교나 경쟁의 대상이 아니고, 다른 사람과 단순 비교를 하면서 스스로 초라하고 불행하게 만들 필요가 없다고 했다. 박용삼의 저서 '테드, 미래를 보는 눈'에서 절망의 순간에서 행복의 비법을 발견한 캐나다 태생의 닐 파스리차(Neil Pasrlcha)는 테드 무대에서 행복의 비법을 3가지 'A'로 소개했다. 첫 번째 'A'는 Attitude(태도)이다. 태도를 바꾸어 툭툭 털고 새롭게 펼쳐질 미래를 직면하느냐에 따라 모든 것이 바뀐다. 두 번째 'A'는 Awareness(지각)이다. 3살 아이의 호기심과 순수함을 가질 때 행복을 만날 수 있다. 세 번째 'A'는 Authenticity(진정성)

이다. 스스로의 마음을 따라 진정 좋아하고 즐길 수 있는 것을 해야 행복이 찾아온다는 것이다. 행복은 습관이고 마음먹기 나름이라며, 옆에서 보기에 행복의 조건을 두루 갖춘 것 같은 사람도 스스로 그렇게 느끼지 못한다면 행복한 것이 아니라며 행복은 외부조건에 달려있는 것이 아니라 자신의 마음가짐에 달려있다고 했다. 최윤정 정신건강의학과 전문의는 '늘 행복을 갈망하는데 왜 항상 불행할까?'에서 많은 사람들은 불행의 원인을 '내가 가지고 있지 않은 것'에서 찾으며, 우리가 행복을 추구하는 것은 태어나면서부터 본능적으로 행하는 자연스러운 일이다. 우리의 뇌는 그것이 무엇이든, 친숙해진 다음에는 금새 '적응'해 버리기 때문에 어떤 일을 통해 느끼는 행복감이 시간이 갈수록 줄어드는 현상을 나타낸다고 했다.

또한 그는 우리가 느끼는 '행복감'은 생존을 위해 설계된 것이며, 이것이 원점으로 돌아가는 초기화 과정이 있어야만 다시 제 기능을 수행할 수 있다. 따라서 행복한 삶을 살기 위해서는, 아무리 대단한 조건을 갖추어도 그로 인한 행복이 곧 초기화 된다는 사실을 명심해야 하며, 행복해지기 위해 거창한 것들만 따라가다 보면, 그것을 이룰 때까지 불행한 삶에서 벗어날 수 없고, 어렵게 그것을 이루어냈다고 해도, 그로 인한 행복감이 예상한 것만큼 오래가지 못한다는 것을 발견하고 허무함을 느끼게 될 것이라고 했다. 그렇기 때문에 소소한 행복의 중요성을 깨우쳐야 하고, 한 번의 커다란 기쁨보다 여러 번의 작은 기쁨을 추구하는 것은, 적응 현상에 대한 가장 훌륭한 방어 전략이다. 우리가 느끼는 행복은 객관적으로 '얼마나 많은 것을 갖고 있느냐' 보다 '이미 가진 것들에 대해서 얼마나 만족감을 경험하느냐'와 더 깊은 관련성이 있다고 했다. 법정 스님 법문집 '좋은 말씀'에 행복은 넘치면 고마운 줄 모르며, 고마운 줄 알고 사는데서 행복의 비결이 있다. 행복은 자기 내부로부터 오는 것이지, 어떤 소유물을 통해서나 밖에서 누가 갖다 주는 것이 아니다. 행복은 오직 나의 생각과 감정을 다스리는 나 자신에게 달려있다. 행복의 척도는 얼마나 많이 가지고 있느냐에 있지 않고 불필요한 것으로부터 얼마나 자유로워졌느냐 이며, 배부른 상태가 아니라 모든 굴레로부터 벗어나 홀가분한 상태, 이것이 행복이다. 따라서 건강은 우리의 몸을 단련해야 얻을 수 있듯이 행복도 우리의 마음을 단련해야 얻을 수 있다고 생각된다고 했다.

잭 캔필드와 마크 빅터 한센의 저서 '영혼을 위한 닭고기 수프'에서 우리의 행복은 우리가 얼마나 사랑을 주느냐에 달려있다. 얼마만큼 사랑을 받느냐가 아니라 얼마만큼 사랑을 주느냐 하는 것에… 그리고 사랑을 줄 때 우리는 더욱 강해진다고 했다. 함영준은 희망명언 '마거릿 대처, 우리는 생각하는 대로 된다'에서 인간의 뇌는 부정적으로 생각하면 부정적으로, 긍정적으로 생각하면 긍정적으로 작용한다며 행복은 결국 긍정의 선택과 훈련, 습관을 통해 이뤄진다고 했다. 스웨이는 그의 저서 '인생은 지름길이 없다'에서 인생은 거울과 같다. 내가 울면 함께 울고, 웃으면 함께 웃는다. 항상 행복한 표정을 짓고 있으면 행복한 인생이 펼쳐질 것이다. 행복은 결과가 아니라 과정이며 목표를 달성하기 위해 최선을 다하고 그 과정에서 행복을 누릴 수 있어야 한다. 수많은 고난과 역경은 인생에 대한 깊은 깨달음을 제공하고 행복의 중요한 원천이 된다고 했다. 조셉 에디슨(Joseph Addison) 수필가는 '희망명언'에서 이 세상에서 가장 행복한 사람은 일하는 사람, 사랑하는 사람,

희망이 있는 사람이다. 라고 했다. 쑤린은 그의 저서 '어떻게 인생을 살 것인가'에서 행복한 사람들은 아래와 비교하는 반면 불행한 사람들을 위와 비교를 한다는 차이가 행복과 불행을 가른다. 행복은 온전히 마음먹기에 달려있음을 명심하라고 했다. '법정 행복한 삶' 의 저자 김옥림 작가는 행복이란 가슴속에 사랑을 채움으로써 오는 것이고, 신뢰와 희망으로부터 오고, 따뜻한 마음을 나누는 데서 움이 튼다. 자신이 진정으로 행복해지고 싶다면 가슴을 사랑으로 가득 채우고 더 많은 사랑을 베풀어야 한다. 그러나 마음속에 만족을 얻지 못하면 행복을 얻을 수 없다고 했다.

 '시련은 있어도 실패는 없다'의 저자 정주영 회장은 행복한 삶의 4가지 조건으로 첫 번째 조건은 건강이다. 두 번째 조건은 다른 사람에 대한 이해의 폭을 넓혀 항상 투명하고 겸손하고 순수한 마음가짐으로 사는 것이다. 세 번째 조건은 보다 나은 삶, 보다 나은 인간, 보다 나은 직장인, 보다 나은 발전에 대해서 항상 생각하는 사람으로 살아가는 것이다. 네 번째 조건은 유지자사경성(有志者事景成), 뜻이 강하고 굳은 사람은 어떤 어려운 일에 봉착해도 결단코 자신이 마음먹었던 일을 성취하고자 한다는 의미이다. 어떤 어려움에도 결심과 각오를 거듭 새롭게 하면서 꾸준하게 자신이 원하는 목표를 향해 노력하며 이루어 가는 삶에서 행복을 느끼는 것이다. 큰일에서 행복을 찾는다는 것은 행복으로부터 자신을 멀어지게 하는 것이다. 단순한 것에서 행복을 찾을 때 그만큼 더 많은 행복을 느끼게 된다고 했다. '세계는 넓고 할 일은 많다'의 저자 김우중 회장은 행복은 사람 속으로 들어온다. 아니 사람 속에서 행복이 나온다며 자기 자신이 아니라 남을 위해 살 때, 남을 사랑할 때 행복이 움튼다고 했다. 법정 스님은 '스스로 행복 하라'에서 행복은 결코 밖에서 오는 것이 아니라 마음 안에서 찾아지는 것이라고 했다.

법정스님의 '내가 사랑한 책들'에서 소개한 꾸뻬 씨의 행복 여행(프랑수아 클로르 저)에서 프랑스 정신과 의사가 여행 중에 수첩에 기록한 몇 가지 행복의 비결을 소개한다. 행복의 첫째 비결은 다른 사람과 자신을 비교하지 않는 것이다. 각자 자기 몫의 삶이 있는데 남과 비교하니까 기가 죽고, 불행해지고, 시기심과 질투심이 생긴다. 둘째, 행복은 자신이 좋아하는 일을 하는 것이다. 자신이 좋아하는 일을 할 때 행복해진다. 남에게 해를 끼치지 않는 한 자신이 좋아하는 일은 좋은 일이다. 셋째, 행복은 집과 채소밭을 갖는 것이다. 자신의 땅에 자신이 뿌린 씨앗이 싹이 트고, 떡잎이 나와 펼쳐지는 과정을 보고 있으면 뿌듯해진다. 넷째, 행복은 내가 다른 사람에게 쓸모 있는 존재가 되는 것이다. 한 개인의 삶은 다른 사람에게 유용해야 하며, 서로가 서로에게 의미 있는 존재가 되어야 한다. 다섯째, 행복은 사물을 바라보는 방식에 달려 있다. 같은 장미꽃을 바라볼 때 어떤 이는 '왜 이렇게 아름다운 장미에 가시가 돋아 있나'하고 불만스럽게 생각할 수 있고 다른 한쪽에서는 '아무짝에도 쓸모없는 가시에 이렇게 아름다운 꽃이 달려있네' 하며 고맙게 여길 수도 있다. 여섯째, 행복은 다른 사람의 행복에 관심을 갖는 것이다. 나 자신만의 행복은 근원적으로 있을 수 없다. 왜냐하면 사람은 관계 속에서 살고 있기 때문이다. 이외에도 몇 가지 행복의 조건을 제시했다. 즉 행복은 살아 있음을 느끼는 것이다. 살아 있다는 것, 그 자체가 놀라운 가능성이다. 진정한 행복은 먼 훗날에 이룰 목표가 아니라, 지금 이 순간 존재하는 것이다. 지금 이 순간 행복하기로 선택한다면 우리는 얼마든지 행복해질 수 있다고 했다. 용서(달라이 라마와 빅터 챈)에서 달라이 라마가 강조하기를 모든 생명 가진 존재는 행복을 최대의 목표로 삼는다. 세속적인 행복뿐 아니라 궁극의 행복에 이르는 것이 우리 모두의 이상이다. 그러나 우리들 대부분은 평생에 걸쳐 상처와 고통을 끌어안고 살아가며, 그것은 또 다른 불행을 가져오는 인과관계로 이어진다. 문제는 우리 안에 있는 미움과 질투와 원한의 감정이다. 이 부정적인 감정들은 행복에 이르는 길을 가로막는 가장 큰 장애물이며, 그 장애물을 뛰어넘는 길이 용서이다. 라고 했다. 김수환 추기경도 "살면서 얼마나 많이 용서했느냐에 따라 하느님은 우리를 용서할 것이다"라고 했고, 법정스님도 "용서는 가장 큰 마음의 수행이다"라고 했다.

안병욱 수상집 '지상에서 가장 아름다운 것'에서 행복은 만인의 간절한 원(願)이며 모든 사람이 행복하게 살기를 원한다. 행복은 나의 지혜의 산물이요, 노력의 결과요, 피땀으로 쌓아올리는 공든 탑이다. 행복은 먼 데서 찾아서는 안 된다. 가까운데서 찾아야 한다. 우리의 행복은 내 가정에서 찾고, 내 생활에서 찾고, 내 직장과 일에서 찾고, 내 친구에게서 찾고, 내 마음에서 찾아야 한다. 행복의 첫째 조건은 건강을 들수 있다. 즉 인생의 건전한 행복은 튼튼한 건강 없이는 절대로 불가능하다. 둘째 조건으로 인간의 가장 큰 행복은 대부분 가정에서 이루어진다. 셋째 조건으로 젊은 남녀 간의 진정한 애정, 정다운 친구와의 우정이며, 넷째 조건으로 지식과 좋은 취미이다. 다섯째 조건은 금전을 들지 않을 수 없다. 즉 사람답게 살기위해서는 어느 정도의 경제력이 필요하다. 그러나 행복의 객관적 조건을 아무리 갖추더라도 스스로 행복하다고 느끼지 못하면 아무것도 아니다. 행복은 결국 마음가짐에 달려있다. 행복의 열쇠를 쥔 사람은 자기의 능력과 본분을 알고 스스로 만족할 줄 아는 사람이라고 했다.

정진홍 의 '사람공부'에서 하버드대학 심리학교수 탈 벤 사하르(Tal Ben-Shahar)가 말하는 '행복 6계명'은 첫째, 원초적 인간답게 자연스러워지라는 것이다. 아무리 힘든 상황이나 공포, 슬픔, 불안 같은 감정도 자연스럽게 받아들이면 결국 극복할 수 있다. 둘째, 행복은 즐거움과 의미의 교차로에 있다. 진정한 행복은 그 의미와 즐거움이 만나는 교차점에 있다. 셋째, 행복은 통장잔고에 있는 것이 아니라 마음상태에 달려있음을 명심하라. 행복은 눈에 보이는 외형에 있는 것이 아니라 각자 내면의 보이지 않는 곳에 있다. 넷째, 삶을 단순화하라는 것이다. 자신의 삶을 너무 복잡하게 만들면 그만큼 행복도 멀어진다. 다섯째, 몸과 마음이 연결되어 있음을 기억하고 규칙적인 운동, 적절한 수면, 좋은 식사습관과 같은 일상적인 것에서 얻는 행복을 놓치지 말라. 여섯째, 항상 감사하고 그 감사의 마음을 적절히 표현하라. 그리고 행복도 바이러스이다. 내가 진정으로 행복하면 그 행복한 기운이 다른 사람에게 전달된다고 했다.

유성은 목사는 그의 저서 '행복습관'에서 행복이란 거창한 것이 아니라 우리가 마음만 먹으면 언제든지 우리 주변에서 찾을 수 있다. 인생을 행복하게 영위하기 위해서는 꿈과 목표를 실행하며, 욕망을 잘 다스리고, 기대치를 낮추고, 고통과 고난의 가치를 이해하고, 피할 수 없다면 즐기고, 감정을 잘 다스리고, 선행을 적극적으로 하며 살아야 한다고 했다. 그리고 그가 주장하는 행복의 5가지 기본 요소는 첫째, 긍정적인 마음. 항상 좋은 쪽으로 생각하자. 둘째, 일. 일의 기쁨, 일을 즐기자. 셋째, 사랑. 가슴이 따뜻한 사람이 되어라. 매력적인 인격이 되어라. 사랑을 표현하라. 넷째, 건강. 인생의 최고 우선순위이다. 예방을 위해 노력하고, 평안하고 기쁘게 살도록 노력하라. 다섯째, 재물관리. 신용을 중시하고, 물질관리의 기본은 계획성이다. 지출을 통제하라. 그리고 인간관계에서 행복한 사람이 진정한 행복한 사람이라고 했다.

우리나라의 보건사회연구원에서 2019년 5월 8일에서 6월 13일까지 만 19세에서 80세의 5,020명을 대상으로 조사한 보고서(허상우 기자)에 따르면 어떤 조건이 달성되면 국민들이 행복해질 것으로 생각하는지 물었더니 1순위 응답으로 조사 대상자의 31%가 '좋은 배우자와 행복한 가정을 이루는 것'이라고 답했다. 이어서 2순위로 '건강하게 사는 것(26.3%)', 3순위로 '돈과 명성을 얻는 것(12.7%)', 4순위로 '소질과 적성에 맞는 일을 하는 것(10.4%)', 5순위로 '여가생활을 즐기는 것(7.6%)', 6순위로 '자녀 교육을 잘하는 것(6.5%)'이었다. 그리고 행복의 조건으로 '사회발전에 기여하는 것(0.9%)', '남을 위해 봉사하는 것(0.1%)'으로 나타났으며, 전반적으로 이타적인 행위는 1%에도 이르지 못하는 낮은 수준을 보이고 있다고 했다. 윤희영은 사람이 행복해지는 데는 다음 3가지만 있으면 된다고 했다(윤희영의 뉴잉글리시, 조선일보). 1. 사랑할 사람(someone to love), 2. 해야 할 일(something to do), 3. 희망을 가질 대상(something to hope for).이 있어야 한다. 그리고 그는 매일 아침 깨어날 때 어제보다 나을 것이라고 믿으라고 했다.

박용삼의 저서 '테드, 미래를 보는 눈'에 게재된 2015년 UN이 발표한 행복지수(happiness index)에 의하면 한국은 전 세계 158개국 중 47위였다. 세계지도 어디에 위치해 있는지도 모르는 나라들을 빼고 나면 하위권에 속한다. 그리고 OECD조사에서도 한국의 행복지수는 34개국 중에서 33위로 최하위였다. 또한 박용삼의 저서에 미국의 사회발전조사 기구를 운영하는 마이클 그린(Michael Green)이 국가의 발전 정도와 국민의 행복을 측정할 새로운 지표로서 제안한 사회발전지수(Social Progress Index, SPI)는 2015년에 조사대상 133개 국 중 한국은 29위(78점)로 전 세계 평균 61점보다는 크게 앞서 있다. 일본은 15위(83점), 중국은 92위(59점)이었다. 1위는 노르웨이(88점)이었고 이어서 스웨덴, 스위스, 아이슬란드 순이었다.

행복한 삶을 산다는 것은 곧 자신의 '삶의 질'을 높이는 아름다운 행위이다. 그래서 각자의 삶의 질을 높일수록 우리 사회는 밝고 건강한 사회가 되고, 그 안에서 살아가는 사람들 또한 밝고 건강한 행복 속에서 살아가게 된다('법정 행복한 삶'의 저자 김옥림 작가). 그는 많은 사람들은 불행이 없으면 행복해지리라고 믿고 있다. 그러나 불행이 없으면 행복이 무엇인지도 깨닫지 못한다. 결국 행복은 나도 행복해질 수 있다는 긍정적인 생각으로 비록 작은 일에서도 보람을 찾다보면 행복한 자신을 발견하게 되는 것이라 믿는다. 결국은 행복도 나의 선택이고 불행도 나의 선택이라고 했다. 안병욱 신작 에세이 '인생론'에서 인간이 있는 곳에 사랑이 있고, 사랑이 있는 곳에 행복이 있다며 사랑은 행복을 구성하는 기본원리라고 했다. 김옥림 작가는 그의 저서 '법정 행복한 삶'에서 물질의 풍요함에서 오는 행복은 잠시지만 마음의 풍족함에서 오는 행복은 오래간다고 했다. 헬렌 켈러(Helen Adams Keller)는 "많은 사람들은 진정한 행복을 가져오는 것에 대해 잘못 생각하고 있습니다. 진정한 행복은 자기만족에서 얻어지는 것이 아니라 가치 있는 삶의 목적을 위해 충실하게 행동함으로써 얻어지는 것이다. 라고 말했다. '마음 건강 길'에서 김혜인 기자는 테드(TED)토크강연에서 하버드 의대 교수인 산지브 초프라(Sanjiv Chopra)의 강연 내용을 토대로 정리한 우리를 행복하게 해주는 4가지를 아래와 같이 소개했다. 1. 가족과 친구. 행복의 가장 핵심적인 요소는 신뢰할 수 있고 기쁨과 슬픔을 솔직히 나눌 수 있는 사람들과 친밀한 관계를 발전시켜 나가는 것이다. 2. 용서. 남을 용서할 줄 아는 능력은 미움과 같이 행복에 부정적인 영향을 미치는 감정들로 인해 느끼는 부담감에서 당신을 자유롭게 해준다. 3. 나눔. 주는 것이 받는 것보다 장기적으로 사람들을 더 행복하게 만들었다. 4. 감사. 감사의 언어를 모르면 결코 행복과 대화할 수 없다고 강조했다. 하루에 한번 '감사합니다.'라고 말하는 것만으로도 긍정적인 경험을 하는 것 같은 효과가 있었고 스트레스가 많은 환경에 잘 대처하는데 도움이 됐으며 사람들과의 관계도 강화됐다고 했다.

초프라 교수는 행복은 육체적인 즐거움이나 부나 권력 같은 물질이나 외부 조건에서 오는 것이 아니다. 영혼과 마음 깊숙한 곳에 존재하는 우리의 선함에 맞는 삶을 사는데서 오는 것이다. 시간을 들여 무엇이 감사한지 생각하는 것만으로도 당신의 삶에 존재하는 긍정적인 일들을 더 잘 인식하게 된다며 이런 사고방식은 지속적으로 실천하면 인생의 부정적인 일에 덜 치우치며 살게 된다고 조언했다. 토케이어는 그의 저서 '영원히 살 것처럼 배우고 내일 죽을 것처럼 살아라'에서 행복한 세상을 만들기 위해서는 희망을 잃지 말아야 하며, 희망 그 자체가 가장 큰 행복이라는 것을 항상 마음에 새겨 둘 필요가 있다고 했다. 결국 행복한 사람은 모든 것을 다 가진 사람이 아니라, 지금 하는 일을 즐거워하는 사람, 자신이 가진 것을 만족해하는 사람, 하고 싶은 일이 있는 사람, 갈 곳이 있는 사람, 갖고 싶은 것이 있는 사람이라고 했다.

우문식은 그의 저서 '긍정심리학의 행복'에서 기쁨과 열정을 느끼면서 살아가는 삶이 인간의 삶이자 행복한 삶이며, 자기가 하는 일 또는 직업에 만족하면서 행복을 느끼는 사람이야말로 삶 전반에 걸쳐 행복지수가 높고, 행복은 성공과 무관한 것이 아니라 성공을 이끌어내는 원동력이라고 했다. 그는 또한 행복도 유전이 되며 행복의 50%는 친부모의 성격에 따라 이미 결정되고, 삶의 상황과 조건인 외부환경이 행복의 10%, 자기통제에 의한 자발적 행동인 내적환경이 행복의 40%를 차지한다고 했다. 즉 행복감을 높일 수 있는 것은 삶의 조건인 외적 환경보다는 자발적 행동의 내적 환경들이다. 내적 환경은 긍정적 정서, 나의 대표 강점, 몰입, 성취, 낙관성, 회복력, 긍정적 인관관계 등이다. 즉 가족이나 친구들과 친밀한 관계를 즐기는 사람, 하는 일을 즐기면서 몰입하는 사람, 결혼 생활이 행복한 사람, 종교적 신념이 강한 사람, 회복력이 빠른 사람, 낙관적인 관점에서 삶을 바라보는 사람, 육체적, 정신적으로 건강한 사람, 자기보다 많이 가진 사람만 생각하기보다는 자기보다 상황이 좋지 않은 이들을 생각하면서 긍정적으로 비교하는 사람, 끊임없이 의식주 문제를 고민할 필요가 없는 사람, 돈, 재능, 기술 등을 기부하는 사람, 긍정적 정서를 많이 쌓고 활용하는 사람, 대표 강점을 잘 활용하는 사람 등이 바로 행복한 사람이라고 했다. 수입에 상관없이 다른 사람을 위해 돈을 쓴 사람이 행복도가 높아지고, 본인을 위해 돈을 더 많이 쓴 사람은 그렇지 않았으며 각자의 수입이 얼마인지와 행복도에는 차이가 없다는 것이다. 또한 그는 사랑과 행복은 선순환 구조라서 사랑을 느낄수록 행복해지고 행복해질수록 사랑을 더 많이 느낀다고 했다. 결국 우리의 마음속에 고마운 마음, 사랑하는 마음, 감사한 마음으로 가득 차 있는 사람은 분명히 행복한 사람이다. 이처럼 행복은 물질이나 외적인 조건이 아니라 우리의 내적 선택에 의한 것이며, 삶의 조건, 즉 외적 환경과 같은 내가 원하는 것에서 오는 행복은 그 지속기간이 짧다.

 무무는 그의 저서 '행복이 머무는 순간들'에서 베푸는 것은 행복의 원천이다. 행복은 나눌 수 있고 사람들에게 나누어줄수록 더 커져 나중에는 훨씬 커져서 되돌아온다고 했다. 또한 행복은 재산, 지위, 명성과는 비례하지 않는다. 가진 것이 아무것도 없는 때라 해도 우리는 "나는 행복해"라고 말할 수 있다고 했다. 이는 우리가 건강한 신체, 건강한 마음이 있기 때문이라고 했다. 박완서 작가의 글 '일상의 기적'에서 감사하지 못하는 사람에게는 기쁨이 없고, 기쁨이 없으면 결코 행복할 수 없다고 했다.

 이진우 교수는 '균형이라는 삶의 기술'에서 우리가 원하는 행복은 사람의 수만큼이나 다양하며, 행복한 삶을 산 사람은 좋은 성격을 드러내고 불행한 삶은 나쁜 성격으로 표현된다고 했다. 또한 그는 행복은 가장 좋고, 가장 고귀하고, 가장 즐거운 것이다. 그런데 행복은 오직 좋은 삶을 통해서만 실현되며 최선의 삶이 곧 행복이라고 했다.

미지의 앞날을 향한 기대와 불안

박사학위를 받고 그 다음날 죽어도 여한(餘恨)이 없다며 오직 박사학위 하나만을 목표로 삼고, 내 인생의 모든 것의 제1순위에 두었던 그 목표를 이루고 나니 행복했던 마음은 학위증을 받아 쥔 순간 뿐, 다시 미지의 앞날에 대해서 더 큰 기대와 더불어 불안이 동시에 내 마음을 흔들었다. 박사학위는 마지막 목표가 아니라 다음 단계로 출발하는 출발점에 불과하다는 생각에 이르니 다시 앞날의 인생설계를 두고 고심하게 되었다. 사실 박사학위를 받는 순간까지 법정 스님의 '오늘을 마지막인 듯 살고, 내일이 처음인 듯 살아라.'라는 말대로 촌음을 아끼며 여한 없이 보낸 시간들이었다. 그래서인지 내 인생을 되돌려 처음부터 다시 시작하고 싶은 생각은 추호도 없다. 되돌린다 한들 지금보다 더 잘할 수는 없을 것이다. 오늘까지의 나의 삶은 마음이 한결같으면 무엇이든지 이루어진다는 일념통천(一念通天)을 믿고 최선을 다한 결과로 생각한다. 누구나 절치부심(切齒腐心), 즉 이를 갈고 마음을 썩인다는 뜻으로 비장한 각오로 노력하면 반드시 목표를 성취할 수 있다.

3부

세상과의
아름다운 동행

제16장 ◆ 일리노이대학교에 부임하다

 지도교수가 호주로 안식년을 떠나기 때문에 1년간 그대로 남아 연구를 계속하기로 마음을 굳히고 있었다. 그러나 얼마 지나지않아 일리노이대학교의 Dr. M. P. Bryant 교수께서 같이 연구하자는 장거리 전화를 주셨다. 그분은 반추위 미생물 분야에서 세계 제1인자로 알려진 분이었다. 내 주위의 많은 분들이 매우 좋은 기회이니 꼭 가라고 권유하였고 나도 절호의 기회라고 생각하고 가겠다고 연락을 했다.

태극기를 향한 뜨거운 가슴과 경애

 그렇게도 소원이던 박사학위도 받았고 일리노이대학교로 부임하기 전인 1975년 여름, 잠시 한국을 방문했다. 새 직장에 정착하고 미국생활에 적응하기 위해서는 또다시 열과 성을 쏟아야 하기 때문에 앞으로 좀처럼 귀국의 기회가 없을 것으로 예상되었고 지금이 한국을 방문할 가장 여유가 있는 적기라고 생각되었다. 오랜만의 귀국이라 무척 바쁜 하루하루를 보냈다. 어느 날 오후 늦게 시청 앞을 지날 때였다. 어딘가에서 스피커를 통해 애국가가 들려오고 길을 가던 모든 사람들이 멈춰서서 오른손을 왼쪽 가슴에 대고 시청 앞에 게양된 태극기를 향해 경례를 하고 있었다. 때마침 태극기 하기식이 거행되고 있는 중이었다. 나도 그들과 같이 태극기를 향해 경례를 하며 태극기가 서서히 내려오는 모습을 지켜보며 가슴이 터질 것 같은 강열한 애국심을 느꼈다. 귀국 후에도 나는 국경일에는 반드시 태극기를 게양해 오고 있으며, 어디에서 태극기를 접하든 태극기를 향한 뜨거운 가슴과 경애(敬愛)의 마음을 숨길 수가 없다. 이것이 대한민국 국민이라면 모두가 가슴에 지니고 또 지켜야할 최소한의 도리라고 생각한다.

데이비스를 떠나며

데이비스(Davis)를 떠날 준비를 했다. 유홀(U-Hall)을 빌려 필요한 짐을 꼭꼭 채우고 내가 타고 다니던 올즈모빌 승용차 뒤에 연결시켰다. 소파도 실었다가 공간이 부족해 다시 내려놓고 필요로 하는 한국 학생에게 주었다. 성호 학교에 가서 인사를 하고 정들었던 사람들과도 작별인사를 하고 출발을 서둘렀다.

데이비스 시내를 지나 하이웨이 80으로 진입하여 동쪽을 향하여 달렸다. 하이웨이 80은 샌프란시스코에서 시작하여 뉴욕까지 미국의 동서를 관통하는 고속도로이다. 새크라멘토를 지나 시에라네바다 산맥을 넘어 네바다주와 유타주를 가로지르며 계속 동쪽으로 향했다. 하루종일 끝없이 달리는 차 뒷좌석에 앉아 있는 7살의 성호는 지루해서 몸살을 앓았다. 아내는 임신중이였다. 옆자리에 앉아 계속 오징어 다리를 내입에 넣어주며 행여 졸음에 시달리며 힘들어할까 염려되어 조바심을 했다. 잠시 쉬는 시간은 주유소에서 기름을 넣을 때뿐이었다. 날이 깜깜해지면 모텔을 찾았다. 아침 일찍 모텔에서 전기밥솥에 밥을 지어서 승용차에 실고서 다시 출발했다. 로키산맥을 넘을 때는 간밤에 차에 치어 죽은 토끼며 들짐승들이 도로위에 수없이 눈에 띄었다. 여유를 갖고 쉬다 가도 좋으련만 나의 성격대로 오직 목적지만을 생각하고 달렸다. 언젠가 다시 이 길을 달리며 관광도 하면서 여유 있는 시간을 가질 때가 있으리라 예상했었다. 그러나 그런 날은 지금까지 오지 않았고 앞으로도 오지 않을 것이다.

와이오밍주, 아이오와주를 지나 출발한지 5일째 오후에야 목적지인 일리노이대학교가 있는 어버너-샴페인에 도착했다. 데이비스보다도 꽤 큰 도시였다. 모텔을 정하고 이곳 대학교 식품학과 교수로 있는 대학 동기동창, 조병희 박사에게 전화를 했다. 그들 부부는 캐나다 구엘프대학교에서 석사학위를 취득하고 이곳 대학으로 박사학위 과정을 위해 온 분들로 반가워 부부가 이내 달려왔다. 같이 저녁을 먹으며 그간의 소식들을 주고받았다. 그가 주선해 주어 대학 아파트에 입주할 수 있어 너무나 다행이었다. 아파트에는 바퀴벌레가 너무나 많았다. 한밤중에 불을 켜면 수십 마리의 바퀴벌레가 쏜살같이 도망갔다. 그런데도 관리사무소에서는 구충약을 뿌리지 않았고 입주자도 바퀴벌레와 동거자처럼 같이 살았다. 우리식구도 처음에는 견디기 불편했으나 시간이 지날수록 적응이 되어 갔다. 오히려 바퀴벌레들이 우리의 발에 밟혀 죽을까봐 조심을 했다.

이튼 날 대학을 방문하여 Bryant 교수를 만나 인사하고 계약문서에 서명하였다. 연구실은 미국인 박사 후 과정 연구원과 같이 사용하기로 하고 지금부터 수행할 연구프로젝트에 대해 논의하였다. 주요연구 내용은 가축폐기물을 활용한 메탄가스 생산에 관한 연구였으며 앞으로 관심분야의 학과목도 청강하면서 알찬 연구생활을 할 계획을 세워나 갔다.

일요일에는 한인교회에 나갔다. 낯선 이국땅에서 뿌리를 내리고 안정적인 생활을 해가는 한국교포들의 모습들이 대견하게 느껴졌다. 나 자신도 학생신분에서 벗어나 사회일원으로 돌아와 미국사회에서 어쩌면 영구히 뿌리를 내려야 할지도 모른다는 생각에서 그들의 모습들을 눈여겨 살펴보며 그들과 친숙하게 어울리려고 노력하였다.

아내의 두번째 출산

아내는 출산일을 대비하기 위해 다시 산부인과 의사를 지정해야만 되었다. 친구 부인이 간호사로 일하는 병원의 의사를 소개해 주었다. 그녀는 토론토에서 성호가 태어날 때도 의사를 소개해 주었던 그 간호사였던 조병희 교수의 부인이었다. 남편이 이곳 대학으로 유학 올 때 같이 와서 이곳 병원에서 근무하고 있었다.

한 겨울에는 눈이 많이 내렸다. 평소에는 내 승용차로 출퇴근했으나 눈이 많이 올 때는 학교버스를 이용하였다. 주말에는 성호와 같이 앞마당에서 눈사람도 만들고 눈싸움도 하며 같이 즐거운 시간을 보내려 노력했다. 학생신분을 벗어나니 심적으로라도 다소의 시간적 여유가 생긴 때문일 것이다.

병원에서 연락이 왔다. "당신 부인이 해산할 때가 가까워왔으니 병원에 와서 교육을 받아야 한다"는 내용이었다. 지정된 날짜에 병원엘 갔더니 간호사가 교육을 했다. 아기용 우유병 세척방법에서부터 어떻게 아기를 안고 우유를 먹여야 하는지까지 자세히 교육을 시켰다. 드디어 아내에게 진통이 오기 시작했다. 병원에 전화를 했더니 진통이 오는 시간을 관찰하여 10분 간격으로 오면 즉시 병원으로 오라고 했다. 저녁 10시경 병원으로 가서 분만 대기실에 입원했다. 아내는 내게 집에 가서 쉬라고 계속 요구했다. 사실은 병원에서 밤을 새며 같이 있을 계획이었다. 못이기는 척 집으로 와서 잠이 들었다. 한밤이 조금 지나서 전화벨이 울렸다. 아내의 밝는 목소리가 들려왔다. 딸을 낳았다고 했다. 그날이 1976년 1월 7일 이었다. 날이 밝자마자 병원으로 달려갔다. 아내는 병원에서 주는 아침을 먹는 중이었다. 옆 침대에도 한국 여성이 출산을 하고 누워 있었는데 조금 지나서 그녀의 남편이 미역국을 끓여 가지고 왔다. 아내가 나중에 내게 말하기를 "미역국을 끓여가지고 온 그 남편이 천사 같이 보였다"고 했다. 그리고 병원에서 주는 식사로는 너무나 배가 고팠다고 했다. 그러나 나에겐 어떤 원망도 하지 않은 아내였다. 아침신문에 출산기사가 보도되었고 분유회사에서 분유를 선물로 보내왔다.

다음날 병원에서 나에게 병원으로 오라고 연락이 왔다. 아내와 같이 병원식당에서 맛있는 식사를 제공받고 이어서 산모실로 데려가더니 아기를 데려와서 배운 대로 젖을 먹여보라고 아기를 안겨 주었다. 딸 이름을 영어로는 진(Jean)으로, 그리고 한국 이름은 진희(Jean Hee)로 부르기로 등록을 했다. 그러나 귀국 후 호적에 올릴 때 진희라는 이름이 어떤 한자를 선택해도 좋지 않다고 해서 신희(信希)로 바꾸어 호적에 올렸다. 다행이도 신희는 좋은 이름이라고 했다. 사람의 마음은 간사하다고나 할까. 주위에서 안 좋다고 하니까 사용할 마음이 사라져 버렸다. 어찌 보면 귀한 딸인데 당연한 것이 아니겠는가.

중앙대학교 농과대학으로의 초빙

한국에서 속달 항공우편이 배달되었다. 편지를 뜯어보니 중앙대학교 농과대학 문병집 학장님 명의의 편지로 교수로 초빙하겠다는 내용이었다. 답신을 못하고 망설이고 있는데 전보가 다시 왔다. 이제는 가부의 결론을 내려야 한다고 생각되었다. 우선 3가지 문제가 마음에 걸렸다. 첫째는 이곳에서 듣는 한국의 시국이 몹시 불안하다는 여론이었다. 그러나 이것은 나에게는 문제가 되지 않았다. 둘째는 본 대학에 3년 계약으로 왔는데 이제 몇 개월 되지 않았을 뿐 아니라 그동안 학생 장학금으로 생활하다가 이제야 생활의 여유가 생기는 단계이고, 셋째는 딸 신희가 태어나서 1개월도 되지 않은 시기였다. 그리고 또 중요한 요인은 한국에 가서 정착할 여유 자금도 비축되어 있지 않았다.

그러나 나를 초빙해준 고마운 배려를 그냥 묵과할 수 없어 일단 귀국해서 만나보기로 결심하고 나 혼자만 왕복 비행기표를 구입하여 1976년 2월 7일 귀국 비행기에 올랐다. 신희가 태어난 지 꼭 1개월 밖에 되지 않아 일주일 있다가 돌아온다고 약속을 했다. 나는 결국 돌아간다는 약속을 지키지 않았고 교수직을 수락하고 한국에 정착했다. 아내와 아무런 상의도 없이 결정한데 대해 큰 죄를 짓는 마음이었다.

물론 교수직을 수락하기까지는 여러 가지 우여곡절이 있었다. 수십 번을 되돌아가야겠다고 생각하기도 했다. 가장 큰 요인은 내가 근무할 학과 학과장의 반대였고 그것이 내 자존심을 몹시 불편하게 만들었다. 그들 나름대로 초빙할 대상이 있었고 그와 나를 비교하는 것조차 나는 언짢았다. 그러나 한편으로 나를 적극 밀어주신 문병집 학장님과 몇 젊은 교수들, 그리고 언젠가는 한국으로 돌아올 계획이라면 지금 귀국하는 것이 좋은 시기라는 생각이 들었다. 그렇지 않으면 언젠가는 또다시 귀국여부를 놓고 치열한 고민을 할 때가 있으리라고 예상이 되기도 했다. 미국에서 영구히 살고 싶다는 생각은 추호도 하지 않았다.

일리노이대학교의 Bryant 박사는 세계적으로 명성이 높은 학자이고 그와 같이 연구를 수행하는 것은 나에게는 대단한 기회이고 행운이었다. 앞으로도 국제무대에서 자주 만나야할 그분에게 약속을 지키지 못한 죄스러움에 양해를 구하고 충분히 이해할 수 있도록 설득하는 일이 급선무로 남아있었다.

제17장 ◆ 중앙대학교 교수가 되다.

1976년 3월 1일 부로 중앙대학교 교수직 임명장을 받았다. 내가 중앙대학교와 인연을 갖게 된 것은, 중앙대학교 학부출신으로 캐나다 구엘프대학교의 농경제학과에서 나와 같은 시기에 석사학위를 받고 미국에서 박사학위를 취득한 후 귀국하여 중앙대학교 교수로 재직 중인 최재선 교수의 추천과 당시 농과대학 학장이시고 후에 총장을 역임하신 문병집 박사님의 적극적인 지원으로 이루어졌다. 그리고 가족을 미국에 둔 나를 이곳에 정착할 수 있도록 음으로 양으로 정신적 도움을 주신 윤광로 교수님, 오조환 교수님, 김창근 교수님 등 몇 분의 젊은 교수들께도 감사를 드린다. 그분들은 나와 가까이 지내면서 심적으로 큰 힘을 보태주어 언제나 고마움을 잊지 않고 가슴에 담고 있다.

아내의 편지

임명장을 받는 즉시 일리노이대학교에 사직서를 보내고 아내에게도 편지를 보냈다. 아내가 긴 편지를 보내왔다. 나의 오랜 소원이 이루어진 축하와 더불어 나에 대한 실망과 원망에 대한 것이었다. 우리에게 찾아온 오랜만의 행복이 다시 원점으로 되돌아간 기분이라고 했다. 학생신분으로 장학금에 의지하여 어렵게 살아오다 박사학위를 받고 이제 새 직장에서 안정을 눈앞에 둔 시점에서 귀국하게 된, 가난뱅이 빈

털털이로 시작하는 처지가 안타깝다는 하소연이었다. 한국을 떠날 때도 빈손으로 떠난 내가 다시 빈손으로 돌아와 새 삶을 시작한다는 것이 말처럼 쉬운 일은 아니었다. 박사과정 학생일 때 지도교수 사모님이 아내에게 "박사학위를 받으면 하늘에서 황금구슬이 떨어질 것 같이 기대에 부풀지만 학위 받은 후가 더 힘들고 고달프다"고 했다는 말이 생각났다. 귀국을 결정한 것은 이제 돌이킬 수 없는 결정이었고 실망을 안겨준 아내에게는 물론 나 자신을 위해서도 오늘의 결정을 후회하지 않도록 최선을 다하는 것이 나에게 주어진 엄숙한 사명임을 재확인했다. 지금까지 나는 모든 것을 내 위주로 결정하고 내 위주로 살아왔다. 이러한 나의 결정에 항상 불만 없이 따라준 아내에게 감사드린다. 그러나 이번 결정은 너무나 지나친 혼자만의 결정임을 자책하고 있다. 그러나 모든 어려움을 잘 극복하고 나의 보람찬 모습을 찾아가면 아내도 박수를 쳐주리라 믿는다.

내가 사용할 연구실과 실험실을 둘러보았다. 캠퍼스 맨 앞 동 약학대학 4층 건물의 3층 중간으로 왼쪽에는 약학대학, 오른쪽에는 물리학과가 사용하고 있었다. 실험실에는 비커 하나 없이 텅 비어있었다. 눈앞이 캄캄해졌다. 전쟁터의 병사가 총알이 없는 총을 지급받은 기분이었다. 온갖 값비싼 실험장비와 연구원들로 북적이던 미국에서의 실험실을 떠올리며 이 황당한 운명은 내 스스로가 선택한 것이기에 심호흡을 크게 하면서 실망의 늪에서 벗어나는 길을 찾아야 한다고 다짐했다. 내가 살아남을 수 있는 길은 텅 빈 실험실을 실험기구들로 채워서 연구실적을 내는 길 밖에는 없었다.

연구자의 길과 교육자로서의 스승의 길

 개학이 되니 여러 생각들이 머리를 어지럽게 했다. 미국에서 최종학위를 받고 대학교수가 되었으니 나의 꿈이 성취되었다는 기쁨과 교수는 연구능력을 인정받아야 하는 연구자의 길과 교육자로서의 스승의 길, 두 길을 동시에 충족시켜야 하는 어려운 길이라는 생각에 나 자신을 되돌아보게 되었다. 지금까지 학문연마와 연구에만 매달려온 내가 연구자로서의 능력은 있을지언정 대학생들에게 귀감이 되는 스승으로서의 자질을 과연 갖추고 있는지를 꼼꼼히 생각해보며 부족한 점이 있다면 이를 채울 수 있는 방안을 찾으리라 마음먹었다. 스승이 되기는 쉽지만 스승의 구실을 다하는 것은 무척 어려운 일이라는 것을 새삼 깨달으며 최선을 다하고자 결심했다. 좋은 스승은 지식을 넣어주려고 하기 전에 학생들의 마음의 밭을 먼저 갈아주어야 한다. 이는 농부가 좋은 씨를 뿌리기 이전에 밭을 갈고 거름을 깔아 비옥하게 하는 것과 같다. 스승이라는 그 이름에 부끄럽지 않도록 인간다운 품위와 인격, 도덕성 그리고 자격과 실력을 갖추도록 노력하리라 마음먹었다. 나의 부족함을 깨닫는 그자체가 나의 부족함을 채우겠다는 마음의 자세일 것으로 위안을 삼고 강의 준비에 들어갔다.

 우선 강의계획표(시라버스)를 구체적으로 작성하였으며 여기에는 강의 개요, 강의내용, 강의요령, 시험과 채점요령, 학점의 기준, 참고서적 등을 일목요연하게 작성하여 인쇄 후 모든 학생들에게 배포하고 첫 시간에 상세하게 설명하였다. 미국에서 공부할 그 당시에 내가 체험한 장점들을 상기하며 가장 훌륭했던 장점들을 모방하고자 노력했다. 이때는 어느 누구도 시라버스를 배포하는 교수가 없었던 때였다. 강의는 자신이 있었다. 그동안 학점이수를 위해 수많은 교수들로부터 강의를 받아 왔기 때문에 그들의 강의 장점을 활용하여 강의하면 되었다. 특히 강의 전에 철저히 준비하고 강의 시에는 백묵 두 자루만 들고 한 시간 내내 막힘없이 흑판에 영어로만 기록하고 설명하였다. 이처럼 완벽한 준비와 이해 그리고 자신감 넘치는 강의로 학생들의 관심을 집중시킬 수 있었다. 강의시간은 1분도 어기지 않았고 강의 끝나는 시간 역시 정확하게 지켰다. 그리고 휴강이란 있을 수 없는 일이었다. 중간고사를 치른 후 첫 시간에는 시험문제에 대해 충분히 이해할 수 있도록 해답을 설명해 주었다. 채점 후에는 시험지를 되돌려주어 스스로가 받은 점수에 대한 신뢰감을 갖도록 하였고 채점에 대해 이해가 안 되는 것이 있을 때에는 하시라도 이의를 제기하도록 하고 잘못 채점이 있을 시는 정정해주었다. 학기말 시험지는 보관하는 것이 학교의 방침이었다. 그러나 채점 후 시험지는 언제든지 열람을 허용하여 그들이 받은 점수에 대해 추호의 의심이나 불공정함을 느끼지 않도록 하였다. 많은 학생들이 스스로가 얼마나 열심히 공부했는가에 대해서는 반성하지 않고 받은 점수에 대한 불만만을 내세움으로 공정한 점수관리가 어느 대학이고 간에 매우 중요한 요인 중의 하나였다.

한학기가 끝나는 마지막 시간에 강의평가를 받았다. 당시에는 제자인 학생들이 스승을 평가한다는 것은 도저히 받아들일 수 없다는 것이 모든 교수들의 분위기였다. 나의 강의 평가에 대해서 잘한 것은 거론하지 말고 잘못한 것 또는 개선했으면 하는 것만 기술하도록 무기명으로 실시하였으나 거의 모두가 지나칠 정도로 높은 평가를 해 주었다. 출석은 한 번도 부른 적이 없었다. 사리 판단할 수 있는 연령인 대학생에게 출석으로 수강을 체크한다는 자체가 나에겐 용납할 수 없었다. 그러나 워낙 성적을 철저히 관리하고 학점관리를 엄하게 하였기 때문에 출석률은 매우 좋았다. 졸업하고 수년이 지난 설날 어느 졸업생이 세배를 왔었다. 내가 학점을 주지 않아 졸업을 못하고 학교를 2년 더 다녔다며 그 때문에 사람이 되었다고 오히려 내게 고마움을 표시하였다. 전공필수과목은 학점을 따지 못하면 졸업이 불가했었다.

미국에서 발송한 책이 도착했다고 신촌에 있는 국제우체국에서 연락이 왔다. 같은 날 발송한 책 보따리가 동시에 배송되지 않고 띄엄띄엄 도착해서 며칠을 두고 왔다 갔다 해야만 했다. 유학생의 귀국 책 인줄 알면서도 웃음을 잃은 무뚝뚝한 직원이 책의 목록을 작성해서 제출해야 반출이 가능하다고 했다. 행여 불온서적이 반입될까 점검하는 차원이라고 했다. 그들이 해야 할일을 귀찮으니 내게 시킨 것이 아닌가 생각되니 괘씸하다는 생각이 들었다. 더구나 책을 포장한 박스가 찢어지고 노트들이 엉망이 된 것들이 태반이었다. 울화통이 터져 분풀이라도 하고 싶은 심정이었다. 그러다간 오히려 시간을 지연시키는 것이 아닐까 염려되어 꾹 참고 연구실로 책들을 옮겨왔다. 연구실의 책장이 책들로 꽉 채워지니 마음이 부자가 된 기분이었다.

귀국 후 최초로 개최되는 학회에 참석했다. 발표 논문 초록을 이미 제출했었다. 매년 개최되는 학회에 반드시 참석하여 논문을 발표하리라 결심하였고 실제로 그 결심을 지켜왔다. 내가 논문을 발표하는 그날 나의 발표장에는 사람들로 가득 차 있었다. 발표를 끝내고 내려오는데 여러 사람들이 좋은 발표를 해주어 고맙다는 인사를 전해주셨다. 꽤 시간이 지난 후 모교 은사님 한분께서 "발표는 참 잘했는데 조금 건방져 보이니 유념하라"는 충고를 해주셨다. 나는 전혀 의식하지 못한 이외의 충고라 당황하면서도 지나친 자신감이 이런 인상을 주지 않았나 생각하며 조심해야겠다고 다짐했다. 어느 대학에서 특강을 부탁받고 대학원생과 교수님이 참석한 가운데 발표를 한 적이 있었다. 발표가 끝나니 초청해 주신 교수님이 "이제 한국에서도 이런 질 높은 강의를 들을 수 있다"하시며 격려해 주셨다. 그러나 세월이 지난 후 당시 특강을 들은 대학원생으로 부터 들은 이야기로는 특강에 참석한 교수들로부터 나에 대한 비판이 많았다고 했다. 이유인즉 원로교수님이 참석하셨는데도 왼손을 주머니에 넣고 발표한 나의 태도가 불손하고 건방지다는 것이었다. 나는 오랜 외국생활과 비교적 자유분방한 캘리포니아주의 대학분위기에 젖어있었던 탓인지 이를 전혀 의식하지 못했던 것이었으나 차후로 이런 지적을 받지 않도록 조심했다. 그러나 강의내용에 대한 평가로 사람을 판단하는 것이 아니라 태도 하나만으로 그 사람의 모든 것이 평가되는 현실은 우리 모두가 반성해 볼 필요가 있다. 외국의 수많은 학회에 참석해 보지만, 어떠한 모임일지라도 발표내용에 대해서는 많은 견해를 주고받지만 발표자의 태도에 대해서는 사적인 모임에서도 언급하는 사람은 한사람도 본적이 없었다. 그러나 여기는 한국이라는 사실, 그리고 당시에는 외국 특히 미국에서 공부한 학자가 많지 않았기 때문에 더더욱 언행에 조심해야 한다는 경각심을 자각하지 못한 내 자신을 나무랐다.

첫 선을 보인 나의 발표는 대성공이었다. 이를 반증하듯 각종 세미나의 연사로 초청받는 빈도가 많았다. 나는 그때마다 준비와 발표에 최선을 다했다. 이로 인해 더 잦은 세미나 및 특강의 연사초청과 원고청탁이 줄을 이었다. 한 번도 거절하지 않고 밤을 새워서라도 완벽하게 준비했고 많은 참고자료의 수집과 인용으로 청중들에게 깊은 인상을 남기도록 노력했다.

가족이 귀국하다

아내가 드디어 귀국했다. 성호가 미국에서 초등학교 2년을 마쳤기 때문에 한국에서는 3학년에 입학시켰다. 미국은 9월에 학기가 시작되고 한국은 3월에 학기가 시작되므로 6개월의 차이가 있었다. 성호가 이곳 사정에 익숙하지 않기 때문에 큰길을 건너지 않도록 초등학교 인근에 집을 구했다. 미국에서부터 갖가지 지혜를 동원해서 성호에게 한국말과 한글을 가르치려 노력했으나 여전히 성호는 한국말이 서툴렀다. 다행이도 담임선생님께서 앞자리에 앉혀서 잘 보살펴 주겠다고 약속을 해주어 고맙게 생각했다. 그러나 내가 서툴고 경험이 없어 인사를 해야 한다는 담임선생의 요구를 오해한 탓으로 성호를 맨 뒤 창문가로 자리를 옮겨 그 해 겨울에 발가락에 동상이 걸려 오랜 동안 고생을 했다.

어느 여름날 일요일 저녁식사 후 식구들이 다 같이 성호가 다니는 초등학교 운동장엘 산보를 갔다. 정문은 커다란 철문이 잠겨있었으나 마침 샛문이 열려있어 들어갔더니 수위가 달려와서 호통을 치며 왜 남의 학교 운동장에 함부로 들어오느냐는 것이었다. 어처구니가 없어 아무 말 않고 물러났으나 마음속에는 커다란 불덩어리가 휘겼고 있었다. 학교의 규정상 외부인의 출입이 허용되지 않는다고 친절히 설명을 해 주어도 이해가 어려울 입장인데 마치 기물을 훔치려온 도둑놈을 내모는 것 같은 언행은 납득할 수가 없었다. 선진국가 사람들처럼 어떠한 경우에도 상냥한 언사를 주고받을 수 있는 문화를 우리는 언제쯤 정착시킬 수 있을 것인지 마음이 무거웠다.

미국에서 붙인 이삿짐이 인천항구에 도착했다고 연락이 왔다. 짐을 찾는데 인천까지 며칠을 왔다 갔다 해야만 했다. 당시 인천 항구를 통해 호화가구 반입사건이 세상을 떠들썩하게 했던 직후였다. 가난한 유학생의 초라한 이삿짐이 무에 그리 대단하다고 하나하나 뒤지며 까다롭게 굴던 세관원들이었다. 돈 많은 누구 봐주다가 뺨 맞고 불쌍한 유학생에게 분풀이 하는 꼴이었다. 세 식구 비행기표도 간신히 마련해 귀국한 내가 값비싼 물건들을 구입했을 리도 없고 유학생활에 손때 묻은 물건들을 버리기엔 아까워 가지고 왔던 것들이었다. 짐을 뒤지던 세관원들의 표정도 점점 실망한 듯 허술해지더니 "이것은 아기 장난감이죠?"하고 한마디 한 것이 전부였다. 세관원들은 그들이 기대했던 값비싼 물건이 없어 세금을 부과하지 못한 실망감에서 오는 허탈감의 표현처럼 느껴졌다. 아니면 유학 갔던 부잣집 아들의 귀국 이삿짐에는 반드시 고가의 물건이 있으리라 기대하고 한건 올리겠다고 생각했는지도 모르겠다. 그 이후로 세관원들을 보는 나의 시선도 완전히 바뀌었다. 고운시선으로 볼 수 없도록 만든 것은 그들의 불친절과 오만한 태도였다.

부족한 환경 속 절실한 연구의욕과 연구실적에 대한 부담
일부 착실한 학부학생들이 나의 실험을 돕겠다며 자원을 했고 그들

중 일부는 졸업과 동시에 대학원에 진학하여 나의 지도를 받고 석·박사학위를 취득하였다. 또한 타 대학 출신도 나의 지도를 받기 위해 대학원에 입학했다. 다행이도 첫해부터 산학협동재단 연구비를 받게 되어 큰 도움이 되었다. 그러나 정상적인 실험을 수행하기에는 너무나 빈약한 실험실의 여건이었다. 미국에서의 잘 갖추어진 실험실이 눈앞에 어른거렸다. 그러나 실망만 하고 있기에는 너무나 절실한 연구의욕과 연구실적을 내야만 한다는 것이 나의 현실이었다.

소의 위액이 필요했다. 정상적이라면 소나 면양의 제1위에 피스튤라를 장착하여 채취하면 되지만 그러한 여건이 갖추어 있지 않았다. 생각 끝에 아이디어가 생각났다. 마장동 도살장에서 가져오기로 하고 대학원생을 보냈다. 그들에게는 처치곤란한 제1위액을 실험에 사용한다며 조그마한 보온병에 담아가겠다고 사정했으나 상부의 지시를 받아야 한다며 정문에서 부터 출입을 못하게 했다. 대학원생으로 부터 사정을 듣고 내가 직접 전화를 해서 여러분들은 버리는, 처치 곤란한 것이지만 대학에서 연구용으로 사용하기 위해서라며 사정을 했다. 꼬치꼬치 따져 묻더니 무언가 큰 인심이라도 쓰는 시늉을 내면서 가져가라고 했다. 뜨거운 물을 채워간 보온병에 물을 버리고 냄새나는 소의 위액을 담아왔다. 그 후로도 수시로 도살장에 가서 위액을 가져왔다. 그러나 출입할 때마다 담배 값을 집어주어야 수월했다. 연구실로 돌아올 때에는 위액 냄새가 옷에 배어 버스 승객들의 눈치를 살펴야 했다.

비교적 비싼 밸런스와 냉동원심분리기를 마련할 길이 없었다. 다행히도 같은 층에 있는 약학대학 교수님이 밸런스를 가지고 있었는데 문제는 실험실에 두고 사용하면 좋을 텐데 교수님 연구실에 두고 있었다. 염치불구하고 들어가 사용하였는데 행여 그 교수님께 지장을 초래할까봐 내심 염려가 되었으나 다른 도리가 없었다. 냉동원심분리기는 의과대학 실험실에 가서 사용하였다. 한번 사용하면 서너 시간 걸렸을 뿐만 아니라 자주 사용하게 되어 나의 전용물처럼 되었다. 그래서인지 전해들은 이야기로는 의과대학 교수회의에서 논란이 되었다고 했다. 일부 교수들은 "사용하게 해서는 안 된다" 또 다른 교수들은 "학교에 있는 기물이면 누구나 사용할 수 있는 것이다"라며 설전이 오갔다는 것이었다. 마음속으로는 내가 갖지 못한 실험기자재를 사용할 수 있다는 고마움도 컸지만 다른 한편으로는 갖추지 못한 서러움을 삼켜야 했다.

그런 어려운 시기에 나와 같이 주말도 없이 밤늦게까지 같이 일하던 대학원생들과 학부생들을 잊을 수가 없다. 때로는 통행금지 시간에 걸려 실험대위에서 같이 잠을 자기도 했고 밤늦게 퇴근을 할 때면 학교 정문에서 뒤돌아보며 모든 건물에 불빛이 사라진 것을 보며 "봐라, 우리가 가장 열심히 일하고 가장 늦게 퇴근하지 않느냐"며 흐뭇해하곤 했다. 때론 집에 가기 위해 버스 정류장으로 향하던 중 "야, 우리 모두 생맥주 1,000cc 씩 마시고 가자"며 맥주 집에 둘러 목을 축이며 더운 여름밤을 식히던 우리들이었다.

어느 날 주말 오후였다. 연구실에서 책을 보고 있노라니 옆 실험실에서 시료의 지방 정량실험을 하던 대학원생이 비명을 지르는 소리가 들렸다. 깜짝 놀라 실험실로 급히 들어갔더니 대학원생이 손에 화상을 입고 어찌할 줄 몰라하고 있었다. 즉시 싱크대의 수돗물에 손을 식히라고 일러주고 그가 하던 일을 내가 끝냈다. 가열판위에 설치한 지방추출장치에서 에테르를 회수하다가 일부가 가열판에 떨어져 불이 났고 손에 묻은 에테르에 불이 옮겨 붙어 일어난 화상이었다. 그러나 에테르는 급속히 휘발되기 때문에 경미한 화상을 입힐 뿐이었다. 작업을 끝내고 오늘은 이만 퇴원하자며 버스정류장으로 가던 중 그가 커피를 마시고 싶다고 해서 평소 잘 가던 다방에 들어갔다. 다방주인이 화상에는 소주에 담그고 있으면 금방 낫는다고 해서 근처 시장에서 1.8L의 소주 한 병을 사서 택시로 집에까지 데려다주고 집으로 돌아왔다. 월요일 출근을 했더니 그는 결석을 했고 하루도 빠지지 않고 열심히 실험을 하던 매우 성실한 대학원생이었기 때문에 나는 의아했다. 그의 동료 대학원생에게 전화를 해 보라고 했더니 집에 있다고했다. 그 다음 날도 결석을 했고 전해 듣는 이야기로는 학교를 그만 둔다고 했다. 3일째 되는 날 그는 학교에 나와서 짐을 챙기기 시작했다. 나는 아무 말도 하지 않았다. 짐을 다 챙기고 난 후 내게 와서 "학교를 그만 둔다"고 했다. 내가 "왜 학교를 그만 두는데?"하고 물었다. 그는 "사람보다 실험을 더 중요시하는 매정한 교수님 밑에서는 배울 것이 없다며 즉시 병원으로 데려갔어야 했다"고 했다. 그는 매우 성실하고 실험하는데 매우 꼼꼼하며 빈틈이 없는 대학원생이었다. 나는 그의 손을 보자고 했다. 피부가 약간 붉은 색을 띄었을 뿐 별 문제가 없었다. 나는 그에게 "봐라, 별 문제없지? 나는 오랜 경험으로 보아 일시적으로 따끔거릴지는 몰라도 우려할 만큼 화상을 입지 않는다는 것을 알고 있었다."고 했다. 그때야 화가 풀렸는지 잘못 생각했었다고 사과하며 본래의 모습으로 되돌아왔다. 그는 석사학위를 받은 후 독일에 유학하여 박사학위를 취득하고 현재 모 국립대학교 교수로 재직하고 있다.

쥐 사육장이 별도로 없는 나는 실험실의 한 모퉁이를 막아 쥐 대사실험을 하고 있었다. 어느 날 군인들이 학교정문을 가로막고 누구의 출입도 허용하지 않았다. 그날이 1979년 10월 26일, 박정희 대통령께서 서거하신 날이었다. 정문을 지키는 군인에게 실험용 쥐가 굶어 죽는다고 하소연하였으나 아무런 소용이 없었고 나와 대학원생들이 발을 동동 구르며 어찌할 바를 몰랐다. 공들인 실험을 망치는 것은 물론 쥐들이 굶어 죽는 사태가 벌어질 판이었다. 한 대학원생은 몰래 들어가 쥐 케이지를 자기 집에 옮겨 놓고 실험을 계속하겠다고 제안했고 또 다른 대학원생은 건물 뒤로 몰래 들어가 매일 제때 사료를 주고 나오겠다고 제안했다. 결국 사료급여 시간에 몰래 개구멍으로 들어가 사료를 주고 나왔다. 나는 행여 군인한테 붙잡혀 곤욕을 치를까 조마조마 했었다. 며칠이 지나자 교수들만의 출입이 허용되었다. 나는 대학원생을 데리고 들어가 실험을 차질 없이 수행할 수 있었다.

다행히도 해마다 연구비를 수혜할 수 있었고 성실하고 의욕적인 대학원생들의 도움으로 연구는 차질없이 수행할 수 있었다. 따라서 학회의 논문 발표와 학회지 논문 투고도 활발하게 이루어졌다. 연구실 실험장비도 상당 수준 갖추어졌고 이에는 대학당국의 도움과 지원도 큰 몫을 하였다.

재임 중 대학입시생들이 치르는 수능시험 출제를 위해 한 달간 출입금지 상태에서 많은 타 대학 교수들과 같이 분야별 출제를 하였고, 이탈리아의 토리노에 위치한 국제노동기구(ILO)에 3개월간 파견되어 세계 60여 개도국에서 파견된 사람들과 어울려 공부도 하고 토론도 하고 주말에는 단체로 관광도 다녔다. 이때 내가 지금 기억할 수 있는 파견 국가는 한국, 필리핀, 태국, 방글라데시, 스리랑카, 중국(북경대 교수), 아프리카의 수단 등 여러 나라와 중동의 리비아, 레바논, 쿠웨이트 등이었다.

무한히 고마웠던, 중앙대학교

1984년으로 접어든 겨울방학 때였다. 어느 날 건국대학교 축산대학 학장이신 최병규 교수님께서 만나자는 전화가 왔다. 그분이 제시한 대로 삼정호텔 커피숍으로 나갔다. 그 분은 이미 도착하여 나를 기다리고 계셨고 자리에 앉자마자 "중앙대학교에 근무한지 몇 년 되었느냐"며 물어보셨다. 나는 "이제 꼭 8년입니다"라고 대답했다. 그랬더니 "그 정도 봉사했으면 되었으니 이제 모교로 오라"고 하셨다. 너무나 갑작스러운 제안이라 대답을 못하고 생각해 보겠다고만 했다. 그는 몇 번이나 다짐하며 헤어졌다. 그로부터 며칠 후 갑자기 학생들이 내연구실로 몰려왔다. 겨울방학이라 이렇게 다수가 몰려오는 것은 이례적이었다. 학생대표가 내게로 와서 "교수님이 떠나가지 않는다는 약속을 해주십시오. 아니면 피켓을 들고 캠퍼스를 돌며 시위 하겠습니다"고 하였다. 그들이 만들어 온 피켓에는 '우수한 교수를 붙들어 주세요' 라는 글이 쓰여 있었다. 내가 대답을 못하고 이러면 안 된다고 하였더니 모두 밖으로 나가 캠퍼스를 돌며 시위를 시작했다. 깜짝 놀란 나는 바로 교수직 사표를 제출하고 미국으로 출장을 떠났다. 당시 시대상황으로 보아 시위를 하면 학생들이 다칠 수 있기 때문이었다. 한 달 후 귀국했더니 모교에는 교수직 발령이 나 있었고 중앙대학교에는 문병직 총장님을 위시한 여러분이 집으로 전화하셔서 모교로 가기 전에 꼭 대화하기를 원한다는 메시지를 남겨 놓았다. 그 후 마지막 인사차 중앙대학교를 방문하였더니 나와 가까웠던 교수들께서 모교로 가는 것이 아니면 적극 말리려 했다면서 "참으로 좋은 여운을 남기고 떠난다."며 아쉬움을 나타냈었다. 당시에 모교에서 나의 강의를 들은 여러 후배학생들이 직간접적으로 왜 실력 있는 교수님이 타 대학에 있느냐며 모교로 와야 한다는 이야기를 수시로 내게 전해 주었으나 내가 모교로 적을 옮긴다는 생각은 추호도 하지 않았었다.

중앙대학교는 나에게 무한히 고마운 대학이었다. 나에게 귀국을 결심하도록 기회를 주었고 교수로서 그리고 연구자로서 내 능력을 발휘하도록 지원을 아끼지 않았다. 만약 그때 귀국의 기회가 없었다면 미국에서 공부한 친구들처럼 미국에서 교수로서 평생을 지내며 가족 모두가 미국인으로 지금까지 살고 있으리라 생각된다. 나는 한국인으로 살고 있는 것이 무척 행복하다. 귀국초기의 재정적 어려움도 그리고 캐나다에서 태어나 한국에서 초등학교에 적응하느라 어려움을 겪던 아들 성호도, 미국에서 태어나 미국시민권을 포기한 딸 신희도 건강한 한국인으로서 살아가고 있음이 우리가족 모두의 보람이고 행복이다. 누가 뭐라 해도 나의 뿌리가 있는 내 조국에서 모든 가족이 자손만대 살아가는 것이 내가 으뜸으로 생각하는 값진 가치이다. 중앙대학교를 떠나면서도 내가 귀국할 수 있도록 기회를 마련해 주신 문병집 총장님께 두고두고 은혜를 잊지 않을 것이다.

제18장 ◆ 건국대학교 교수가 되다.

사람을 가장 아프게 무는 짐승은 사람

중앙대학교에 사표를 제출하고 미국 출장에서 돌아오니 모교인 건국
대학교 축산대학 사료학과 교수로 발령이 나 있었다(1984년 3월). 후
에 들은 이야기이지만 내가 모교로 오는 것을 방해하기 위해, 어떻게
보면 가장 가까운 친구이자 교수인 자의 음해공작이 있었고 그의 하수
인 역할을 한 후배 교수의 진솔한 고백을 듣고 나는 며칠 동안 잠을 이
룰 수 없을 정도로 충격을 받았다. 그가 나를 모교로 오지 못하도록 음
해한 것은 순전히 경쟁자로 생각하고 자격지심(自激之心)때문이었을
것이다. 자격지심도 일종의 열등감의 하나이다. 자신감 넘치는 사람은
자기보다 잘난 사람을 봐도 질투하지 않는다. 열등감에 똘똘 뭉친 사
람은 언제나 자기 자신을 부정하고 남을 질투한다고 스웨이는 그의 저
서 '인생은 지름길이 없다'에 기술하고 있다. 그런데도 내가 모교로 오
게 된 것은 최병규 축산대학 학장님과 후에도 나를 음으로 양으로 도
와주신 김삼봉 건국유업사장님(후에 법인 상무이사)의 적극적인 지원
이 있었기 때문에 가능했다.

  믿었던 친구의 예상 못한 모함에 말할 수 없이 마음이 아팠지만 나는
이 모든 것을 덮고 가슴에 깊이 묻어 두기로 결심하였다. 내가 잘되기
위해서는 남의 발전을 도와주어야 한다는데 현실에 눈이 어두운 사람

은 결국 미래를 보지 못하고 남을 쓰러뜨려야 자기가 올라간다는 그릇된 생각에 집착한다. 나보다 능력 있는 경쟁자는 나를 분발하게 하고 나를 앞으로 나아가게 하는 촉진제 역할을 한다는 사실을 눈앞의 이익만 생각하는 아둔한 머리로는 깨닫지 못하는 것이다. 이런 사람은 열등감과 질투, 시기심 등의 부정적 감정이 잠재의식 속에 숨어 있다가 경쟁자라고 생각되는 대상을 만났을 때 수면위로 나타나는 것이다. 사람을 가장 아프게 무는 짐승은 사람이라고 한다. 이는 몸이 아닌 마음을 직접 물기 때문이라는 것이다. 친구사이에 지켜야할 도리는 믿음에 있다는 붕우유신(朋友有信)은 우리가 자라면서 수십 번 수백 번 들으며 자란 삼강오륜(三綱五倫)의 하나이다. 이를 저버리는 것은 친구이기를 포기하는 것이다. 그러나 나는 참는 것으로 인하여 덕을 이룬다는 인지위덕(忍之爲德)을 마음에 새기며 나를 아프게 한 그의 행위를 잊을 뿐만 아니라, 남을 헐뜯거나 비웃지 않는다는 불구언소(不苟言笑)를 지키려 마음을 굳게 다짐했다.

나의 모교, 건국대학교에서 교수 생활을 시작하다

모교에 부임해서 첫 강의시간이었다. 조용히 앉아 있는 학생들 앞에서 강의를 시작하려는 순간 눈물이 쏟아지기 시작했다. 한 10분간 돌아서서 울고 나니 마음이 가라앉았다. 앞에 앉은 학생들을 보는 순간, 그렇게도 떠나지 말아 달라고 붙들며 간곡히 만류하던 전직 대학교의 정들었던 학생들의 모습이 눈앞에 어른거리며 눈물샘을 자극했기 때문이었다. 참으로 강하다고 생각했던 내 자신의 가슴이 미어지며 이렇게 눈물이 나오는 것에 대해 나 자신도 놀랐다.

나의 연구실은 2층 맨 끝의 실험실 안쪽에 있었다. 실험실에는 비커 하나 없이 텅 비어있었다. 8년 전 전직 대학교에 부임했을 당시 텅 빈 실험실을 보고 아연실색했던 그 때를 회상하며 두고 떠나 온 실험실을 이곳으로 옮겨올 수 없는 안타까움이 컸다. 마침 학부생인 조남기 · 김범석 등 몇 명이 실험실에 둥지를 틀고 나를 적극 도와주어 고맙고 위안이 되었다. 그리고 중앙대학교에서 박사과정에 적을 두었던 최일, 장문백 등이 건국대학교 대학원생으로 적을 옮겨 왔다. 부족한 여건 속에서도 실험을 계속하기 위해 최선을 다하였고 능력 있는 다수의 대학원생과 학부학생들의 참여와 도움이 큰 활력소가 되었다. 실험동물 사육실이 없는 처지이기 때문에 건물 옥상에 간이 비닐하우스를 설치하고 면양 4마리에 제1위 피스튤라(fistula)를 장착하고 사육하면서 대사실험을 실시하였다. 그리고 외부의 연구비와 대학당국의 지원으로 실험실은 만족할만한 수준으로 갖추어졌고 여기에 주말도 없이 대학원생들과 더불어 연구에 매달리는, 그 누구보다 부지런하고 열심인 실험실의 모습을 갖추어 갔다.

　연구에도 그 누구보다 최선을 다했지만 강의준비와 강의에도 심혈을 기울였다. 학기가 시작되는 첫 시간에 강의개요, 즉 시라버스를 나누어주고 한 학기동안 수업할 강의내용과 참고자료, 시험출제 경향 등을 상세히 설명하였다. 수업시작 5분전에 강의실에 반드시 들어가고 끝나는 종이 울려야 수업을 끝냈다. 어떠한 일이 있어도 휴강은 있을 수 없는 일이었다. 시험지는 채점 후 반드시 공개하고 이의가 있을 때는 면담하여 학생이 납득할 수 있도록 설명을 하여 학점에 대해 불만이 없도록 하였다. 당시에 이러한 배려는 국내의 어느 대학에서도 거의 찾아볼 수 없는 획기적인 일로 받아들여졌다.

당시 우리나라에서는 대학마다 학생들의 시국관련 시위 때문에 몸 살을 앓고 있었다. 시위 진압 경찰들이 쏜 최루탄 가스가 캠퍼스를 뒤 덮었고 창문을 꼭 닫고 있어도 문틈으로 스며든 최루가스 때문에 몹시 고통스러웠다. 대학 건물마다 각종 유인물과 현수막이 어지럽게 붙어 있어서 공부하는 대학교의 면학분위기를 느낄 수 없었다. 그러나 나의 강의를 듣는 학생들의 진지하고 열심히 공부하는 모습들이 고마웠고 나를 더욱 분발하게 만들었다.

건국대학교에서의 행적

나는 그동안 건국대학교 해외섭외위원회위원(1984년), 농축개발대학 원 자원생산학과 학과장(1985년), 건국대학교 신문사 논설위원(1986 년), 건국대학교 교원인사위원회 위원(1988년), 건국대학교 상허사상 헌양회 부회장(1988년), 동물자원연구센터 영양사료부 연구부장(1990 년) 등의 일을 맡아 소임을 다 하였다.

축산대학 사료학과 학과장직을 맡으면서(1985년), 사료학과라는 명 칭이 대학을 선택하는 고3 학생들에게 생소한 느낌을 주어 우수학생 이 학과를 지원하는데 부정적 영향을 미칠 것이라는 생각이 들었다. 따라서 학과 명칭을 사료영양학과로 개명을 추진하였으며 다소의 반 대가 있었으나 결국 관철하였다. 이 과정에서도 김삼봉 건국유업사장 님께서 큰 도움을 주셨다.

1988년 핀란드 헬싱키에서 개최된 세계축산학회에 참석하여 논문 을 발표하고 참석자 일행과 동행한 가족들과 같이 코펜하겐, 스위스티틸리스, 파리, 런던, 이탈리아의 베니스, 피렌체, 로마, 폼페이, 까타콤 등지를 아내와 같이 유럽을 여행한 것은 매우 좋은 기억으로 남아 있다. 1993년 8월에는 우리대학과 자매대학인 미국 프레스노에 위치한 캘리포니아주립대학과의 공동 학술대회에 모교교수 11명을 인솔하고 참가하여 논문발표를 하였으며, 당시 대만국립대학 교수들도 참가하여 3국의 학자들이 뜻깊은 학술모임이 되었고, 앞으로도 3국의 대학이 지속적으로 학술대회를 개최할 것을 합의하였다. 1995년 9월에 프랑스 Clemont-Ferrad에서 개최된 제4차 초식동물영양 국제심포지엄에는 박호성 박사와 몇 명의 제자들이 같이 참석하였고, 캐나다 알버타대학 교수인 Dr. Milligan 교수와 공동으로 논문을 발표하였다. 이어서 박호성 박사의 주선으로 제자 4명이 연구원으로 연구 중인 영국의 IGER(초지환경 연구소)를 방문하였으며, 때마침 옥스포드대학에서 박사과정을 이수하고 있는 민우기 군이 동참하여 매우 뜻있는 모임이 되었고 연구소의 훌륭한 시설과 연구결과 및 앞으로의 연구방향에 대한 뜻깊은 대화를 주고받았다. 이외에도 일본 교토에서의 반추동물 심포지움, 미국 프로리다에서 개최되는 미국 축산학회, 대만 타이페이와 태국의 방콕에서 개최되는 아세아 태평양 축산학회, 이탈리아와의 공동연구 결과 발표회 등의 국제행사에 제자들과 동행하여 제자들의 견문과 국제 감각을 높이려 노력했다.

나는 1991년 한국 영양사료학회 회장으로 피선되었고, 서울대 하종규 교수와 협의하여 1996년 8월 31일 최일 상지대 교수의 주선으로 원주의 상지대학교에서 한국반추위미생물 연구회 창립총회를 개최하고 나는 초대회장으로 추대되었으며 학술대회에 이어 다음날 모든 창립회원이 치악산 정상까지 등산을 하면서 학회를 잘 이끌어 갈 마음의 다짐을 가졌다. 이후로 본연구회는 일본 그리고 중국의 학자들도 동참하여 3국학자들이 공동 학술발표회를 개최하고 있다.

대학에도 직선제 총장선출의 바람이 불었다. 학생회관 대강당에 전체교수가 모인 자리에서 자신이 가장 선호하는 총장후보를 무기명 투표를 하여 다수득점자 1,2,3위를 결정하고 다시 이들 3분을 대상으로 최종 무기명 비밀 투표를 실시한 결과 최초의 직선제 총장으로 법학과 김용한 교수가 선임 되었다.

김용한 총장이 선임된 1년 후 총장으로부터 전화가 왔다. 총장실로 와서 면담하자는 것이었다. 나는 의아해하며 총장실로 갔다. 차를 한 잔 권하며 축산대학 학장직을 맡아 달라는 것이었다. 나는 자격도 부족하고 아직은 연구에 치중하고 싶다며 거절의 뜻을 전했다. 총장께서는 "여러 교수들을 검토해 보았는데 나만한 사람이 없다며 거듭 맡아 달라"며 부탁하셨다. 사실 나는 보직을 맡는다는 것은 추호도 생각해 본적이 없으나 결국 학장직을 맡기로 결정하고 연구실로 돌아왔다.

축산대학 학장을 역임하며

학장 임명장을 받은 날(1990.3)부터 나는 매일 아침 7시에 학장실에 도착했다. 축산대학 교수들 누구보다 제일 먼저 출근해야 한다는 의무감에서였다. 학교에 도착하자마자 주차장 관리부터 시작했다. 외부 사람들이 학교 주차장에 차를 주차해 놓고 전철을 타고 가기 때문에 조금 늦게 출근하는 교수들의 주차공간이 없어 어려움을 겪었다. 이러한 주차의 어려움이 있는데도 그동안 학장은 물론 어느 누구도 관심조차 없었다. 내가 학장직을 맡고부터 주차장에 들어오는 외부차량은 일체 주차를 불허하니 주차공간이 여유가 있었다. 다음으로 커피 물을 끓이고 커피 잔에 일정 양의 커피와 설탕을 넣어두고 출근하는 교수님들을 기다렸다 오시는 순서대로 물을 부어 커피 대접을 했다. 아침 8시가 되면 어김없이 제일 먼저 오세정 교수님이 학장실에 오셨고 커피를 마시며 이런저런 이야길 나누시다 연구실로 가셨다. 이어서 여러 교수님들이 오셔서 커피 한잔 하시고 연구실로 가셨다. 그래서 나는 학장실을 학장 다방이라고 이름 지었다. 누구나 스스럼없이 드나들며 차 마시며 대화하자는 의미에서였다. 그리고 9시 출근시간이 되면 여직원 급사가 출근하여 커피를 내 왔다.

1990년 8월 4일부터 16일까지 유승윤 이사장, 김용한 총장, 교수, 직원 포함 19명이 중국을 방문했다. 당시 중국과는 수교가 되기 전이었다. 여권에도 공식 중국비자도 없었고 여권에 출입국 스탬프를 찍지 않고 별도 용지에 표기해주어 중국여행 후 출국할 때에 제거하여 공식 방문 흔적을 없앴다. 북경에서 자금성, 천안문 광장, 만리장성을 구경하고 북경대학을 방문했다. 국내선 비행기를 타고 장춘에 도착하여 장춘박물관과 길림대학을 방문하고 다음날 연길시로 가서 연변대학과 연변농학원을 방문하였다. 이어서 용정시내, 두만강을 둘러보았다. 두만강에 이르러서는 강 건너 북한 땅을 바라보며 지척인 거리가 천만리가 되듯 멀리 느껴졌다. 모처럼 백두산 정상에 올랐으나 짙은 안개가 시야를 막아 아무것도 볼 수가 없었다. 나는 백두산 정상에서 내 주먹 크기의 가벼운 화산돌 하나를 가지고 하산했다. 기차 편으로 목단강

시에 도착하여 경박호와 발해 유적지를 관광하였다. 하얼빈에서는 안중근 의사의 목숨을 바친 애국심에 숙연한 마음으로 존경심을 표했고, 조선족병원을 방문했다. 항주에서 서호를 관광하고 상하이에 도착했다. 마침 8.15날이라 상해 임시정부 사무실을 방문하여 당시에 독립을 위해 애쓰신 분들께 감사와 존경심을 담아 묵념을 올렸다. 그리고 사무실을 잘 관리하고 있는 중국인에게 금일봉을 전하며 감사를 표시했다. 귀국할 때에 백두산 화산 돌과 두만강에서 조그만 조약돌 하나를 기념품으로 가져왔다. 이번 중국여행은 학교 법인에서 모든 비용과 여행 계획을 준비한 것이며 좀처럼 갈 수 없는 중국 방문에 나를 포함시켜 주신 유승윤 이사장님께 깊은 감사를 드린다.

1991년 8월 3일부터 21일 까지 또다시 UN의 UNDP 전문가로 중국에 갈 기회가 있었다. 서울 농대 한인규, 박영일 교수, 한국종축개량협회 설동섭 회장 그리고 건국대 교수인 맹원재를 포함 4명이 중국 연변지역의 축산분야 발전 자문과 발전계획수립을 위한 전문가로 UN에서 파견한 것이었다. 한국에서 홍콩을 거처 북경에서 잠시 머물다가 연변으로 가서 연변농학원기숙사에 짐을 풀었다. 연변농학원에 갈 때 우리 일행에게 컴퓨터 한 대를 기증해 달라는 부탁을 받고 가지고 갔다. 연변농학원에서의 특강에 이어 주변의 농장을 둘러보았다. 그들이 기르는 유일한 가축이 소였다. 소는 농사일을 하고 고기도 제공했다. 그들이 기르는 소는 오래전에 한국에서 넘어온 한우라고 했고 외관상으로도 한우와 전혀 차이가 없었다. 나는 농가수익을 올릴 수 있는 가장 좋은 방안은 낙농, 즉 젖소를 보급 육성해야 한다고 조언했다. 연변의 겨울은 추운 기후이지만 젖소는 추위에 잘 적응해온 가축이다. 북한, 중국, 소련이 국경을 맞대고 있는 훈춘을 방문하였고 소련 영토 국경선인 철조망을 넘어 1m 앞에 예쁘게 피어 있는 도라지꽃을 꺾어왔다. 인근에 소련 초소가 보여 총알이 날라 올까 두려워 온몸이 움츠러들었었다. 이어서 일행과 함께 백두산에 올랐다. 때마침 구름 한 점 없는 맑은 날이었다. 이처럼 밝은 날은 일 년에 며칠 안 된다고 했다. 백두산 천지연의 맑은 물이 한눈에 들어왔고 호수 건너 북한 땅이 또렷하게 보였다. 안타깝게도 백두산 천지의 절반은 중국 땅이라는 것이다. 우리는 백두산에 올랐지만 백두산이 아닌 중국 땅인 장백산에 올라 천지연 앞에 서 있는 것이었다. 우리나라와 중국이 수교한 것은 1992년이었다. 수교전의 중국의 실상은 매우 경직되고 모든 것이 보이지 않는 통제 속에 갇혀있다는 선입감이 마음속에 자리 잡고 있었다. 그러나 내가 생각한 것보다는 많이 자유로워 보였다.

1992년 7월 31일부터 8월 4일까지 뉴질랜드 정부의 초청을 받아 뉴질랜드 농업전문가들과의 토론에 이어 사슴사육농장과 대학 및 여러 연구소를 방문하여 연구현황과 상호 의견을 교환하였다. 특히 인상 깊었던 것은 방문하는 기관마다 건물입구에 커다란 대한민국 국기를 계양하고 적극적인 환영으로 방문자인 나의 마음을 감동시킨 것이었다. 특히 뉴질랜드 입국 시에 외무부 여직원이 비행기 기내까지 들어와서 정중히 안내하는 그들의 적극적인 모습에 깊은 감명을 받았다.

축산대학 학생회와 교내 신문사 사이의 갈등을 중재하다

축산대학 학생회장을 불러서 나하고 약속을 하자고 제안을 했다. 내가 벽보 부착용 보드를 충분히 만들어줄 테니 현관 유리창, 건물 기둥과 벽에는 일체 벽보를 붙이지 말도록 약속을 받았다. 만약 약속을 지키지 않으면 벽보를 모조리 떼어버리겠다고 통보했다. 그런데도 매일 여기저기 학생회의 벽보가 어지럽게 붙어 있었고 벽보의 대부분은 현시국에 관한 것들이었다. 나는 아침 출근과 동시에 어지럽게 붙어있는 벽보는 모조리 제거해버렸다.

어느 일요일 저녁 축산대학 학생회장으로부터 전화가 걸려왔다. 내용인즉 내일 아침 학생들에게 배포되는 대학신문에 축산대학이 충주 캠퍼스로 이전한다는 기사가 실려 있다는 것이었다. 신문 기사 내용을 읽어보라고 확인한 후 신문이 하나라도 외부로 유출하지 않도록 전부 회수해서 축산대학 학생회 사무실에 단단히 보관하라고 지시했다. 본 신문은 월요일인 내일 아침에 세 곳의 학교 정문에 놓아두고 등교하는 학생들이 한부씩 자의로 가지고 가게 되어 있었다. 그렇지 않아도 축산대학 신입생의 입학성적이 해마다 떨어져 축산대학 차원에서도 입시 홍보책자를 별도로 만들어 전국의 축산대학 동문회 지부에 발송하여 각자의 모교에 홍보하도록 독려하고 있는 중이었다. 축산대학이 서울캠퍼스에 있어도 해마다 입시생의 성적이 떨어지는데 충주로 내려간다면 그 여파는 헤아릴 수 없이 심각해진다는 것은 누구나 예측할 수 있는 문제였다. 아침 출근하니 대학부총장께서 전화로 다급하게 빨리 본부로 올라오라고 했다.

상황을 짐작하고 있는 나는 어떻게 대처할 것인가를 고심하며, 그러나 침착하게 대응하리라 생각하며 부총장실로 갔다. 부총장과 학생처장이 기다리고 있었다. 상황을 상세히 설명하고 어떻게 대학신문이 거짓기사를 입시홍보용 신문에 게재할 수 있는가를 따지며 이는 절대로 용서할 수 없다고 이야기했다. 신문사 편집국장이 내게 와서 잘못을 사과하지 않으면 용서하지 않겠다고 단호히 이야기했다. 당시의 신문사 편집국장은 운동권 학생의 우두머리 역할을 하는 위치에 있었고 대학신문의 편집과 발간은 그들의 손아귀에서 좌지우지 되어 대학도 어찌할 수 없는 처지에 놓여 있는 실정이었다.

편집국장이 직접 축산대학 학장에게로 와서 사과할 것을 요구했으나 3일이 지나도 사과가 없었다. 힘을 쓰는 축산대학 학생 5, 6명이 학장인 나의 묵인 하에 몽둥이를 들고 신문사 사무실로 달려가 집기를 모조리 부수어 버리는 난동이 있었다. 다음날 아침 부총장이 나를 다시 오라고 해 갔더니 마침 축산대학생들이 대학신문을 둘러 메고 대학본부로 향한다는 다급한 연락이 왔다. 당황한 부총장은 축산대학 학장이 빨리 가서 수습해 달라고 요청했다. 알겠다고 대답하고 부총장실을 나온 나는 그들과 마주치지 않게 샛길로 축산대로 갔다가 다시 대학본부로 갔다. 축산대학생들은 대학본부 앞에서 신문을 모두 흐트러뜨려 놓고 신문지 위에 석유를 뿌리고 불태우겠다고 협박하고 있었고, 학생신문기자들은 신문과 함께 불타 죽는다며 온통 난장판이었다.

주위에는 행정직원들이 다수 있었으나 어찌할 줄 모르고 지켜보고 있었다. 내가 도착해 2개의 석유통위에 올라서서 소리치며 모든 행동을 중지하도록 했다. 축산대학생들은 모두 나를 둥글게 에워싸고 "학장님 말씀을 듣자"고 외치며 일순간 조용해졌다. "축산대학생 여러분, 학장인 나도 여러분과 똑같은 심정으로 분노하고 있습니다. 이번일은 신문사가 전적으로 책임을 져야 합니다. 본인이 지금 부총장과 협상하여 여러분이 만족할 수 있는 결론을 얻어올테니 나를 믿고 이 이상 어떤 행동도 해서는 안 됩니다. 알겠습니까?" 했더니 학생 모두가 "네"하고 큰소리로 응답했다. 부총장실로 올라가서 부총장, 학생처장 그리고 편집국장과 협의를 했다. 내가 일방적으로 협상안을 제시했다. 신문은 축산대도 아니고 신문사로도 돌려줄 수 없다. 학생처에서 보관했다가 폐기하기 바란다. 편집국장은 지금 당장 본관 앞 축산대학생들에게 잘못을 사과하라. 그리고 3일후 민주광장에서 전체학생들에게도 사과하라. 이상의 3개항을 제시하고 회의 참석자 모두의 서명날인을 받았고 서명한 대로 모든 것이 약속대로 이행되어 일단락되었다.

다시 학장으로 연임되다

전국적으로 여러 대학이 부정입시의 회오리바람에 휩싸였다. 우리대학도 비켜갈 수는 없었다. 양 캠퍼스 부총장, 교무처장이 구속되고 조사를 받았다. 총장도 예외일 수가 없었고 그 결과 자리에서 물러났다. 두 번째 직선제 총장선출 투표에서 법대의 안용교 교수가 총장으로 선출되었고 나는 다시 학장으로 연임되었다(1991년).

축산대학 건물의 증축을 맡은 우성건설 책임자를 만나 교수님뿐만 아니라 미래를 이끌 젊은이들이 당신네 회사를 훌륭한 회사라고 기억할 수 있도록 성심성의껏 잘 건축해 달라고 신신 부탁하였고 수시로 건축현장을 방문해 지켜보았다. 1991년 4월 10일 축산대학 전교수가 모여 신축건물의 현판식을 갖고 기념사진을 찍었다. 개교기념일인 5월 15일, 유승윤 이사장, 안용교 총장, 김삼봉 상무이사를 모시고 준공식행사와 조촐한 준공기념 리셉션을 가졌다. 모든 교수님들의 연구실은 새 건물로 배정되어 옮겼고 구 건물은 강의실로만 활용하였다. 새 건물입구 1층 안쪽 벽에 큰 황소 그림은 당시 명지대학교 교수님이며 화가이신 분이 황소 그림을 잘 그리신다는 소식을 듣고 방문하여 사정 말씀을 드렸더니 기꺼이 기증해 주셨다. 지금도 감사한 마음 깊이 간직하고 있다.

학장실에는 비상전화가 설치되어 있었다. 학내에 비상사태가 벌어지면 벨이 울리고 즉시 본부로 뛰어 올라가도록 되어 있었다. 어느 날 학장실에 비상벨이 울렸다. 대학본부로 뛰어 올라갔더니 학생들이 인공기를 게양하려고 하니 이를 저지해야 한다는 것이었다. 남측정문에서 캠퍼스 안으로 긴 밧줄이 늘어져있었고 그 밧줄에 인공기를 건다고 했다. 학생, 교수들, 직원들이 뒤엉켜있었다. 나는 밧줄을 끊으려 힘껏 당겼으나 단단한 밧줄이라 어림도 없었다. 인공기를 걸려는 학생들과 실랑이를 했으나 결국은 그들의 뜻대로 인공기가 걸렸고 이는 우리나라에서 최초로 인공기를 부착한 기록으로 남게 되었다. 내 모교에서 이런 일이 일어나다니 하며 몹시 언짢은 마음으로 학장실로 돌아왔다.

다음날 오전 축산대학 학생회실을 찾았다. 실내 칸막이벽에 인공기가 크게 그려져 있었다. 학생회장을 학장실로 불러 오늘 오후 5시까지 지우도록 지시했고 그는 지우겠다고 약속했다. 오후 5시에 학생회실로 갔더니 인공기가 그대로 있었다. 수위에게 도끼를 갖다달라고 부탁하고 그가 건넨 도끼도 한반도기가 그려져 있는 벽을 산산조각이 나도록 부수어버렸다. 그리고 수위에게 자물통을 건네받아 출입문을 잠가버렸다. 학생회장에게는 학장과의 약속을 지키지 않은 경위를 설명하고 잘못을 사과해야 문을 열어 주겠다고 통보했다. 며칠이 지나니 대학신문에 나를 비난하는 기사가 실렸다. 내용인즉 대학이 설립된 이래 학생회실을 폐쇄한 것은 처음 있는 일이라며 나의 부당함을 비난하는 기사였다. 나는 전혀 개의치 않았다. 안용교 총장께서도 본 기사를 읽고 사사건건 횡포를 부리는 운동권 학생에 대한 불만이 쌓여있던 차에 과감히 그들과 맞서는 나를 교무회의 중에 오히려 격려하고 응원하셨다. 일주일이 지나자 학생회장이 학장실로 찾아와 학장인 내게 무릎 꿇고 사죄하여 학생회실을 열어주었다.

농축대학원 원장에 임명되다

안용교 총장께서 건강이 악화되어 더 이상 총장직을 수행할 수 없게 되자 다시 총장선출을 해야 했다. 여러 교수들이 출마 선언을 하였고 교수 전체의 투표 결과 최고 득점자 3인을 법인에 추천한 결과 법인 이사회에서 공과대 정호근 교수를 총장으로 선임하였다. 정호근 총장은 나를 농축대학원 원장으로 임명하였고(1993) 나는 농축대학원의 발전을 위하여 최선을 다하였다. 나는 축산대학 학장직을 물러나면서 나의 학장직 재임기간 동안에 있었던 주요행사의 기록과 사진을 앨범을 만들어 학장실에 남겨놓았다. 1994년 개교기념일인 5월15일 연구논문 100편 이상을 게재한 교수 5인에 포함되어 총장으로부터 학술 공로상을 수상하였다.

1995년 10월 30일부터 11월 3일까지 한양대학교, 중앙대학교, 청주대학교의 대학평가를 위해 평가위원으로 위촉을 받아 현지 방문 평가를 하였다.

유승윤 이사장께서도 부정입시와 연관된 문제 때문에 이사장직에서 물러나고 당시 국무총리를 역임한 현승종 씨를 법인 이사장으로 영입하였다. 안용교 총장의 잔여 임기의 총장직을 수행했던 정호근 총장이 물러나고 다시 총장선출이 있었다. 새로 선출된 총장은, 현승종 이사장이 법인이사로 영입했던 윤형섭 이사가 선출되었다. 나는 윤형섭 총장의 임기동안 21세기위원회 운영위원 및 연구 산학위원장(1995)을 맡았고 우수저서 출판 공로패(1997)를 받았다.

등산

나는 학창시절은 물론 교수재직 시절에도 건강을 유지하기 위한 어떠한 운동도 하지 않았다. 타고난 건강한 유전인자로 인해 겨울에도 감기 한 번 걸리지 않았고 병원에 가본적도 없을 정도로 건강에는 자신이 있었다. 어느 토요일이었다. 매일 아침마다 내 연구실에서 커피를 같이하는 이상목 교수가 오전 중에 아차산에 갔다 오자는 제안을 했다. 아차산은 학교 인근에 있는 낮은 산이다. 마침 바쁜 일이 없어 흔쾌히 따라 나섰다. 그때가 내 나이 50이 넘었을 때였다.

산 밑에서 산위 팔각정까지 오르는데 숨이 끊어질 듯 힘이 들었다. 등산 한번 가본 적이 없는 내가 급하게 산을 오른 것도 문제였겠지만 내 자신이 이렇게 허약하다는데 놀랐다. 그 이후로 매주 토요일마다 이상목 교수와 같이 아차산을 위시해서 더 높은 산에 등산을 다니기 시작했고 그것이 지금까지 연속되고 있다. 지금은 매주 토요일 이른 아침에 청계산 이수봉을 오르는 등산으로 한정하고 있다.

연구자로서의 나로 돌아가다

　윤형섭 총장이 취임한 후 나는 보직을 떠나 대학원생들을 지도하며 연구에 매달렸다. 해마다 여름방학 때는 해외학회에 나가 논문발표를 하였고 대외활동(세미나)도 열심히 하였다. 건국대로 자리를 옮긴 그 해 여름방학 때 연구실 대학원생들과 우리 가족이 함께 강원도 해변가(하조대)에서 1박의 여름휴가를 같이 가진 단 한 번의 기회 외에는 나는 단 한 번도 가족과 같이 대학재임 중에 휴가를 가진 적이 없었다. 매일 밤늦게까지 그리고 주말에도 어김없이 출근하여 공부 또는 연구에 매달렸다. 나와 같이 열심히 연구에 매달려온 석, 박사 과정 대학원생들의 성실함에 두고두고 고마움을 가지고 있다. 그들이 내 곁에 없었다면 오늘의 나는 없었을 것이다. 나는 1997년에 1년간 연구년을 갖기로 결심하고 연구년 신청서를 제출하였다.

제19장 ◆ 연구년을 가다

1997년의 1년간을 연구년(교환교수)으로 결정하고 미국 어느 대학으로 갈 가를 두고 고심하다가 결국 모교인 캘리포니아대학교, 데이비스 캠퍼스로 결정했다. 박사학위과정에서 전심전력으로 노력하던 그런 마음으로 연구년 1년을 보내겠다는 마음에서였다. 연구년을 떠나기 일 년 전인 1996년 2월 13일부터 15일까지 전교직원이 경주 현대호텔에서 '21세기 도약을 위한 대학발전 세미나'가 있었다.

연사 중에는 나도 포함되어 있었다. 법인의 이사장, 상무이사, 총장 그리고 전교직원이 지켜보는 앞에서, 대학의 경쟁력은 교수의 질에서 나타나므로 우수 교수 한사람 영입이 건물 한동을 짓는 것보다 더 중요하다. 총장의 권위는 대접받는데서 나오는 것이 아니라 교수들과 적극 소통하고 학생들과 친구처럼 어울리는 모습에서 나온다는 사실을 외국의 예를 들어 설명하였고 발전하는 대학의 미래의 모습을 제시하며 우리 대학도 이렇게 변화해야 한다고 역설했다. 세미나가 끝나고 저녁식사 후 나는 일박(一泊)하지 않고 서울로 돌아왔다. 세미나의 뒤 소식은 매우 고무적이었고 커다란 울림을 주었다고 여러 교수들로 부터 연락을 받았다. 당장 총장 선임 투표를 한다면 내가 분명히 1순위로 당선될 것이라는 이야기도 교수들 간에 있었다고 전해 들었다.

교환교수로 떠나다

1997년 1월 말, 나는 아내와 딸, 신희와 같이 샌프란시스코 공항에 내렸다. 내가 연구년으로 1년간 가기로 한 캘리포니아대학교에서 연구원으로 근무하고 있는 홍희옥 박사가 차를 가지고 샌프란시스코 공항에 마중을 나왔고 홍희옥 박사의 주선으로 대학 캠퍼스 내의 대학원생 가족을 위한 전용 아파트(오차드 파크)에 입주할 수 있어 연구실과 가깝고 또 경제적으로도 큰 도움이 되었다. 특히 우리나라는 당시 IMF의 직격탄을 맞아 경제적으로 어려운 처지였고 환율은 2배로 뛰었었다. 신희는 대학 1년을 휴학하고 이곳 대학에서 어학연수과정을 다녔다.

박사학위를 받고 20여 년이 지나 모교를 찾은 심정은 감개무량했다. 당시의 지도교수가 아직도 재직 중이라 모든 것을 세심하게 배려해 주셨다. 내가 학생이었던 당시에 사용하던 건물에서 새 건물을 신축하여 이전하였고 가까이 지내던 몇 분의 교수님들도 건재하셨다. 과거 학생시절과 마찬가지로 아침 8시에 연구실에 도착하여 논문을 읽고 필요한 논문은 복사해서 보관하였다. 매일 도서관에 가서 새로운 논문을 점검하고, 듣고 싶은 세미나와 강의를 체크하여 수강하다 보면 하루가 한 시간처럼 빨리 지나갔다. 송희영 교수가 이곳 대학으로 연구년을 오고 싶다는 연락이 와서 해당 대학의 교수를 면담하여 허락을 받아 이곳에 와서 가까이 지냈다. 수의학과 이상목 교수도 연락이 와 이곳 수의과대학 교수와 면담하여 초청을 받아 같이 지내게 되었다. 주중에는 열심히 연구하고 일요일에는 같이 골프를 치며 서로의 우의를 다졌다.

기쁨과 동시에 느껴지는 무거운 책임감

7월쯤이었다고 기억된다. A4용지 4장의 기나긴 편지를 받았다. 김연수 법인상무이사님께서 보내신 편지였다. 그의 편지에는 모교의 소식과 더불어 내년(1998) 총장선거와 관련된 내용이었다. 지금까지 한 번도 모교 출신 총장이 선임된 적이 없었으나 이제는 모교 출신 총장이 나올 때가 되었다고 하셨다. 이 문제에 대해 원로동문들께서도 학교에 압력과 건의를 하고 있다. 본인 자신이 생각해도 이제는 모교 출신 총장이 나올 때가 되었고 그만한 역량을 가진 분이 있다고 생각된다. 물론 연구도 중요하지만 앞으로 대학을 맡았을 때 어떻게 대학을 운영하고 발전시킬 것인지에 대해서도 깊이 생각해 주기 바란다는 내용의 편지였다. 사실 나는 내년 총장선거에는 관심이 없었다. 조금이라도 관심이 있었다면 연구년을 나오지도 않았을 것이다. 그분의 편지를 받으니 학교의 결정권을 가진 핵심인물들의 의견이 나에게 향하고 있는 것이라고 판단되어 기쁨과 동시에 한편으로 무거운 책임감을 느끼게 되었다. 어느 누구에게도 이 사실을 누설하지 않고 혼자만의 비밀로 간직하며 마음의 준비를 하고 있었다. 이처럼 나로 하여금 총장의 꿈을 구체화 하도록 계기를 마련해주신 김연수 상무이사님에 대한 고마움을 영원히 잊지 않고 있으나 내 자신은 그러한 내 마음을 그분께 아직까지도 한 번도 표현하지 못한 아쉬움이 죄책감처럼 가지고 있다. 내가 그분들에게 총장으로서 적격자라고 부각된 것은 연구년으로 떠나기 일 년 전 경주에서 행한 세미나에서 나의 발표가 큰 영향을 미친 것으로 생각된다. 김연수 상무이사님은 건국대학교 출신 선배이시며 학교법인에서 감사로 그리고 상무이사로 재직하시면서 학교발전에 크게 기여하셨고 원칙과 소신이 분명하신 분이셨다. 학교 업무뿐만 아니라 박사학위를 두 개를 받으실 정도로 학문분야에도 관심과 조예가 깊으신 분이었다.

연구년, 부끄러움이 없는 자기만의 보람된 시간이기를

1998년 2월 초, 1년간의 연구년을 끝내고 귀국하였다. 1년간의 연구년은 나에게 보람된 시간이었고 실제 보람되게 보내려고 노력한 시간들이었다. 그러나 연구년으로 나온 타 대학교수들이 연구보다는 여행 다니는데 치중하는 것을 보고 실망하기도 했다. 이곳 대학교수들은 연구년 기간에는 대학에서 봉급이 나오지 않는다. 때문에 연구년으로 가 있는 대학에서 강의와 연구를 하면서 봉급을 받아 생활한다. 한국 대학에서는 연구년 기간에도 모든 봉급을 고스란히 전부 받고 여기에다 외국에서의 체재비까지 지급받는다. 그런데도 연구에는 전념하지 않고 여행 다니기에 급급한 모습이 한심스러웠다. 이런 모습을 이곳 대학교수들도 겉으로는 모르는 척하면서도 내면으로는 혐오하고 있다. 모두가 성심을 다해 연구와 교육에 매진하며 촌음을 아끼며 노력하는데 빈둥대며 소일하는 이국인의 모습이 눈에 예쁘게 보일 리가 없다. 지식사회에 걸맞는 안식년(sabbatical leave)제도는 바람직한 제도이다. 문제는 의도에 맞게 잘 활용되고 있느냐의 문제이다. 그러나 아무리 좋은 제도라도 혜택을 보는 당사자가 절호의 기회라고 생각하고 잘 활용해야만 빛이 난다. 물론 연구만이 능사는 아니다. 때로는 휴식이 창조를 낳는다고 한다. 본인의 잘 계획된 스케줄에 따라 능동적으로 연구년을 잘 활용하되 누구에게도 부끄러움이 없는 자기만의 보람된 시간을 가졌으면 한다.

불입호혈 부득호자(不入虎穴 不得虎子)

　신학기의 학기가 시작되자 나는 강의와 대학원생들의 논문지도에 여념이 없었고 그리고 귀국보고용 논문 제출로 분주했으며 연구년 기간 동안에 원고를 완성한 3권의 저서, 즉 반추동물 영양학, 젖소 돌보기 그리고 영양, 사료, 영양화학 용어사전을 출판사에 맡겼다. 학내는 총장선거에 대한 여론이 많이 회자되었고 누가 총장이 된 것처럼 입에 오르내리기도 했다. 행인지 불행인지 내 이름은 어디에서도 거론되지 않았고 나 또한 나의 속마음을 누구에게도 이야기 하지 않았다. 그러나 마음속에는 총장 출마 여부를 두고 고심을 많이 했다. 그러나 시간이 다가 오면서 이번이 좋은 기회라 생각하고 있는 중에 불현듯 불입호혈 부득호자(不入虎穴 不得虎子)의 고사성어가 마음에 떠올랐다. 즉 호랑이굴에 들어가지 않으면 호랑이 새끼를 잡을 수 없다는 뜻으로 모험하지 않고 큰일을 이룰 수 없음을 일컫는 말이다. 모교 졸업생으로서 모교 발전에 혼신의 힘을 다해 기여하는 것이 나의 도리라는 생각에 총장 출마의 결심을 굳혔다. 나에게 편지를 보내주셨던 김연수 상무이사님은 이런저런 사정 때문에 학교를 그만 두셨고, 때문에 나는 큰 우군을 잃은 셈이었다.

제20장 ◆ 총장에 선임되다

 1998년 1학기가 저물어 갈 무렵 총장선거일정과 방법이 구체화 되었고 총장 초빙 공고가 일간지에 게재되었다. 총장추천위원회(총추위) 위원은 각 단과대학에서 1명, 총동문회 5명, 직원 2명, 학생 2명 그리고 법인 추천 2명 등 모두 32명으로 구성되어 있었다. 총장 후보자는 총추위 위원들에게 어떠한 향응이나 뇌물 제공을 금지하고 있었으나 어느 후보는 난을 돌리고 식사 등 모임을 갖는다는 소식이 연일 내 귀에 들어왔다. 나는 일체의 로비활동을 하지 않았고 전화통화도 하지 않았다. 어느 날 동문교수협의회 총무의 전화를 받았다. 총동문회 사무총장이 전화로 "맹원재는 어떤 사람인데 전화 한 통도 없다"고 한다며 전화라도 했으면 좋겠다고 했다. 나는 대답하기를 "학교발전에 가장 중요한 총장을 뽑는 선거인데 누가 가장 적임자인지 신중하게 검토해서 투표하면 되지 전화가 무슨 소용이 있겠느냐"고 대답하며 어느 누구에게도 전화하지 않았고 나는 나를 위한 선거대책위원회도 구성하지 않았다. 나는 총장에 선임되면 학교발전을 위해서 최선을 다 하지만 선임되지 않아도 상관없다는 심정이었다. 나를 소개할 수 있는 유일한 자료는 나의 학력, 그동안 이룩해온 업적과 대학을 이끌어간 소신 그리고 대학발전방안을 상세히 제시한 소책자가 전부였다.

 지원한 총장 후보자는 학내교수 8명과 외부 지원자 7명으로 총 15명이었다. 총장 지원자 15명을 총추위에서 서류심사를 거쳐 1차로 8명을 선정하였다. 8명의 후보는 다시 전체 총추위 위원 앞에서 소견발표를 하고 질의응답이 있었다. 그중에서 3명의 후보를 선정하여 법인 이사 회에 상정하게 되어있었다. 3명의 후보선정은 총추위 위원 각자가 3명 씩 추천하여 다 득점자 순으로 결정하였다. 3인을 어떻게 선임할 가를 두고 각 후보자의 선거대책위원회의 대책회의가 분주하였다 한다. 나 는 이미 밝힌바와 같이 선거대책위원회를 구성하지 않았었다. 다행인 것은 가장 유력한 후보자로 거론되는 사람의 선거대책위원으로 활동 하는 한분이 그의 정보를 내게 알려 주었다. 그의 전략은 가장 가능성 이 낮은 두 분과(이름 명시) 자신을 포함 3인을 투표하고 맹원재는 절 대로 찍지 말아야 한다는 지시를 했다는 것이었다. 가까운 친구사이에 이런 일이 있을 수 있다는 것을 나는 상상도 할 수 없었다. 뿐만 아니라 본인이 당선되면 어떤 보직 자리를 줄 것인가도 약속을 하고 본인을 지지할 것을 유도했다는 것이었다.

서로 협력해 함께 나아가는 선의의 경쟁을 위해

나는 아무런 노력도 하지 않았는데도 공동 2위의 득표를 얻어 최종 후보자 3인에 포함되었다. 마지막으로 법인 이사회에서 총장을 결정 하는 과정이 남아 있었다. 불행하게도 나를 모함하는 또 하나의 사건 이 있었다. 미국에서 나와 같은 대학에서 연구년을 보낸 송희영 교수 가 귀국하여 어느 일요일 귀국 환영 골프운동을 가진 적이 있었다. 어 느 날 이사장 비서실장이 내게 전화를 했다. 나와는 만난 적도, 어떤 친분도 없는 사이었다. 그는 내가 "최근에 송희영 교수, 유승윤 전 이 사장과 골프 회동을 가진 적이 있느냐"는 질문이었다. 나는 "송희영 교수와는 골프를 쳤지만 그 자리에 유승윤 전 이사장은 없었다."고 대답했다. 비서실장은 다시 송희영 교수를 면담하여 재차 확인하더라고 송교수가 전해 주었다. 당시 법인과 유승윤 전 이사장과는 미묘한 관계에 있었다. 이 같은 소동은 총장후보 3인 중에 포함된 유력후보자 한분이 이사장 면담을 자청하면서 "맹원재가 최근에 유승윤 전 이사장과 골프를 치고 그에게 충성맹세를 했다"고 전한 말의 진의 여부를 확인하기 위해서였다. 당시의 분위기로 보아 유 전이사장에게 충성맹세를 하는 후보는 총장으로 선임할 수 없는 분위기였다. 이런 모함을 하는 사람을 구밀복검(口蜜腹劍)이라 한다. 즉 입에는 꿀을 바르고 뱃속에는 칼을 품고 있다는 뜻으로 겉으로는 친절하나 마음속은 음흉하고 음해할 생각을 가진 사람을 두고 하는 말이다. 또 하루는 3인의 후보자 중 한 분이 나의 연구실로 찾아왔다. 그는 내게 "너와 내가 누가 총장이 되던 서로 잘 협조하자"고 했다. 나는 대답하기를 "우리 셋은 가까운 친구이다. 우리 셋 중 누가 총장이 되더라도 서로 협조하며 잘 지내자"고 했다. 그러나 그는 "나는 그(제3자)가 총장으로 선임되면 가만히 있지 않을 것이다"며 단호하게 말했다. 이런 일을 겪으면서 다음 말이 생각이 났다. 눈에 보이는 칼은 조심하면 되지만 웃음 뒤에 감추어진 칼은 어디서 찌를지 예단할 수 없다. 칼을 보지 말고 칼을 든 사람을 살펴야 한다.

성공이란 남을 모함하고 밟고 올라서는 것이 아니라 서로 협력해 함께 목표를 성취하기 위해 앞으로 나아가는 선의의 경쟁을 하는 것임을 명심해야 된다. 평생의 친구일지라도 신뢰를 잃으면 관계는 깨지는 법이다. 총장자리가 무엇이 길래 이 같은 거짓 모함으로 평생의 우정까지도 짓밟는 행위를 자행하는지 나는 상상할 수 없었다. 현실에서 이런 일을 당하고 보니 평소에 그가 행하였던 많은 모순된 행동들이 하나하나 부각되기 시작하였고 결국 신뢰할 사람이 아니라는 결론에 이르렀다. 분명 그는 두 얼굴(two-faced)을 가지고 입으로는 선을 말하면서 악의 눈을 부라리며 뒤로는 사람을 모함하는 위선적인 인간이다. 위선의 대가가 얼마나 큰지 그는 반드시 깨달아야 한다. 법정 스님의 말이 생각났다. 즉 '비난은 어떤 경우라도 부정적으로 작용한다. 비난을 삼가라. 비난은 자신의 마음으로부터 사람을 잃게 하는 방해꾼이다.' '성경에 비추어 본 채근담에 담긴 삶의 지혜(홍자성 지음, 임덕일 엮음)'에 경쟁은 경쟁자와 하는 것이 아니라 결국은 자기 자신과 하는 것이다. 승자는 달리는 길에 의미를 두고 패자는 승리할 때에만 의미를 찾는다. 승자는 달리는 동안 행복을 느끼고 패자는 경주가 끝나야 행복 여부를 안다고 했다. 즉 그는 눈앞의 이익(총장)만을 생각하고 친구의 우정은 안목에도 없었다. 인격은 명예보다도 귀하고 어떤 이익보다 소중함을 모르는 사람이다. 잭 웰치의 저서 '잭 웰치, 끝없는 도전과 용기'에서 만일 패배를 어떻게 받아들여야 하는지 모른다면, 결코 멋지게 승리하는 방법 또한 알 수가 없는 것이다. 이 사실을 깨닫지 못하면, 더 이상 경쟁을 할 자격이 없다고 했다. 그러나 나는 일인장락(一忍長樂) 즉 한번 참으면 오래도록 즐거움을 누린다. 라는 말을 상기하며 그의 거짓모함을 잊어버리려 노력했다.

최종 총장후보로 추천된 3인중 1명을 총장으로 선임할 법인 이사회가 소집되었다. 이사회는 이사장을 포함하여 모두 8명이었다. 나는 이사들 앞에서 나의 소신을 발표하고 이사들의 질문에 막힘없이 대답했다. 나는 내가 선임될 것이 틀림없다는 자신감을 가지고 나의 연구실로 돌아왔다. 그리고 자만하지 말자. 모든 것은 순리에 따르자며 마음을 가라앉히려고 노력했다. 김옥림 작가도 그의 저서 '법정 행복한 삶'에서 인생을 슬기롭게 잘 살아가기 위해서는 지혜를 길러야 한다. 지혜는 어둠을 밝히는 '빛'과 같다. 지나친 경쟁, 물질에 대한 욕망, 남과 비교하는 마음 등은 마음을 황폐화 시키는 주범이다. 이것들로부터 벗어날 때 자기만의 이상을 추구할 수 있다고 했다.

　그로부터 2시간 후 내연구실의 전화벨이 울렸다. 전화벨이 울리자마자 바로 수화기를 들었다. "축하 한다"는 낮익은 굵직한 목소리가 전화선을 타고 들려왔다. 대학재단 이사장의 목소리였다. 나는 "감사합니다. 최선을 다 하겠습니다"라고 응답한 후 수화기를 내려놓고 의자에 깊숙이 등을 대고 눈을 감았다. 긴장과 초조했던 마음이 표현할 수 없는 기쁨과 더불어 무거운 책임감으로 온몸이 상기되는 기분이었다. 어쩌면 내 일생 가장 행복한 순간이라 할 수 있다. 교수가 되기를 꿈꾸던 대학시절, 감히 꿈꾸기조차 어려운 유학의 길, 석, 박사학위를 받고 대학교수가 되고 그리고 오늘이 있기까지의 모든 과정이 주마등처럼 스치고 지나갔다. 건국대학교가 설립된 이래 건국대학교 출신의 최초의 총장이 탄생하는 순간 온 캠퍼스의 구성원들과 전체동문들의 최대의 관심사임을 말해주 듯 전화벨이 몸살을 앓았다. 나 혼자 감당할 수 없어 제자가 대신 받기까지 했다. 이어서 축하 난과 화분이 연구실과 실험실을 꽉 채워 감동적이었다.

　늦은 시간에 교문을 나서며 택시를 타고 귀가했다. 평소에는 전철을 이용해서 귀가하는 것이 상례지만 여러 가지 생각에 휩싸여 오늘은 택시를 타고 싶었다. 이내 저녁을 먹고 잠자리에 들었다. 이튼 날 학교에서 출퇴근 전용 승용차를 보내왔다. 정문을 통과할 때 정복을 입은 수위가 경례를 했다. 나는 차에서 내려 악수를 청하며 "앞으로 학교발전을 위하여 우리 모두 다함께 최선을 다하자"고 했다.

경쟁하면서도 신의를 지키고 인간관계를 중시해야 한다

오늘 이 시간을 기다리며 별 소문이 난무했었다. 총장 선임 후보자 중한 사람은 외부 유력인사가 이사장에게 직접 전화를 해서 그의 선임을 부탁하였고 또 한 사람은 내가 전임 이사장과 골프회동을 하면서 그에게 충성맹세를 했다는 터무니없는 이야기를 이사장에게 전달하기도 했고 본인이 총장으로 선임될 것을 확신하고 저녁 파티준비까지 준비했다는 소문이 자자했다. 이처럼 공정한 경쟁을 하지 않고 남을 음해 및 증오하는 바람직하지 못한 성격은 일반적으로 오래전 어린 시절에 겪은 트라우마 또는 상처에서 비롯된 것이라고 임상 심리학자들은 설명한다. 이기주 작가의 '말의 품격'에서 인간의 말은 나름의 귀소 본능을 갖고 있다고 믿는다. 언어는 강물을 거슬려 오르는 연어처럼, 태어난 곳으로 되돌아가려는 무의식적인 본능을 지니고 있다. 사람의 입에서 태어난 말은 입 밖으로 나오는 순간 그냥 흩어지지 않고 돌고 돌아 어느새 그 말을 내뱉은 사람의 귀와 몸으로 다시 스며든다. 한사람의 입에서 나온 말은 천 사람의 귀로 들어가고 끝내는 만 사람의 입으로 옮겨진다고 했다. 밤 말은 쥐가 듣고 낮말은 새가 듣는다는 속담과 같이 한번 쏟아낸 말에는 비밀이 없다. 오죽하면 당나라 시대의 재상 풍도가 "입은 재앙을 부르는 문이요, 혀는 몸을 베는 칼이니 말을 아껴야 한다."고 했을까. 경쟁은 성장과 지위 향상을 위해 필요하다. 그러나 인간의 도리를 지켜가는 선의의 경쟁이어야 한다. 선의의 경쟁은 뒷말도 아름다워야 한다. 수단방법을 가리지 않고 타인을 이기고 올라서는 경쟁이 아니라 타인과 협력하고 소통하는 공동체 의식을 염두에 둔 아름다운 경쟁이어야 한다.

조오현 스님은 그의 저서 '죽는 법을 모르는데 사는 법을 어찌 알랴'에서 경쟁을 하다 보면 능력 이상의 힘도 나고 지혜도 생기며 열성적이고 부지런해진다. 그러나 경쟁자와의 승부는 정정당당해야 한다. 술수를 써서 상대방을 궁지로 몰거나 반칙을 해서 거꾸러뜨리면 그것은 이미 경쟁이 아니라 투쟁이다. 아무리 경쟁관계에 있더라도 승리만을 위해 부당한 술수를 동원하는 것은 옳지 않다. 이기는 것도 중요하지만 이기기 위한 과정도 중요하다고 했다. 내가 잘되고 싶으면 남의 발전을 도와주어야 한다는 말도 있다. 총장이 되는 것은 매우 명예로운 것임에는 틀림없다. 그러나 왜곡된 경쟁으로 평생의 친구를 잃는 것보다 더 소중한 것인가는 한번 신중히 생각해 보아야할 문제이다. 우문식은 그의 저서 '긍정심리학의 행복'에서 명예든, 지위든, 돈이든 내가 더 많이 누리려는 생각을 가지면 타인을 경쟁상대로 볼 수밖에 없으며, 이런 환경에서 진실한 인간관계를 맺을 수 없다고 했다. 극기복례(克己復禮) 즉 욕망을 억제하여 바른 행동을 하는 것이 그렇게도 어려운 일일까? 몸에 난 상처는 흉터만 남기고 아물지만 마음의 상처는 흔적은 보이지 않지만 오래 가는 법이다.

어제의 '나'와 오늘의 '나'
자기 자신을 남과 비교하는 순간 내안의 나는 불행의 씨앗을 움트게 한다. 비교는 어제의 '나'와 오늘의 '나'이어야 한다. 가이미 이치로는 그의 저서 '미움 받을 용기'에서 경쟁의 끝에는 승자와 패자만이 남으며 인간관계의 중심에 경쟁이 있으면 인간은 영영 인간관계에 대한 고민에서 벗어나지 못하고 불행에서 벗어날 수가 없으며, 사회적으로 성공을 거두어도 행복을 느끼지 못하는 까닭은 그들이 늘 경쟁 속에서 살기 때문이라고 하였다. 그러나 나는 조금도 흔들리지 않았다. 반드시 내가 선임될 것이라는 확신이 있었고 만약 선임되지 않더라도 교수로서의 본연의 일에 충실하면 된다는 소신에서였다. 총장후보자 3인은 같은 대학에서 평생을 같이 지낸 친구인데 자기가 원하는 것을 손에 넣기 위해서 인간으로서의 도리를 저버리는 모습을 보면서 진저리를 치면서도 나는 나의 본분을 잃지 않고 끝까지 정도를 걸어온 나에게 승리를 안겨준, 보이지 않는 신의 섭리에 감사한다. 그러나 한마디 말을 남기고 싶다. '인간 관계에서 신의를 쌓는 데는 오랜 세월이 걸리지만 그 신뢰가 무너지는 것은 한 순간이다.' 이는 인간 생활에서 모두가 가슴에 새겨두어야 할 매우 중요한 경구이다. 가까운 친구와 친구 사이에 신뢰가 빠지면 어떤 모습이 될까? 몹시 슬프고 두려운 일이다. 삶의 여정에서 실패하는 가장 큰 원인은 인간관계 임을 주지하길 바라는 마음 간절하다. 사람은 누구나 잘나든 못나든 빛과 그림자가 있게 마련이다. 빛은 더욱 발전시키고 그림자는 줄여가도록 노력하는 것이 우리의 근본 자세이다. 명성을 쌓는 데는 20년이 걸리지만 잃는 데는 5분도 걸리지 않는다. 이는 얼마나 소름 끼치는 말인가. 혜민 스님이 기고한 '불행비결의 요점'을 보면, 첫째, 사람은 자기생각에 빠져있을수록 불행해진다. 둘째, 자신의 능력보다 목표를 너무 높게 설정 후 빠른 시일 내에 성취하려는 성급한 경우이다. 셋째, 타인의 장점을 쉽게 간과하고 그 사람의 단점만을 들추면서 문제라고 생각한다. 넷째, 고집이 강하면 강할수록, 고정관념이 많으면 많을수록 불행해진다는 것이다. 일상생활에서 우리가 가슴깊이 명심해야할 귀중한 말이다. 개개인의 행복은 경쟁에서 이기는데 있지 않고 좋은 사람들과 더불어 사는데 있음을 명심해야 한다. 즉 가장 중요한 행복의 요소로 꼽히는 것이 인관관계이다.

리더의 수준은 그가 어떤 사람을 써서 일을 하느냐에 달려있다

　이사들의 총장선임 투표 결과에 대한 소문이 들려왔다. 이사장께서는 투표를 하지 않으셨고 7분의 이사들의 최종투표 결과는 6:1로 내가 압도적이었다는 후문이었다. 취임식이 있을 때까지 대학본부 3층에 임시 사무실이 마련되었다. 가장 우선적으로 결정해야 할 것이 나와 같이 학교를 이끌어갈 보직교수의 인선이었다. 여러 교수들이 타천 또는 자천으로 거론되었다. 같이 4년간 대학을 이끌어 갈 보직교수를 임명하는 것은 대학발전은 물론 나의 총장직 수행의 성패를 결정하는 가장 중요한 일이다. 조오노 히로시는 그의 저서 '제갈공명 전략과 현대인의 전술'에서 모든 일을 자신이 지시하지 않으면 못마땅한 사람이 있다. 그런 사람의 주변에는 반드시 "예스맨"만 모이게 된다. 이러한 경우 유능한 인재는 전혀 모이지 않는다. 이것은 순경(順境)일 때는 제대로 지내지만 난국에 있어서는 아주 허약하다고 했다. 어진사람을 등용하면 나라가 길해진다는 임현국길(任賢國吉)을 마음에 새기며 나와 더불어 학교를 이끌어갈 유능한 보직교수 인선이 대학의 발전에 중추적 역할을 한다는데 초점을 맞추었다. 그리고 빅3 인사는 빠른 것이 좋을 것 같아 내가 선임하여 이사장과 상의하였고 그는 나의 결정에 아무런 의의 없이 동의해 주셨다. 즉 서울캠퍼스 부총장은 송희영 교수, 충주 캠퍼스 부총장 이광조 교수, 그리고 대학원 원장은 이원창 교수였다. 각 단과대학 학장은 원로교수 중에서 그리고 본부처장은 40대 연령층에서 선임하기로 원칙을 정하고 한 사람 한 사람 검토에 들어갔다.

나와 같이 일할 보직인사를 선임하면서, 리더의 수준을 보려면 그가 무슨 일을 하는지를 보지 말고, 그가 어떤 사람을 써서 일을 하는지를 봐야한다는 자오위핑(판세를 읽는 승부사 조조)의 말을 염두에 두고 신중에 신중을 거듭하였다. 그 중에 가장 역점을 두고 준비한 것이 총장 취임사였다. 건대출신 최초의 총장으로서 대학 4년간을 이끌어갈 대학운영철학과 비전이 고스란히 내포되어 있어야 하고 어떠한 어려움에도 좌고우면(左顧右眄)하지 않고 소신 있게 대학을 발전시킬 확고한 의지를 보여주어야 했다. 교무위원 전원이 새 인물로 채워졌으나 오직 기획처장만이 유임시켰다. 그 이유는 IMF를 맞은 국가적 재정위기가 대학에도 그 여파가 극심하여 재정운영의 효율화는 극히 중요한 과제였다. 기획처장으로 하여금 우리 학교의 재정실태를 상세히 파악하여 첫 교무회의 때 발표하게 하여 재정절약 필요성에 대한 경각심을 갖게 하기 위해서였다. 총장취임일 1주일 전에 각자에게 통보하여 새 임기 출발과 동시에 만전을 기할 수 있도록 당부하였다.

총장 취임 준비를 하면서도 마음은 편했다. 그러한 이유의 하나는 이 자리에 오기까지 누구에게도 신세를 지지 않았고 또 총장 당선만을 위한 자리약속이나 허튼 공약을 하지 않았기 때문이었다. 내 소신과 원칙을 가지고 유능한 인재를 발굴하여 그들과 힘을 합치고, 우리대학이 가진 성장잠재력을 극대화할 수 있는 분위기 조성과 정책을 개발하여 쉼 없이 밀고 나아가는 강력한 의지만을 가지고 있으면 된다. 그리고 총장은 교수, 직원과 학생 모두의 아픔을 자신의 아픔으로 인식하는 도량을 가지고 화합할 수 있는 능력을 겸비할 때 대학을 이끌 리더로서의 카리스마도 생긴다고 믿었다. 그리고 올라갔을 때 다시 내려올 자리를 되돌아보며 겸손한 자신을 항상 유지해야만 존경을 받을 수 있다는 마음을 잊지 않고 견지하고자 했다. 여러 산골짜기에서 발원한 개울물이 강을 이루고 변함없이 바다를 향해 흘러가듯이 수많은 세상사도 반드시 바른길, 옳은 방향으로 돌아간다는 사필귀정(事必歸正)을 확고히 믿기로 했다.

나는 대학입학 때부터 졸업할 때까지 모교인 건국대학교에서 많은 은혜를 입었다. 그 은혜를 갚기 위해 내 온몸을 바쳐 대학의 발전에 헌신하리라 결심하면서 법정 스님의 말이 생각났다. '모든 것은 상대적이다. 자신이 남에게 받고 싶은 대로 자신이 먼저 그렇게 하라. 자신이 하는 대로 받게 되는 것이 삶의 법칙이다. 무엇이든 자신이 원하는 게 있으면 자신이 먼저 그렇게 하라'. 즉 '남에게 칭찬을 듣고 싶으면 남을 칭찬하고, 남에게 배려와 양보를 구하고 싶다면 자신이 먼저 배려와 양보를 하고, 남이 자신에게 웃어주길 바란다면 자신이 먼저 웃어주고, 남이 자신을 위해 노래를 불러주길 바란다면 자신이 먼저 남을 위해 노래를 불러주어라'이었다.

모든 학교운영계획과 새로 임명되는 보직인사는 반드시 현승종 이사장님과 상의한 후 확정하였다. 다년간 대학교수로 재직하셨고 대학총장을 역임하신 그분의 경륜은 나에게 큰 힘이 되었다. 당시 그분을 만나서 대화한 주요사항을 요약하면 다음과 같다. 즉 대학운영에 반드시 법과 원칙을 지키고 합리적, 민주적이며 화합과 포용력을 가져라. 인사권과 재정권은 총장에게 위임한다. 병원은 대학부속병원인 만큼 병원의 인사권 및 운영도 총장이 맡아주길 바란다. 인사는 나 개인의 친분관계를 떠나서 공정하게 행하길 바란다. 교수 평가는 엄격하게 실시하고 직원 평가는 물론 직원 수가 많으니 신규채용을 억제하기 바란다. 법인 구조조정과 법인직원 24명 중 7명을 대학에서 수용해 주고 병원 교육기자재 구입에 협조해 달라 등이다. 매주 목요일 오전 10시에 이사장실에서 만나 대학의 모든 사항에 대해 상호 의견을 교환하고 오찬을 같이하는 것으로 합의하였고 이를 철저히 지키며 그분이 학교를 떠나기까지 긴밀하고 아름다운 관계는 계속 유지되었다.

제21장 ◆ 제15대 총장에 취임하다

    1998년 8월 31일(월) 오전 11시에 상허 중앙도서관 5층 국제회의실에서 제15대 총장취임식과 전임 윤형섭 총장의 이임식이 거행되었다. 국제회의실에는 이사장을 비롯한 법인이사들, 내외귀빈, 원로동문들을 위시한 동문들, 교직원과 학생대표들과 고향의 지인과 친구들로 꽉 채웠고 자리를 차지하지 못한 축하인사들은 뒷자리에 서 있었다. 특히 특이했던 것은 고향에서 버스를 대절하여 올라온, 시골티를 벗어나지 못한 초등학교 동창생들이었다. 나는 그들이 참석하는 사실조차 몰랐으나 서울에 거주하는 몇 분의 고향친구가 주선을 했던 것으로 그 후에 알았다. 취임식이 끝난 후 그들과 별도로 기념사진을 찍고 모두에게 사진을 1장씩 나누어 주었다.

    총장취임 얼마 후 고향에서 축하행사가 있었다. 내가 졸업한 초등학교 체육관에서 지역유지, 은사님, 동창들이 모여서, 고향에서 최초로 탄생한 대학총장을 축하하고 동창생부인들이 손수 만든 음식을 먹으며 의미 있는 자리를 가졌다. 이어서 내가 졸업한 안의중학교 학생들에게 "꿈을 가지고 노력하면 반드시 성공한다"는 특강을 하였다. 사람이 많이 오가는 거리에는 총장 취임 축하 현수막이 바람에 펄럭이고 있었다. 이 모든 행사를 정성껏 마련해준 서울의 초·중학교 동창생 여러분과 고향 초등학교 동기 동창회 회장과 동창들 그리고 지역인사 모든 분들께 감사함을 잊지 않고 있다.

총장 취임사

건국대학교의 찬란한 신문화를 창조해 나갑시다.

저는 오늘 건국대학교 제 15대 총장으로 취임하게 되었습니다. 오늘은 제 자신에게는 물론 우리 대학교 50여 년 역사상 참으로 감회 깊고 의미가 있는 취임식입니다. 전 구성원의 대표가 참여한 가운데 민주적인 과정을 거쳐 선출되었고 금세기를 정리하고 21세기를 향한 총장의 취임식이기 때문입니다. 이 모든 영광과 축복을 전 건국가족에게 드리면서 제가 완수해야 할 무거운 책무가 있다는 사실을 명심하면서 저의 모든 것을 바쳐 건국발전에 봉사할 것을 다짐합니다.

금년은 개교 52주년, 학원창립 67주년을 맞이하는 뜻깊은 해입니다. 우리 대학의 설립이념은 다 아시는 바와 같이 참으로 숭고한 정신에서 출발되었습니다. 1931년 상허 유석창 박사님을 비롯한 기미독립선언에 참여한 민족대표 33인 등 사회각계 지도자 45인의 후원으로 창립한 중앙실비진료원을 모태로 시작되어 1945년 조국의 해방을 맞이하면서 설립한 건국의숙과 1946년 조선정치학관의 설립을 통해서 보여준 상허 유석창 박사의 교육입국 사상이 우리 건국대학교의 정신적 지주가 되었습니다. 이러한 사실을 놓고 볼 때 역사는 당대에 그치는 것이 아니라 시간의 흐름 속에 있다고 봅니다. 만약 역사가 당대에 그치고 마는 것이라면 우리는 굳이 옛날을 돌이켜 볼 필요가 없으며 앞으로의 일을 설계해 볼 필요도 없을 것입니다. 역사란 단절된 사건들의 취합이나 단순한 연결이 아니라 그것이 맥을 이으며 전수될 때 그 의미를 찾을 수 있습니다. 이러한 사실을 놓고 볼 때 설립자이신 상허 유석창 박사님과 그동안 법인 발전을 이룩해 오신 역대 이사장님들, 그리고 대학발전에 헌신적으로 공헌하신 전임 총장님들에게 무한한 감사를 드립니다. 그리고 상허 유석창 박사님의 고귀한 뜻을 받들어 오늘의 건국대학교를 가꾸어 오신 현승종 이사장님과 오늘 퇴임하시는 윤형섭 총장님께도 무한한 감사의 말씀을 드립니다.

존경하는 건국가족 여러분!

본인은 우리 대학의 지표인 "민족을 생각하는 학원, 국제화를 지향하는 대학"을 실천하고자 하는 건국대학교의 총장으로서 다음 4가지를 대학운영의 기본방침으로 설정하고자 합니다. 첫째, 상허사상의 구체적 표현이고 본교의 교시인 성. 신. 의의 건학이념의 실질적 구현입니다. 이를 구현하기 위해서는 투철한 애교심과 진취적 기상 그리고 불의와 타협하지 않는 정의감과 도덕심이 충만한 덕성교육을 실시해야 합니다. 또한 진실하고 부지런하고 용기 있는 개척자적 정신을 가진 인격 있는 인성교육을 실시해야 합니다. 또한 과학과 기술로 무장하여 새로운 역사적 사명을 걸머지는 유능한 지도자를 배출하기 위해서는 고도의 기술교육을 실시해야 합니다. 둘째, 세계화 시대에 걸맞는 교육과정을 실행하는 것입니다. 이를 효율적으로 수행하기 위해서는 많은 준비를 해야겠지만 그 중에서도 외국어 교육, 선진 대학과의 실질적인 학술교류, 우수한 교수요원의 확보가 무엇보다 선행되어야 합니다. 셋째, 대학 재정의 건전화입니다. 대학의 재무구조가 건전재정이 될 수 있도록 여기에 모든 대학 행정력을 집중시킬 것입니다. 아시다시피 우리나라의 경제는 IMF 관리체제하에 놓여 있습니다. 우리 경제는 극도의 소비위축에 따른 불황으로 앞을 예측하기가 어렵게 되었습니다. 실업자의 증가는 사회불안을 가져 올 정도로 증대되어 가고 있고 대학의 문을 나서는 우리의 사랑하는 제자들이 직장을 구하기가 어려운 현실입니다. 대학은 그 시대 속에서 존재하며, 사회에서 유리된 역사적 존재가 아니기에 우리는 사회의 변화를 직시해야 할 것입니다. 넷째, 유능한 인재를 양성하여 국가와 민족을 위하여 기여하는 민족대학으로 발전시켜 나가고자 합니다. 이를 위하여 보다 종합적인 계획이 검토되어야 합니다. 위 네 가지를 근간으로 양적인 팽창에만 치우치는 모순, 공감대 및 방향성의 부재, 본부 행정기구의 비효율성, 공급자 우위의 무사안일을 과감히 타파해 나갈 것입니다.

건국가족 여러분!

대학은 오로지 교육과 연구만이 존재하는 공간이 되어야 합니다. 따라서 본인은 앞으로 우리 대학이 어떠한 정치적 장이 될 수 없음을 천명하며 단호히 이를 배제할 것입니다. 이에 모든 구성원간의 일체감을 바탕으로 교육, 연구수준의 질적 제고와 명확한 목표설정으로 경쟁상황의 인식과 효율성의 증대, 자율적 책임 운영체제, 수요자 중심의 효율성을 극대화하는 방향으로 대학을 운영할 것입니다. 중용에 의하면 '숨긴 것보다 더 잘 나타나 보이는 것은 없고 미세한 것보다 더 잘 드러난 것은 없다'라는 말이 지적하듯 공개적이고 명백한 대학행정을 집행할 것입니다. 이러한 운영목표를 한치의 오차 없이 성공적으로 수행하기 위해 본인은 강력한 리더십을 발휘하여 발전과 변혁의 주도자로서 솔선수범하고 실천의지에 대한 구성원들의 신뢰감을 구축할 것이며 더불어 건국 신문화 창조에 진력할 것입니다.

존경하는 건국가족 여러분!

앞에서도 언급한 바와 같이 우리나라는 현재 국가적 부도위기를 맞고 있는 것이 주지의 사실입니다. 국가적 어려움에 저희의 건국대학교도 예외일 수 없습니다. 이러한 위기적 상황에서 우리 대학도 현실 속에서 변화에 대한 저의 생각을 말씀드리겠습니다. 첫째, 학사조직 개편에 관한 것으로서 시대가 요구하는 수요자 중심으로 유사학과 및 대학의 과감한 통폐합으로 21세기를 선도하는 학문체계로 전환할 것입니다. 이와 같은 어려운 일을 수행하고 성공적으로 실천에 옮기기 위해서는 여러 교수님의 도움이 절실히 필요합니다. 그리고 이를 맡아 처리하는 보직교수의 희생정신이 무엇보다 크게 요구됩니다. 둘째, 대학행정조직을 점검하여 불요불급한 행정조직은 경영 혁신의 차원에서 과감한 통폐합을 통해 경영합리화와 효율성 극대화를 이루도록 하겠습니다. 셋째, 건전한 경쟁 풍토를 진작하고 엄격한 교수평가와 직원평가제를 도입하여 이를 승진, 승급과 나아가 최종적으로 연봉과도 연계시킬 계획입니다. 넷째, 서울캠퍼스와 충주캠퍼스의 행정, 재정을 분리 독립시켜 지역적 특성에 맞는 대학으로 발전시켜 나갈 것이며 아래로부터의 개혁과 위로부터의 개혁이 조화를 이룰 수 있도록 하고 총장실에 핫라인(hot line) 제도를 도입하여 대학 구성원들의 광범위한 의견을 적극적으로 수렴하여 대학운영에 반영할 것입니다. 그러나 자기의 본분을 다하지 못하면서 남을 비방하거나 쓸데없는 간섭을 꾀하는 행위는 절대 용납지 않을 것입니다.

존경하는 건국가족 여러분!

대학도 이제는 재정이 충실해야만 교육과 연구기능이 활성화할 수 있습니다. 재정확보의 중요성은 아무리 강조해도 지나치지 않습니다. 재정의 충실도와 운영의 건실함은 대학교육의 질적 수준 및 미래의 발전가능성을 예견할 수 있는 척도가 됩니다. 이러한 차원에서 재정의 확보방안으로 합리적 재정의 운용을 통한 예산절감과 현재 유휴지로 있는 학교주변의 부지를 법인과 협의, 최대한 개발하여 재정에 기여토록 할 것입니다. 더불어 발전기금 조성사업을 범 건국적으로 실시하여 마음 놓고 연구와 교육 그리고 수업을 받을 수 있도록 최선을 다할 것입니다.

사랑하는 건국가족 여러분!

우리는 2년 반 후면 새로운 세기를 맞게 됩니다. 21세기의 개막은 새로운 혁명의 시작을 의미합니다. 저는 제가 재임하는 동안에 양적 위주의 성장보다 질적 위주의 성장을 적극 추진하여 우리 대학을 국내 탑 파이브(top five) 수준의 연구중심 대학으로 발전시켜 놓을 것이며 경쟁력 있는 특정분야를 지정하여 세계 초일류 수준의 선도 연구 분야를 전략적으로 육성 발전시켜 나가겠습니다. 이러한 저의 발전목표는 혼자의 힘으로 달성하기는 어렵습니다. 학교법인 건국대학교의 변함없는 지원과 격려가 있어야 할 것입니다. 대학 구성의 주체인 교수, 직원, 학생, 그리고 동문 여러분, 여러분의 협조와 이해가 절실히 요청되고 있습니다. 건국대학교의 구성 주체라는 사명감, 자긍심 그리고 희망을 가지고 함께 노력하고 함께 총 매진합시다. 그 결과는 곧 가시적으로 나타나 대학의 발전으로 이어질 것입니다.

사랑하는 건국가족 여러분!

다가오는 2001년부터는 교육 수요자의 감소로 인한 대학의 위기가 다가올 것입니다. 따라서 미리 준비하지 않는다면 생존키 어려울 것입니다. 우리 모두는 사회변화를 직시하면서 능력위주에 따라 모든 조직을 합리적으로 재편성하지 않으면 안 될 것입니다. 따라서 교육과 연구기능을 최대한 유지하면서 예산절감과 효율을 높이는 구조조정이 요구되고 있습니다. 개혁은 혁명과 전쟁보다 무서운 것이 틀림없다고 했습니다. 그렇지만 우리는 반드시 해나가야 합니다.

존경하고 사랑하는 건국가족 여러분!

　　우리는 현재 전진과 후퇴의 기로에 서 있습니다. 구성원 전체가 이기심과 반목을 하루속히 버리고 하나로 뭉쳐 매진할 때입니다. 너와 내가 아닌 우리로 거듭날 때만 희망찬 앞날이 있습니다. 여러분, 제가 앞장서겠습니다. 강력한 리더십으로 인하여 발생될지 모를 여러 가지 문제를 미리 생각하는 것은 지양되어야 할 것이며 다소의 부작용이 동반된다 하더라도 너도 살고 나도 살리는, 즉 우리가 살자는 공생의 길인 개혁 추진은 많은 인내와 용기, 신념을 필요로 할 것입니다. 우리 다 같이 손잡고 힘차게 전진합시다. 그리하여 건국대학교의 찬란한 신문화를 창조해 나갑시다. 우리는 해낼 수 있습니다.

　　감사합니다. (1998년 8월 31일)

　　오늘의 총장 취임식을 시작으로 나의 4년 임기가 시작되었다. 총장은 대학의 최고 어른이라는 자부심을 갖는 자리가 아니라 최고의 심부름꾼이라는 낮은 자세로 임하면서 실력과 성실함을 바탕으로 전력투구의 노력을 쏟을 때 총장의 권위가 높아진다는 마음으로 최선을 다할 것을 다짐하고 다짐했다. 내 개인의 모든 것을 버리고 오직 학교의 발전만을 염두에 두고 헌신할 뿐만 아니라 한번 결심하고 추진한 일은 어떠한 어려움에도 흔들리지 않고 매진할 것이다.

훌륭한 리더와 마음의 자세

　　마더 테레사가 미국의회 연설에서 남긴 감동적인 한마디의 말 "섬길 줄 아는 사람만이 다스릴 자격이 있습니다."를 마음속에 깊이 간직하고 모든 건국대학교의 구성원들을 마음을 다해 섬길 때 총장의 한마디 한마디의 말이 힘을 얻을 수 있음을 명심하고자 했다. 이지성 작가도 그의 저서 '생각하는 인문학'에서 리더는 본래 섬기는 사람이다. 하지만 우리나라 리더들은 군림하기 바쁘다. 리더는 생각하는 사람이다. 하나 우리나라 리더들은 참으로 생각 없이 살고 있다고 꼬집었다. 나의 총장으로서의 역할은 군림이 아닌 구성원 모두를 존중하고 봉사하고 희생하는 것임을 알고 나의 역할과 본분에 충실하다면 모든 일들이 순조롭게 잘 이루어지고 성공한 총장으로서 임기를 끝낼 수 있으리라 다짐했다. 쑤린은 그의 저서 '어떻게 인생을 살 것인가'에서 자신을 단속할 수 있어야 타인을 통제할 자격이 생긴다고 했다. 뒤에 앉아 명령만 하는 보스가 아닌 리더로서 맨 앞에서 솔선수범하고 가장 먼저 행동하는 사람으로서 교수, 직원, 학생들의 마음을 사로잡을 수 있는 리더가 되고자 한다. 토케이어는 그의 저서 '영원히 살 것처럼 배우고 내일 죽을 것처럼 살아라'에서 참다운 지도자란 본보기를 보일 수 있는 사람이다. 비난의 소리에 미소로 답할 수 있는 사람은 리더가 될 자격이 있다고 했다.

자오위핑은 그의 저서 '판세를 읽는 승부사 조조'에서 자신의 원칙과 주관이 없으면 아무 의견이나 듣고 무슨 말이든 다 믿어 결국 우매한 방안을 선택할 가능성이 높으므로 경청을 잘하고 또 한편으로 자신의 주관이 뚜렷해야 한다고 했다. 존 어데어는 그의 저서 '성공하는 리더는 혼자 뛰지 않는다.'에서 리더의 직무는 다른 사람들을 동기 부여시키는 것이다. 동기 부여된 리더만이 다른 사람을 동기 부여시킬 수 있으므로 먼저 본보기를 보이는 것만이 최선의 유인책이라고 했다. 학내의 구성원들의 자발성을 이끌어내는 것이 진정 수준 있는 총장의 리더십이며 교직원 모두가 마음을 다해 업무에 열중하도록 동기 부여를 하는 것이 중요하다. 또한 총장의 말과 행동이 리더로서의 신뢰를 지니게 됐을 때 비로소 다른 사람을 고무 시킬 수 있다.

훌륭한 리더는 잘 듣는 사람임과 동시에 리더십의 핵심은 인격이며 인격이 있어야 신뢰를 받을 수 있고, 신뢰를 받아야 지도력에 권위가 생긴다. 이처럼 신뢰를 확보하고 동시에 대학 구성원 모두의 말을 경청할 줄 아는 자세가 중요하다. 리더는 다른 사람의 아픔을 자신의 아픔으로 읽는 능력과 촉이 발달한 사람이어야 한다. 사람을 움직이려면 머리가 아닌 마음에 호소해야 한다는 사실을 깊이 인식하고자 한다. 신뢰는 훌륭한 인격의 바탕에서 울어 나온다는 사실과 총장은 자신의 위치에서 대학을 내려다보는 자리가 아니라 교수들과 동일한 수평의 위치에서 허심탄회한 대화의 자리를 자주 가지고, 대학의 구성원들보다 더 열심히 노력하고 일하는 자세에서 대학을 이끌어 가는 지도자의 역할을 수행해가야 한다. 훌륭한 리더는 칭찬의 명수라는 말도 있다. 그리고 총장의 시선은 오늘보다는 내일을 향해 있어야 한다고 생각했다. 동시에 나의 총장 임기 내내 춘풍추상(春風秋霜) 즉 '타인에게는 봄바람처럼 너그러워야 하고 자신에게는 가을서리처럼 엄격해야 한다.'를 좌우명으로 삼고자 했다.

사람들은 의외로 자기 자신을 잘 알지 못하는 경우가 많다. 때문에 충분한 시간을 들여 자신을 알아가는 노력을 기우리는 것이 무엇보다 중요하다. 팀의 성과를 위해 자신의 힘을 보태고, 팀을 위해 자신의 힘을 활용할 수 있어야 비로소 완벽한 리더십을 인정받을 수 있다. 도쓰카 다카마사는 그의 저서 '세계최고의 인재들은 어떻게 기본을 실천할까'에서 개인만을 내세워 강하게 밀고 나가는 인물은 리더십이라는 중요한 요소를 갖추고 있지만 팀 플레이를 챙기지 못한다는 점에서 진정한 리더로서는 미성숙하다고 평가할 수 있고, 자신의 경험과 지식, 능력, 노하우 등을 팀원들과 함께 적극적으로 공유해야 한다고 했다. 웨이슈잉은 그의 저서 '하버드 새벽 4시 반'에서 무슨 일을 하던 간에 세 번 생각하고 행동하라고 했다. 세 번 생각하고 행동하는 사람은 쉽게 잘못을 저지르지 않는다. 즉 세 번 생각하라는 것은 행동하기에 앞서 먼저, 내가 무엇을 하고 있나? 두 번째, 어떻게 할 것인가? 그리고 마지막으로 일을 하고 나면 어떤 결과가 생길 것인가에 대해 생각하고 직면한 문제들에 대해서 확실하게 고민한다면 실수를 피할 수 있고 또한 일을 그르치지 않을 수 있다. 대학을 맡아 큰일을 하는 총장은 특히 인내할 줄 알고, 큰일과 작은 일을 구분할 줄 알며 언제나 냉정함을 유지하고 충동적인 감정에 휩쓸려서는 안 됨을 명심해야 한다. 사람은 언제나 스스로를 다스릴 줄 아는 자가 다른 사람도 다스릴 줄 안다는 사실을 기억하고 신뢰는 말보다 행동을 통해 쌓인다는 점을 상기해야 한다.

도쓰카 다카마사는 그의 저서 '세계최고의 인재들은 어떻게 기본을 실천할까'에서 리더십의 첫걸음은 오너십(ownership)이며 이는 눈앞에 놓인 일을 자신의 일로 여기는 것이며 '나의 의견은 무엇인가?'라고 생각하는 게 아니라 '나라면 어떻게 행동을 취할 것인가?'하고 자문을 거듭하는 발상이 오너십을 높인다고 했고 조직을 위해 가장 먼저 행동으로 옮기는 것이 리더의 역할이라고 했다. 이한우의 간신열전(60) '말을 통해 마음을 읽는 공자의 지혜'에서 명군(明君) 아래 간신 없고, 암군(暗君)은 간신의 온상이다. 라는 말을 모든 리더들은 가슴에 새겨야 한다. 류태영의 사랑편지 '겸양이상의 미덕은 없다'에서 높은 자리에 오를수록 조심해야 하고, 겸손해야 한다. 그때가 가장 위험한 때이다. 승리한 때가 가장 위험한 때이다. 라고 했다. 이훈범 대기자의 중앙선데이 칼럼 '대통령이 그늘에 있으면 벌어지는 일들'에서 비찰시 시찰비(非察是 是察非), 모두 그르다 할 때 옳은 게 없는지 살피고, 모두 옳다 할 때 그른 게 없는지 살펴야 한다. 나만 옳다는 독선과, 우리만 옳다는 만용 앞에 세상은 필연적으로 파멸의 길을 예비하고 있다고 했다. 대학총장 뿐만 아니라 조직의 책임을 맡는 모든 리더들이 겸허히 새겨들어야 할 엄숙한 경종(警鐘)이다.

총장 취임 후 첫 출근

취임 다음날 아침 7시 30분에 첫 출근을 했다. 하루 전 출근시간을 알려주었기 때문에 비서실에는 모두 대기하고 있었다. 그러나 예상외의 빠른 출근시간에 당황하는 기색이 역력했다. 이는 역대 전임 총장들은 오전 9시 넘어야 출근했기 때문이었다. 그러나 앞으로는 내가 오전 8시까지 출근한다며 30분 늦추었다. 전임 총장에 비해 이것도 너무 빠른 시간이라 그들에게 미안했다. 즉 비서실은 전보다 출근시간이 1시간 30분 정도 빨라진 것이다. 그들은 나보다 30분은 더 일찍 출근하기 때문이다.

오전 10시에 새로 임명된 교무위원(부총장, 대학원장, 학장, 처장)들에게 임명장을 수여하였다. 임명장에는 임기는 명시하지 않았으나 통상적으로 2년간으로 알고 있었다. 임기를 명시하지 않은 것은 교무위원으로서 본분을 제대로 하지 않을 때는 언제든지 교체될 수 있다는 의미가 내포되어 있고 이러한 사실을 임명장 수여 때 설명하였다. 임명장 수여 후 첫 교무회의가 개최되었다. 이날은 충주교무위원도 같이 참석하게 하였다. 교무위원 모두가 이 대학의 주인임을 명심하고 새로운 마음으로 대학발전에 최선을 다하자는 다짐의 인사말에 이어 기획처장으로 하여금 우리 대학의 재정상황을 상세히 설명하도록 했다. 그의 설명은 200억의 적자예산이 불가피하다는 것이었다.

특히 국가 부도위기인 IMF하에서 그 여파가 대학에도 고스란히 미치는 상황에서 단 한푼이라도 아끼고 절약하며 긴축재정으로 운영할 것임을 강조하였다. 그리고 이날 회의에서 몇 가지 중요안건을 통과시켰다. 수업이 오전 9시에 시작되니 모든 교직원의 출근시간은 8시 30분으로 30분을 앞당긴다. 그러나 학·원장, 처장 등 교무위원의 출근 시간은 8시로 하고 본부처장들은 매일 아침 8시에 총장실로 와서 커피를 같이 한다. 학·원장의 강의 책임시간을 3시간에서 6시간으로 상향조정하되 처장은 3시간 그대로 둔다. 직원이 맡고 있는 부처장제를 폐지한다. 유명무실한 각 단과대학의 학부장제와 교학상담 지도교수제를 폐지한다. 총장실의 별실에 총장만이 열람이 가능한 Hot line을 설치 운영하니 교수, 직원, 학생 등 누구나 건설적인 내용이나 개인의 어려운 사정 등 어떤 건의 사항도 직접 올릴 수 있으니 적극 활용하도록 홍보해 주기 바란다. 기타 여러 가지 건설적인 내용이 논의되었다. 교무회의가 끝난 후 모든 교무위원들이 본관 앞에서 기념촬영을 하고 학생회관 교수식당에서 오찬을 함께하였다.

총장이 주관하는 공식회의는 매주 월요일에 개최되는 참모회의(각 처의 처장)와 화요일에 개최되는 교무회의(대학원장, 대학학장, 각 처의 처장, 병원장)가 있다. 어떤 회의든 인사말 외에는 회의 안건에 대해서는 내가 먼저 발언을 하지 않았고 자유로운 토론을 유도하였다. 내가 먼저 발언을 하면 나의 의견에 영향을 받아 자유로운 토론이 방해받을 가능성이 높기 때문이었다. 모두가 자유롭게 토론을 하고 마지막에 모두의 의견을 종합하여 내가 결론을 마무리하는 것으로 회의를 끝냈다. 이성무 학술원 회원이 저술한 '방촌 황희 평전'에 따르면 조선왕조의 최장수 영의정(18년)의 자리를 지킨 유일한 재상인 황희는 회의에서 절대로 먼저 말하지 않았다 한다. 영의정이 먼저 말하면 다른 사람들은 말을 하지 못하거나 그 말이 옳다고 다투어 아부하기 일쑤기 때문에 황희는 다른 사람들의 말을 두루 듣고 마지막에 그의 좋은 머리로 종합해 의견을 개진했다고 한다.

새로 임명된 총무처장이 내가 타고 다닐 승용차에 대해 의견을 제시하였다. 전임 총장이 타던 승용차는 이미 18만km나 뛰어 운행 중에 고장 날 염려가 있으니 새 차로 구입하겠다고 제안했다. 그러나 나는 자동차 정비소에서 잘 정비해서 타면 되니 예산 낭비하지 말라고 단호히 거절하고 전임 총장이 타던 승용차를 그대로 물려받았다.

건국대학교에 근무하는 모든 건국인의 정체성(identity)과 자긍심(self-esteem)을 갖게 하기 위해 <건국대학교>의 홍보 스티커를 만들어 시범으로 총장 차의 뒤 유리창에 부착하고, 학교 정문에서 아침에 출근하는 모든 교직원의 출근승용차의 뒤 유리창에 직접 부착하여 주었다. 출퇴근 때에 뒤따라오는 차량에게 건국대학교를 홍보하고 동시에 난폭운전이 아닌 건국인의 올바른 운전솜씨로 모범을 보이고 뒤따라오는 운전자도 운전규칙을 잘 지키도록 유도하는 효과를 얻고자 함이었다.

대학 발전 위해 갖춰야 할 필수적인 조건, 인재

대학이 발전하기 위해서 갖춰야 할 필수적인 조건은 인재임을 나는 절실히 느끼고 있었다. 대학이 해야 할 중요한 일은, 첫째 지식의 생산인 연구하는 일, 둘째 지식의 보급인 가르치는 일, 셋째는 지식의 활용인 봉사하는 일이다. 대학의 개혁 없이는 대학은 물론 우리나라의 발전은 기대하기 어렵다. 그러나 대학의 교육개혁은 제도나 바꾸고 교과과정만 바꾼다고 되는 것이 아니라 사람을 바꾸어야 한다. 치열한 대학의 생존경쟁하에서 질(質)만이 살아남을 수 있는 유일한 길이고, 학문의 질은 교수의 질과 정비례한다. 세계적 지식경쟁 시대에 대학교육의 국제화는 아무리 강조해도 지나치지 않는다. 대학의 구성원인 교수, 직원들의 마음속에 깊이 뿌리내려 자리 잡고 있는 비관적인 생각, 즉 "어렵다" "안 된다"는 부정적인 타성을 시급히 훌훌 던져버리고 나는 "할 수 있다"는 능동적이고 적극적인 생각과 확고한 의지로 재무장할 것을 강조하였다. 능력은 자신감에서 나오고 노력은 의지로 가능하며 성공은 확신하는 자가 성공할 수 있음을 가슴에 새겨야 선도적인 위치에 설 수 있다. 대학발전을 위해 한번 정한 목표는 분명한 근거가 있어야하고, 그 근거가 명확해야 목표 역시 탄탄하게 뒷받침될 수 있다. 그러나 자기 확신에 빠져 타인의 의견을 무시하고 스스로를 살피지 못하는 총장은 대학의 발전은 커녕 오히려 역행하는 결과를 가지고 온다.

박태준 회장과의 만남과 그의 포철 경영철학

총장취임 초에 정호용 장관의 소개를 받아 박태준 회장과의 점심오찬을 가졌다. 나의 부탁을 받고 정호용 장관이 주선해 주신 자리였다. 포철을 세계 제일의 기업으로 키운 그의 지도력을 본받아 나도 나의 모교를 운영하고 키우겠다는 의도에서였다. 서갑경 하와이대 교수가 집필한 '철강왕, 박태준의 경영이야기, 최고기준을 고집하라'도 탐독했다. 책 내용 중 일부를 소개한다. 박태준은 종업원들의 근로의식을 바꿀 수 있는 탁월한 능력을 지녔다. 생산성이 없는 종업원을 생산성이 높은 종업원으로, 평범한 종업원을 탁월한 종업원으로, 대충 일하는 종업원을 정확하게 일하는 종업원으로, 부정적인 종업원들의 태도를 긍정적인 태도로 바꾸는 능력을 지녔다. 포철과 다른 기업들과의 차이점은 박태준이 스스로 역할 모델이 되었다는 점이다. 그는 자신이 역설했던 바를 그대로 실천했다. 그는 항상 종업원들에게 모범이 되기 위해 헌신적으로 일했다. 그리고 그가 지나간 뒤에는 종업원들이 정해진 목표를 향해 따라갈 수 있는 항로가 열렸다. 그는 마음만 먹으면 무엇이든지 이룰 수 있다는 인간의 능력을 믿고 있었다. 박태준은 참을성이 많은 사람이었지만 스스로 최선을 다하지 않는 사람들은 가차 없이 꾸짖었다. 자신뿐만 아니라 다른 사람에게도 높은 기대치를 갖고 있었기 때문에 같은 실수를 반복하는 것은 참지 못했다. 반면에 그는 자신의 기대를 넘어서 훌륭한 성과를 내는 사람들을 아끼고 존중했다. 리더가 자신의 사업을 세세한 부분까지 알지 못하면 종업원들이 건성으로 일하게 된다는 사실을 잘 알고 있었다. 박태준은 본래 소심한 사람이지만 다른 사람의 감정을 잘 헤아리는 사람이기도 했다. 그는 절도 있는 사람이었으며 존경하는 사람에게는 충성을 다하는 사람이었다고 기술하였다. 나는 박태준 회장의 지도력을 본받고자 노력했다. 이어서 전직 총장들을 오찬에 모시고 대학운영에 대한 허심탄회한 대화를 나누었다.

대학 발전을 앞당길 특성화분야

우리 대학에 종사하는 교수 개개인의 성장이 없이는 대학의 성장도 없고, 대학의 성장이 정체되면 훌륭한 교수들을 영입할 수도 없다. 따라서 교수의 성장이 대학의 발전이라는 명확한 목표를 가지고 훌륭한 교수의 영입과 교수의 교육 및 연구역량을 높이는 것이 중요하다. 정진홍은 '사람공부'에서 모든 조직의 동력은 결국 사람에게서 나온다. 사람이 자산이고 사람이 힘이다. 사람을 제대로 키워내야 이길 수 있다고 했다. 결국 교수, 직원, 학생들의 만족이 대학발전의 지름길인 셈이다. 이를 위해 차분히 준비해 가는 것이 미래를 보장받을 수 있다. 우리 대학의 경쟁력을 높이기 위해서 추진할 특성화 분야는 3D(DNA(생명공학), Digital(정보통신), Design(디자인)), 즉 생명공학, 정보통신, 디자인분야로 결정했다. 이를 지원하기 위해 생명과학관을 신축하고 세계적 석학 5명을 스타 교수로 모셔올 계획을 가지고 추진하였으나 나의 임기 중 건물 완공이 지연되어 빛을 보지 못하였다.

수의과대학, 정보통신대학, 건축전문대학원, 부동산대학원 신설

가장 입학성적이 높고 경쟁력 있는 수의학분야를 육성하기위해서 축산대학에 속해 있는 수의학과를 수의과대학으로 승격하고 독립건물을 신축하여 이전시켰고 정보통신분야를 육성하기 위해서 정보통신대학을 신설하여 소프트웨어 분야와 제4차 산업혁명의 근간인 인공지능(AI), 사물인터넷(IOT), 그리고 빅데이터(Big data) 분야를 중점 육성할 근간을 만들었다. 생활문화대학을 디자인문화대학으로 개명하고, 건축디자인 분야를 지원하기 위해 건축전문대학원을 신설하였다. 특히 디자인이란 무형의 지적 자산이며 아이디어에 따라 부가가치를 천문학적 수준으로 끌어올릴 수 있는 잠재력을 가지고 있다. 즉 김영세 회장은 그의 저서 '12억 짜리 냅킨 한 장'에서 디자인이란 바로 혁신적인 생각을 하는 것이며, 바로 아이디어의 원석을 발견하여 우리의 생활을 편리하고 풍요롭게 하는 보석으로 만드는 것이라고 했다. 행정대학원과 국제대학원내의 부동산학과를 폐지하고 독립대학원인 부동산대학원을 신설하였고 2001년 2월 28일 개원 및 입학식을 가졌다. 첫 신입생 모집부터 경쟁률이 높았고 그 후로도 높은 경쟁률과 우수학생의 지원으로 모름지기 국내에서 최고의 부동산대학원으로 명성을 유지해 가고 있는 모습이 마음 뿌듯하다. 그리고 의과대학을 의학전문대학원으로 전환하였다. 동시에 사범대학의 농교육과를 교육공학과로 개명하고 충주캠퍼스에 유아교육과를 신설하였다.

 마이크로소프트사의 기술협력과 장비지원을 받은 것을 시작으로 미국 캘리포니아주의 시스코사를 방문하여 기술협력을 약속받았으며 이어서 스탠포드대학교와 실리콘밸리를 방문하여 연구동향과 벤처창업의 노하우를 청취하였고 이를 우리 대학에 이식하고자 하였다. 벤처창업의 활성화는 대학의 발전은 물론 국가경제를 젊게 하고 활력을 불어넣는 기폭제가 될 수 있다. 박용삼의 저서 '테드, 미래를 보는 눈'에서 벤처창업의 성공요인 5가지를 제시하였다. 첫 번째는 아이디어, 두 번째는 팀의 능력, 세 번째는 비즈니스 모델, 네 번째는 펀딩(funding), 다섯 번째는 타이밍이다. 이상 5가지 요인 모두가 벤처의 성공에 매우 결정적인 핵심임에 틀림없다. 이중에서 가장 중요도가 높은 것은 타이밍이고 다음이 팀의 능력, 아이디어 순이고 비즈니스 모델과 펀딩 순이다. 그리고 성공의 비결은 '할 수 있다는 마인드와 조언을 경청'하는 마음가짐이라고 그는 언급했다.

전과제도와 자유전공제 도입

해마다 심각하게 대두되는 신입생의 수업태도의 저하를 막고 학업의욕을 높이기 위해서 전과제도를 확대하였다. 즉 신입생의 1년간의 평균성적이 일정수준 이상일 때는 2학년으로 진급 시에 어느 학과든지 원하는 전공으로 전과를 허용하였다. 따라서 고교시절 공부를 제대로 하지 못하여 원하는 전공학과에 진학할 수 없을 때는 본인의 성적에 맞는 학과에 입학했다가 입학 후 열심히 공부하여 2학년 진급 시에 원하는 전공학과로 전과를 허용하여 학생의 학업의욕을 높이고 장래의 진로선택이 수월하도록 하였다. 더 나아가 국내에서 최초로 신입생의 자유전공제를 도입하여 초기에는 신입생의 25%를, 그리고 앞으로 50%까지 확대할 계획이었다. 특히 전과제도는 신입생들의 수업 및 학업성취도를 크게 향상 시켰고, 고교 3학년생들의 우리 대학 선택에도 큰 영향을 미쳐 우수학생의 우리 대학 지원에 큰 효과를 가져왔다.

강의평가제와 대학의 국제화

대학의 경쟁력은 교수의 경쟁력에서 나타난다. 교수에게 주어진 교육과 연구는 우선순위를 정할 수 없을 정도로 막상막하(莫上莫下)이다. 그러나 학부 학생들에게 직접적으로 영향을 미치는 것은 교육이다. 따라서 교육의 질을 높이기 위해서 매학기 마다 강의가 끝나는 마지막 날에 학생들로 하여금 교수들의 강의평가를 하도록 하여 그 결과를 전체 교수 별 그리고 각 단과대학 교수별 평가점수 순위를 공개하였고 우수 교수는 매학기 마다 시상을 하여 교육의 질을 높였다.

대학의 국제화를 통한 연구 및 교육역량을 높이고자 교수들의 해외 연수를 적극 지원하였으며 외국 유학생 유치와 본교방문 외국인 교수를 위한 국제학사를 신축하고 외국인(미국)교수를 전임교수로 채용하였다. 우수학생을 선발하여 교비장학금으로 미국 5개 대학과 중국, 러시아 및 일본에 유학하게 함으로써 대학생들의 국제교류 및 학업 의욕을 증진시켰으며, 이것이 계기가 되어 졸업 후 미국에서 석, 박사 과정을 진학하는 학생이 늘어났고, 동시에 학생들이 유학 장학금을 받기 위한 향학열도 몰라보게 향상되었다. 이처럼 학생들이 해외로 눈을 돌려 우리보다 앞선 외국의 대학에 유학하여 스스로 국제화에 눈뜨게 되면 우리 대학은 물론 우리나라의 발전에 기여할 수 있는 인재로 성장할 수 있다. 따라서 학교의 역량이 허용하는 대로 교비지원 유학생, 특히 유명 미국대학에 유학할 학생 수를 크게 늘려갈 계획을 가지고 있었다. 본인의 총장 재임 4년 동안에 해외 유학하여 이수학점을 인정한 학생 수는 총 203명이며 유학한 대학은 미국 6개 대학, 일본 2개 대학, 중국 1개 대학, 대만 1개 대학, 러시아 1개 대학으로 전체 11개 대학에 이른다.

총장이 직접 방문하여 여러 대학과 자매결연을 체결했다. 즉 베트남의 하노이국립대학교, 소련 모스코바 맥심 고로키대학교, 터키 쎌츄크 대학교, 미국 알라바마주 어번대학교, 일본 국립도교농공대학교, 중국 베이징시립대학교(Beijing Union University) 등이다. 그리고 미국 하버드대학교를 방문하여 총장과 대학운영에 대한 의견교환과 미국 연방정부 교육부를 방문하여 대학 지원방안에 대한 의견을 교환하였다. 그리고 1998년 일본 와세다대학 오쿠시마 총장이 본교를 방문하여 교류협정 조인식을 가졌고, 2000년 동경경해 대학과 교류협정서 조인식, 2001년 마이크로소프트사와 기술협력 조인식, 2001년 일본 마쯔야마 대학교(카주히로 아우노 총장)와 학술교류협정 체결, 2002년 중국 연변 과학기술대학교(김진경 총장)와 자매결연 조인식, 2002년 미시시피대 자매결연, 2002년 몽골 후레정보통신대 자매결연을 가졌다.

국내기관과의 교류협력은 1999년 농촌진흥청, 광진구(정영섭 청장), 2001년 국회도서관과의 정보교류 조인식, 2001년 한국건설기술연구원 (하진규 원장)과 산학협력 조인식 그리고 2002년 e-건대 site 개통식을 가졌다. 그리고 1999년 11월 13일 중국 상해 푸단대 장제순 부총장 본교 방문, 1999년12월 13일 이스라엘 Dan Kyran 차관보 본교방문, 1999년 12월 15일 FAO Kobat 통계국장 내교, 1999년 12월 23일 김성훈 농림부 장관 내교, 2001년 3월 27일 우크라이나 대통령 영부인 방문 및 기념식수, 2001년 5월 23일 몽골 울란바트르 엠흐벌트 시장 내방, 2001년 10월 31일 이스라엘 대사부부 내교, 2001년 11월 5일 베트남 대사 내교, 2002년 3월 20일 미국 UC Davis 래리 벤드호프 총장 내방 및 특강, 2002년 3월 22일 우즈베키스탄 부끄하라대 총장 내방, 2002년 7월 2일 터키 대사 내방 등 많은 분들이 본교를 방문하여 상호 관심사를 논의하였다.

총장 재임 시에 총동문회 회장과 같이 2회 미주 여러 지역 동문회를 방문하여 동문들의 애교심을 진작시키고 모교와의 따뜻한 연결 고리를 유지하도록 격려하고 유대관계를 강화하도록 하였다.

국가 IMF 하의 어려운 재정을 슬기롭게 극복하기위해서 직원의 정년퇴직연령을 60세로 하향조정하고 장기근속 직원의 명예퇴직을 장려하여 임기 4년 동안 정규직 40명과 임시직 30명 등 도합 70명을 감축하여 인건비를 절약하였고 부처장제 등의 보직을 폐하여 보직수당을 절약하는 등 합리적 재정운용으로 예산절감을 가져왔고 서울과 충주캠퍼스의 행, 재정을 분리 운영하여 효율성을 높였다. 발전기금 모금에 심혈을 기울여 많은 동문 및 독지가들의 뜨거운 호응이 있었다. 100여 명의 신규 우수교수를 채용하여 강의와 연구의 질적 향상을 가져왔다.

교육과 연구시설 확보를 위한 건물 신축도 이루어졌다. 전임총장이 발주하여 신축중이던 서울캠퍼스의 문과대학 증축, 충주캠퍼스 행정관 준공, 21세기에 들어와 최초로 완공되어 공모로 명명한 새천년관을 완공하고 충주캠퍼스의 종합운동장과 체육관신축을 완공하였다. 내가 발주하여 신축한 건물은 서울캠퍼스의 공과대학의 중장비 실험동 신축, 수의과대학 신축, 생명과학관 신축, 디자인문화대학 증축, 국제학사 신축과 충주캠퍼스에는 여학생 기숙사를 신축하였다. 그리고 2001년 5월 15일 개교기념일에 건국대학교의료원 민중병원 신축 기공식을 가졌다.

등록금 인상을 두고 학생회와 갈등도 많았다. 지난 몇 년간 등록금 인상을 하지 않아 타 대학과의 등록금 차이가 많이 나 있어 이를 만회하고 어려운 재정확충을 위해 첫해 등록금 산정에서 등록금 10% 인상을 추진하여 학생회의 반대에도 불구하고 관철하였으며 특히 문과, 이과, 공학 및 의학 분야 간의 등록금 차등부과를 실시하지 않고 미루어온 것을 전면 실시하였다.

Hot line을 통해 구성원들의 의견수렴의 길을 넓히고 어떠한 건의사항도 심도 있게 검토하여 반드시 결과를 본인에게 회신하였으며 학생 본인이 해결하기 위해 백방으로 노력하다가 해결하지 못하고 결국 hot line을 통해 접수된 문제는 거의 100% 해결해 주었다. 학생으로서 예상하지 못했던 답신과 건의 및 고민거리를 해결해준 총장에게 감사함을 전해줄 때는 본인의 마음도 매우 기뻤음을 감출 수 없었다. 스스로가 상대방의 입장이 되어 생각하면 쉽사리 해결점을 찾을 수도 있는데도 자기의 입장만 고집하고 주어진 틀에서 벗어나지 못하면 아무것도 해결할 수 없음을 일깨워주는 것이기도 했다.

우수 신입생 유치를 위해 전국 주요 도시를 방문하여 고3 선생님들을 모시고 대학을 홍보하고 선생님들로부터 많은 의견을 청취하여 우수 신입생 유치 및 대학운영에 반영하였으며 이 같은 노력으로 우수학생들의 본교 지원율이 상당히 높아지는 결과를 가져왔다. 이일을 수행하는데 특히 대학 홍보실 박순영 실장을 위시한 홍보실 직원들의 헌신적인 노력이 있었음을 밝히고자 한다.

급변하는 국내외의 대학 환경변화와 우리 대학의 역량 분석을 통해 건국대학교가 지향하는 미래발전 비전을 수립하고 이를 구현하기 위해 개선되어야 할 영역에 대한 개선방향 및 전략을 수립하고자 세계적인 컨설팅 회사인 A.T. Kearney사에 의뢰하여 대학의 미래지향적인 발전 기틀을 수립하였다.

　교내 자판기 관리와 운영에 허점이 많았고 수익금에 대한 비리 문제가 끊임없이 발생했다. 이를 개선하기 위해 교내 전체 자판기를 모두 회수하여 학교에서 직접 관리하여 수익금 전액을 장학금으로 편입했다. 그러나 결국은 공개입찰에 의해 외주를 주었고 이의 수익금은 역시 전액 장학금으로 활용하였다. 이 같은 조치로 자판기 수입이 배 이상 증가되었다. 이 과정에서 총학생회의 반발이 심했으나 명분을 가지고 잘 설득하여 무마하였다. 사실은 자판기 수익금이 총학생회를 거쳐 운동권 학생들의 운동자금으로 사용되었기 때문에 이를 차단하기 위한 것이었다.

　1984년 10월 28일, 전국의 운동권 학생들이 대학본부 건물과 학생회관 건물 점거농성 이후 건국대학교는 운동권 학생들의 중심 세력권으로 부각되어 있었다. 이들을 어떻게 설득하여 훌륭한 학생으로 교육하느냐가 초미의 관심사였다. 고심 끝에 생각해낸 것이 금강산 관광이었다. 간접적으로라도 북한의 실상을 보고 오면 태도가 바뀌리라 생각했던 것이다. 현대아산에서 배 한척을 임대하여 재학생 1,100명, 동문, 교직원 100명, 도합 1,200명을 금강산 관광에 참여시켰다. 이때는 금강산 관광이 시작된 초창기였고 여러 국가기관에서 우려의 전화가 걸려왔다. 하물며 학생 몇 명이 금강산에서 북한으로 탈출한다는 정보도 있다고도 했다. 만반의 준비를 하여 불상사가 일어나지 않도록 하겠으며, 총장인 내가 모든 것을 책임지겠노라고 설득했다. 결국 모두가 무사히 갔다 왔고 그 후 학생들의 태도가 완전히 달라졌다. 못 먹어 키가 왜소한 북한의 경비병들, 그들의 경직된 행동 등등이 입에 오르내리며 이 몇 가지 상황을 보고 들은 학생들은 많은 것을 이해하는 분위기였다. 따라서 비용을 지출한 이상의 효과가 분명히 있었음을 그 후의 학생들의 태도에서 느낄 수 있었다.

2002년 6월은 우리나라에서 처음으로 축구 월드컵 경기가 개최되어 온 나라가 흥분의 도가니에 들끓었다. 특히 대한민국의 축구선수 21명 중 황선홍, 이영표, 유상철, 현영민의 4명이 건국대 출신선수였고 그들이 뛰는 축구장은 물론 모교 캠퍼스에 설치된 대형스크린 앞에서 그들에게 보내는 응원의 함성은 상상 이상이었으며 특히 붉은악마들의 응원모습은 전 세계의 TV 화면을 뜨겁게 달구었다. 당시 축구선수의 베스트 일레븐(best eleven)에도 황선홍, 이영표, 유상철의 세 선수가 선발되어 전국 대학 중에서 가장 많은 선수를 배출한 대학일 뿐 아니라 우리나라 축구 역사상 최초로 4강에 진입하는데 혁혁히 공헌하여 우리 대학의 위상이 전 국민들의 마음속에 깊이 각인되었다. 따라서 당시의 축구감독인 히딩크에게 새천년관에서 명예박사학위를 수여하는 날, 우리의 넓은 캠퍼스에는 발 디딜 틈이 없을 정도로 인파가 몰려들었다. 히딩크 뿐만 아니라 당시의 코치들과 우리 대학 출신 선수들을 단상에 모시고 축하선물과 격려의 박수를 아끼지 않았으며 그들의 노고와 헌신에 대해 아낌없는 감사함을 표했다. 곧 이어서 우리 대학 일행이 대학 간 자매결연차 방문한 터키에서도 가는 곳마다 축구 이야기였고 우리가 선물한 붉은악마가 입은 티셔츠는 대단히 귀중한 선물이 되었었다. 특히 준결승전에서 우리가 터키에 패했지만 우리 국민 모두는 형제의 나라 터키에 패한 것을 조금도 아쉬워하지 않았었다는 나의 인사말에 강당에 모인 청중들이 우레 같은 박수를 보내왔었다. 또한 광진구와 터키의 자매도시공원에 건설하는 한국 고유의 팔각정(八角亭)을 건축대학 안형준 교수의 설계로 추진 및 준공하였다.

　각종 언론매체에도 다양한 기고 및 인터뷰 기사가 실렸다. 1998년 신동아, 나를 감동시킨 한 권의 책 <징비록이 주는 교훈>. 1998년 건대 소식 제56호 인터뷰 <현장교육 주력, 2002년 국내 최상위 그룹에 진입>. 1998년 11월 12일 경향신문 <국내 5위권 대학 목표로 특성화 주력>. 1998년 11월 11일 대학문화신문 <나의 삶의 철학은 입지. 뜻을 세우고 목표를 정한다.> 1998년 12월 9일 동아일보 <대학도 경영개념 도입해야>. 1999년 5월 5일 매일경제 <천년의 기여자>. 1999년 5월 12일 매일경제 <전략적 사고와 대학개혁>. 1999년 5월 18일 매일경제 <교단 단상>. 1999년 5월 24일 <대학축전 서곡>. 1999년 5월 29일 <미래대학의 가치>. 1999년 6월 4일 매일경제 <마약퇴치의 달, 6월>. 1999년 6월 10일 매일경제 <감자꽃이 주는 교훈>. 1999년 6월 16일 매일경제 <눈높이 동물사랑>. 1999년 6월 22일 매일경제 <청렴과 분수>. 1999년 6월 28일 매일경제 <대학위기와 개혁>. 1999년 12월 1일 동아일보 <생명과학, 수의학, 정보통신 분야의 집중육성. 경쟁력 있는 분야 집중 투자>. 2000년 10월 9일 한국경제 <생명공학 등 4개 분야 간판학과로 육성>. 2000년 11월 30일 뉴스메이커 <학생만족도 최고의 대학 만든다.> 2001년 7월 3일 경향신문 <대학경쟁력이 곧 국가경쟁력>. 2001년 4월 19일 경향신문 <국제적 식견을 갖춘 우수인재 양성>. 2001년 10월 과학과 기술 <생명과학분야 육성에 집중 투자>. 2002년 6월호 정경뉴스 <세계로 이어진 정보 네트워크 대학>. 그리고 KTX의 시승과 선로 가설작업에 참여로 받은 대가를 불우이웃에게 기증하는 KBS 방송 출연과 내게 감명을 준 책 등 여러 방송 및 언론매체에 출연하고 여러 신문에 총장의 동정 등 많은 기사가 게재됨으로서 대학의 홍보와 위상제고에 크게 기여하였다. 이 같은 홍보활동에 홍보실의 박순영 실장과 홍보실 직원들의 적극적인 노력이 있었기에 가능했으며 이에 그들에게 감사함을 전한다.

본인이 건국대 15대 총장으로서 재임 4년간의 주요 업적은 '맹원재 박사 퇴임기념 업적 및 문집'에 주요 화보와 더불어 보다 상세히 기록되어 있다.

대학교 이사장의 자리

1959년, 낙원동 캠퍼스의 정치대학과 장안동 캠퍼스의 문리과대학, 축산대학이 주축이 되어 건국대학교로 개명되면서 종합대학교로 승격되었고 장안벌의 캠퍼스는 80만 평으로 알려져 있었다. 신입생으로 첫발을 디딘 나는 2만평의 호수주변에 건설된 교사와 인접한 광활한 뜰이 모두 학교 땅임을 알고 놀랐다. 그 넓은 교지를 지금까지 보유하고 있다면, 아니면 교지를 처분한 자금이 학교발전에 기여했다면 건국대학교의 발전은 눈부셨을 것이다. 이런 가정이 빗나간 것은 모두 설립자 후손인 법인 이사장들이 학교경영에 소홀하지 않았나를 의심해볼 수밖에 없다. 설립자이신 유석창 초대이사장이 세상을 떠나신 후 오늘에 이르기까지 대학을 내 것마냥 운영한 후손 이사장들은 많은 동문들의 모교를 향한 자랑스러운 마음을 담지 못하고 있음을 뼈저리게 인식하여야 한다. 어느 대학도 설립자 혼자의 힘으로 대학을 설립한 경우는 전무하다. 주위의 뜻있는 분들의 아낌없는 헌신적 도움이 있었기에 가능한 일이었다. 때문에 학교를 물려받은 후손 이사장들은 나의 대학이 아니라 우리의 대학임을 인식하고 폭넓은 의견을 수렴해서 합리적으로 대학을 운영했어야 했다. 대학 이사장이라는 명예를 소중히 생각하고 대학발전에만 전념해야할 위치에 있는 분들이 태만하거나 귀가 얇아 거짓정보에 우왕좌왕하거나 또는 허황된 헛된 욕심에 눈을 돌리면 대학의 경쟁력은 추락할 수밖에 없고 그 결과는 오늘의 우리 대학교의 모습이다. 그 유일한 객관적 증거가 대학설립 당시의 경쟁대학이거나 우리보다 못했던 대학이 현재는 우리 대학보다 월등히 앞선 위치에 있다는 사실이다. 이를 지적하고 건설적 의견을 제시하는 교직원들을 마치 해교자 취급을 하는 분위기에서는 대학의 미래를 장담할 수 없다.

내가 총장으로 선임되어 총장의 직을 수행할 초기의 법인이사장은 현승종 전 국무총리였으며(1993년 이사장 취임) 그분은 대학교수(고려대)와 대학총장직(성균관대와 한림대)을 역임하시면서 해당 대학을 크게 발전시킨 경험이 풍부한 분이었다. 대학의 모든 학사관련 업무는 물론 학사운영에 필수적인 교무위원의 인사도 총장에게 전적으로 일임하였다. 매주 목요일 오전 10시에 총장과의 대화시간을 가졌으며 이때 지난 일주일 간 있었던 모든 일, 그리고 앞으로 일주일 동안 계획한 일들을 A4 용지에 기록하여 한부씩 나누어 가지고 총장이 설명하면서 상호 의견을 허심탄회하게 교환하였다. 이어서 구내 교직원 식당에서 오찬을 같이하며 상호 소통과 학교 운영에 대한 이해를 넓혀갔다. 때문에 어느 누구도 중간에 끼어 이간질하거나 비방 할 틈이 없었고 총장의 책임 하에 대학발전에 헌신할 수 있었다. 현승종 이사장님이 중도에 이사장직을 그만두고(1999년 4월) 고려대 법인이사장으로 가신 것은 우리 대학교로서는 매우 안타까운 일이었다.

현승종 이사장 후임으로 이중근 이사장이 취임하셨으며 그는 20억의 발전기금을 출연하였고 여기에다 대학 교비 15억을 보태서 국제학사를 건립하였다. 당시 중국과의 교류가 활발해짐에 따라 우리 대학의 주소인 모진동(毛陳洞) 93번지의 한자 의미가 중국인들에게 잘못 해석이 된다는 사실을 알고 화양동 1번지로 바꿀 것을 이사회에 건의하여 변경시켰다. 그래도 대학을 원만히 운영하시던 이중근 이사장 후임으로 김경희 이사가 이사장으로 취임하였다. 이사장이라는 직책은 학교 운영경험도 있어야 하고 독선과 아집을 버리고, 도덕적으로도 흠집이 없는 분이여야 하며 훌륭한 인품과 따뜻한 마음으로 대학 구성원들을 감동시킬 수 있어야 한다. 단지 설립자의 장손이 이사장직을 물러 받았다가 불의의 사고로 돌아가신 후 미망인으로 있다가 설립자 가족의 일원이라는 명분으로 이사장이 되었으나 기대와는 너무나 달라 나는 실망을 했고 너무 속이 상했다. 무엇보다 중요한 것은 앉을만한 자리에 앉을만한 사람이 앉았느냐이다. 어떤 자리든 그 자리를 차지한 사람은 그 자리 값을 해야 한다. 문제는 언제나 제자리를 잘못 차지하는 데서 비롯된다. 빈 독이 원래 요란하다는 옛말이 생각났다. 그런 사람일수록 엉뚱한 남의 말에 귀를 잘 기울이고 이간질에 잘 속는 경향이 있다. '법정 행복한 삶'의 저자 김옥림 작가는 자신의 능력에 맞지 않는

자리를 탐하거나, 원칙을 무시하고 순리를 벗어나 인위(人爲)를 가하
다 보면 반드시 문제가 생기며, 이는 있어야 할 자리를 벗어나 마치 잘
못 끼운 단추처럼 어긋난다고 했다. 따라서 자신의 능력에 맞지 않는
자리를 넘보지 말아야 한다. 각자가 자신이 있어야 할 자리에 있는 것,
그 자리를 지키며 최선을 다하는 것, 그것은 자신을 위하고 모두를 위
한 일인 것이다. 라고 했다. 이는 어떤 자리를 탐하기에 앞서 본인이 합
당한 인물인지 스스로를 깊이 성찰해 보아야 한다는 무서운 경고이다.
이사장이라는 직책의 책임감보다 권력에 중독되는 것은 마약보다 무
섭다. 임용한도 '리더의 가장 무서운 적'에서 리더에게 제일 무서운 적
은 바로 자신의 권력이라고 했다.

  어느 조직이든 지도자는 중국 고전 한비자의 글을 새겨들어야 한다.
한비자는 '지도자의 주변에 사나운 개나 교활한 쥐들이 얼마나 설치고
있는지를 확인하고 이들 무리들을 과감하게 제거해야 한다.'고 했다.
일반적으로 사람들은 자기 자신의 모습을 있는 그대로 보지 못한다.
그리고 대학의 발전을 진정으로 원한다면, 스스로가 합당한 인물인지
심사숙고하고 아니면 훌륭한 인물을 영입할 수 있는 도량을 가지는 것
이 설립자 가족으로서의 의무이며 책무이다. 지금은 이조시대나 가능
한 세습의 시대가 아니다. 죽느냐 사느냐를 다투는 치열한 경쟁시대이
며 최고지도자의 경영능력과 지도력 그리고 구성원들로부터 받는 존
경심이 바탕이 되어야 대학을 운영할 수 있다. 사실 그는 이런 조건과
는 거리가 멀었고 그와는 말이 통하지 않아 전임 이사장과 같은 아름
다운 소통은 끝이 났다. 그는 마치 대학의 사적주인인 것처럼 행세했
으며 학교사정과 운영에 경험이 많은 총장과의 대화도 소원할 수밖에

없었다. 하물며 후임 총장을 선임할 때도 학교발전을 위해 최적임자를 선임하는 것이 아니라 본인에게 충성하는 사람을 선택하기 위해 각가지 수단을 동원했다는 것이 대학구성원들의 다수로부터 회자되는 뒷말이었다. 사실 사람은 자기 자신을 모르는데서 모든 불행의 싹이 움튼다는 사실을 깨달아야 하고 많은 대학구성원들이 입을 다물고 말과 행동을 지켜보고 있다는 사실을 민감하게 인식하고 있어야 한다. 모든 문제의 근원은 과신과 오만에서 오며 원칙과 소신을 버리면 추한모습이 드러나게 되어 있다.

총장인 나는 어떤 소통의 노력도 불가함을 알고 단지 당연직이사로서 이사회에 참석하여 의견을 개진할 뿐이었다. '성경에 비추어 본 채근담에 담긴 삶의 지혜(홍자성 지음, 임덕일 엮음)'에 옳지 않음을 깨달으면 즉시 시정해야 한다. 본인의 실수에 대해 집요하게 변호한다면 그보다 어리석은 행동은 없다. 이미 실수를 했다면 발견 즉시 바로잡으려고 노력해야 한다. 어리석은 사람들은 자신의 잘못을 인정하지 않고 이리저리 핑계를 대기에 바쁘다. 이로 인해 신뢰를 잃고 결국 본인은 물론 학교도 어려움에 빠지게 된다. 사마천이 쓴 '史記, 토끼사냥이 끝나면 사냥개를 잡아먹는다.'에서 욕심을 그칠 줄 모르면 그 욕심 부린 것을 모두 잃게 되고, 만족할 줄 모르면 그 가진 것을 모두 잃는다고 했다. 다시 한 번 후진을 길러야 하는 대학에서 자질이 안 되는 데도 스스로가 헛된 욕심을 부리고 있는 것이 아닌지를 심사숙고하길 바라는 마음 간절하다. 사사건건 대학을 간섭하고 내가 대학의 주인임을 과시하는 것이 이사장의 임무라고 생각하는 순간 그 대학의 발전은 곤두박질친다. 우수한 총장을 선임하는데 심혈을 기울이고 총장을 믿고 그에게 모든 대학운영을 맡겨라. 그리고 총장이 최선을 다하도록 격려하고 지원하는 것이 이사장의 역할이다.

 이사장과 총장인 나와의 의견충돌의 또 하나는 남측부지 3만평의 개발문제이었다. 그 부지는 야구장, 축구장, 골프연습장, ROTC 회관과 훈련장 그리고 사료공장이 위치하고 있었다. 80만 평의 부지를 다 날리고 유일하게 남은 나머지 교육용 부지였다. 특히 이의 개발허가를 받기위해 광진구청에 6천 평의 부지를 기부 체납하는 것을 총장인 나는 도저히 용납할 수가 없었다. 내가 대학을 떠난 후 개발이 활발히 진행되었고 외형상으로는 대단한 것처럼 보이나 내부적으로는 그 결과가 심히 우려된다는 것이 내용을 잘 아는 분들의 한결같은 공통된 중론이다. 나는 재임 시에 학교의 수입창출을 위해서 능동로의 도로변에 건대 전철역까지 상가건물을 짓는 방안을 제시하였고 총장취임사에서도 언급하였다.

 드디어 2002년 8월 말 총장임기만료를 앞두고 마지막 이사회가 열렸다. 이사 9명 중에 오직 나 혼자만이 남측 부지 개발을 반대하였고, 찬성하는 8명의 이사들은 개발하면 엄청난 수익금이 발생할 텐데 반대하는 이유를 모르겠다고 했다. 그들은 학교의 지난 역사를 모르기 때문이며 내가 아무리 부당함을 설명해도 그들은 귀를 기울이지 않았다. 지금까지 학교에서 진행한 어떠한 사업도 성공한 적이 한 번도 없었음을 이 학교 출신인 나는 잘 알고 있고, 현재 법인이 거느린 인력과 능력으로는 절대 성공할 수 없음을 나는 장담할 수 있었다. 이러한 상황에서 남측 부지 개발을 추진하는 것은 연목구어(緣木求魚), 즉 불가능한 일을 추진하는 것이나 다름없다. 다행히도 법인 감사가 마지막 이사회에서 "어려운 여건 하에서도 총장은 300억을 비축했다"며 칭찬의 말을 아끼지 않았다.

학교를 사랑하는 마음에 보람도 있었지만 힘든 길

총장의 자리는 가장 명예로운 자리임에는 틀림없다. 동문 1호 총장으로서 최선을 다한 것도 틀림없는 사실이다. 총장 취임 때 다짐했던 마더 데레사의 말 "섬길 줄 아는 사람만이 다스릴 자격이 있다"를 항상 마음속에 두고 교수, 직원, 학생 모두를 성심으로 섬기며 학교를 운영하고자 노력했다. 그러면서 해야 할 일, 가야 할 길은 굽힘없이 나아갔다. 이런 과정에서 의견 충돌과 마음 상하는 일이 있을 수도 있다. 누구나 자기에게 주어진 일에 최선을 다할 때 행복을 느낀다. 나도 총장직을 무사히 끝내고 본래의 자리로 떠나면서 무한한 행복을 느낀다. 그리고 멈추어 있는 대학의 수레바퀴가 굴러가도록 역할을 한데 대한 자부심을 갖는다. 굴러가기 시작한 수레는 조그만 힘을 가해도 가속도를 낼 수 있다. 나와 함께 힘든 여정을 함께 걷고 뛰어주신 많은 분들께 감사드린다. 특히 나를 믿고 총장으로 임명해 주신 현승종 이사장님께도 무한한 감사를 드린다. 그리고 연구년으로 미국에 나가 있을 때 나로 하여금 총장의 길에 발을 내밀 수 있는 마음의 길을 열어주신 김연수 상무이사님께도 꼭 감사를 드리고 싶다. 4년 내내 누구보다 일찍 출근하여 수많은 행사와 바쁜 업무를 차질 없이 보필해 주신 총장 비서실 김택호 실장과 비서실 직원들의 헌신적인 노력에 감사하며 나의 마음속 깊이 고마움을 간직하고자 한다. 또한 나와 한마음이 되어 학교발전만을 염두에 두고 최선을 다해주신 보직자 여러분들께 진심으로 감사드린다.

2002년 8월 30일 새천년관 공연장에서 거행된 총장의 이·취임식을 끝으로 총장직을 떠났다. 나는 원고없이 이임사를 하였고 주요 내용은 새로 취임하는 총장을 실제 이상으로 능력을 부각시켜 칭찬을 했고 모든 대학 구성원들도 그를 도와 대학을 발전시켜줄 것을 부탁드린다고 했다. 이어서 후임 총장은 준비해온 취임사에서 전직 총장에 대해선 일언반구(一言半句)도 하지 않았다. 순간 내 머리 속에 그는 '참 못난 인간'이라는 생각으로 채워졌다. 사람은 지위가 높아질수록 훌륭한 언어의 자산을 가지고 있어야 한다. 언어는 곧 그 사람의 마음이기 때문이다. 그런 옹졸한 마음으로는 대학 구성원간의 화합을 이룰 수 없고 따라서 성공한 총장이 될 수 없음을 안타까워하며 점심 겸 축하 리셉션을 불참하고 자리를 떠났다. 그리고 오랜 시간이 흘러가도 그의 못나고 옹졸한 모습이 나의 머릿속을 떠나지 않았다. 이런 사람일수록 휘질기의(諱疾忌醫)하다. 즉 병을 숨기고 의사를 꺼린다는 뜻으로, 충고에도 본인의 결점을 고치지 않는 사람을 두고 하는 말이다. 정도언도 그의 저서 '프로이트의 의자'에서 어려서부터 세상을 부정적으로 보아온 사람은 항상 일이 안 되는 방향으로 세상과 나를 바라본다고 했다. 무무 역시 그의 저서 '행복이 머무는 순간들'에서 분노는 다른 사람의 잘못으로 자신을 벌하는 것이라는 속담이 있다고 했다. 타인의 단점을 잊지 않으면 실제로 큰 피해를 보는 사람은 자기 자신이라고 했다. 그리고 우리는 반드시 기억해야한다. 거짓 웃음과 감언이설(甘言利說)로, 즉 남의 비위에 맞도록 꾸민 달콤한 말과 이로운 조건을 내세워 꾀는 말로 자신의 속마음을 포장한들 마각노출(馬脚露出),즉 가장

하여 숨긴 진상이나 본심이 백일하에 드러나는 것은 시간문제라는 것이다.

　아직도 정년까지 남은 1년 반 동안을 교수로서의 본분을 다하고자 한다. 총장직을 수행하는 것은 보람도 있었지만 또한 힘든 길이었다. 그동안 최선을 다했기에 나는 무척 기쁜 마음으로 떠난다. '법정 행복한 삶'의 저자 김옥림 작가는 오르막길은 어렵고 힘든 만큼 인생의 정상에 오르기란 힘이 든다. 그래서 그 길은 최선을 다해 가야 하는 길이다. 하지만 내려오는 길은 덜 힘들다보니 긴장감이 떨어지듯, 인생길을 쉽게 가려고 해서는 안 됨을 명심해야 한다. 살아있는 동안 주어지는 물질과 명예는 잠시 빌려 쓰는 것이라고 생각하라며 물질과 명예의 욕망으로부터 벗어나는 것이 참되게 살 수 있는 길이라고 했다. 맞는 말이다. 그러나 마음은 무거웠다. 넓은 캠퍼스 부지가 눈이 녹아 사라지듯 없어진 것처럼 마지막 남은 3만 평의 남측 교육용 부지가 잘못된 개발과 이사장의 대학운영 능력과 자세에 대한 부정적 우려가 크기 때문이었고 동시에 뒤를 이어받는 총장의 좁은 마음이 대학 구성원들과의 화합이 어렵겠다는 염려가 되었다. 나는 뒤로 물러나지만 학교를 사랑하는 동문들이 감시의 눈을 크게 뜨고 끝까지 지켜주길 간절히 소망했다. 이사장도 그를 향한 많은 사람들의 부정적인 우려와 기우를 벗을 수 있도록 개과천선(改過遷善)하기를 바라는 마음 간절하다. 이제 더 이상 오곡불분(五穀不分)이라는 소리를 듣지 않기를 바란다. 즉 이는 오곡(쌀, 보리, 콩, 조, 기장)을 분간 못할 정도로 아주 어리석은 사람을 두고 하는 말이다. 그리고 큰일을 하는 사람은 누구나를 불문하고 갈택이어(竭澤而漁)에 빠지지 말아야 한다. 이는 연못을 다 말리고 물고기를 잡는다는 뜻으로, 눈앞의 이익에 급급해 먼 장래를 생각하지 않는다는 것을 비유하는 말이다. 사람은 구안능지(具眼能知), 즉 안목을 가진 자만이 옳고 그름을 판단할 수 있는 것이다.

제22장 ◆ 학교를 떠나며

    4년 전 제자들과 열심히 일했던 연구실로 돌아왔다. 물론 지난 4년간도 퇴근 시에 총장실을 나서면 연구실에 와서 학생들을 만나곤 했었다. 내가 연구실로 돌아온다는 소식을 들은 대학원생들이 나의 연구실 청소를 깨끗이 해 두었다. 나의 연구실은 내가 가장 정든 자리이고 내가 가장 원하던 자리임을 새삼스럽게 느꼈다.

    토요일, 일요일에도 연구실을 지켰고 해외 논문 발표를 위해 출장을 가는 때를 제외하곤 재임 중 한 번도 휴가를 간적도 없이 연구실에 출근을 했었다. 이처럼 나의 연구실은 내 인생을 온전히 묻어둔 공간이기도 하다. 총장 재임 4년간 비워두었던 공간이지만 내가 지금부터 현직에 남아있을 기간은 이제 앞으로 1년 6개월뿐이다. 앞으로 남은 짧은 시간을 아껴 강의와 대학원생들의 논문준비에 만전을 기하기로 마음먹었다. 사람은 누구나 자신이 하는 일이 정말로 중요하다고 믿으면 자신의 삶에 만족하며 스스로가 하는 일의 중압감을 이겨내는 힘을 가지게 된다. 그리고 각자가 자신의 역할에 충실할 때 모든 일들이 원만하게 이루어지고 동시에 보람을 느끼게 된다. 이 순간까지 나를 버틸 수 있도록 마음속 깊이 새겨진 말은 십벌지목(十伐之木)이다. 즉 열 번 찍어 안 넘어가는 나무가 없듯이 꾸준히 노력하면 반드시 성취한다는 것이다.

사람은 누구나 제자리가 있다

어느 날 아침 이른 출근길이었다. 건대 전철역에서 내려 첫 신호등을 건너 상허문 가까이 오니 경찰버스가 정차하고 있어 깜짝 놀랐다. 정문 가까이에서 몇 명의 여성이 모자를 눌러쓰고 피켓을 들고 시위를 하고 있었다. 눈여겨보지 않고 지나쳐 교문을 들어서니 학교로 들어오는 교수, 직원, 학생들에게 유인물을 나누어 주고 있어 나도 한 장 받아 들고 연구실로 들어왔다. 의자에 앉자마자 숨을 가다듬고 유인물을 살펴보았다. 손 글씨로 종이 앞뒤에 가득 사연을 기록했고 맨 마지막에 본인의 이름과 주민등록번호를 기입하였다. 내용은 이사장과 관련된 것으로 이 지면에 옮길 수조차 없을 정도로 낯 뜨거운 사연이었다. 나의 자랑스러운 모교에서 이런 일이 일어난다는 것은 나를 극도로 분노케 했고 몹시 부끄럽기도 했다. 맹자는 수오지심(羞惡之心), 부끄러워하는 마음이 없으면 사람이 아니다. 라고 했다.

후에 이런 일이 일어난 자초지종을 자세히 듣고, 교육기관인 대학에서 이런 일이 일어나고도 당사자가 어떻게 얼굴 들고 출근할 수 있을까를 수없이 생각하며 분노와 안타까움이 교차했다. 편지내용의 진위를 떠나서라도 이런 일이 일어난 자체만으로 도저히 묵과할 수 없는 일이다. 따라서 정상적인 사고와 인격을 가진 사람이라면 배움의 전당, 교육기관에서 스스로가 영원히 자취를 감추는 것이 정상이다. 그러나 그는 아무런 일이 없었던 것처럼 행동했고 자숙의 모습도 보이지 않았다. 그 이후에도 자포자기인지 아니면 인격 파탄자인지 의심이 갈 정도로 심하면 심했지 자성의 모습이 전혀 보이지 않았다. 자기 잘못을 모르는 사람한테는 백약이 무효라고 한다. 이는 결국 학교 운영철학과 명분 및 신념이 없는데서 기인된 것이며 자신에게 맞지 않은 자리를 차지하면 누구나 그의 말로(末路)는 추한 모습으로 종말을 맞게 된다. 사람은 어느 자리에 있던 꼭 필요한 사람이 되어야 한다. 사람이 꼭 필요한 곳, 꼭 있어야 할 곳에 있으면 대접을 받지만 그 자리에 어울리지 않는 사람은 결국 잡초 취급을 받는다. 사람의 성격은 내면의 모습이므로 변하지 않는다. 중국고사에도 강산이개 본성난개(江山易改本性難改)라는 문장이 있다. 이는 강산은 바꾸기 쉽지만, 본성은 고치기 힘 든다는 뜻이다. 그러나 누구나 중년의 나이를 넘어서면 존경은 받지 못할지언정 욕은 먹지 말아야 한다는 말이 엄중하게 우리의 가슴에 파고들어온다.

사람은 늙어갈수록 지식보다는 지혜가 있어야 하고, 하는 일마다 진정성이 있어야 한다. 사람이 겸손하지 못하고 잘못을 뉘우치지 못하면 방법이 없다. 즉 걸레는 아무리 깨끗하게 빨아도 행주가 될 수 없는 것이다. 미국의 빌게이츠는 다음과 같은 말을 했다. "실수는 누구나 한번쯤 아니 여러 번, 수백 수천 번 할 수 있다. 그러나 같은 실수를 반복하면 그건 못난 사람이다." 빌게이츠의 말을 빌리면 그는 분명 못난 사람 임에 틀림없다. 왜냐하면 그는 똑같은 추문을 반복해서 저지르고도 추호의 반성이 없기 때문이다. '성경에 비추어 본 채근담에 담긴 삶의 지혜(홍자성 지음, 임덕일 엮음)에도 사람이란 값어치가 없는 만큼 자만이 강하고 뻔뻔스러우며 차츰 오만해지고 뻐긴다고 했다. 우리는 깨끗한 신발을 신었을 때는 조심스레 진흙길을 피해서 걷지만, 신발이 조금씩 더러워지면 주의하지 않고 걷는다. 신발이 완전히 더러워지면 진흙길을 피할 생각은 아예 접고 마구 걷게 된다. 이와 같이 우리가 처음 잘못을 지질렀을 땐 죄책감에 사로잡히지만, 그것이 반복되면 쉽게 잘못을 저지르게 된다. 나중에는 죄책감마저 무뎌져 자신의 행위가 잘못되었다는 것조차 판단이 흐려진다고 했다. 조오현 스님은 그의 저서 '죽는 법을 모르는데 사는 법을 어찌 알랴'에서 잘못은 한번으로 족하다. 한 번의 잘못을 거울삼아 두 번 다시 그 같은 일을 되풀이하지 않는 것에서 사람의 아름다움이 있는 것이다. 잘못을 되풀이하지 않으려고 애쓰는 사람, 다시는 수렁에 발을 들여 놓지 않으려는 사람이 인격자라고 했다. 안병욱 수상집 '지상에서 가장 아름다운 것'에서 우리는 저마다 제 자리를 알고, 제 자리를 지키고, 그 자리에 없어서는 아니 될 사람이 되어야 한다. 그 자리에 있으나 마나 한 사람이 있고, 그 자리에 있어서는 안 될 사람이 있고, 그 자리에 없어서는 안 될 사람이 있다. 우리는 저마다 그 자리에 없어서는 안 될 사람이 되어야 한다. 이 세상의 모든 존재는 저마다 제 자리에 있을 때 건강하고 아름답다고 했다. 잘못된 사람이 잘못 자리를 차지하고 있으면 대학뿐 아니라 어떠한 조직의 발전도 하향곡선을 그리게 된다. 아무리 외형적인 대학의 모습이 몰라보게 크게 바뀌었어도 대학의 발전은 상대적인 것이다. 우리 보다 못한 대학이 우리 대학을 앞서면 우리는 퇴보한 것이다. 사립대학 이사장의 자리는 막중한 자리다. 모든 권한을 쥐고 흔드는 지금까지의 관례에서 볼 때 그가 행사하는 권한은 넘치는데 그의 책임과 도리는 지나치리만큼 무시되고 있고 이를 스스로도 깨닫지 못하고 있다.

이런저런 사연으로 나와 법인과의 관계는 악화일로에 있었다. 주요 원인 중 하나는 남측 부지 개발 관련 때문이었고, 많은 동문들도 내용을 제대로 파악하지 못하고, 당시는 무조건 학교 편을 드는 경향이 많았다. 그러나 세월이 지난 지금은 그것이 잘못된 것임을 인식하고 있으나 때는 이미 늦은 셈이었다. 나도 마음이 많이 불편했고 모교 출신 총장이 아니었다면 어쩌면 나도 그것에 관여 하지 않았으리라 생각된다. 그러나 교육기관에 종사하는 분들은 학생들에게 존경을 받을 수 있도록 인품과 도덕적인 면에서 모범을 보여야 하고 이것이 오히려 실력보다 우선시되어야 한다는 생각에는 변함이 없다. 이것이 결여되면 청소년을 교육하는 교육기관에서 떠나야만 한다는 것이 본인의 소신이다. 더구나 대학운영에 핵심 역할을 맡은 분이라면 더 더욱이나 엄격한 잣대가 적용되어야 한다. 소들은 먹은 것을 반추한다. 그런 반면 사람은 생각을 반추하는 유일한 존재이다. 매일매일 지나온 하루하루를 반추하며 자신의 잘못을 되 씹어보는 현명한 사람이 되기를 그에게 기대하는 것은 헛된 욕심일까? 자신의 역할은 군림이 아니라 대학의 구성원들을 존중하고 봉사하고 희생하는 것임을 알고 자기에게 주어진 역할과 본분에 충실하면 모든 일이 잘되고 존경 받을 수 있음을 깨닫고 실천해야만 한다. 정호성 시인은 그의 저서 '내 인생에 힘이 되어준 한마디'에서 밥알이 밥그릇에 있어야 아름다우나 얼굴이나 옷에 붙어 있으면 추해 보인다고 했다. 인간도 자기 인생의 자리가 정해져 있다. 인간이라면 그 자리를 소중히 여기고 제대로 지킬 줄 알아야 한다. 자리에는 그 자리에 앉아야 할 주인이 있다. 그런데 흔히 엉뚱한 사람이 앉아 있는 경우가 흔하다. 그 역할을 담당해 낼 자격을 갖추지 못한 사람이 자리를 차지하고 있다고 생각해 보라. 삶에서 모든 사람에게는 제자리가 따로 있다. 제자리에 제대로 된 사람이 앉아 있는 학교가 건강하고 발전할 수 있는 대학이다.

옛말에 "양심에 어긋나는 일을 하지 않으면 귀신이 와도 두렵지 않다."는 말이 있다. 한비자에 "집을 지키는 개가 사나우면 술이 쉰다(拘猛酒酸)." 즉 나라에 간신배가 있으면 어진 신하가 모이지 않음을 비유한 말을 자오위핑의 저서(판세를 읽는 승부사 조조)에서 인용 하였다. 본인이 능력이 부족하면 좋은 참모들을 가까이하고 그들의 의견과 충고를 경청하여 학교 운영에 반영하기를 바란다. 사마천이 쓴 '사기(史記), 토끼사냥이 끝나면 사냥개를 잡아먹는다.'에 천 마리 양의 가죽은 한 마리 여우의 가죽만 못하고 천 명의 아첨꾼은 바른말 하는 한 사람만도 못하다는 말이 있다. 조오현 스님은 그의 저서 '죽는 법을 모르는데 사는 법을 어찌 알랴'에서 훌륭한 인격을 갖춘 사람일수록 남에게는 너그럽고 자신에게는 엄격하다. 남의 충고가 비록 듣기 싫더라도 그 충고를 거울삼아 자신의 인격을 도야하는 약으로 삼는다. 옛 선비들이 자주 썼던 '좋은 약은 입에 쓰고, 좋은 충고는 귀에 거슬린다(良藥苦口忠言逆耳).'는 말은 항상 그 반대이기 쉬운 인간의 마음을 다스리기 위한 잠언(箴言)이라고 했다. 제발 상기 잠언을 귀담아 듣고 한 사람이라도 바른말 하는 사람을 옆에 두고 정신 차리고 학교 운영에 전념하기를 간절히 기대해 본다. 김태준 책임연구원도 '인재를 예우하는 조직이 성공 한다'에서 리더가 인재를 극진하게 예우하고 인재가 리더에게 거침없이 자신의 뜻을 밝히는 조직에 좋은 사람들이 몰린다고 했다. 백천귀해(百川歸海), 바다는 모든 강보다 낮은 쪽에 위치하여 차별을 하지 않고 강물을 받는다는 뜻으로 사람도 가장 낮은 자세로 겸손하게 처신하면 민심이나 대세의 흐름이 한곳으로 모이고 그들이 가지고 있는 재주를 발휘하여 자신의 일같이 정성을 다하여 일한다. 특히 사람이 어느 직위에 오르면 항상 삼성오신(三省吾身), 즉 하루에 여러 번씩 자신의 행동을 반성하며, 잘못을 저질렀을 때에는 자원자애(自怨自艾), 즉 자신의 잘못을 뇌우치고 다시는 그런 잘못이 없도록 수양에 힘써야 한다.

꿈을 이룬 나는 행복하다

어렸을 때는 막연하나마 선생님이 되기를 꿈꾸었고, 대학에 다닐 때는 대학교수가 되기를 꿈꾸었으며, 박사학위는 미국에서 받겠다고 다짐한 꿈이 기적처럼 하나하나 이루어졌다. 내가 가장 보람되고 좋아하는 직업을 평생누리고 많은 사람들이 부러워하는 자리까지 오른 나는 최상의 행운아라고 생각한다. 인생에서 진정한 승리자는 자신이 이루고자한 꿈을 성취한 사람이다. '더 해빙(The Having)'의 저자 이서윤은 '미래의 불안' 대신 '현재의 긍정'에 집중하고, 긍정적인 면에 초점을 맞추면 좋은 느낌이 생기고, 좋은 느낌이 운을 끌어온다고 했다. 여기까지 오기까지 내게는 많은 어려움과 고난이 있었다. 어려운 상황은 나를 분발하게 하였고 나의 고난이 나의 인생을 더욱 값어치 있게 만든 원동력이 되었다. 이는 항상 긍정적으로 생각하고 열심히 노력한 결과이다. 그러나 내 스스로가 꿈꾸며 이루고자 한 목표를 모두 달성한다는 것은 자신의 노력만으로는 불가능한, 하느님의 도움이 있어야 가능한 일일 것이다. 나는 이제 더 이상 어떤 것도 바라는 욕심이 없고 행복하며 모든 것을 내려놓고 대학을 떠나 자연인으로 살겠다는 생각 외에 아무것도 없다. 그러나 한편으로 정신적인 면에서나 육체적인 건강 면에서 아직도 왕성하게 일을 할 수 있다는 자신감이 있는 것도 사실이다. 끝으로 지금까지 나를 이끌어주고 나에게 감동을 안겨준 많은 분들의 감동적인 글들을 가능한 한 원문 그대로 아래에 소개하고자 한다. 그들의 한마디 한마디의 말들이 우리들을 일깨우고 우리가 행할 말과 행동을 가다듬고, 각오를 새롭게 하도록 이끌어준다.

최고 혁신이 가능한 절정의 나이

정주영 작가는 그의 저서 '하버드 상위 1퍼센트의 비밀'에서 20세기 노벨상 수상자와 혁신적 발명가의 최고 혁신이 가능한 절정의 나이는 40세라고 했다. 생물학적으로 가장 두뇌 처리능력이 높은 순간은 10대 후반이고 올림픽에서 신체적으로 가장 뛰어난 기량을 보여줄 수 있는 나이는 20대이다. 그리고 수학학자, 물리학자로 등장할 수 있는 나이는 30세, 의사로서 환자의 생명을 가장 잘 살릴 수 있는 나이는 40대가 정점이고, 이 모든 것을 뛰어 넘어 전 세계에서 가장 많은 돈을 굴리는 세계적인 CEO들의 평균 나이는 55세라고 했다. 한국연구재단(신용현의원실 재구성,2019)에서 발표한 최근 20년간 과학분야 노벨상 수상자의 수상당시 연령 분포를 보면 50대 19.87%, 60대 27.81%, 70대 30.46%, 80대 이상 14.57%로, 60대 이상에서 72.84%를 차지하고 있다. 이 같은 통계자료는 학자로서 정년을 했다고 해서 모든 것이 끝난 것처럼 생각하고 행동하는 것은 인생의 귀중한 시간을 낭비하는 것이라고 생각된다. 꿈은 소년이나 청년들의 전유물이 아니라 꿈은 은퇴이후의 노년에게도 있고 노년은 인생에서 가장 충만한 시기임을 주지(周知)하여야 한다.

대인관계를 신중히 하고 좋은 습관이 성공한 인생을 만든다.

내 몸이 귀하다고 남을 천히 하지 말고, 자기가 크다고 하여 남의 작은 것을 엽신 여기지 말며, 자기의 용기를 믿고서 적을 가벼이 여기지 말라는 명심보감(明心寶鑑)을 다시 한 번 되새김질 해 본다. 세상이 주는 시련과 좌절은 나에게 인내와 지혜를 선물로 준다는 사실을 깨닫게 한 지난 세월이었다. 대인관계는 뿌린 만큼 거두는 법이며 무언가를 얻고 싶으면 먼저 내가 가진 것부터 나누어야 한다는 것을 기억할 필요가 있다. 군자들이 친구를 사귀는 것은 처음엔 물처럼 담담하지만 그 친분이 오래 지속되고 소인들이 친구를 사귀는 것은 처음엔 술처럼 달콤하지만 이해관계에 따라 쉽게 만나고 헤어진다는 옛말이 이제야 내 마음에 와 닫는다. 한강 작가는 주말 연재 '오십즈음(42) 성공과 행복, 다 이룬 사람들의 공통점'에서 훌륭한 대인관계의 기초에는 공감이 존재한다. 남으로부터 공감 받지 못하거나, 남을 공감할 수 없는 사람은 결코 행복할 수도, 성공할 수도 없다. 공감이야말로 행복과 성공의 초석이요 지름길이다. 라고 했다. 무무는 그의 저서 '행복이 머무는 순간들'에서 삶에서 시간은 흐르는 물처럼 빠르게 지나가지만 우리는 항상 소중한 사람들에게 소홀하다. 우리는 매일 매순간 곁의 소중한 사람들을 아껴주어야 한다고 했다.

백영옥의 말과 글(131) '습관에 대하여'에서 좋은 삶은 좋은 습관으로 이루어져 있다. 잘살고 싶다면 '원인이 되는 삶'을 살아야 한다. 즉 건강해 지고 싶으면 운동해야 하고, 외국어를 잘하고 싶다면 낯선 단어를 암기해야 한다. 뚜렷한 목표가 있는 사람은 가장 험난한 길에서도 앞으로 나아가고 아무런 목표가 없는 사람은 가장 순탄한 길에서도 앞으로 나아가지 못한다는 사실을 돌에 새기 듯 마음속에 깊이 새겨야 한다. 우리가 자라면서 잘 들인 좋은 습관은 그 어떤 자산보다도 가치가 높다. 이는 좋은 습관은 자신을 성공한 인생으로 만들기 때문이다. 김옥림 작가는 그의 저서 '법정 행복한 삶'에서 당신을 만드는 것은 바로 당신 자신의 좋은 습관이며 우리들이 올바른 인생을 살기 위해서는 첫째, 날마다 자신을 돌아보는 시간을 가지고 반성하는 삶을 살아야 하고, 둘째, 독서를 많이 하여 마음의 근육을 키워야 한다. 셋째, 문화, 예술 등 문화생활을 통해 정서를 함양하고, 넷째, 봉사활동으로 남을 배려하는 마음을 키워야 한다고 했다. 빌게이츠도 좋은 습관이 성공의 힘이고 좋은 습관이 운명을 바꿔준다고 했다.

토케이어는 그의 저서 '영원히 살 것처럼 배우고 내일 죽을 것처럼 살아라'에서 항상 부지런히 일하는 습관을 들여라. 성공을 하는 일이나 실패를 하는 것은 습관에 달려 있다고 했다. 유성은 목사는 그의 저서 '행복습관'에서 행복은 습관이다. 행복하려면 부단히 연습이 필요하다. 행복한 나날을 보내려면 다른 무엇보다도 가치 있는 하루하루를 보낼 수 있어야 하고 가치 있는 나날을 보내려면 삶의 질을 추구해야 한다고 했다. 또한 우리는 일상생활에서 긍정적이고 희망적인 말을 습관화하는 것이 매우 중요하다.

자신의 이름과 얼굴에 책임을 지고 신용을 중시하라

'세계는 넓고 할 일은 많다'의 저자 김우중 회장은 사람은 자신의 이름의 무게를 소중히 생각해야 한다. 자기의 이름을 부끄럽지 않게 잘 지켜야 한다는 것이다. 본인이 자기 이름을 더럽히는 것은 어리석은 일 중에서도 가장 어리석은 일이다. 명예를 잃는다는 것은 바로 이름을 더럽힌다는 것이며 명예를 지킨다는 것은 바로 이름을 품위 있게 유지한다는 것이다. 그 이름에 걸맞은 품위와 행동을 보여 주지 않을 때 그는 이미 명예를 잃은 것이라고 했다. 안병욱 수상집 '지상에서 가장 아름다운 것'에서 우리는 그 이름에 손색이 없는 사람이 되어야 한다. 세상의 모든 사람, 온갖 존재가 저마다 제 이름에 부끄럽지 않는 알맹이와 실력과 자격을 갖출 때, 그 사회는 견고하고 그 민족은 번영하게 된다. 우리는 저마다 좋은 얼굴을 갖도록 힘써야 한다. 좋은 얼굴을 가지려면 무엇보다도 착한 마음씨로 진실한 생활을 해야 한다. 참된 마음으로 꾸준히 노력하면 우리의 얼굴도 무척 진실해질 수 있다고 했다. 얼굴의 근본 바탕은 이 세상에 태어날 때 운명적으로 결정되지만 자기의 성실한 노력에 따라서 어느 정도 고칠 수 있다. 따라서 사람은 저마다 자기의 얼굴을 매일 같이 조각하면서 살아가는 것이다. 진실한 마음은 진실한 얼굴로, 거짓된 마음은 흉한 얼굴로 변한다.

법정 스님의 법문집 '좋은 말씀'에서 어릴 적에는 부모가 만들어 준 얼굴로 통하지만 사람이 사십 년을 넘어서면 자기 얼굴에 책임을 지지 않으면 안 된다. 이는 저마다 자기 얼굴을 스스로 만들어가야한다는 뜻이다. 즉 얼굴이 그 사람의 이력서이며 살아온 그의 인생이 얼굴에 고스란히 새겨진다는 의미라고 했다. 토케이어는 그의 저서 '영원히 살 것처럼 배우고 내일 죽을 것처럼 살아라'에서 자기 얼굴을 지키고 자기를 이끌어 가기 위해서는 첫째로 도덕적인 원칙이 있어야 한다. 둘째로는 훌륭한 사회구성원으로서의 생각을 지녀야 한다. 사람은 누구나 빛과 그림자의 두 가지 면을 지니고 있다. 아무리 착한 사람이라 할지라도 그림자를 지니고 있으며, 아무리 악한 사람이라도 빛이 있는 법이다. 그러므로 그림자가 있다고 해서 부끄러워할 것은 없다. 빛의 부분을 더 밝게 하면 되는 것이다. 반대로 빛의 부분이 있다고 해서 마음

을 놓아서도 안 된다. 그림자의 부분을 없애도록 노력해야만 한다고
했다.

  이진우 교수는 그의 저서 '균형이라는 삶의 기술'에서 성격이 드러나
는 얼굴에는 삶의 모든 것이 새겨져 있다. 성격을 결정짓는 것은 어떻
게 사느냐에 달려있으며, 행복한 삶을 산 사람은 좋은 성격을 드러내
고, 불행한 삶은 나쁜 성격으로 표현된다고 했다. 그리고 그는 행복한
삶은 최선을 다한 삶과 좋은 삶을 통해서만 실현될 수 있다고 했다.

  '시련은 있어도 실패는 없다'의 저자 정주영 회장은 작은 일에 성실
한 이를 보고 우리는 큰일에도 성실하리라 믿는다. 작은 약속을 어김
없이 지키는 사람은 큰 약속도 틀림없이 지키리라 믿어준다. 작은 일
에 최선을 다하는 사람은 큰일에도 최선을 다하리라 믿는다. 이것이
신용이다. 일상생활에서부터, 아주 작은 일에서부터 바른 생각으로
성실하게 자신의 인생을 운영해 나가다 보면 신용은 저절로 싹이 트
기 시작해서 부쩍부쩍 크고 있을 것이고, 그러다 보면 어느 날엔가는
말하는 대로 의심 없이 믿어주는 커다란 신용을 갖게 될 것이다. 이같
이 신용은 나무처럼 자라나 나를 명예롭게 지켜준다고 했다. 쑤린은
그의 저서 '어떻게 인생을 살 것인가'에서 신용은 장기투자이며 언젠
가는 당신에게 높은 효율의 인맥을 가져다줘 더 나은 내가 될 수 있다.
신용을 유지하기 위해서는 절대 그 어떤 속임수도 있어서는 안 되고,
약속한 사항이라면 얼마만큼의 대가를 치르든지 약속을 지켜야 하며,
작은 일에 대한 신용을 중시하고 사소한 일을 소홀히 하지 말아야 한
다고 했다.

류태영 교수는 그의 저서 "나는 긍정을 선택한다"에서 신용(휴먼 크레디트)을 쌓으려면 첫째, 주인의식을 가지고 일하라. 둘째, 정직하고 어떤 경우에도 거짓말을 하지 마라. 셋째, 약속을 지키고 어떤 손해가 나더라도 반드시 약속을 지켜라. 넷째, 성실하라고 했다. 미국의 32대 대통령 프랭클린 루스벨트의 영부인 엘리너 루스벨트는 "돈을 잃은 자는 많은 것을 잃은 것이며, 친구를 잃은 자는 더 많은 것을 잃은 것이며, 신의를 잃은 자는 모든 것을 잃은 것이다"라고 했다(류태영의 사랑편지. 긍정적인 사고). 슐츠 미국 전 국무장관도 100세 생일을 맞아 워싱턴 포스트에 게재한 기고문에서 "100년 동안 많은 것을 배웠지만 돌아보면 배우고 또 배운 한 가지 교훈이 있다"며 "신뢰(trust)가 사회를 지탱하는 힘이라는 것"이라고 강조했다.

꿈을 가져라. 그리고 꿈의 실현은 노력에서 온다

꿈을 가지고 인생을 살아가는 것은 매우 중요하고 꿈은 나의 나아갈 방향을 안내하는 북극성이며 성공을 향한 필수요인이다. 이미도의 '무비 식도락(識道樂)(152) Dreams have no expiration date'에서 소개된 꿈에 관한 내용인 미국 시인 랭스턴 휴즈(Langton Hughes)의 시를 아래에 소개한다.

꿈 / 랭스턴 휴즈   Dreams / Langston Hughes

꿈을 단단히 붙잡아요   Hold fast to dreams

꿈을 잃으면 삶은   For if dreams die

날개가 부러져 날지 못하는   Life is a broken-winged bird

새와 같으니까요	That can not fly.

꿈을 단단히 붙잡아요.	Hold fast to dreams
꿈이 사라져버리면	For when dreams go
인생은 쓸모없는 황무지가 되어	Life is a barren field
눈 덮인 동토가 되기 때문이다.	Frozen with snow.

　기사 내용 중에 나오는 중요한 문장을 그대로 소개한다. 우리가 기억하고 있어야 할 주옥같은 문장이다.

> 꿈을 잃으면 다 잃은 거다(You don't have dreams, you don't have anything). / 부정적 태도를 긍정적 태도로 바꿔라(Turn "I can't" into "I can"). / 꿈을 따라 가라. 네 꿈은 목적지로 가는 길을 알고 있다(Follow your dreams. They know the way). / 꿈은 유효기간이 없다(Dreams have no expiration date).

　프랑스의 소설가 앙드레 말로(Andre Malraux)는 오랫동안 꿈을 그리는 사람은 마침내 그 꿈을 닮아간다고 했다. 즉 꿈을 가지고 그 일을 끈질기게 하면 못 이룰 것이 없다는 뜻이다. 차동엽 신부는 그의 저서 '무지개 원리'에서 꿈(목표)을 장기적으로 품으면 그것이 현실이 되고, 어릴 때 품은 꿈의 크기가 인생의 규모를 결정짓는다. 꿈은 곧 희망이며, 희망은 성공의 씨앗이다. 그러나 꿈은 각종 시련을 극복한 후에 이루어진다고 했다. 고도원은 그의 저서 '위대한 시작'에서 여러분의 꿈이 자라기 위해서는 역경, 시련, 좌절, 절망의 계곡을 건너야 한다. 꿈은 바로 목표이자 방향이며 꿈이 있는 사람은 목표가 분명해서 망설이고 방황하느라 아까운 시간을 흘려보내지 않고 열정적으로 꿈을 위해 노력한다. 꿈을 이룬 사람들은 바로 도전정신과 용기 때문이며, 불굴의 노력으로 도전할 때 꿈은 현실에 가까워지지만 도전하지 않으면 꿈은 머나먼 달나라 이야기에 불과하다고 했다.

이케다 다이사쿠도 그의 저서 '인생좌표'에서 꿈과 현실을 이어주는 다리는 노력이며 노력하는 사람에게 희망이 솟아오른다고 했다. 이나모리 가즈오도 그의 저서 '생각의 힘'에서 꿈의 실현은 꾸준한 노력에서 시작된다. 꾸준한 노력을 하지 않고 단지 꿈을 꾸기만 한다면 그저 꿈에만 머물 뿐이라고 했다. 토케이어는 그의 저서 '영원히 살 것처럼 배우고 내일 죽을 것처럼 살아라'에서 다른 사람을 뛰어넘으려 하기보다는 자기 자신을 극복하기 위해 노력하는 사람이 어느 날 다른 사람들보다 뛰어나게 되는 법이라고 했다. 안병욱 수상집 '지상에서 가장 아름다운 것'에서 꿈을 실현하려고 분투노력할 때 인생의 향상이 있고 발전이 있다며 꿈은 생의 추진력이라 했다. 정진홍의 '사람공부'에서 슈퍼스타 크리스토퍼 리브는 "우리들의 꿈은 대부분 처음에는 불가능해보이지만 꼭 이루고야 말겠다고 의지를 펼치기 시작하면, 불가능한 것은 아무것도 없다"고 말했다. 정호승 작가는 그의 저서 '내 인생에 힘이 되어준 한마디'에서 꿈의 크기가 삶의 크기라고 했다.

자신의 부족함을 노력으로 채울 수 있다

사람과 사람간의 능력(ability)의 차이는 크지 않다. 오직 노력(effort)의 차이일 뿐이고 노력은 본인의 의지로 가능하다. 따라서 가장 뛰어난 사람은 가장 노력하는 사람이다. 스스로가 부족하고 뛰어난 능력이 없다고 자책했던 사람도 노력을 통해서 부족함을 채워 한 걸음 한 걸음 앞으로 나아가다 보면 어느덧 소기의 목표에 도달한 자신의 모습을 볼 수 있다. 정호승 시인은 그의 저서 '내 인생에 힘이 되어준 한마디'에서 노력이 재능이다. 재능에는 반드시 노력이 뒤따라야 한다며 재능이 1%였다면 그 나머지 99%는 오로지 노력에 의한 것이다. 인내야말로 성공의 또 다른 이름이라며 재능이 있으면서도 오늘 날 성공하지 못하는 사람이 많은 이유는 인내의 결핍 때문이라고 했다. 리웨이원은 그의 저서 '인생에 가장 중요한 7인을 만나라'에서 사람의 외모, 부모의 재력, 학벌, 성적은 사실 성공 요인 중 10%정도 밖에 차지하지 않는다. 나머지 90%는 모두 자신의 노력으로 채울 수 있다고 말한 것과 같이 인생은 반드시 노력한 만큼 그 대가를 받게 되어 있다. 천재 예술가 르누아르(Renoir)는 당신이 남보다 똑똑하지 않고 특별한 능력도 없다면 이 부족함을 당신의 노력을 통해서 채울 수 있다고 하였다. 우문식도 그의 저서 '긍정심리학의 행복'에서 실력이 노력이라며, 과학이 밝혀낸 사실은 능력이 성공에 미치는 영향은 극히 일부이다. 우리가 알고 있는 천재도 결국에는 남보다 더 노력했기 때문이라고 하였다. 실제로 우리가 잘 알고 있는 천재로 알려진 네오나르도 다빈치, 모차르트, 아인슈타인는 노력가로 잘 알려져 있다. 자신의 부족함을 탓하고 포기하지 말고 노력하면 극복할 수 있다는 것이다.

김우중 회장은 그의 저서 '세상은 넓고 할 일은 많다'에서 으뜸이 되고자 하는 사람은 최선을 다하며, 설혹 1등을 못한다 하더라도 2등은 할 수 있다. 그러나 처음부터 "나는 안 돼" "나는 무능해" 하고 포기해

버리면 그 사람은 어떤 일도 해내지 못한다고 했다. 켄베인은 그의 저서 '최고의 공부'에서 최고의 대학생은 뛰어난 두뇌의 소유자라기보다 노력하면 성장할 수 있다는 믿음을 가진 자 라고 강조하였다. 쑤린은 그의 저서 '어떻게 인생을 살 것인가'에서 성공은 그 사람이 처한 환경, 기회, 천부의 재능 등 외재적 요소도 중요하지만 이보다 더 중요한 것은 배움을 향한 열정과 스스로의 노력이다. 자기 자신의 부족함을 핑계거리로 삼거나 탓하며 포기하지 말고 스스로의 부족함을 노력으로 채워 나가는 자세야 말로 우리가 지녀야 할 덕목이며 그것이 우리를 최정상으로 이끄는 원동력이다. 자신을 실패자라고 생각하면 실패하게 되지만 자신을 성공자라고 생각하면 반드시 성공하는 사람이 된다. 또한 언제나 긍정의 마음을 가지는 것이 중요하다. 긍정의 마인드를 가지면 비단 태도뿐만 아니라 언어와 행동 그리고 운명까지도 바뀐다고 했다.

체험은 훌륭한 스승이다

오늘의 행복과 불행은 모두 내가 스스로 뿌린 씨앗의 열매이며 우리의 운명은 스스로가 만들어가는 것이다. 어려움이 닥치더라도 좌절하지 않고 당당히 맞설 때 운명은 자기편으로 만들 수 있다고 리웨이원는 그의 저서 '인생에 가장 중요한 7인을 만나라'에서 말했다. 그는 1초 후에 나에게 무슨 일이 일어날지도 모르는데 먼 훗날 나의 계획이 성공할 수 있을지, 삶은 아무도 알 수 없다. 그저 하루하루 열심히 앞으로 나아갈 뿐이다. 얼마나 위험하든, 얼마나 큰 좌절이 기다리고 있든 변함없이 내일을 향해 전진해야 한다. 그래야만 성장할 수 있다고 했다. 켄베인도 그의 저서 '최고의 공부'에서 성공한 학생과 평범한 학생의 차이를 보면, 평범한 학생은 뭔가를 쉽게 얻지 못하면 포기하는 반면에, 높은 성취도를 가진 학생은 능력보다는 태도가 돋보이고 어떤 과제에 오래 매달리며 쉽사리 포기하지 않는다며 꾸준한 노력이 타고난 지능을 이긴다. 실패했을 때는 노력이 부족했다고 믿고, 노력하면 뭐든 습득하고 능력을 성장시킬 수 있다는 성장형 사고방식을 가지고 있다고 했다. 정주영 회장은 그의 저서 '시련은 있어도 실패는 없다'에서 자신의 여건을 불행하게만 생각하기 좋아하는 사람은 평생 불행할 수밖에 없고, 반면에 어떤 어려운 시련 속에서도 그것이 자신이 발전할 수 있는 좋은 기회라고 생각하는 사람은 평생을 잘 발전하며 행복하게 살 수 있다고 했다.

 존 맥스웰은 그의 저서 '사람은 무엇으로 성장 하는가'에서 성공은 수확이 아니라 파종으로 생각한다. 하루의 성공을 판단하는 기준은 무엇을 거둬들였느냐가 아니라 무엇을 뿌렸느냐이며 하루뿐 아니라 평생도 그렇게 평가해야 한다. 씨앗을 뿌리고 나면 처음 얼마 기간 동안은 아무 변화도 보이지 않는 시기가 있으나 씨앗은 땅속에서 계속 성장하고 있으며, 사람들은 기다리지 못하고 안달하다가 포기해 버린다. 그러나 꾸준히 씨를 뿌리는 사람은 때가 되면 열매를 거둔다. 성공하는 사람이 언젠가 수확이 있을 줄 알고 씨 뿌리기에 열중하는 이유가 여기에 있다고 했다. '성경에 비추어 본 채근담에 담긴 삶의 지혜(홍자성 지음, 임덕일 엮음)'에서 생각하고 반성하는 삶이 그를 아름다운 성공한 인간으로 만든다. 농부가 좋은 열매를 얻기 위해서는 좋은 씨앗을 심어 놓고 기나긴 시간과 땀을 흘려야 함은 자명한 사실이다. 생각과 행동을 신중하게 하고, 얄팍한 재주를 버리고 정성스럽게 기다림과 희망을 품을 때에라야 좋은 결실을 맺을 수 있다. 우리의 인생에는 절망과 희망이 늘 함께하고 있으므로 그 어떤 일을 하던 희망을 선택하고 절망을 멀리해야 한다. 세상에는 절망하는 것보다 더 큰 어리석은 짓은 없다. 작은 희망이라도 놓지 않고 간직하면서 차근차근 그 싹을 키워간다면 그것이 행복이고 성공이며 꾸준히 노력하는 자에게 성공은 다가오는 것이라고 했다.

김옥림 작가는 그의 저서 '법정 행복한 삶'에서 '체험'은 가장 훌륭한 '스승'이라는 말이 있다. 자신이 직접 부딪쳐서 경험한 것은 생생한 날 것과 같아, 확실하고 뚜렷이 뇌리에 각인되기 때문이며 이렇게 해서 알게 된 '지식'은 살아있는 지식으로 '앎'의 근원이 된다. 책상에 앉아 쌓은 지식은 말 그대로 빌려온 것을 머리에 주입하는 것일 뿐이다. 이런 식의 지식습득은 세월이 지나면 쉽게 잊어버리지만 체험으로 쌓은 지식은 오래 가고 스스로 체험해서 습득하는 지식이야말로 '참다운 앎'인 것이다. 진정한 '앎'은 남이 정립해 놓은 지식을 습득하는 것이 아니라, 자신이 직접 체험함으로써 얻게 되는 지식이며, 체험보다 확실한 '앎'은 없다고 했다.

갈망, 희망, 열정을 앞세워 노력하자

고바야시 가오루는 그의 저서 '피터 드러커, 미래를 읽은 힘'에서 피터 드러커의 말을 인용하여 "자신의 강점을 찾아내어 그 강점위에 자신을 구축하라"고 했다. 드러커는 "성과를 올리는 경영자는 사람의 강점을 살린다. 성과를 올리려면 이용할 수 있는 모든 강점, 즉 동료의 강점, 상사의 강점, 자기 자신의 강점을 이용하지 않으면 안 된다. 강점이야말로 기회이며 강점을 살리는 것이야말로 조직 특유의 목적이다."라고 단언했다. 박용삼은 그의 저서 '테드, 미래를 보는 눈'중의 '다윗과 골리앗의 숨겨진 진실'에서 어떤 위치에 있든 자신의 약점에 연연하면 약자가 되고, 강점에 집중하면 강자가 된다. 그리고 약점을 보완하기 보다 강점을 키우는 게 중요하다. 특히 한 가지 특기에 집중할 것을 권한다고 했다. 그리고 그의 저서에서 하버드대학 마이클 포터(Michael Porter)교수는 개인의 특성을 고려한 차별화만이 답이라며, "어중간해 서는(stuck ln the middle)" 결코 살아남을 수 없다고 했다. 김우중 회장은 그의 저서 '세상은 넓고 할 일은 많다'에서 적극적인 자신감에 넘치는 사람, 신념을 가지고 활기차게 인생에 도전하는 사람에게만 인생의 문은 열린다. 정말로 중요한 것은 어떤 일을 하느냐가 아니라, 그 일을 얼마나 최선을 다해서 열심히 하느냐 이다. 라고 했다. 법정 스님도 자신만의 길을 가고 싶다면, 주관이 뚜렷해야 한다. 주관은 단단한 나무 뿌리와 같아 어떤 상황에서도 자신을 단단하게 잡아주는 '마음의 뿌리'라고 했다. 사람은 우리가 알고 있는 것보다 훨씬 더 아름답고, 더 똑똑하고 더 강하고 더 능력 있는 존재라고 쑤린은 그의 저서 '어떻게 인생을 살 것인가'에서 기술 하였다. 그는 우리가 가진 잠재력의 족쇄를 풀어 제힘을 발휘할 수 있도록 폭발력을 더 한다면 더 나은 내가 될 수 있다. 우리 안에 숨겨진 잠재력이라는 에너지는 그 크기를 가늠할 수 없을 만큼 막대하며, 다만 잠재력이 휴면상태의 거인처럼 우리 안에 잠들어 있기 때문에 그 존재를 제대로 알아차리지 못하는 것뿐이다. 우리가 이미 어떠한 능력을 지니고 있더라도 이를 사용하지 않고 내버려두면, 이는 그저 잠재되어 있는 능력일 뿐 인생에 아무런 도움이 되지 않는다. 잠재력을 일깨우는 것을 목표로 우리가 가진 미지의 능력과 꼭꼭 숨어있는 좀 더 나은 모습의 자아를 계발하면 된다는 것이 그의 지론이다.

정주영은 그의 저서 '하버드 상위 1퍼센트의 비밀'에서 재능과 노력이 잘 조합되면 한 분야에서 자신의 이름을 올리는 것은 문제가 안 된다. 그러나 우리는 우리의 재능이 얼마만큼 숨어있는지 알 수 없기 때문에 성공의 첫 번째 전제 조건으로 일단 많은 노력을 기울여야 한다. 알베르트 아인슈타인은 "나는 똑똑한 것이 아니라 단지 문제를 더 오래 연구할 뿐이다"라고 자신의 천재성을 못을 박았으며, 스티브 킹은 "재능은 식탁에서 쓰는 소금보다 흔하다"라고 자신의 노력을 좀 더 기품 있게 포장했다고 했다. 근대 심리학의 창시자인 윌리엄 제임스(William James) 역시 보통 사람은 자신이 가진 능력을 10%도 쓰지 못하는데, 이는 대부분의 사람이 자신이 어떠한 재능을 가졌는지 알지 못하기 때문이라며 뭐든 용감하게 많이 시도해 봐야 한다. 시도해 보고 실행에 옮겨봐야 잠재력을 최대한 계발할 수 있고, 더욱 훌륭한 내가 될 수 있으며, 우리가 평범함을 벗어나지 못하는 가장 큰 이유는 자기계발의 노력이 부족하기 때문이라고 했다.

리웨이원은 그의 저서 '인생에 가장 중요한 7인을 만나라'에서 갈망은 모든 성공의 기초이며 뜻을 세우고 끊임없이 갈망하는 것이 얼마나 중요한지 모른다. 어떤 인생이든 반드시 신념을 가지고 뜻을 세워야하고, 이 신념이 모든 것의 아름다운 시작이라면 갈망은 모든 성공의 기초이다. 성공하는 사람과 실패하는 사람의 차이의 원인은 운에서 찾는 사람도 있지만 그는 갈망과 목표에서 차이가 난다고 믿고 있다. 사람은 자신의 감정을 다스리지 못하고 분노에 이성을 잃으면 자신의 인생을 장악할 수 없으며, 작은 일을 참지 못하면 큰일을 그르칠 수 있다고 했다. 쑤린은 그의 저서 '어떻게 인생을 살 것인가'에서 아무것도 가진 것이 없어도 희망을 간직한 사람은 모든 것을 가질 수 있지만, 모든 것을 갖고도 희망이 없는 사람은 자신이 지금 가지고 있는 것마저 몽땅 잃을 수 있다. 희망하는 일에는 반드시 노력과 성실함이 뒷받침되어야 하며 그렇지 않으면 물거품일 수밖에 없다. 정진홍은 '다음칸은 희망이다'에서 인간의 진정한 가치는 그가 품고 있는 희망에 의해 결정된다고 했다. 희망만이 인간의 가치를 결정한다. 희망의 간절함에는 놀라운 에너지가 있고, 희망의 절실함에는 위대한 힘이 있다고 했다.

무무는 그의 저서 '행복이 머무는 순간들'에서 운명이 모든 문을 닫을 때도 희망의 창 하나는 반드시 남겨두는 법이다. 마음이 어둠으로 가득 찬 사람은 미래로 나아갈 수 없으므로 우리 마음에 밝은 희망이 충만하도록 하자며 희망이 우리의 삶에 기적을 가져다준다고 했다. 또한 그는 살다보면 순조로울 때도 있고 역경에 부딪칠 때도 있으며, 성공할 때도 있고 실패할 때도 있다. 누구나 이러한 상황에 놓이지만 우리가 그것을 대하는 태도에 따라 결과는 달라진다. 만약 언제나 희망을 품고 있다면 마음을 다잡고 앞으로 나아갈 것이고, 삶은 원래 이렇게 고통스러운 것이라고 부정적인 생각으로 가득하면 절망하며 그 자리에 머물게 될 것이라고 했다. 한동일은 '더 나은 삶으로 향하는 인간의 역사'에서 희망만이 고통을 겪는 인간을 위로할 수 있다고 했고, 김규나는 '소설 같은 세상(92)'에서 절망이 무르익어야 희망은 현실이 된다고 했다. 이은화는 '담대한 희망'에서 희망은 쉽게 모습을 드러내지 않는다. 늘 고난 뒤에 찾아온다. 그러나 아무리 힘들어도 살아있는 한 절대 희망의 끈을 놓지말아야 한다고 했다.

열정 없는 사람은 발전할 수 없고, 열정(passion)은 마음에서 나오는 힘이며 우리에게 자신감을 불어 넣고 더욱 열심히 공부하고 일하게 만들어 성공을 이끌어 낸다. 삶에 열정이 가득한 사람은 대부분 긍정적이고 적극적이며 유능한 경우가 많고 항상 긍정적인 마음과 넘치는 에너지로 충만하며 늘 새로운 지식에 목말라 한다. 또한 뚜렷한 목표를 가지고 자신의 사명을 이어나가며 배움을 위해 최대한의 노력을 기울인다. 그러나 자신감과 열정을 가지고 있다 하더라도 행동하지 않으면 아무런 소용이 없다. 어떤 일도 시작하기에 늦은 것은 없으므로 목표를 세웠으면 지금 즉시 행동해야 한다. 행동하지 않고 생각만 한다면 영원히 닿을 수 없는 꿈으로만 남게 된다. 따라서 노력하지 않고, 행동하지 않으면서 먼저 결과를 기대하는 어리석은 사람이 되지 말아야한다.

사실 노력보다 강한 힘은 없다. 사람은 스스로가 부족하다고 느낄 때 그것을 채우기 위한 끊임없는 노력과 충동이 생동적이고 능동적으로 일어난다. '성경에 비추어 본 채근담에 담긴 삶의 지혜(홍자성 지음, 임덕일 엮음)'에서 육지에 가만히 앉아서는 좋은 선장이 될 수 없다. 바다에 나가 무서운 폭풍을 헤쳐 나간 경험이 유능한 선장을 만든다. 사람의 참된 용기는 인생의 가장 곤란한, 가장 위험한 처지에 섰을 때 비로소 나타난다는 것이라고 했다. 안병욱 수상집 '지상에서 가장 아름다운 것'에서 노력의 땀을 흘리지 않은 곳에 성공의 꽃이 필 수없고 행복의 열매가 열릴 수 없다. 이 세상의 모든 위대한 것, 온갖 보람 있는 것, 일체의 가치 있는 모두가 노력의 산물이요, 피땀의 결과라고 했다. 빌 게이츠는 인생은 등산과도 같다. 정상에 올라서야만 산 아래 아름다운 풍경이 보이듯 노력 없이는 정상에 이를 수 없다고 했다. 정호성 작가는 그의 저서 '내 인생에 힘이 되어준 한마디'에서 재능이 있으면서도 오늘날 성공하지 못하는 사람이 많은 이유는 바로 인내의 결핍 때문이며, 재능에는 반드시 노력이 뒤따라야 한다고 했다. 조오현 스님은 그의 저서 '죽는 법을 모르는데 사는 법을 어찌 알랴'에서 노력한 만큼의 성과만 얻으려고 한다면 불가능은 없다. 그러나 그 이상의 결과를 바란다면 그것은 애당초 불가능한 것이다. 문제는 목표를 어디에 두고, 어떤 노력을 얼마만큼 기울이느냐에 있다. 먼저 자신의 능력을 제대로 파악하고 분수를 알아야 한다고 했다.

공자의 공부법과 삶을 윤택하게 하는 3가지 원칙

사이토 다카시가 그의 저서 '내가 공부하는 이유'에서 소개한 공자가 제자들에게 강조한 3가지 공부의 원칙은 "1) 스스로 공부하라. 2) 정답을 찾으려 하지 말고 자신만의 답을 찾아라. 3) 모르는 것을 부끄러워하지 마라"이다. 그가 소개한 소크라테스의 생각 법은 '생각하고, 의심하고, 다시 생각하라'이다. 즉 여럿이 모여 자유롭게 질문하고 답하는 토론으로 시작해서 토론으로 끝낸다는 뜻이다. 생각하지 않는 사람은 위험하다. 우리나라의 교육은 생각하는 교육이 아니다. 정해진 답만 찾는 교육, 암기해서 답을 찾는 공부에만 치우치는 공부는 심한 절름발이 인간을 키우는 것과 다름없다. 듣고 필기하고 암기하고 시험보고 나면 금세 머릿속에서 사라지는 교육방식은 이제 중단되어야 한다. 일반적으로 지식을 가르치는 것이 아니라 토론과 질문으로 스스로 묻고 답하며 공부하는 것을 더 중요하게 생각해야 한다. 이런 과정을 통해 학생들은 생각하는 법과 다른 사람과 소통하는 법을 배우게 되고 창의성을 갖춘 인재로 성장된다고 했다. 백영옥은 '말과 글(168) 변화의 속도'에서 빠르게 변하는 디지털 시대에 적응은 필수이며 무엇보다 바뀌는 세상에 대해 잘 모르는 걸 인정하고 질문하는 능력은 이제 선택이 아니라 생존의 능력이라고 했다.

박용삼은 그의 저서 '테드. 미래를 보는 눈'에서 우리의 교육은 데스밸리(death valley)에 빠진 교육이라며, 현대의 교육제도는 산업화 일꾼 양성에 초점이 맞추어져 있기 때문이며 이제는 다양성, 호기심 등 시대에 어울리는 대 변신이 필요하다고 지적했다. 그의 저서에서 영국의 교육개혁을 이끌었던 켄 로빈슨(Ken Robinson)은 과거 산업화 시대에는 '창의적 사고자(creative thinker) 보다는 성실한 노동자(good worker)'를 키우는데 집중했다며 이러한 교육제도는 더 이상 생명이 자라지 못하는 죽음의 계곡(death valley)에 빠진 교육제도라고 지적했다. 켄 로빈슨에 따르면 인간의 삶을 윤택하게 하는 데는 다음의 3가지 원칙이 있다고 했다. 첫 번째 원칙은 인간이 본질적으로 서로 다르고 다양하다(diversity)는 점을 인정하는 것이다. 그런데도 현재의 교육은 다양성 대신 획일성에 함몰되어 있어 아이들의 적성과 선호를 무시하고 모든 아이들을 STEM(과학, 기술, 공학, 수학)이라는 매우 좁은 스펙트럼에 몰아넣고 있다는 것이다. 두 번째 원칙은 호기심(curiosity)이 인간의 삶을 풍요롭게 한다는 것이다. 교육의 요점은 단순한 지식 전달이 아니라 아이들의 호기심을 자극하고 유발하는데 있다. 그러나 현재 우리의 교육은 시험에 초점이 맞추어져 있다. 세 번째 원칙은 인간이 본질적으로 창조적(creatlvity)이라는 것이다. 교육의 역할은 이런 창조성의 힘을 일깨우고 발전시키는 것이라고 했다. 이규태 코너의 '지식과 지혜'에서 성적이 좋다는 것이 반드시 공부의 효율과 직결된다는 법은 없다. 한국에서는 시험 위주의 교육을 하기에 지식(intelligence)의 양적인 축적은 상대적으로 많아지지만, 미국에서는 응용력, 비교력, 연관력, 추리력, 창의력 위주의 교육을 하기에 지혜(intellect)의 질적인 확산이 넓어진다고 했다. 또한 그는 물고기 한 마리를 주면 그것으로써 하루는 살 수 있지만 물고기를 어떻게 잡느냐를 가르치면 평생 먹고 산다는 것이 유태인의 교육이념이다. 곧 물고기를 주는 것은 지식을 주는 것이요, 물고기를 잡는 법을 가르치는 것은 지혜를 주는 것이다. 우리 한국의 교육은 물고기만 주고 있을 뿐 물고기를 잡는 법을 가르치고 있지 못하다고 했다.

훌륭한 사람과의 만남을 소중히 하고 인화에 힘쓰라

우리들이 살아가면서 함께 어울리는 사람은 매우 중요한 사람이다. 여기서 사용하는 '함께' 라는 말은 무척 다정하고 소중한 말이며 함께 함으로써 우리의 참다운 만남이 시작된다. 좋은 사람 훌륭한 사람을 만나고 싶으면 내가 먼저 좋은 사람 훌륭한 사람이 되어야 한다. 이는 내가 좋은 사람 훌륭한 사람이 되어야 좋은 사람 훌륭한 사람을 알아볼 수 있기 때문이다. 나는 공부하는 기간에는 내 주위 사람들의 중요성에 대해 의식하지 못했고 오직 나의 실력이 모든 것의 우선이며 그들과 친하게 지내야 한다는 생각도 못했다. 학교를 떠나는 지금에 와서 내주위에 이러이러한 사람이 있다는 것이 얼마나 행복한지 모르겠다. 반면에 공개적으로 거론할 수는 없지만 다시는 얼굴을 상면하지 않기를 바라는 사람도 극소수이지만 있다. 우리가 살아가면서 훌륭한 사람과의 만남은 그 무엇보다 소중하다.

김옥림 작가는 그의 저서 '법정 행복한 삶'에서 살아가는 일은 끊임없는 만남으로 이어진다. 그 어떤 삶도 사람들과의 만남 없이 지속될 수 없다. 사람들과의 만남을 통해 자신의 삶은 새롭게 되고 새로운 기회를 갖게 된다. 사람들과의 만남을 소중히 하고 진정한 만남을 원한다면 자신부터 진실해져야 하고 자신을 끝없이 가꾸고 다스려야 하며 '진정성'을 지녀야 한다고 말했다. 진정성은 상대로 하여금 이 사람은 믿어도 좋다는 마음을 갖게 만드는 진실한 마음이다. 진정성 있는 마음을 갖기 위해서는 거짓이 없어야 하고, 사리사욕과 이기심을 버려야 하며, 배려하는 마음과 상대를 존중하는 마음을 가져야 한다. 그래서 만남 자체가 생애의 기쁨이 되게 해야 하고, 누구와도 가까이하고 싶다면 그가 다가오길 기다리지 말고 마음을 열고 자신이 먼저 다가가야 한다. 어떤 사람에 대해 알고 싶다면 자신이 먼저 따뜻한 마음을 보여주어야 한다. 사람은 누구나 자신에게 따뜻하게 대해주는 사람에게 관심을 보이는 법이라고 했다.

우리가 이 세상을 살면서 얻을 수 있는 가장 훌륭한 자산은 생각과 마음이 정직한 사람을 사귀는 것이고, 그런 사람들은 내 인생에 긍정적인 에너지를 주며, 자기 자신을 수양하고, 사람됨이 올바른 사람을 곁에 많이 두도록 노력하는 것이 성공으로 가는 가장 좋은 방법이라는 리웨이원(인생에 가장 중요한 7인을 만나라)의 말이 가슴에 와 닿는다. 자기 자신의 실력을 기르는 일도 중요하지만 남들과 교류하면서 자신의 장점을 널리 알리는 일 역시 매우 중요하다고 했다. 힘들 때 도와준 사람은 절대로 잊지 말고, 어려움을 함께한 사람을 버리지 말며, 아무런 조건 없이 믿어준 사람을 늘 귀하게 여겨라. 그러나 실패했을 때 무시한 사람은 절대로 사귀지 말아야 한다는 그의 말을 귀담아 가슴에 새겨야 한다.

　타인의 비판은 성공의 걸림돌이 아니라 이를 원동력 삼아 비판에 저항할 수 있는 강력한 항체를 만들고 받아들일 것은 받아들이고 무시할 것은 무시하는 자세가 중요하다. '성경에 비추어 본 채근담에 담긴 삶의 지혜(홍자성 지음, 임덕일 엮음)'에서도 인생의 성공과 발전은 당신이 어떤 친구들과 어울리느냐로 결정된다. 품행이 바르고 모든 일에 노력하는 친구들과 교제하면 서로 격려하고 긍정적인 영향을 끼치는 분위기 속에서 나날이 발전할 수 있다고 했다. 김옥림 작가는 그의 저서 '법정 행복한 삶'에서 우리는 날마다 많은 사람을 만난다. 사람은 사람들과의 관계 속에서 살아가는 존재이다. 그러다보니 관계를 잘하면 서로에게 도움이 되지만, 소통이 불가하면 깨어지게 됨으로써 불협화음을 일으키게 된다. 사람들과의 소통을 잘하려면 불가근불가원(不可近不可遠) 즉, 너무 가까이 하지 말고 너무 멀리도 하지 말며 적당히 거리를 두라는 말이다. 서로에 대해 잘 알지 못함으로써 소원해지므로 좋은 관계를 유지하기 위해서는 이 평범한 진리를 새겨 실행에 옮겨야 한다. 인간관계는 신의와 예절로서 맺어지며 인간관계가 단절되는 것은 그 신의와 예절을 소홀히 하기 때문이다. 신의는 '믿음과 의리'를 일컫는 말로 노자의 도덕경에 믿음이 부족하면 불신이 생긴다. 사람은 늘 보고, 듣고, 말하고, 움직이는 것이 모두 예의에 맞아야 한다고 했다. 법정 스님은 남을 함부로 여겨 판단하고 예단하지 마라. 그것은 스스로에게 칼날을 겨누는 것과 같다고 했다.

김우중 회장은 그의 저서 '세상은 넓고 할 일은 많다'에서 누구의 도움도 필요하지 않을 정도로 완벽한 사람은 없다며 사람은 서로 도우며 살도록 되어있다. 인간관계가 중요한 까닭이 여기에 있다. 서로가 서로의 입장과 형편을 먼저 생각해 주며 서로를 위할 때 그 관계는 서로에게 유익하다. 이 세상을 살면서 좋은 인간관계처럼 소중한 것도 드물다. 그 사람이 어떤 사람인지 알고 싶거든 그 사람의 친구를 보라는 말도 있거니와 어떤 사람과 관계를 맺고 있느냐에 따라 그 사람의 됨됨이를 평가할 수 있다. 유유상종(類類相從)이라는 말이 있듯이 사람은 끼리끼리 모이게 마련이다. 그러므로 되도록 좋은 사람과 사귀도록 애써야 한다. 자기보다 좋은 사람을 사귀다 보면 나도 모르게 그 사람을 본받게 된다. 훌륭한 사람과 좋은 관계를 맺는 것은 커다란 재산이며 사람과 사람사이의 관계를 이어주는 중요한 끈은 서로를 믿는 마음이다. 언제나 좋은 말, 따뜻한 말, 고운 말 한마디는 누군가의 가슴에 씨앗처럼 떨어져 위로와 용기로 돋아 더 큰 위로와 용기를 널리 전파할 것이라고 했다.

법정 스님의 법문집 '좋은 말씀'에 좋은 인간관계는 반드시 믿음과 신의, 예절이 바탕이 되어야 하며, 좋은 관계는 서로 주고받으며 만들어지며 한 쪽만으로는 이루어지지 않는다. 좋은 관계는 우리를 좋게 만들고, 나쁜 관계는 우리를 나쁘게 만든다고 했다. 마틴 부버(Martin Buber)는 그의 저서 '너와 나'에서 누구와 만나느냐에 따라 한 사람의 삶의 질과 방향이 얼마든지 바뀔 수 있다고 했다. 존 맥스웰은 그의 저서 '사람은 무엇으로 성장하는가'에서 인용한 하버드대 사회심리학교수 데이비드 맥클리랜드는 우리가 습관적으로 어울리는 사람들은 우리 인생의 성패를 95%나 결정한다고 했다. 이스라엘 솔로몬 왕은 "지혜로운 사람과 함께 다니면 지혜를 얻지만, 미련한 사람과 사귀면 해를 입는다."고 했다. 찰스트 데먼더스는 "누구와 어울리고 무엇을 읽는가, 이 두 가지가 바뀌지 않으면 5년 후에 모습도 지금과 똑같다"고 했다. 짐 론은 "우리는 가장 많이 어울리는 5 사람의 평균이 오늘의 내 모습이 된다."고 역설했다.

이규연 기자는 '가난한 사람 96%의 공통적 습관은?'에서 다음과 같은 글을 기술하고 있다. 즉 이탈리아 신경생리학자 자코모 리졸라티(Giaccomo Rizzollati)는 우리 뇌에 자주 만나는 사람의 행동을 따라 하게 만드는 '거울 신경 세포(mirror neuron)가 있음을 밝혀냈고, 이 사실에 기초해 '부자습관'의 저자 토마스 콜리(Thomas Coley)는 5년 동안 350명이 넘는 부자와 가난한 사람들의 습관을 연구한 결과 가난한 사람들 중 96%가 부정적이고 해로운 사람들과 어울려 지내고 있다. 부정적이고 해로운 사람이란 매사에 비관적이며, 자신의 처지에 냉소적이고, 노력하지 않고 무기력한 사람들이다. 반면에 부자들의 경우 좋은 멘토(mentor)를 곁에 두는 경우가 많고, 부자들 중 93%가 자신들이 이룬 부(富)가 멘토를 보고 배운 덕분이라고 밝혔다. 주변에 멘토 삼을 만한 사람이 없을 때는 성공한 사람들의 전기(傳記)를 읽는 등 지금 처한 환경을 바꾸겠다는 의지가 강했다고 했다. 콜리는 가난한 사람들의 경우, 친구의 부정적인 면이 그대로 자신에게 전파돼 가난에 머무르고 있을 가능성이 높으므로 진정 성공을 추구한다면 낙관적이며 목표지향적인 사람들과 어울리라고 조언 했다.

데일 카네기는 그의 저서 '카네기 인간관계론'에서 친구를 사귀고 싶으면 자기 자신을 버리고 다른 사람을 위해 무언가를 해주어라. 이런 일에는 시간, 노력, 희생 그리고 사려 깊은 마음이 필요하다. 생기 있고 열정적인 태도로 사람들을 맞이하도록 하고, 다른 사람이 내게 관심을 갖도록 하는 것보다 내가 다른 사람에게 관심을 가지면 더 많은 친구를 사귈 수 있다. 그러면서 그는 닭은 알, 젖소는 우유, 카나리아는 노래, 그러나 개는 생존을 위해 일하지 않는 유일한 동물이다. 그러나 개는 오직 당신에게 사랑을 바쳐 헌신함으로써 살아가고 있다고 했다.

김연진 기자는 '내 인생을 짓누르는 잡동사니 3가지'에서 만족스러운 삶의 구성요소는 수입이나 경력 가족 등이 아니라 '인간관계의 질'이라며 좋은 인간관계를 위해선 나에게 해로운 사람을 알아볼 수 있어야 한다. 즉 인관 관계를 현재 상태에 따라 '지지하는 관계', '중립적인 관계', '해로운 관계'로 분류하고 나에게 미치는 영향에 따라 살짝 거리를 두거나 아예 연락을 단절하는 식으로 관계를 포기하며, 중요한 것은 해로운 인간관계를 그대로 내버려두지 않는 것이다. 라고 했다. 특히 어려운 시기일수록 인간관계는 더없이 소중하기에 순망치한(脣亡齒寒)의 사자성어를 기억해야 한다. 이는 입술이 없으면 이가 시리다는 뜻이기도 하지만, 생존을 위한 최선의 선택중의 하나는 내 주변과 우호적으로 지내고 상생의 관계를 유지해야 한다는 의미를 가지고 있다. 법정 스님도 그의 법문집 '좋은 말씀'에서 모든 인간관계는 믿음과 의리가 바탕이 되어야 하고, 믿음과 의리가 없으면 친구지간이 아니며 친할수록 예절을 갖추어야 한다고 했다.

류태영의 사랑편지 '좋은 인맥 만들기'에서 좋은 인맥(人脈)을 만들려고 하기 전에 먼저 자신의 인간성부터 살펴야 한다며, 이해타산(利害打算)에 젖지 않았는지, 계산적인 만남에 물들지 않았는지 살펴보고 고쳐야 한다. 유유상종(類類相從)이라 했으니 좋은 인간을 만나고 싶으면 너부터 먼저 좋은 인간이 되라고 했다. '성경에 비추어 본 채근담에 담긴 삶의 지혜(홍자성 지음, 임덕일 엮음)'에서도 살아가면서 다른 사람의 마음을 얻고 싶다면 그 사람이 소중함을 알고 인정해주는 따뜻한 마음을 지녀야 한다. 누구나 마음속에는 타인에게 인정받고 싶고, 사랑을 받고 싶은 욕구가 있다. 또 아무리 단점이 많은 사람도 장점을 부각시켜준다면 큰 용기를 얻고 스스로의 단점을 고치게 되는 것이라고 했다. 헬렌 켈러는 "혼자서 할 수 있는 일은 작습니다. 함께 할 때 우리는 큰일을 할 수 있습니다"라고 했다.

김명희의 내가 본 희망과 절망(38)의 '주변 10명 중 7명은 당신이 뭘 하든 관심 없다'에서 여러분 주변에 열 명의 사람이 있다면 여러분이 아무리 잘해도, 열명 중 일곱 명은 어차피 여러분이 뭘 하든 관심이 없고, 그중 두 명은 여러분을 좋아하고, 나머지 한명은 여러분이 아무리 잘해도 싫어한다. 반대로 여러분이 본의 아니게 어떤 실수나 잘못을 해도, 역시 열 명중 일곱 명은 어차피 여러분이 뭘 하든 전혀 관심 없고, 한명은 그래도 여러분을 좋아하고, 나머지 두 명은 또 여러분을 싫어한다. 여기에 특별한 이유는 없고 그냥 인간 심리라고 했다. 따라서 누군가 여러분을 미워한다고 그 일로 자책하지 말라고 했다. 우문식은 '긍정심리학의 행복'에서 하버드 대학 위건 박사가 발표하기를 전문지식이 모자라 실패한 사람은 고작 15%인데 비해 인간관계의 잘못으로 실패한 사람이 85%라고 했다. 카네기재단에서 5년간 1만 명을 대상으로 연구한 결과도 성공하는데 가장 중요한 요소가 전문지식이 15%, 인간관계가 85%라고 발표하였다. 따라서 그는 행복의 열쇠도, 성공의 열쇠도, 사람사이에 있다는 것을 언제나 기억하자고 했다.

김태길 교수는 그의 저서 '삶이란 무엇인가'에서 원만한 대인관계 즉 인화(人和)는 노력의 대상이며 대인관계를 원만하게 하고자 하는 노력을 하면, 그런 노력이 전혀 없을 경우보다 좋은 결과를 얻을 공산이 크다며 다음 네 가지 상식적인 원칙을 제시하였다. 첫째는, 누구나 대화할 때 흥분을 느끼면 참아야 한다. 흥분한 상태에서 말을 마구 하면 폭언이 되고, 행동을 마구 하면 폭행이 된다. 둘째는, 잘난 척하는 태도는 대인관계에 좋지 않은 영향을 끼친다. 상대편의 마음을 편안하게 해 주는 것은 원만한 대인관계를 위해서 가장 기본적인 요소이다. 셋째는, 남의 처지는 무시하고 자기의 주장과 이익만을 내세우는 사람도 대인관계가 원만하기 어렵다. 내 욕심을 억제하고 남의 처지에 대해서 깊은 배려를 하는 사람들이 많은 친구들로부터 환영을 받는다. 넷째는, 자질구레한 일을 일일이 따지는 것은 인화를 깨는 결과를 부르기 쉽다. 가장 근본적인 것은 인간을 대하는 마음의 거짓 없는 성실함이라고 했다. 사람들은 누구나 다른 사람들이 가지고 있지 않는 장점이 있음을 알고 이를 본받기 위해 노력해야 한다.

토케이어는 그의 저서 '영원히 살 것처럼 배우고 내일 죽을 것처럼 살아라'에서 현명한 사람은 어떤 사람을 만나더라도 그 사람은 무언가 자기보다 뛰어난 것을 가지고 있다고 생각하는 사람이라고 했다. 조오현 스님은 그의 저서 '죽는 법을 모르는데 사는 법을 어찌 알랴'에서 훌륭한 인격을 갖춘 사람일수록 남에게는 너그럽고 자신에게는 엄격하다. 남의 충고가 비록 듣기 싫더라도 그 충고를 거울삼아 자신의 인격을 도야하는 약으로 삼는다고 했다. 즉 양약고구 충언역이(良藥苦口 忠言逆耳), 좋은 약은 입에 쓰고, 좋은 충고는 귀에 거슬린다는 말은 그 반대이기 쉬운 인간의 마음을 다스리기 위한 잠언(箴言)이라고 했다. 사람이 미우면 그 사람의 단점만 보이고, 사람이 사랑스러우면 그 사람의 장점만 보인다고 한다. 그러나 이 세상에 완벽한 사람은 없다. 단점보다 장점이 더 많으면 좋은 사람이요, 단점이 더 많은 사람은 나쁜 사람이라고 평가 받는다. 따라서 나의 단점을 알고 그것을 고치려고 노력하여 장점이 많은 사람으로 살아간다면 많은 사람들로부터 존경을 받을 수 있음을 명심하자.

우문식은 그의 저서 '긍정심리학의 행복'에서 10년에 걸친 호주 과학자들의 연구에서 친구가 많은 노인들이 친구가 적은 동년배보다 사망 가능성이 22% 낮았고, 하버드대학교 조사팀도 사회적 네트워크가 강한 사람들은 나이를 먹더라도 뇌 건강을 증진시킬 수 있다고 했다. 그만큼 훌륭한 사람들과의 만남과 좋은 친구들과의 교류와 우정은 건강을 증진시키는 신비로운 약이다. 이규연도 '나쁜 인관관계, 조기사망 50% 높인다.'에서 2010년 발표된 미국 브리검영대 연구진의 연구 결과에 따르면, 외로움을 느끼는 사람들, 즉 나쁜 인간관계는 그렇지 않은 사람들보다 먼저 죽을 확률이 50%나 높다고 했다. 나쁜 대인관계(외로움)는 하루에 담배를 15개비 피는 것만큼 해롭다며 좋은 대인관계의 중요성을 강조했다. 카네기멜론대학교 사회심리학과 브록 피니 교수는 "사람들은 술, 담배가 건강을 망치는 것을 경계하면서도 나쁜 인간관계(외로움)가 건강에 미치는 악영향에 대해서는 아무런 위기감을 느끼지 못하고 있다"고 지적했다고 했다.

이진우 교수는 그의 저서 '균형이라는 삶의 기술'에서 우리는 좋은 삶을 위해 좋은 사람들과 관계 맺기를 원하며, 타인과의 사회적 관계는 언제나 말과 행위를 나눔으로써 이루어진다. 그리고 사람은 이익때문에 친구가 되기도 하고, 즐거움을 이유로 친구관계를 맺기도 하지만, 진정한 친구는 서로 공유하는 선(善)을 통해 관계를 유지한다고 했다.

곽아람 기자는 '썩은 사과 하나 골라내면 그 집단은 4배 건강해진다'에서 대인관계는 상대가 좋아하는 행동이나 말을 하는 것보다 싫어하는 일을 하지 않는 게 관계 유지에 훨씬 유리하다고 했다. 인간은 좋은 일은 쉬이 잊어버리지만 나쁜 일은 오래 기억하기 때문이라는 것이다. '썩은 사과'하나가 상자 속 사과를 모두 부패시키듯, 부정적인 생각과 분위기는 전염성이 강하며, 이는 부정적인 것을 좋아하는 우리의 뇌가 판단을 왜곡하기 때문이라는 것이다. 류태영의 사랑편지 '어머니와 대학교수 딸'에서 사람의 삶 중에서 희생하는 삶만큼 숭고한 삶은 없으며, 희생을 바탕으로 성립되는 인간관계는 어느 것이나 아름답다고 했다. 이는 자기희생을 통해 사회에 공헌할 줄 아는 사람은 좋은 비누와 같이 나를 희생해 상대를 돋보이게 하지만, 어떻게 해서든 자기 것을 아끼려는 사람은 물에 녹지 않은 비누와 같다고 했다.

살면서 꼭 피해야 하는 사람 유형

변준수 기자는 '살면서 꼭 피해야 할 사람 유형 10가지'에서 유영만 교수 의 책 '이런 사람 만나지 마세요'를 통해 인생에서 '살면서 피해야 하는 사람 유향 10가지'를 소개했다. 1) 귀 막힌 사람. 귀를 닫고 듣지 않는 사람은 상대가 무슨 이야기를 해도 이미 자기 안에 답을 갖고 있다. 2) 필요할 때만 구하는 사람. 필요할 때만 사람을 구하려는 이들은 모든 인간관계를 거래로 보는 경향이 있다. 3) 단점만 지적하느라 장점을 볼 수 있는 시간이 없는 사람. 자기만 아는 사람들은 자기 합리화를 추구할 때가 많고 인간관계에서 장점보다는 단점을 주로 본다. 4) 변칙적으로 공동체 질서를 파괴하는 사람. 자신의 이익을 위해 변칙적으로 공동체 질서를 흔들고 원리를 지키지 않는다. 5) 과거에 집착하는 사람. 과거로 돌아가려고 하거나 집착하는 사람은 꼰대일 가능성이 아주 크다. 6) 책(冊) 읽지 않고 책(責) 잡히는 사람. 독서하지 않으면 생각의 깊이와 정보의 규합력이 떨어진다. 7) 감탄을 잃은 사람. 타성에 젖으면 탄성을 잃어버리고 감탄할 일이 없다. 8) 대접받고 은혜를 저버리는 사람. 대접받는 사람은 자신이 받은 대접에 담긴 상대방의 사랑과 존경, 정성을 잊어서는 안 된다. 9) 나뿐인 사람. 나뿐인 사람은 그 변화를 느끼지 못하고 한 가지 기준으로 세상을 바라본다. 10) 365일 과시형. 과시가 길어지면 도리어 가벼워 보이고 꼰대처럼 보일 수도 있다.

우리가 세상을 살아오면서 만나는 많은 사람들과의 관계에서 특히 피해야할 인간유형을 잘 지적하였고 이런 유형의 인간을 멀리함으로써 헛되이 시간을 낭비하지 말아야 하고 동시에 상처받지 말아야 한다. 인간관계를 잘하는 비법은 악을 악으로 갚지 말고 모든 사람에게

선한 일을 해야 한다지만 인간은 동기상구(同氣相求), 마음 맞는 사람끼리 서로 찾게 되어 있다. 피해야할 사람은 가급적 멀리 하는 것이 상처받지 않는 방안이다.

자신의 그릇을 키우고 삶을 채워야 한다

사람이 이 세상에서 얼마나 많은 것을 담을 그릇이 될 수 있느냐는 자신의 피나는 수련과 노력에 달려있으며 여기에는 반드시 고통이 따른다. 큰 그릇은 많은 양을 담을 수 있고 적은 그릇은 적은 양을 담는다. 그 그릇의 크기는 본인의 의지에 달려있다. 이훈범 기자는 '중앙일보 칼럼'에서 사람의 크기는 공방의 도자기처럼 나면서 정해지는 게 아니라 노력 여하에 따라 간장종지도 대접만큼도 키울 수 있으며 이는 땀을 쏟아부어야 하고 뼈를 깎아 넣어야 한다고 했다.

류달영 박사는 그의 저서 '인생의 열쇠꾸러미'에서 사람은 진리를 담는 그릇이다. 사람은 자기의 그릇 크기 이상의 것을 담지 못한다. 기본 문제는 자기의 그릇을 키우는 일이라고 했다. '법정 행복한 삶'의 저자 김옥림 작가는 사람은 저마다 자기 몫이 있다며 자신의 그릇만큼 채운다. 그러나 그 그릇이 차면 넘친다. 자신의 처지와 분수 안에서 만족할 줄 안다면 그는 진정한 부자라고 했다. 법정 스님은 법문집 '좋은 말씀'에 사람은 그릇을 키워야 합니다. 그릇이란 사람의 덕(德)을 말합니다. 라고 했다. 법정 스님은 '스스로 행복 하라'에서 "사람에게는 저마다 자기 몫의 삶, 자기 그릇이 있습니다. 따라서 자기 그릇에 자기 삶을 채워가며 살아야지, 남의 그릇을 넘본다든가 자기 삶을 이탈하고 남의 삶처럼 살려고 하면 그건 잘못 살고 있는 것입니다. "라고 했다.

말은 살아있는 생명체이다 - 메라비언의 법칙

말은 사람과 사람간의 소통수단이다. 사람은 누구나 격려나 위로 또는 칭찬을 들으면 마음에 감동을 느낀다. 말은 보이지 않지만 살아 있는 생명체처럼 인생에 큰 영향을 끼치므로 항상 조심하고 또 조심해야 되는 것이 바로 한마디 말이다. 오늘 날 그 지위가 높거나 막중한 역할을 하는 중요한 자리에 오를수록 듣는 귀는 작아지고 말하는 입은 커진다는 원성이 자자하다.

후당(後唐)의 재상 풍도(馮道)는 구시화문(口是禍門) 또는 구시화지문(口是禍之門), 입은 재앙을 불러들이는 문이라고 했다. 우리가 살아가면서 가장 힘든 것이 말에 의한 상처이다. 말은 사람을 살릴 수도, 죽일 수도 있다. 박선희 시인의 '아름다운 편지'중에 생각이 말이 되고, 말이 행동이 되고, 행동이 습관이 되고, 습관이 성격이 되고, 성격이 운명이 되어, 당신의 삶을 결정짓는다. 즉 내 성격과 내 말이 내 삶을 결정한다는 것이다. 이러한 것을 안다면 생각과 말을 함부로 할 수 없다고 했다.

김옥림 작가의 저서 '법정 행복한 삶'에서 아무리 화가 났을 때라도 말을 함부로 쏟아버리지 말라. 그렇게 함부로 쏟아낸 말은 업(業)이 되고 씨가 되어 재앙을 가져 온다고 했다. 토케이어는 그의 저서 '영원히 살 것처럼 배우고 내일 죽을 것처럼 살아라'에서 바르고 진실 된 말만이 상대방 마음을 움직인다. 그러나 미담(美談)도 전해지는 도중에 악담(惡談)이 된다고 했다. 류태영의 사랑편지 '언동(言動)'에서 언급한 동필삼성 언필삼사(動必三省 言必三思), 즉 행동하기 전에 세 번을 살

피고, 말하기 전에 세 번을 생각하라는 뜻으로 대인관계에서 언동(言動)을 얼마나 중요하고 조심해야 하는가를 경고하는 글이다.

박창일 세브란스병원장이 '매경춘추, 지혜로운 자의 말'에서 일부문장을 그대로 옮겨본다. 지혜로운 사람은 말을 잘 가려서 하지만 미련한 사람은 말을 함부로 해 남에게 상처를 주고 자신의 허물도 드러낸다. 진실한 말과 선한 말을 가려서 하는 능력은 어려서부터 교육해야 한다. 현명하고 지혜로운 사람은 남의 좋은 점을 칭찬하지만 미련한 사람은 남의 험담을 많이 한다. 말은 그 사람의 모든 것을 나타낸다. 칭찬하는 말과 고운 말만 하고 아름다운 모습을 보이면서 살 수 있도록 노력하자며, 우리가 전하고자 하는 말이 진실(眞實)한 것인지, 좋은(善) 것인지, 그것도 아니라면 꼭 필요(必要)한 것인지 판단해서 말해야 한다고 그는 강조했다. 마오쩌둥(毛澤東)은 '진실을 말하고 있다고 사람들이 믿는다면 말더듬이도 대중을 선동할 수 있다"고 말했다. 이처럼 사람의 내면을 움직이는 힘은 '진심'이라는 사실이다.

말은 그 사람의 인격을 표현하는 거울이다. 사람은 인격을 갈고 닦듯 말도 갈고 닦는 훈련을 끊임없이 반복해야 한다. 좋은 말을 자꾸 해보려고 노력해야 나도 모르게 익숙해진다. '성경에 비추어 본 채근담에 담긴 삶의 지혜(홍자성 지음, 임덕일 엮음)'에서 마음으로부터 우러나온 말은 아무리 닫힌 마음이라도 열리게 할 수 있으며, 입이 하나고 귀가 두 개인 것은 말을 하기보다는 듣기를 두 배로 더 힘쓰라는 뜻이며, 말할 때는 상대방의 얼굴을 보고 부드러운 미소와 상냥한 표정을 지어야 한다. 생각과 말과 행동은 서로 연결되어 있으며, 생각 없는 말이 있을 수 없고, 말없이 행동이 이루어질 수 없다. 생각, 말, 행동 중에서 비중이 큰 것은 말이며 말은 배우는 것도 중요하지만 더욱 중요한 것은 언제 어떻게 침묵할지를 아는 것이다. 사람은 대답할 줄 몰라서 침묵을 지키는 자가 있는가 하면 말할 때를 알고 있어서 침묵을 지키는 이도 있다. 말을 많이 하는 사람은 사람들과 모인 자리에서 주목받기는 쉽지만 신뢰받기는 어렵다. 신뢰의 관점에서 보면 자기 말을 많이 하기보다는 남의 말을 많이 들어주어야 한다. 현명한 사람은 충고의 말에 귀를 기울인다. 공자가 말하기를 좋은 약은 입에는 쓰지만 병에는 이롭고, 진정어린 말은 귀에는 거슬리지만 행동에는 이롭다고 했다. 영국의 격언인 지혜로운 자는 귀가 길고 혀가 짧다는 의미를 되새길 필요가 있다.

함영준 대표는 '마음건강 길'에서 20세기가 말하는 리더의 시대였다면 21세기는 경청하는 리더의 시대가 됐다며 '결국 성공하는 사람은 당신이 말할 때 조용히 듣던 사람이다'라고 했다. 미국 존스 홉킨스대 경영대학장을 지낸 버나드 페라리(Bernard T. Ferrari)가 지난 20년간 세계 50대 기업의 최고 경영자들을 컨설팅하며 깨달은 결론은 최고의 반열에 오른 사람들의 능력은 타고난 것이 아니다. 그들은 오랜 시간 공을 들여 참을성 있는 '귀'를 만들었다. 불확실한 세상에서 후회하지 않는 선택을 하는 가장 확실한 방법은 오직 귀 기울여 듣는 것뿐이라고 전했다. '성공하는 사람들의 7가지 습관'의 저자인 스티븐 코비(Stephen Covey)도 성공하는 사람과 그렇지 못한 사람의 차이를 단 하나만 들라고 한다면 나는 주저없이 경청하는 습관을 들것이라고 했다고 그는 소개했다.

'법정 행복한 삶'의 저자 김옥림 작가는 말이란 그 사람과도 같아 품격 있게 말하면 품격 있는 사람으로, 함부로 말하고 저속하게 말하면 속된 사람처럼 되고 만다고 했다. 좋은 말은 상대방을 기분 좋게 하고 용기와 희망을 준다. 하지만 나쁜 말은 상대방을 분노하게 하고 씻을 수 없는 마음의 상처를 준다. 상대방을 존중하는 말, 용기와 꿈을 주는 말, 듣기 좋은 말은 상대방은 물론 자신에게도 '긍정의 에너지'를 주지만, 상대방을 비난하고 헐뜯고 공격하는 말은 상대방은 물론 자신에게도 부정적으로 작용한다며, 말은 그 사람의 인품과도 같으므로 꽃과 같이 향기로운 말을 하는 입이 되어야 한다. 그러나 때로는 말보다 침묵이 더 큰 힘을 나타내기도 한다고 했다. 김옥림 작가는 침묵에 익숙해져라. 침묵은 때론 '무언의 대화'이며 가장 '위대한 대화'이자, 자신의 존재를 깨치고 새롭게 알게 하는 '마음의 눈뜸'인 것이다. 침묵은 그 어떤 것보다 중요하다. 침묵은 그 어떤 문제도 일으키지 않으며, 침묵하는 사람에겐 적이 없고 침묵은 자신의 존재를 알게 하는 마음의 거울이다. 우리들은 말을 안 해서 후회하는 일보다도 말을 해버렸기 때문에 후회하는 일이 훨씬 많다. 말에 교양이 넘치면 품격이 배어 나오고 말에 그 사람의 인품이 담겨 있다. 즉 말 한마디가 그 사람을 높이 일으켜 세우기도 하고, 끝도 없이 추락시키기도 한다. 항상 말을 조심해야 하는 이유가 여기에 있다. 대화 중에 남의 말을 잘 들어주는 사람은 인간관계를 잘하게 되고 자신을 유익하게 하지만, 자기 말만 하는 사람은 자기 말에 갇히게 되는 법이라고 했다. 안병욱 수상집 '지상에서 가장 아름다운 것'에서 말씨가 고와야 한다. 말은 곧 그 사람의 표현이다. 그 사람이 쓰는 말을 보고 우리는 그 사람의 인품(人品)과 교양과 지식과 성격을 알 수 있다고 했다.

김옥림은 그의 저서 '법정 행복한 삶'에서 '글은 그 사람이다'라는 말이 있듯 말 또한 그 사람인 것이다. 그 사람이 하는 말을 보면 그 사람이 어떤 생각을 하고, 그의 삶의 철학과 그가 지향하는 삶은 무엇이며, 그의 학식과 인품을 알 수 있다고 했다. 자신이 사람들에게 좋은 이미지를 심어주고, 좋은 관계를 갖고 싶다면 말 한마디도 함부로 해서는 안 된다. 법정 스님은 '말은 생각을 담는 그릇이다'라며 한마디 말도 생각을 잘 다듬어서 해야 한다. 말은 그 사람의 인품, 학식, 철학을 담고 있고, 또한 말은 생각을 담는 그릇이기 때문에 한마디 말도 신중히 하라고 했다. 이는 세 번 생각하고 행동하는 사람이 되어야 한다는 뜻이다. 말 한마디가 그 사람을 높이 일으켜 세우기도 하고, 끝도 없이 추락시키기도 한다. 항상 말을 조심하라. 잘못된 말 한마디가 평생을 쌓아 올린 공든 탑을 무너뜨린다. 법정 스님의 법문집 '좋은 말씀'에 한마디 말이 나오기 위해서는 그 배후에 깊은 침묵이 있어야 하고, 침묵을 배경으로 하지 않은 말은 인간의 말이라고 할 수 없다. 침묵을 통해서 내가 일상적으로 쏟아 놓는 말의 의미에 대해서 거듭 생각할 수 있는 기회를 가져야하고, 해야 할 말은 나 자신에게도 덕이 되고, 또 듣는 상대방에게도 덕이 되며, 그 말을 전해 듣는 제삼자에게도 덕이 되는 말이어야 한다. 대인관계에서도 말수가 적은 사람에게 신뢰감이 가며, 초면이건 구면이건 말이 많은 사람에게는 신뢰감이 생기지 않는다. 말로 비난하는 버릇을 버려야 우리 안에서 사랑의 능력이 자라고 이러한 사랑의 능력을 통해서 생명과 행복의 싹이 움트게 된다고 그는 말했다.

안병욱 수상집 '지상에서 가장 아름다운 것'에서 위대한 언어는 침묵의 언어다. 말로 하는 언어보다 무언(無言)의 언어, 침묵의 언어가 우리에게 더 많은 것을 가르치고 더 풍성한 것을 이야기한다고 했다. 배명복 논설위원은 '대화가 부족하면 멀어지는 것은 부부만이 아니다.'에서 대화는 서로 눈을 맞추고, 상대의 감정을 살피는데서 시작된다. 경청과 감정이입, 두 가지가 대화 기술의 요체다. 상대방이 말을 할 때 토를 달거나 중간에서 끊지 말고, 상대방의 입장에서 인내심을 갖고 들어줄 때 진정한 대화가 가능해진다고 했다. 허영엽 신부는 '귀를 여세요'에서 "대화에서 가장 중요한 건 상대방의 입장이 돼 한 번 더 생각하는 것이다. '역지사지(易地思之)'라는 말처럼 대화를 나눌 때는 상대방의 입장에서 생각해 봐야 한다. 대화는 한 방향이 아니라 쌍방향으로, 양쪽이 같이 소통하는 것이다."라고 했다.

이처럼 말과 행동이 나를 만들어 간다. 진정으로 하고 싶은 말을 해야 한다. 내가 교육자로서 또 많은 사람들과 교류하면서 오랜 기간 동안 나에게 말이란 얼마나 중요하고 조심해야 하는지를 일깨워준 이해인 수녀의 '말을 위한 기도'를 소개한다. 이 시를 읽을 때마다 나의 마음이 경건해진다. 문여기인(文如其人), 즉 말의 품격은 그 사람과 같고, 글 속에 그 사람의 품격이 보인다는 뜻이다. 말과 행동의 일치 여부는 인격의 가장 중요한 척도이다. 또한 우리는 언제나 다언삭궁(多言數窮), 말이 많으면 자주 궁지에 몰리고, 이청득심(以聽得心), 귀 기울여 들으면 사람의 마음을 얻을 수 있다. 잘 듣는다는 건 공감하면서 적극적으로 경청한다는 것이다. 무무는 그의 저서 '행복이 머무는 순간들'에서 잘 들을 줄 아는 사람이 끊임없이 말을 잘하는 사람보다도 돈독한 우정을 얻을 수 있을 뿐만 아니라 두서너 마디의 말, 아니 단 한마디의 따뜻한 말이 등불이 되어 작게는 누구에게 활력을 불어 넣어줄 수 있고, 크게는 누군가의 인생에까지 영향을 미쳐 삶의 전환점이 될 수 있다고 했다.

말을 위한 기도　　이해인 수녀

제가 이 세상에서 태어나 수없이 뿌려놓은 말의 씨들이
어디서 어떻게 열매를 맺었을까 조용히 헤아려 볼 때가 있습니다.

무심코 뿌린 말의 씨라도
그 어디선가 뿌리를 내렸을지 모른다고 생각하면 왠지 두렵습니다.
더러는 허공으로 사라지고 더러는 다른 이의 가슴속에서
좋은 열매를 또는 언짢은 열매를 맺기도 했을 제 언어의 나무

주님, 제가 지닌 언어의 나무에도 멀고 가까운 이웃들이 주고 간
크고 작은 말의 열매들이 주렁주렁 달려있습니다.
둥근 것, 모난 것, 밝은 것, 어두운 것, 향기로운 것, 번쩍이는 것
그 주인의 얼굴은 잊었어도 말은 죽지 않고 살아서 나와 함께 머뭅니다.

살아있는 동안 제가 할 일은 참 많은 것도 같고, 적은 것도 같고
그러나 말이 없이는 단 하루도 살 수 없는 세상살이.

매일매일 돌처럼 차고 단단한 결심을 해도 슬기로운 말의 주인이 되기는
얼마나 어려운지 날마다 제가 말을 하고 살도록 허락하신 주님
하나의 말을 잘 탄생시키기 위하여 먼저 잘 침묵하는 지혜를 깨우치게 하소서.

헤프지 않으면서도 풍부하고, 경박하지 않으면서도 유쾌하고, 과장하지 않으면서도
품위 있는 한마디의 말을 위해 때로는 진통 겪는 어둠의 순간을 이겨내게 하소서.

제가 이웃에게 말을 할 때에는 하찮은 농담이라도 함부로 지껄이지 않게 도와주시어
좀 더 겸허하고, 좀 더 인내롭고, 좀 더 분별 있는 사랑의 말을 하게 하소서.

제가 어려서부터 말로 저지른 모든 잘못, 특히 사랑을 거스른 비방과 오해의
말들을 경솔한 속단과 편견과 위선의 말들을 용서하소서, 주님.

나날이 새로운 마음, 깨어있는 마음, 그리고 감사한 마음으로
제 언어의 집을 짓게 하시어 해처럼 환히 빛나는 삶을, 노래처럼 즐거운 삶을,
당신의 은총 속에 이어가게 하소서. 아멘.

김범준 작가는 그의 저서 '모든 관계는 말투에서 시작 된다'에서 말
을 잘하는 것보다 중요한 것이 '잘 말하는' 것이다. 말이 길어지면 실수
하기 마련이다. '듣는 사람은 당신이 말하는 것에서 잘못된 점을 찾아
낼 뿐, 잘한 점을 찾지 않는다.' 말은 짧아야 한다. 세상의 모든 듣는 사
람은 지루하기 때문이다. 간결하게 말하는 것이야말로 '잘 말하는' 것
이다. 그럴수록 말이 지닌 힘은 더 강력해진다. 대화의 승패를 좌우하
는 것은 진실한 내용 혹은 치밀한 논리가 아니다. 논리의 옳고 그름보
다 상대방의 기분을 먼저 파악하는 것이 우선이다. 또한 사람은 누구
나 자신의 좋은 점을 이야기해준 상대에게 마음을 연다고 했다.

정도언은 그의 저서 '프로이트의 의자'에서 '말을 잘 하는 것'과 '잘 말

하는 것'은 다르다. 말을 잘 하는 것은 말솜씨가 좋은 것이고, 잘 말하는 것은 상대에게 솔직하게 내 마음을 전하는 것이다. 말을 잘하게 하려면 내가 느끼는 감정에 솔직해야 한다. 솔직하게 말하는 것은 쉽지 않다. 말을 꺼내기 전부터 마음속에서 하고자 하는 말을 편집하기 때문이라고 했다. 또한 그의 저서에 인용하기를, 1971년 UCLA 심리학과 교수인 앨버트 메라비언(Albert Mehrabian)은 자신의 저서 '침묵의 메시지'에서 누군가와 첫 대면 시에 상대방의 인상이나 호감을 결정하는데 목소리 즉 청각(음색, 목소리, 억양) 38%, 보디랭귀지, 즉 몸짓(시각)는 55%(표정 35%, 태도 20%)의 영향을 미친 반면 말하는 내용은 7%의 영향만 작용한다고 했다. 즉 효과적인 의사소통에서 말투나 표정, 자신감, 눈빛과 제스처 같은 비언어적 요소가 차지하는 비율이 무려 93%의 높은 영향력을 가지고 있다는 것이다. 이것은 행동이 주는 영향이 말의 소리보다 크다는 메라비언의 법칙(The law of Mehrabian)이다. 사람들과의 소통을 할 때에는 삼인성호(三人成虎), 세 사람이 범을 만들어낸다는 뜻으로, 근거 없는 말이라도 여러 사람이 말하면 곧이듣게 된다는 말이므로 이 같은 속임수에 속지 않도록 항상 유념해야 한다.

길고 멀리 보는 통찰력과 치밀한 준비로 도전하고 포기하지 말라

강병완(빨리 가려면 혼자 가고 멀리 가려면 함께 가라)은 "너무 빨리 가려고 하지 마십시오. 빨리 가려고 하면 반드시 문제가 생깁니다. 너무 쉽게 무엇인가를 이루려고 욕심내지 마십시오. 너무 쉽게 이루면 생각지도 못한 상황에서 더 큰 무엇인가를 잃어버릴 수도 있습니다. 힘들고, 어렵고, 더디게 이룬 것일수록 빨리 사라지지 않고 쉽게 무너지지 않는 법입니다. 빨리 핀 꽃은 빨리 지게 되어 있습니다. 길게 멀리 내다볼 수 있는 통찰력을 지닌 사람이 되길 바랍니다."라고 했다. 백성호는 '통찰력 키우는 독서법'에서 강한 통찰력의 소유자들은 책을 많이 읽기보다, 책을 깊이 읽으려고 노력한다고 했다. 책에도 길이 있고, 내 마음에도 길이 있으며, 책에 난 길을 걸을 때 '지식'이 쌓이고 내 마음에 난 길을 걸을 때 '지혜'가 생겨난다. 그래야 '길눈'이 생기고 이것이 통찰력이라고 했다. 책에 나 있는 길만 따라가면 '지적인 사람'이 되고, 책에 난 길을 보며 내 마음에도 길을 낼 때 '지혜로운 사람'이 되며, 그게 통찰력이라고 했다. 문권모는 중앙일보에 실린 글에서 "분재는 뿌리를 잘라 주지 않으면 죽고, 사람은 생각을 바꾸지 않으면 빨리 늙는다. 낡은 생각을 주기적으로 잘라내면 새롭고 창의적인 생각의 뿌리가 돋는다. 오래된 생각과 아집을 버리지 못하는 사람은 나이가 젊더라도 생각이 늙어갈 수밖에 없다."고 했다.

'성경에 비추어 본 채근담에 담긴 삶의 지혜(홍자성 지음, 임덕일 엮음)'에서 일의 성공과 실패는 그 일을 이루기 위해 얼마나 충실하게 준비했느냐에 결정된다. 자신의 능력을 키우지 않고 욕심만 앞세우거나 요행만을 바란다면 성공을 거두기 어렵다. 씨앗을 뿌리지 않고 수확할 수 없고, 밭을 갈지 않고 풍성한 수확을 기대할 수 없다. 이는 무슨 일이든 오랜 시일을 두고 힘써 닦는다면 반드시 훌륭하게 될 수 있다는 뜻이다. 법정 스님의 법문집 '좋은 말씀'에서 마치 대장간에서 쇠를 달구듯이 그런 과정 없이는 자기만의 뚜렷한 인생관이 형성되지 않으며, 인류 역사 속에서 사람답게 살다가 간 사람들은 평범하게 살지 않았다. 그 사람들은 자기 나름의 확고한 신념과 인생관, 세계관을 가지고 자신을 끝없이 거듭거듭 형성해가면서 살았다고 했다.

우리의 삶이란 끊임없이 도전하며 새롭게 자신을 만들어가는 과정이다. 인생이란 가능성만 있는 여정이 아니다. 우리가 하는 일은 모두 위험이 따른다. 자오위핑은 그의 저서 '판세를 읽는 승부사 조조'에서 위험은 마치 그림자처럼 우리의 삶을 따라다닌다. 즉 인생에는 크든 작든 여러 위험이 존재하기 때문에 우리는 위험이 경고하는 충고를 들어야 한다. 인생을 살아가는 과정에서 진지하게 위험관리를 해야 한다는 뜻이다. 하늘에는 예측할 수 없는 풍운이 있고, 사람에게는 아침저녁으로 화와 복이 있다. 따라서 언제나 고정된 사고를 조심하고 어떤 일을 판단할 때 불리한 정보는 홀시하고, 유리한 정보만을 주목하는 우를 범해서는 안된다. 교만과 자만은 실패로 가는 지름길이며 성공한 사람은 행동하는 사람이다. 사자는 쥐 사냥을 할 때도 전력을 기울인다고 한다. 아무리 작은 일도 모든 역량을 기울여 최선을 다 해야지, 그렇지 않으면 낭패를 볼 수 있다는 것이 그의 설명이다. 인생은 실패할 때 끝나는 것이 아니라 포기할 때 끝나는 것이다. 누가 봐도 잘 안될 것 같은 일에도 도전하는 용기를 가진 사람은 반드시 그의 목표를 달성할 수 있다고 했다. 김홍선은 '행운아만 채용한다는 토머스 누난'에서 누구나 미래를 주도하기 위한 꿈과 도전 정신을 가져야 한다. 현재만 바라보는 사람은 변화에 대한 거부감과 실패에 대한 두려움이 앞서기 십상이지만, 미래를 품으면 자신에게 행운이 있다는 확신에 차 열정을 발휘할 수 있고 무엇보다 즐겁게 일할 수 있다고 했다.

고난은 용기와 지혜를 깨우고 실패와 좌절은 도약의 디딤돌이다.

'법정 행복한 삶'의 저자 김옥림 작가는 고난은 잠자던 용기와 지혜를 깨운다며, 사실 고난은 우리에게 없던 용기와 지혜를 창조해 내기도 한다. 우리는 오직 고난을 통해 정신적으로나 영적으로 성숙할 수 있다. 고난을 딛고 성공한 사람들처럼 좌절하지 말고 고난을 극복하기 위해 최선을 다하는 과정에서 지혜와 용기가 길러지고 그것은 '성공의 디딤돌'이 되어줌을 명심해야 할 것이다. 우리가 사는 중에 극복하지 못할 시련은 주지 않는다. 힘들어도 끝까지 맞서면 시련은 더 이상 버티지 못하고 저 멀리 사라져 간다. 시련에 절대 지지 마라. 반드시 이겨서 자신에게 주어진 인생의 몫을 맘껏 누려야 한다. 우리의 인생에 좋은 일만 있다면 감사함을 모른다. 궂은 일이 있기에 감사하며 사는 것이다. 좋은 일, 궂은 일은 다 나를 위한 일이라고 생각하며 세상을 살아가야 한다. 셀 수 없을 만큼 많은 슬픔, 고난, 좌절의 소나기를 맞아야 비로소 사람은 인생이 뭔지를 알 수 있다고 했다.

법정 스님의 법문집 '좋은 말씀'에 어떤 의미에서 마(魔)는 우리의 기량과 그릇을 키우는 중요요소로 받아들여야 한다. 우리가 좋은 일을 하려고 할 때 반드시 장애물이 생긴다. 그러나 이를 회피해서는 안 된다. 그것을 딛고 일어섬으로써 새로운 기량과 의지력, 내가 지금까지 갖추지 못한 새로운 그릇이 마련된다고 했다. 또한 법정 스님은 '스스로 행복 하라'에서 실패가 없으면 안으로 눈이 열리기 어렵다. 실패와 좌절을 거치면서 새 길을 찾게 된다. 실패와 좌절은 새로운 도약과 전진을 가져오기 위해 딛고 일어서야할 디딤돌이라고 했다. 정호승 작가는 그의 저서 '내 인생에 힘이 되어준 한마디'에서 모든 성공과 승리 속에는 실패와 패배의 씨앗이 숨어 있고, 모든 실패와 패배 속에는 승리의 씨앗이 숨어 있다고 했다. 실패함으로써 우리는 자신감을 쌓아갈 수 있고 세상과 주위를 돌아보는 힘을 기를 수 있다. 그러나 실패했을 때 실패의 원인을 냉정하게 분석할 수 있어야한다.

　김규나의 '소설 같은 세상(73) 불행과 고통이 세상에 주는 선물'에서 세계명작은 대부분 지독한 불운 속에서 탄생한다. 당사자에겐 고통이 행운으로 느껴질 리 없겠지만 누군가의 불행은 이따금 세상에 다시없는 선물을 남겨주곤 한다고 했다. 토케이어는 그의 저서 '영원히 살 것처럼 배우고 내일 죽을 것처럼 살아라'에서 괴로워함으로써 사람은 더욱 강해진다며, 유대인들은 젊은 시절의 고통이나 역경은 어떠한 교훈이나 귀중한 보석보다도 더 가치 있는 것으로 생각하고 있고 젊어서 가난한 것은 성공으로 가는 발판을 만들어 주는 절호의 환경이라고 여기고 있다. 가난을 벗어나겠다는 충동만큼 강한 힘은 없다. 실패만큼 좋은 스승은 없고 실패만큼 좋은 교훈은 없다. 성공은 사람을 오만하게 만드나 실패는 사람을 긴장시키고 경계하게 만든다. 그런 뜻에서 실패는 좋은 스승이라고 했다. 이미도의 무비 식도락(識道樂)(190)에서 고난은 인간을 완성기도, 망가트리기도 한다(Hardships make or break people). 인생에서 실패란 추락이 아니라 추락하고도 안 일어서는 것이다(Failure is not the falling down, but the staying down).이라고 인용했다. 그는 또한 삶은 고통이고 생존은 고통에서 교훈을 얻는 것이다(To live is to suffer, to survive is to find some meaning in the suffering).라는 프리드리히 니체의 글을 소개했다. 나민애는 '12월(시가 깃든 삶)'에서 원래 인생에는 찬란함보다 고난의 비율이 더 큰 법이다. 라고 했다. 사람은 안락한 환경에 만족하면 나약해지고 결국에는 죽음에 이르는 것이 대자연의 법칙이다. 어려운 현실을 이겨내도록 분발하면 사람은 더욱 강해진다. 우리가 처한 고난과 부족함은 실패의 원인이 될 수도 있지만 또한 우리들에게 확실한 성공의 요인도 될 수 있음을 명심해야 한다. 류태영의 사랑편지 '세 마리의 개구리'에서 삶의 고통과 위기는 죽으라고 찾아오는 것이 아니라 숨겨져 있는 "나"를 살리는 방법을 찾으라고 오는 것임을 명심하라고 했다. 오늘의 고사성어 '위기를 기회로 바꾸는 방법'에서 위기를 기회로 바꾸는 10가지 방법을 다음과 같이 제시하고 있다. 1) 원망하지 말라. 모든 결과를 받아들이는 마음의 준비가 반드시 필요하다. 2) 자책하지 말라. 괴로워하고 있을 시간이 없다. 3) 상황을 인정하라. 냉정하게 현실을 인정하라. 4) 궁상을 부리지 말라. 아직 건재하다는 믿음이 있을 때 누구든지 지원하고 싶은 마음이 생기는 것이다. 5) 조급해하지 말라. 한발 물러서는 여유와 느긋한 계획이 필요하다. 6) 자신을 바로 알라. 자기가 가야할 좌표를 분명히 찍어라. 7) 희망을 품어라. 희망 없음 혹은 지레 절망은 가장 큰 위험이다. 8) 용기를 내라. 아무것도 없던 맨 처음을 생각하고 용기를 내라. 성공한 사람의 과거는 비참할수록 아름답다. 9) 책을 읽어라. 책속에 길이 있다. 책을 읽되 의욕 관리를 위해 실패담보다는 성공담을 많이 읽어라. 10) 성공한 모습을 상상하고 행동하라. 간절히 바라면 그대로 이루어진다. 성공한 사람에게는 사람이 모인다. 성공하고 있는 것처럼 보여라. 이진우 교수는 그의 저서 '균형이라는 삶의 기술'에서 목적을 추구하는 과정에서 때로는 성공하고 때로는 실패할 수도 있지만, 성공과 실패는 모두 목적을 이루는 과정이기 때문에 나름의 의미를 지닌다. 결국 목적이 있는 사람은 실패의 고통과 경험도 잘 소화한다. 이처럼 삶의 목적은 내가 존재해야 할 이유이자 삶에 의미와 가치를 부여하는 일이라고 했다.

할 수 있다는 긍정적 생각이 긍정적 결과를 가져온다.

정도언은 그의 저서 '프로이트의 의자'에서 삶이란 바다의 밀물과 썰물처럼 희망과 절망이 연속적으로 교차하게 마련이라는 사실을 받아들여야 한다. 현명하다는 것은 살면서 겪는 일들에 너무 일희일비 하지 않는다는 말이다. 좋은 일이 생기면 좋고, 나쁜 일은 예방주사라고 생각하면 된다. 이것을 다른 말로 하면 바로 긍정적 사고(positive thinking)이라고 했다. 차동엽 신부도 항상 플러스 사고를 해야 한다고 했다. 능동적 의식, 즉 남이 가지 않는 길에서 스스로 길을 만들어 간다는 생각을 가지고 살아가고 "안 된다"는 생각보다 "할 수 있다"는 신념으로 새로운 길을 찾아 도전하는 힘을 가져야 한다고 했다. '성경에 비추어 본 채근담에 담긴 삶의 지혜(홍자성 지음, 임덕일 엮음)'에서 자기감정에 대한 통제력이 부족한 사람은 늘 감정에 이끌려 다닌다며 자신에게는 냉정하고 엄격하면서 다른 이에게는 항상 부드럽고 관대한 사람만이 정신세계를 이끄는 힘 있는 사람이 된다. 사람은 자기얼굴에 책임을 질 수 있을 때 성공적인 삶을 살았다고 스스로를 내 세울 수 있음을 잠시도 잊지 말자고 했다.

스웨이도 그의 저서 '인생은 지름길이 없다'에서 '나는 할 수 없어, 나는 실패 할 거야'라는 표현은 머릿속에서 삭제하고, 긍정적으로 생각하면 긍정적인 마음이 따라오고 부정적으로 생각하면 부정적인 마음이 따라온다는 사실을 명심해야 한다. 즉 긍정적인 심리암시는 사람의 잠재력을 높일 수 있으므로 '나는 할 수 있다, 나는 최고야' 라면서 자기암시를 해야 한다. 이를 반복하면 실제로 말하는 대로 된 자신을 발견하게 되고, 어떤 계획과 목표라도 강하게 믿고 반복해서 생각하면 무의식에 영향을 미쳐 긍정적인 결과를 만들어 낸다는 것이라고 했다. 정주영 회장은 그의 저서 '시련은 있어도 실패는 없다'에서 긍정적인 사고에는 실패가 없다. 똑같은 조건에서 똑같은 일에 부딪쳐서도 어떤 이는 찌푸리고, 어떤 이는 웃는다. 부정적인 사람은 태양 밑에서 고된 노동의 고통만 끔찍하게 생각하지 그늘 아래서 서늘한 바람을 쐴 때의 행복을 느낄 줄 모른다고 했다. 법정 스님의 법문집 '좋은 말씀'에 긍정적으로 생각하면 하는 일마다 잘 풀리고, 부정적으로 생각하면 될 일도 안 되고 하는 일마다 꼬인다. 모든 일을 긍정적으로 생각하는 사람에게는 고마움과 자신감이 따르며 부정적으로 생각하는 사람은 늘 불만과 불안이 따른다고 했다.

우문식은 그의 저서 '긍정심리학의 행복'에서 긍정적 정서는 1) 창의성을 증진시키고, 2) 건강 자산이 되어 스트레스를 덜 받게 하며 감염성 질환이나 심장 질환 같은 질병에 덜 걸리게 하고 더 오래 살게 한다. 3) 사회성을 높여 사람들과의 사랑이나 우정을 많이 느껴서 사회성이 좋고 활동성이 높다. 4) 삶의 에너지 상승으로 환경에 잘 적응하고 역경이 닥쳤을 때 대처 능력이 훨씬 높고 더 용기 있고 더 자신감 넘치며 목표를 향해 가는 뚝심 있는 사람이 될 수 있다고 했다. 또한 긍정적이고 낙관적인 사람은 부정적이고 비관적인 사람보다 어려움을 잘 견디고 적응성이 뛰어나 성공하는 사람이 많다. 그는 인간이 하루 동안 하는 생각은 대량 5만~6만 가지인데 이중에서 85%가 부정적인 생각이고 15%가 긍정적인 생각이다. 부정적인 생각을 더 많이 하는 이유는 잘된 일보다는 잘 안 됐던 일을 더 많이 떠올리고 생각하기 때문이다. 그런데 부정적인 생각은 더 많은 부정성을 불러오고,

긍정적 생각은 더 많은 긍정성을 불러온다고 했다. 또한 그는 긍정적 정서는 흐르는 물과 같아서 항상 신선하지만, 부정적 정서는 고여 있는 물과 같아서 썩을 뿐만 아니라 부정적인 사람과 함께 있을 때 전염될 가능성이 80%나 된다고 했다. 사람은 순간순간 자신이 지닌 생각대로, 마음먹은 대로 되어 간다는 것이다. 밝은 생각을 지니고 살면 밝은 사람이 되고, 어둡고 짜증스러운 생각을 지니게 되면 어둡고 짜증스러운 인간이 된다. 또한 할 수 있다고 긍정적으로 생각하면 해결할 방법을 찾게 되지만, 할 수 있을까? 하고 부정적으로 생각하면 핑계를 찾게 된다. 부정적 생각 하나가 모든 긍정적 생각을 불태운다 (One negative thought can burn all positive thoughts)는 경구도 유념해야 한다.

쑤린은 그의 저서 '어떻게 인생을 살 것인가'에서 "난 못해"라는 말을 입 밖으로 내 뱉는 순간 우리는 정말로 아무것도 할 수 없게 되며, 이는 잠재의식의 힘이 작용하기 때문이다. 그러나 자신이 할 수 있다고 생각하면 적극성이 생겨 어떠한 일을 성공적으로 이끌 가능성이 커지지만, 못한다고 미리 단정하면 소극적이 되어 좋은 결과를 낼 수 없다. 성공인사가 되는 열쇠는 바로 "나는 나를 믿어", "나는 내가 좋아" "내가 제일 능력 있어"라고 생각하는 태도라고 했다. 조오현 스님은 그의 저서 '죽은 법을 모르는데 사는 법을 어찌 알랴'에서 인간의 모든 행위는 본능 못지않게 의지가 중요하다. 못할 것이라고 전제하면 할 일도 못하지만 할 수 있다고 믿으면, 못할 일도 해낸다. 따라서 해낼 수 있다는 자신감, 해야 한다는 동기부여가 무엇보다 중요하다고 했다.

IQ와 EQ의 중요성과 4P의 법칙과 사치(四治)를 깨닫자

우리들의 성공과 행복에는 지능지수(Intelligence Quotient, IQ)와 감성지수(Emotional Quotient, 또는 Emotional intelligence, EQ) 둘 다 매우 중요하다. IQ는 머리의 지능을 나타내며 부모로부터 타고나는 것이므로 본인이 고칠 수 없다. IQ가 높아야 공부를 잘하는 것은 아니다. 공부는 IQ가 아닌 공부습관이나 학습동기로 인해 충분히 달라지기 때문에 노력하는 아이가 공부를 더 잘할 수 있다고 방종임 기자는 '맛있는 교육'에서 설명하고 있다. 그는 지능이 학업성적에 미치는 영향은 15~20% 정도라는 연구결과도 있다고 했다. 이나미는 '영재성과 IQ의 차이'에서 IQ와 영재성의 상관관계는 꼭 비례하지 않는다고 했다. 감정지수인 EQ는 마음의 지능을 나타내며 본인의 노력과 주위의 노력으로 향상시킬 수 있다.

김정일의 저서 '아하, 프로이트 2'에서 하버드대학교 심리학 교수인 골먼(D. Goleman) 박사는 EQ는 자신의 감정을 있는 그대로 파악할 수 있고 제어하고 긍정적으로 표출할 수 있는 능력, 또는 좌절이나 장애에 굴하지 않을 낙천적이고 꿋꿋한 인성 등을 총칭하는 개념이라고 했다. 그리고 골먼 박사는 사람의 성공을 좌우하는 데 있어서 IQ가 차지하는 비율은 20%에 불과하고 EQ가 차지하는 비율이 80%에 이른다고 주장하였다. 그는 EQ를 향상시키려면 스스로에 대한 기대치를 높이고 자신을 분명히 표현하며 외부의 비판에 충동적으로 반응하지 말고 효과적으로 대처해야 한다고 했다. 그러나 김정일은 EQ가 성공과 비례한다기보다는 개인의 행복과 비례한다고 주장하며 감정적으로 성숙한 사람은 깊은 물이 흔들리지 않는 것처럼 희로애락(喜怒哀樂)에 쉽게 흔들리지 않는다. EQ를 높이기 위한 노력은 직장에서 뿐만 아니라 가정이나 대인관계 등 어디에서나 항상 부단하게 노력해야 한다고 했다.

함영준 대표는 '다정다감한 사람들이 왜 1등 할까요?'에서 EQ는 자신과 타인의 기분, 감정을 이해하고 그들 사이를 구분하며 정보를 자신의 생각과 행동의 지침으로 이용할 수 있는 능력이라고 정의하고 있다. EQ가 가지고 있는 3가지 효과는 첫째, 뛰어난 업무 효과, 둘째, 탁월한 리더십, 셋째, 행복을 창조할 수 있는 능력이라고 했다. 그리고 그는 EQ는 타고난 재능이 아니라 연습을 통해 학습이 되는 능력으로 마음이나 감정상태, 현상을 바라보는 깊이 있는 통찰을 습관화하면 향상된다고 했다. 앨빈 토플러(Alvin Toffler)는 지성보다 감성을 더 활용해야 창의적인 분야에서 성공할 수 있다고 했다.

권력과 돈 그리고 명예를 얻기 위해 사람들은 별짓을 다한다. 그러나나는 학자로서 명예를 지키는 것만이 전부였고 평생 돈에는 무관심했다. 더군다나 권력에는 곁눈질도 해본 적이 없이 한 우물만 파며 살아왔다. 평생 외길인생으로 나는 행복했고 보람을 찾았다. 그리고 부(富)와 영화(榮華)는 내겐 추호도 안중에 없었다. 법정 스님은 '스스로 행복하라'에서 사람은 자기 자신의 얼굴을 지니고 살아야 하고 또한 자신의 얼굴을 만들어가야 한다. 얼굴이란 우리 정신의 탈이고 그 사람의 이력서라고 했다. 또한 사람들의 입에 4P의 법칙이 회자되고 있다. 즉 지위(position)와 명예(pride)를 가진 자가 돈 즉 재산(property)까지 가지려 하면 감옥(prison)에 가게 된다는 뜻이다. 이 말은 최시중 전 방송통신 위원장이 평소 언급하던 말이라고 한다. 자기분수에 맞게 처신(處

身)하고 살아야 하는데도 분수를 잃고 지나친 욕심을 부리면 모든 것을 잃고 패가망신(敗家亡身)하는 것이 자연의 섭리이다. 즉 명성을 쌓는 데는 20년이 걸리지만 무너뜨리는 데는 5분 걸린다(It takes 20 years to build a reputation and 5 minutes to ruin it.)는 말의 무게를 깊이 새겨야 한다. 그리고 "권력(power), 교만(arrogance), 무능(incompetence)의 삼합(三合)보다 위험한 것은 드물다"는 뉴욕 타임스 칼럼니스트 밥 허버트(Bob Herbert)의 말도 귀담아 들어야 한다. 이는 오늘을 살아가는 사회지도층 모두에게 해당되는 촌철살인(寸鐵殺人)의 글귀이다.

노병천 원장은 '손자병법으로 푸는 세상만사(25) 말의 힘'에서 손자병법 군쟁(軍爭) 제7편에는 전쟁에서 승리하기 위해서는 네 가지를 잘 다스려야 한다고 소개했다. 첫째는 '치심(治心)'이다. 마음을 다스리는 것이다. 둘째는 '치력(治力)'이다. 체력을 다스린다는 뜻이다. 셋째는 '치기(治氣)'다. 사기를 다스리는 것이다. 마지막으로 '치변(治變)'이다. 상황 변화를 다스리는 것이다. 이렇게 치심, 치력, 치기, 치변을 사치(四治)라고 한다. 마음을 다스리지 못하면, 체력이 고갈되고, 동시에 사기가 떨어지며, 변화하는 상황에 적절히 대처하지도 못하게 되는 것이다. 여기서 주목할 것은 네 가지 다스림의 시작은 마음을 다스리는 치심에서 비롯된다는 사실이다. 치심이 실패하면 나머지 것은 아무 소용이 없다. 그래서 위기에 처해 있을 때 사람의 마음을 잡는 노력은 우선적으로 중요하다고 했다.

항상 배우고 자기 자신을 믿고 사랑하며 일을 즐기자
나이가 어리거나 많거나를 불구하고 항상 배우고 익히면서 탐구하는 노력을 꾸준히 기울이지 않으면 삶에 녹이 슬게 된다. 정진홍의 '사람공부'에서 사람에게 정말 중요한 것은 첫째, 자기가 좋아하는 일을 발견하는 것이다. 둘째, 그 좋아하는 일을 잘하는 것이다. 잘한다는 것은 차이를 드러내는 일과 같다. 셋째, 그 차이를 지속하는 것이며, 여기서 인생의 승부가 결정된다고 했다. 류태영의 사랑편지 '인생을 배우는 마음'에서 인생은 배우는 마음, 배우는 마음은 언제나 겸손한 마음, 그리고 늘 비어있는 마음이다. 무엇이나 채워 넣으려고 애쓰는 마음이다. 배움에 몰두하는 사람은 언제나 희망에 차고 싱싱하기만 하다. 그런데 배움을 박차버린 시간부터 초조와 불안과 적막이 앞을 가로막는다고 했다.

공자님은 이렇게 말했다. 두 사람이 나와 함께 길을 가는데 그 두 사람이 나의 스승이다. 착한 사람에게서는 그 착함을 배우고 악한 사람에게는 악함을 보고 자기의 잘못된 성품을 찾아 뉘우칠 기회를 삼으니, 착하고 악한 사람이 모두 내 스승이다. 익은 곡식은 고개를 숙이는 법이다. 정말 인생을 바로 배우는 사람은 머리를 숙이고 겸손과 자기 심화에서 참된 자기를 지키며 사는 사람이다. 한평생 배우고 살자. 바로 배우고 내 인생을 키워 가자고 이렇게 홀로 다짐해 본다. 라고 했다. 김옥림은 그의 저서 '법정 행복한 삶'에서 배움이란 '무명의 자산'이다. 배움이 깊은 사람은 어디를 가든 환영을 받는다. 배움은 인간에게 최고의 가치이자 최고의 자산이라고 했다. 안병욱 수상집 '지상에서 가장 아름다운 것'에서 우리에게서 가장 중요한 것은 배우고자 하는 태도요, 공부하고자 하는 노력이고, 끊임없이 성장하고자 하는 의지이라고 했다. 토케이어는 그의 저서 '영원히 살 것처럼 배우고 내일 죽을 것처럼 살아라'에서 사람이 배우려는 자세가 되어 있다면 나이가 많고 적음은 아무런 문제가 되지 않는다. 나이가 많아서 이제 더 배울 것이 없다고 하는 것은 나의 삶에 아무런 목표나 이상이 없는 상태로 이미 정신적인 죽음인 것이다. 사람이란 살아있는 동안에는 항상 배워야 한다. 배우는 것이야 말로 삶을 영위하는 사람에게는 반드시 해야 할 성스러운 일이기 때문이라고 했다.

사람에게는 눈에 보이는 외모나 옷차림이 중요한 것이 아니라 그 사람이 가지고 있는 마음에서 풍기는 곱고 아름다운 마음씨가 중요하다. 인생을 살아가면서 자기 스스로의 마음과 행실을 바르게 닦아 수양하는 수신(修身)은 쉬운 일이 아니나 우리의 내면을 다스리는 중요한 세 가지를 '성경에 비추어 본 채근담에 담긴 삶의 지혜(홍자성 지음, 임덕일 엮음)'에서는 첫째, 자기 자신을 깨치는 일, 둘째, 자기 자신을 다스리는 일, 그리고 셋째, 자기 자신을 사랑하는 일이다. 이 중에서 자기 자신을 사랑하는 것만큼 중요한 것이 없다. 자기를 사랑하지 않는 사람은 남도 사랑하지 못하고, 스스로도 성장하지 못한다고 했다. 정호승 시인도 '내 인생에 힘이 되어준 한마디'에서 자기를 스스로 보살피는 마음, 자기를 스스로 존중하는 마음, 자기를 스스로 책임질 줄 아는 마음이 있을 때 남을 진정 사랑할 수 있다고 했다.

맹자(孟子)가 말하기를 자기 자신을 존중함과 같이 남을 존중하고 사랑하되 그가 나를 사랑하지 않거든 나의 사랑이 부족함이 없었는지 살펴보라고 했다. 법정 스님은 '스스로 행복 하라'에서 사랑한다는 것은 곧 주는 일이요, 나누는 일이다. 주면 줄수록, 나누면 나눌수록 넉넉하고 풍성해지는 마음이고 우리들 마음속 깊이 깃든 사랑의 신비는 줄 때에만 빛을 발한다고 했다. 안병욱 교수도 그의 저서 '인생론'에서 인생에서 제일 중요한 일은 자기의 생을 깊이 사랑하는 것이며 내 책임과 내 판단과 내 계획 하에 내가 살아가는 생이요 내가 창조하고 내가 건설해가야 할 생이라고 했다.

우리의 자랑스러운 방탄소년단(BTS)이 UN총회 연설에서 행한 Love myself 캠페인에서 모든 가능성은 자신에 대한 사랑과 존중에서 시작되며 자신을 사랑하지 않으면 남도 사랑하지 못한다고 했다. 사람은 누구나 자기의 삶을 사랑할 줄 알아야 한다. 그리고 자신의 인생을 책임질 수 있는 사람은 오직 자신뿐이고 스스로 자신의 행복을 찾을 수 있어야 한다. 우리는 자신이 생각하는 것보다 뛰어나므로 자신을 과소평가하지 말아야 한다. 무슨 일을 하든지 다른 사람의 생각에 휘둘리지 말고 자기주장대로 밀고 나갈 줄 알아야 한다. 세상에 완벽한 사람은 없다. 완벽해지려고 노력할 뿐이다. 본인이 가진 약점이나 결점을 비관하거나 숨기려고 애쓸 필요는 없다. 다른 사람의 시선에 연연하면 자신의 길을 찾기 어렵게 된다. 자신이 어떤 사람인지는 스스로가 자신을 어떻게 바라보느냐에 달려있다. 자신이 가치 있다고 생각하는 일을 하고, 자신의 생각과 행동을 믿으며 용감하게 앞으로 나아가야 한다.

스웨이는 그의 저서 '인생은 지름길이 없다'에서 단점이 없는 사람은 없다. 성공한 사람은 장점을 확대하고 단점을 축소시키지만, 실패한 사람은 단점으로 말미암아 인생을 망친다. 그리고 성공하고 싶다면 자신의 단점을 보완해야 한다고 했다. 김홍신 작가도 그의 저서 '인생 사용 설명서'에서 희망은 긍정적 생각에서 나오고 절망은 부정적인 생각에서 나온다며, 성공한 자는 자신의 콤플렉스를 딛고 일어선 사람이고, 실패한 자는 자신의 콤플렉스에 주눅이든 사람이고, 실패를 딛고 일어선 사람은 행복해지고 실패에서 무너진 사람은 불행해진다고 했다. '법정 행복한 삶'의 저자 김옥림은 일을 즐겁게 하는 사람에게 세상은 천국이지만, 일을 의무로 생각하는 사람에게 세상은 지옥이다. 흥미를 갖고 좋아서 하는 일은 힘들어도 재미있고 오래도록 해도 질리지 않으나 마지못해 하거나 억지로 하는 일은 흥미도 없고 힘들고 짜증만 난다. 흥미를 갖고 일하기 위해서는 첫째, 이왕 하는 것 기분 좋게 시작하라. 둘째, 내가 아니면 안 된다고 생각하라. 셋째, 일을 할 수 있다는 것에 감사하라고 했다.

사랑은 아름다운 인간의 품성이자 본능이고 힘의 원천이다

믿음과 희망과 사랑, 이 세 가지 중 가장 중요한 것은 사랑이다. '법정 행복한 삶'의 저자 김옥림은 세상에서 가장 아름다운 말 가운데 하나인 '사랑'은 아무리 듣고 들어도 싫증이 나지 않는다. 사랑은 다른 사람을 아끼고 위하며 소중히 여기는 마음이며, 사랑은 베푸는 의미가 담겨 있다. 연인에 대한 사랑이나 다른 사람들을 아끼고 위하는 사랑이 아름다운 것은 내 사랑을 그들을 위해 줄 수 있기 때문이며, 내 사랑을 누군가에게 줄 수 있다는 것은 내 마음을 나눠주는 것이기에 가치가 있는 것이고, 사랑은 나를 헌신함으로써 아름답게 피어나는 '행복의 꽃'이기 때문에 숭고하고 위대한 것이라고 했다. 안병욱 신작 에세이 '인생론'에서 사랑은 인생의 중심이요, 생의 주축을 이룬다며, 인간은 사랑이 없이는 살아갈 수가 없다고 했다. 김홍신 작가도 그의 저서 '인생 사용 설명서'에서 인간의 주성분은 사랑이다. 사랑은 시작할 때의 감정이 시간의 흐름에 따라 무뎌지므로 사랑이 시작할 때로 돌아가는 연습을 자꾸 해야 한다고 했다.

스웨이도 그의 저서 '인생은 지름길이 없다'에서 사랑은 인간의 본능이자 힘의 원천이며, 자신을 사랑하고 타인을 사랑하는 사람은 가슴 깊은 곳에서 무한한 힘이 샘솟는다. 조그마한 사랑이 사람의 마음을 움직이는 법이며 따라서 작은 것을 하찮게 생각해서는 안 된다. 사람에게 도움이 되는 일중에 하찮은 일이란 없다. 사람과 사람의 관계는 서로가 서로의 입장과 형편을 먼저 생각해 주며 서로를 위할 때 그 관계는 서로에게 유익하고 오래 지속된다고 했다. '세상은 넓고 할 일은 많다'의 저자 김우중 회장은 조그만 이익에 눈이 멀어서 남이 어려운 처지라는 걸 뻔히 알면서도 돕지 않는 것은 당장은 자기에게 이익이 되는 것처럼 보일지 몰라도 길게 보면 결국 자기를 갉아먹는 행위에 다름 아니다. 인관관계에서 자기의 이익만을 생각하면 그 관계는 위태로워지며 더불어 잘 살고자 하는 공생의 원리가 적용되어야 한다고 했다.

김옥림 작가는 그의 저서 '법정 행복한 삶'에서 사랑은 미움도 사랑이 되게 하고, 절망도 희망이게 한다. 사랑을 품은 가슴은 언제나 새롭게 태어난다. 사랑은 가장 '아름다운 품성'이다. 사람에게 있어 진정으로 큰 것은 '사랑'이라고 할 수 있다며, 사랑은 나의 모든 것을 줄 수 있는 마음이기 때문이라고 했다. 토케이어는 그의 저서 '영원히 살 것처럼 배우고 내일 죽을 것처럼 살아라'에서 사랑이 행복이다. 사랑이라는 말은 언제나 우리의 마음을 따뜻하게 하며 웃음 짓게 한다. 사랑은 슬픔을 기쁨으로 바꿔주는 기적의 선물이라고 해도 과언이 아니다. 자신이 소유하고 있을 때는 그것이 얼마나 소중한지 느끼지 못하는 것이 인간의 본성이다. 그것을 잃어버렸을 때 얼마나 그것이 자신에게 커다란 비중을 차지한 존재였는지 깨닫고 가슴 아파한다. 사랑 또한 마찬가지이다. 사랑할 수 있는 그때가 얼마나 행복한 시간이었는지를 우리는 까맣게 망각하고 살아가고 있다고 했다. 무무는 그의 저서 '행복이 머무는 순간들'에서 세상에서 가장 큰 행복은 사랑하는 사람과 함께 늙어가는 것이다. 시간이 흐름에 따라 우리의 육체는 늙어가지만 사랑은 시간을 거슬러 더욱 아름다워질 수 있다고 했다. 그리고 우정, 사랑, 인연, 이것은 산길과 같아서 매일, 아니면 자주 오고 가지 않으면 잡초가 무성해 진다는 말도 우리가 언제나 기억하고 있어야할 명구(名句)이다.

항상 베풀며 품격을 유지하고 명과 암을 동시에 볼 줄 알아야한다.

사람은 누구나 스스로가 알게 모르게 누군가의 도움을 받고 살아간다. 때문에 언제나 감사한 마음으로 겸손한 마음으로 살아야 한다. 우리 자신도 베풀고 살아가겠다는 마음의 자세를 견지하여야 한다. 우리 주위에는 부자이면서 가난하게 사는 사람이 있는가 하면 가난하면서도 부자처럼 살아가는 사람도 있다. 이미도의 '무비 식도락(識道樂)(161) What if I have time?'에 이런 명구가 있다. '오늘 누군가가 나무 그늘에 앉아 쉴 수 있는 건 누군가가 한 그루 나무를 오래전에 심은 덕분이다(Someone is sitting in the shade today because someone planted a tree long time ago).' 이는 오늘을 살고 있는 우리 모두는 알게 모르게 누군가가 이루어 놓은 업적 또는 은혜를 입으며 살아간다는 뜻이다.

마크 빅터 한센의 저서 '영혼을 위한 닭고기 수프'에서 삶에서 일어나는 모든 일들 중에 교훈을 담고 있지 않은 일이란 없다. 당신이 살아있는 한 매순간 교훈이 찾아온다. 나 역시 지금까지 살아오면서 매순간 배우고, 깨닫고, 반성하면서 살아왔다. 살아온 매순간이 나를 새로운 사람으로 거듭 태어나게 이끌어 주었다고 했다. '법정 행복한 삶'에서 김옥림 작가는 많이 배웠어도 배운 사람답지 않게 행동하면 배움이 없는 사람, 즉 무학자(無學者)로 취급받는다며 부끄러움이 없는 사람이 되어야 한다고 했다. 사실 인생에는 공짜란 없다. 남이 나를 알아주지 않는다고 걱정하지 말고 내가 능력있고 만반의 준비를 갖추고 있으면 남들이 나를 먼저 알아준다. 이처럼 우리는 평생에 걸쳐 자기 자신을 꾸준히 만들고 다듬어 가야한다.

'법정 행복한 삶'의 저자 김옥림 작가는 꽃에 향기가 있듯이 사람에게도 품격(品格)이라는 것이 있다. 그러나 꽃도 그 생명이 생생할 때에는 향기가 신선하듯이 사람도 마음이 밝지 못하면 품격을 보전하기 어렵다. 품격을 갖추기 위해서는 내가 먼저 상대를 존중하고, 신뢰하고, 배려하고, 의연하고, 정직하게 행해야 한다. 사람들은 누구나 그런 사람에게 경의를 표하고 신뢰하게 된다. 사람들에게 좋은 이미지를 심어주고, 그로인해 가치 있는 인생을 살고 싶다면 꽃과 같이 향기 있는 사람이 되어야 한다고 했다. 밝은 것을 보려면 어두운 것도 동시에 볼 줄 알아야 한다며, 밝음과 어둠은 늘 한 곳에 함께 존재한다. 삶의 이치 또한 마찬가지다. 바름(正)이 있으면 그릇됨(誤)이 있고, 옳음(義)이 있으면 옳지 않음(不義)이 있고, 보이는(視)것이 있으면 보이지 않는(不視)것이 있다. 또한 들리는(聽)것이 있으면 들리지 않는(不聽)것이 있고, 충만(充滿)이 있으면 비움(空)이 있다. 이렇듯 삶이란 서로 상반되는 것들이 모여 하나의 완성을 이루어가는 것이다. 그렇기 때문에 상반되는 것들을 볼 수 있어야 하고, 느낄 수 있어야 하며, 아우를 수 있어야 한다고 했다.

또한 법정 스님은 자신의 삶을 가치 있게 살고자 한다면 밝음과 어둠을 동시에 볼 수 있는 눈을 길러야 한다. 그랬을 때 온전한 나로 살아가게 되는 것이다. 매일 세수를 하듯 마음을 깨끗이 해야 한다. 그래야 그릇된 길로 빠지지 않고 자신이 바라는 대로 잘 살아갈 수 있다. 사람의 인격은 위기에서 들어나고 사람의 품격은 극한상황에서 확인되는 법이다. 특히 사람 간에 매우 중요한 것은 내 생각만이 최고이고 진리라는 독선과 아집을 버려야 하는 것이다. 똑같은 문제를 보더라도 각자 의견이 다를 수 있다. 다르다는 것은 틀린 것이 아니다. 나와 다른 생각을 가지더라도 이해하고 포용하고 존중하는 마음이 상호 지켜야할 기본예의이다. 상호간에 다르다는 것을 인정할 때 비로소 우리의 관계는 깊어지고 넓어질 수 있다고 했다. 결국 인생은 자리이타(自利利他), 즉 스스로도 이롭고 남도 이롭게 하는 삶이 최고의 가치라고 생각된다.

시간의 소중함을 알자

법정 스님의 법문집 '좋은 말씀'에 시간의 발걸음은 세 겹이다. 미래는 망설이면서 다가오고, 현재는 화살처럼 빨리 날아가고, 과거는 지켜서 있다. 과거, 현재, 미래가 따로 떨어진 별개의 시간이 아니라, 지금 이 순간에 함께 있는 것이다. 이미 지나간 일을 오래 마음에 두어서는 안되고 과거에 살아서도 안된다. 현재에 살 줄 알아야 앞으로 닫아 올 미래가 밝아진다. 누구에게나 공평하게 똑같이 하루 24시간이 주 어져 있다. 그 24시간을 우리가 어떻게 받아서 쓰느냐에 따라서 우리 의 인생이 달라진다. 시간이라는 선물은 단 한 번밖에 주어지지 않는 다. 한번 헛되이 보내고 나면 다시는 되찾을 수 없는 그런 선물임을 유 념해야한다. 사람이 늙어간다는 것, 즉 나이를 먹어 간다는 것은 정신 적으로 성숙해 간다는 뜻이다. 따라서 나이에 걸맞은 행동을 해야 하 고 나이에 맞는 지혜를 가져야 한다. 그리고 남아 있는 시간의 잔고를 헤아리고 시간의 소중함을 깨달아야 한다고 했다. 최인하 동아일보 객원 논설위원은 '동아광장'에서 "돈은 없다가도 생길 수 있으나 시간 은 그저 줄어들 뿐 늘어나는 법이 없다며 시간을 소중하게 쓰고 있느 냐가 중요하다. 무슨 일이든 내일로 미루지 말아야 한다. 내일은 없다. 언제나 오늘이고 지금이다. "라고 했다.

토케이어는 그의 저서 '영원히 살 것처럼 배우고 내일 죽을 것처럼 살 아라'에서 현재는 미래의 출발점이다. 어린 시절에는 시간이 귀중하다 는 것을 잘 모른다. 그러나 성장함에 따라서 시간이 재산이라는 것을 알게 된다고 했다. 또한 그는 같은 사람이라 할지라도 현재만을 생각 하며 사는 사람과 미래를 생각하며 사는 사람사이에는 커다란 차이가 있다고 했다. '시련은 있어도 실패는 없다'의 저자 정주영 회장은 사람 은 자신의 일생을 대단히 중요하게 생각하면서 하루의 중요성에 대해 서는 무감각하다. 그 하루가 모아져서 일생이 되는 것인데 하루하루를 중요한 줄 모르고 살면 그 일생 역시 전혀 중요하지 않는 삶이 되지 않 겠는가라고 반문하고 있다.

무무는 그의 저서 '행복이 머무는 순간들'에서 실제로 우리는 집중하지 않는 가운데 오늘을 놓치고 있다. 미래는 지금 이 순간이 하나씩 모여 이루어진다. 모든 열과 성을 다해 오늘을 살고, 그 순간 그 장소에는 세상에서 그 사람만 있고 그 일만 있는 것처럼 지금 하고 있는 일을 삶에서 가장 중요한 일이라 생각하자고 했다. '오늘을 사랑하라'는 영국 태생의 토머스 칼라일의 시 을 소개한다.

오늘을 사랑하라   토머스 칼라일

어제는 이미 과거 속에 묻혀있고
미래는 이미 오지 않는 날이 라네
우리가 살고 있는 날은 바로 오늘
우리가 소유할 수 있는 날은 오늘 뿐

오늘을 사랑하라
오늘에 정성을 다하라
오늘 만나는 사람을 따뜻하게 대하라
오늘은 영원 속의 오늘
오늘처럼 중요한 날은 없다
오늘처럼 소중한 시간은 없다

오늘을 사랑하라
어제의 미련을 버려라
오지도 않은 내일을 걱정하지 말라

오늘의 삶은 오늘의 연속이다

오늘이 30번 모여 한 달이 되고

오늘이 365번 모여 일 년이 되고

오늘이 3만 번 모여 일생이 된다.

우리의 삶에서 시간을 쏟아 노력하지 않고 이루어지는 것은 없다. 최인아는 '지름길의 덫'에서 좋아하는 일, 재미있는 일이란 시간의 선물이다. 스스로 생각하는 사람은 당장의 방법을 구하는 대신 시간을 들여 길을 구하고, 그렇게 애쓰는 사이 축적된 것들이 훗날의 자산이 되고 자신을 뽑아 주는 기립근이 된다고 했다. 그리고 지름길을 찾는 것은 노력하지 않고 열매를 얻자는 마음에 다름이 아니다. 라고 했다.

인복과 운이 좋은 사람

많은 사람들이 나를 향해 인복(人福)과 운(運)이 참 많은 사람이라고 이야기 한다. 이 말에 나도 동의한다. 내 스스로 생각해도 나는 인복이 참 많았다. 그러나 그 인복은 그저 돌아오는 것은 아닐 것이다. 인복은 그만한 가치를 지닌 사람이라고 인정하고 그 사람에 대한 관심에서 비롯된 것으로 믿고 싶다. 운이 좋은 사람은 일반적인 사람과는 다르게 생각하고 행동하기 때문이라 한다.

운 좋은 사람들의 10가지 특징을 보면, 1) 묵묵히 열심히 일한다. 2) 긍정적인 사람을 주위에 둔다. 3) 매일 긍정적인 생각을 한다. 4) 지나친 고민을 삼간다. 5) 뚜렷한 목표를 가지고 있다. 6) 모든 것이 완벽할 수 없음을 인정한다. 7) 남의 험담을 하거나 비난에 신경 쓰지 않는다. 8)이성보다 마음이 원하는 쪽을 따를 때도 있다. 9) 계획이 아니라 목표에 집중한다. 10) 행동에 옮긴다. 이상은 나의 스마트 폰에 들어온 오늘의 고사성어(故事成語)에서 인용한 글이다.

운을 읽는 변호사 니시나카 쓰토무의 운(運)에 대한 글도 소개한다. 1) 악행에서 얻은 성공은 오래가지 못한다. 2) 다퉈서 좋은 일은 아무것도 없다. 3) 감사하는 마음이 운을 가져온다. 4) 좋은 운은 겸손하고 은혜를 잊지 않는 마음에서 온다. 5) 배려하고 격려하고 칭찬하라. 6) 남을 위한 일일수록 더 기쁜 마음으로 하라. 7) 기타. 나만 잘되길 바란다면 운이 돌아선다. 인간성 좋은 사람은 처음엔 손해 보지만 나중엔 성공한다. '유능하다'는 말보다 '믿을 수 있다'는 말이 진짜 칭찬이다. 사람은 어느 자리에 있던 꼭 필요한 사람이 되어야 한다. 그런 사람에게는 인복도 운도 자연스럽게 따라온다.

내가 잊지 못할 고마운 분들

오늘날까지 살아오면서 많은 사람을 만나고 많은 은혜를 입었다. 그중에서 내가 절대로 잊을 수 없는 몇 분을 다시 한 번 더 거론해 본다. 캐나다 구엘프대학교 석사과정 입학과 전액 장학금을 주신 Dr. J.B. Stone 교수님, 미국 캘리포니아대학교 박사과정 전액 장학생으로 선발해 주신 Dr. Heitman 교수님, 중앙대학교 교수로 초빙해 주신 문병집 총장님(당시 농과대학 학장), 모교인 건국대학교 교수로 옮겨올 수 있도록 애써주신 최병규 축산대학 학장님과 김삼봉 상무이사님(당시 건국사료 사장), 축산대학 학장으로 임명해 주신 김용한 총장님, 건국대

총장을 지원할 수 있도록 마음의 길을 열어주신 김연수 상무이사님, 총장에 임명해 주신 현승종 이사장님, 그리고 대한민국학술원 회원에 선임되도록 힘써주신 주신순 회원님(당시 학술원 부회장)이시다. 그리고 누구에게나 본인을 추거(推擧)해 주시던 선배교수님이신 김용희 교수님(당시 법대 교수)도 잊지 못할 분이시다. 이외에도 제게 도움을 주신 분들이 많다. 한 사람 한 사람 마음에 떠올리며 그분들의 미소와 따스함을 마음속 깊이 새겨본다. 분명 잊을 수 없는 매우 고마운 분들이시다. 그리고 캐나다와 미국에 가서 석사, 박사학위를 받을 수 있었던 것은 덴마크 유학이 계기가 되어 길을 열어 준 것이다.

그에 앞서 건국대학교 축산대학에 교비장학생(등록금, 숙식비 및 기숙사 입사)으로 선발하여 대학 4년간을 공부시켜주신 유석창 박사님의 배려가 없었다면 오늘의 나는 완전히 딴 길을 걸었을 지도 모른다. 그것이 어떤 길일지 상상이 되지 않는다. 그러나 나는 분명히 말할 수 있다. 지금까지 내가 걸어온 이 길이 나에겐 최상의 길이었고 가장 영광된 길이며 내가 가장 가고 싶었던 길이었다. 나는 죽었다 다시 태어나도 대학교수가 될 것이다. 지금까지 나를 이끌어 주신 분들에 대한 은혜를 추호도 잊지 않을 것이며 어떠한 방법으로도 그 은혜를 갚고자 노력할 것이다. 즉 결초보은(結草報恩)의 마음으로 나머지 생을 살아갈 것이다. 여기에 거론하지 않은 잊지 못할 분들이 많다. 특별히 마음을 주고받았든 초중고대학의 몇 동창들, 대학과 사회에서 긴밀히 사귀며 가까이 지냈든 훌륭한 분들, 그리고 제자들 등 수없이 많다. 이들에 대한 고마움은 언제나 기억할 것이다.

고바야시 이치조가 남긴 말과 차리 벨의 생각과 행동

일본의 기업인이자 정치인인 고바야시 이치조가 남긴 다음 말을 이 책을 읽으시는 독자들과 나누고 싶다. "신발정리 하는 일을 맡았다면 세상에서 신발정리를 가장 잘 하는 사람이 되라. 그러면 세상은 당신을 신발정리만 하는 사람으로 놔두지 않을 것이다."

정진홍 작가의 저서 '사람공부'에서 차리 벨(Charlie Bell)은 바닥 닦는 아르바이트생으로 일을 시작하면서도 어느 위치, 어떤 역할이 주어지든 주인 같은 생각, 주인 같은 행동을 했다. 그런 생각과 행동 때문에 그는 결국엔 맥도날드사의 CEO의 자리에까지 오를 수 있었다고 했다. 미국의 최초의 흑인 국무장관을 지낸 콜린 파월은 고교시절 아르바이트생으로 음료수 공장의 바닥청소를 할 때 최고의 물걸레질 선수가 되겠다는 마음으로 일했다고 한다. 이처럼 아무리 하찮은 일이라도 최선을 다하면 빛이 나고 능력을 인정받을 수 있다. 비록 작은 일에서 최선을 다하는 사람은 큰일을 맡아도 잘할 수 있는 자질을 갖추고 있는 사람이다. 고바야시 이치조가 남긴 말이나 차리 벨의 생각과 행동, 콜린 파월의 최선은 우리 모두가 마음속에 품고 살아야 할 소중한 자산이다.

성공한 사람들의 11가지 특징

끝으로 미국의 심리학자 맥기니스가 연구한 '성공한 사람들의 11가지 특징'을 소개한다. 자기의 삶을 성공한 사람으로 이어가기 위해서 귀담아 마음에 새겨야할 항목들이다.

1. 어떤 곤란, 역경을 만나도 결코 동요하지 않고 끈기 있게 파고들어 문제를

해결해나간다.

2. 자기의 미래는 자기 자신이 결정한다는 확고한 믿음이 있다.

3. 몸과 마음을 생동감 넘치게 유지한다.

4. 비관적, 부정적 사고를 끊고 긍정적으로 생각한다.

5. 어떤 작은 일에서도 큰 기쁨을 느낀다.

6. 머릿속에 강한 성공의 이미지를 그리며 실현해 간다.

7. 불행한 일을 만나도 활력을 잃지 않는다.

8. 나는 무한한 가능성을 갖고 있다고 굳게 믿는다.

9. 자기의 주위 사람들과 사랑으로 채운다.

10. 언제나 밝고 건강한 화제만을 말한다.

11. 도저히 변화시킬 수 없는 불가능한 상황이 오면 그때는 무리 없이 받아들인다.

이는 미래를 열어가는 젊은이들이 마음속에 새겨 스스로의 목표를 향해 나아가면서 실천해 가야할 중요한 항목이라고 생각한다. 성공은 아무나 하는 것이 아니다. 노력이상으로 바른 마음의 자세가 중요하다. 이는 마음이 행동을 이끌어가기 때문이다.

조오현 스님은 그의 저서 '죽는 법을 모르는데 사는 법을 어찌 알랴'에서 성공한 사람들을 살펴보면 그들은 버릴 것은 버리고, 포기할 것은 포기할 줄 아는 슬기를 가지고 있다. 그들은 버릴 줄 알고 포기할 줄 알기 때문에 더 많은 것을 얻고, 더 훌륭한 것을 이루어 낸다고 했다. 우리가 살아가다 보면 실패 또는 실수를 할 수도 있다. 그러나 같은 실패, 실수를 반복하는 것을 두려워하되 새로운 실패, 실수를 두려워할 필요는 없다. 그 실패, 실수는 곧 우리의 소중한 경험이기 때문이다.

2004년 2월말, 대학원 제자들이 마련한 정년퇴임식이 인터콘티넨탈 호텔에서 있었다. 그야말로 제자들이 중심이 된 조촐한 퇴임식이었다. 사실은 나는 이것도 원치 않았었다. 제자가 영상으로 비추어주는 지난 날의 나의 모습과 제자들의 모습을 보며, 그때는 우리가 참 열심히 밤낮없이 연구하며, 참으로 행복했었다는 생각이 마음을 가득 채웠다. 부족한 여건 속에서도 불만 없이 연구에 매달린 제자들의 덕분에 오늘의 내가 정년을 끝으로 학교를 떠나게 되었다고 생각하며 그들은 나의 영원한 사랑하는 제자임을 가슴에 새겼다. 그리고 나는 도리만천하(桃李滿天下), 유능한 제자가 많음을 언제나 감사하고 자랑으로 생각한다. 나는 대학 재임기간 동안 석, 박사 117명을 지도 배출하였으며, 국내 및 해외의 저명 학술지에 250여 편의 논문을 게재하였고 110여 회에 걸쳐 국내 및 국제 학술대회에 논문을 발표하고 40여권의 저서를 출간하였다. 농민, 양축가와 사료제조기술자를 위한 기술세미나 84회, 기술정보지 원고 게재 129회, 그리고 기술정보제공을 위한 인터넷 홈페이지를 개설하여 양축가들의 기술향상과 보급에 기여하였다.

나는 65세로 정년을 맞아 이제 학교를 떠나지만 아쉬운 마음보다는 행복하다는 마음이 앞선다. 그동안 전문서적에 치우쳐 읽지 못했던 책들을 접할 수 있는 시간들이 충분하다는 여유로움이 제일 먼저 떠올랐다. 지금까지 살아온 내 자신을 되돌아보고 앞으로의 남은 나의 인생을 보다 더 보람되게 활용하는 축복의 시간이 되도록 노력할 것이다. 그렇게 함으로써 남은 세월을 가치 있게 보낼 수 있으리라 믿는다. 그리고 나의 남은 인생을 끝까지 책임지고 내 인생의 주인공이 될 때에 멋진 인생을 살은 보람을 갖게 될 것이다. 미래는 누구에게나 소중한 내일이다. 그리고 시간은 한 번가고 나면 두 번 다시 돌아오지 않는다. 우리의 인생 또한 마찬가지다. '법정 행복한 삶'의 저자 김옥림 작가는 어제는 이미 지나간 시간이므로 되돌릴 수 없는 시간이듯 '지금'이란 '순간'은 오직 지금 이 순간의 시간일 뿐이다. 이렇듯 지금이란 순간은 인생에 있어 중요한 시간인 것이다. 그렇기 때문에 하고 싶은 일은 그것이 무엇이든 미루지 말고 지금 해야 한다. 한 번 미루면 두 번 미루게 되고, 세 번, 네 번 미루게 되면 계속 미루게 되기 때문이다. 무슨 일을 하던 의미 있게 살아가는 사람들의 공통점은 '지금'이라는 '순간'을 확실하게 자신의 것으로 만듦으로써 비롯되었다는 것이다. 그들은 시간이 자신을 기다려주지 않는다는 것을 너무나 잘 알았기에 매 '순간'을 헛되이 하지 않아야 한다고 했다.

내일은 영원히 오지 않는다. 평행선으로 가는 철길처럼, 오늘 하지 못한 사람은 내일도 하지 못한다. 그리고 인생은 속도가 아닌 방향이다. 이상은 우리가 귀담아 들어야할 말이다. 자기가 좋아하는 일을 하되 그 일에 주인이 되어야 만이 성공할 수 있다. 인생은 분명히 일체유심조(一切唯心造)이다. 즉 모든 것은 마음먹기에 따라 달라진다는 것이다. 그리고 자승자강(自勝者强), 즉 자신을 이기는 자가 진정한 강한 자임을 잊지 말자. 인생을 살다보면 자포자기의 순간이 있다. 이럴 때마다 강하게 나의 뺨을 때려 정신 차리게 해주는 말, 그것이 자승자강이었다. 그러나 우리가 잊지 말아야 할 말이 있다. 즉 물이 흐르지 않고 고여 있으면 썩듯이 사람도 한 자리에 오래 머물거나 안주(安住)하여 나태해지면 부패하여 망가지게 된다. 따라서 내가 안락하고 평안할 때 스스로를 경계하고 생각을 새롭게 하여 현실에 안주하지 말아야한다.

드러커의 황금기, 새들러의 핫 에이지, 울만의 청춘, 법정의 성숙

이제 나는 silent generation(65세 이상 인구)에 접어들었지만 squeezed orange(용도 폐기된 사람)가 아닌 보다 적극적인 내 삶을 이어갈 것을 다짐한다. 한 송이의 아름다운 꽃잎 속에는 지난 세월의 치열한 삶의 몸부림이 녹아 있다고 한 어느 작가의 글이 머리에 떠오른다. 오늘까지의 나의 삶에도 그에 못지않은 치열한 삶이 배여 있음을 느낀다. 그리고 생의 마지막 날까지 고결한 꽃잎의 자태를 유지하기 위해 나 자신도 최선을 다할 것을 다짐한다. 인생은 언제나 지금(now) 그리고 여기(here)에서 최선을 다하고 만족하며 보람을 가져야한다. 즉 지나간 일이나 앞으로 닥칠 일에 대해 생각하지 말고 지금 당장할 일에 집중해야 한다는 것이다.

김지영은 '바로 지금 여기[2030 세상/김지영]'에서 법정스님은 말했다. '즉시현금 갱무시절(即時現金 更無時節)', "한번 지나가 버린 과거를 되씹거나 아직 오지도 않은 미래에 기대를 두지 말고, 바로 지금 그 자리에서 최대한으로 살라. 우리가 사는 것은 바로 지금 여기다." 오스트리아 출신, 현대경영학의 권위자인 피터 드러커(Peter Drucker)는 100여 권이 넘는 책을 집필할 정도로 왕성한 활동을 했고, 그는 96세를 사는 동안 "60세 이후 30여 년 동안이 내 인생의 황금기였다."고 했다. 윌리엄 새들러(William Sadler)도 은퇴이후 30년을 핫 에이지(Hot Age), 즉 정열의 시기라고 했다. 사무엘 울만(Samuel Ullman)은 '청춘'이라는 시에서 청춘이란 인생의 어느 기간이 아니라 그 마음가짐이다. 나이를 먹어서 늙는 것이 아니라 이상을 잃어서 늙어간다고 읊었다. 법정 스님은 깨어있는 영혼에는 세월이 스며들지 못하고 창조적인 노력이 없을 때 늙음과 질병과 죽음이 찾아온다고 했다. 나이가 아무리 많아져도 늙지 말라(Do not grow old, no matter how long you live.)는 아인슈타인의 말도 우리의 가슴속에 새기자. 사실 꿈이 있는 한 나이는 숫자일 뿐이다.

나민애 문학평론가는 '영목에서(나민애의 시가 깃든 삶<280>)'에서 "일몰의 나이와 일몰의 시간 앞에서 한 사람이 이렇게 소망했다. 유명한 이로 소문나지 못했으나 사람답고 사람답게 살고 싶다. 일몰의 간절함이 일출의 소망보다 못할까. 세상에는 떠오르는 해만 있는 건 아니다. 지는 해도 아름답고 장하다"고 했다.

법정 스님 법문집 '좋은 말씀'에서 가을바람에 열매가 익어가듯이 노인에 이르러서는 성숙해야 됩니다. 라고 했다. 토케이어는 그의 저서 '영원히 살 것처럼 배우고 내일 죽을 것처럼 살아라'에서 배움으로써 젊음을 유지할 수 있다. 청춘이란 나이로 따지는 것이 아니며 태도의 문제인 것이라고 했다. 사람이 늙는다는 것은 나이가 들어서가 아니라 변화를 멈추기 때문이며 변화하는 사람은 늙지 않는다 한다. 은퇴 이후의 노년기는 자기의 선택에 따라 흥미진진한 삶이 될 수도 있고 지루하고 단조로운 삶이 될 수도 있다. 우리는 은퇴이후의 삶을 창조적이며 가치 있고 보람 있는 시간이 되도록 삶에 대한 열정을 이어가야 한다.

우문식은 그의 저서 '긍정심리학의 행복'에서 나이가 들수록 건강하게 보이도록 만드는 건 그 사람이 내뿜는 에너지이며, 그 에너지는 삶의 태도에서 나온다고 했다. 즉 하는 일에 열정적이고 보람을 느끼는 사람, 긍정적이고 낙관적인 자신감으로써 도전하는 사람, 무슨 일이든 즐겁고 활기차게 하는 사람, 꾸준히 자기 관리를 하는 사람에게 어떻게 에너지가 느껴지지 않겠는가? 반문하며 이런 사람들은 더 건강하고 젊게 산다고 했다. 이처럼 어떤 마음가짐으로, 어떤 태도로 살아가는지가 우리를 더 건강하고 더 젊게 만들어 준다는 것이다. 나이가 들면서 신체적으로 쇠퇴해지는 건 피할 수 없지만 마음가짐이 노화를 더 앞당길 수도, 더 늦출 수도 있다는 것이다. 인생 후반을 소신을 가지고 의미 있는 일을 하며, 스스로를 인정할 수 있을 때 '멋진 나'가 될 수 있고, 육체보다도 마음이 녹슬지 않도록 노력해야 한다.

사람의 마음은 양파와 같다고 했다. 양파껍질을 벗길수록 실망을 주는 사람이 아니라 사람다운 사람으로 인정받을 수 있는 사람이 되어야 한다. 사람이 사람다운 것은 어떤 경우에라도 예의와 염치를 중요하게 생각하고 이를 지켜가는 사람임을 명심하자. 무무가 그의 저서 '행복이 머무는 순간들'에서 언급한 것처럼 매일매일 쌓이는 각종 부정적인 감정과 스트레스들은 시간이 지날수록 우리 마음을 녹슬게 하기 때문에 우리의 마음과 머릿속을 때때로 말끔히 청소할 필요가 있다. 끝으로 내가 살아온 지금까지의 삶에서 내가 얻은 교훈은 우리의 인생에는 빛이 있으면 그림자도 있고, 고난과 좌절 속에 희망이 숨 쉬고 있으며, '불광불급(不狂不及), 사람이 몰입하면 성취하지 못할 일이 없다'는 것이다. 그러나 자기만의 성공과 행복을 위해 사는 사람은 불쌍한 사람이다. 나와 더불어 살아가는 내 이웃, 사회 그리고 국가를 위해서 보탬이 되는 삶이 보람된 삶이다. 이는 우리가 살아있는 동안 어떤 감투를

썼느냐가 아니라 어떻게 살았느냐에 따라 평가 받는다는 뜻이다. 어느 순간에 삶을 뒤돌아보며 최선을 다해 살았다고 스스로 자신 있게 말할 수 있을 때 우리는 행복한 삶을 살았다고 할 수 있다.

나는 내가 초등학교에 다닐 때 선생님이 되겠다는 꿈이 대학생이 되면서 대학교수로, 간절히 원하던 유학의 꿈을 이루어 미국에서 박사학위를 받았다. 내가 가장 걷고 싶었던 교육자로서 일생을 걸어온 나는 가장 행복한 사람이다. 우문식도 그의 저서 '긍정심리학의 행복'에서 자기의 직업에 만족하면서 행복을 느끼는 사람이야말로 삶 전반에 걸쳐 행복지수가 높다고 했다. 나는 다음 생에 다시 태어나도 지난날 걸어온 그 길을 분명히 다시 걸을 것이라 장담한다. 그리고 나는 익자삼우(益者三友), 즉 정직한 사람, 진실한 사람, 학식이 많은 사람으로 기억될 수 있도록 항상 내 자신을 돌아보고 최선을 다하며 살았다.

맹 원 재 자 전 적 에 세 이

4부

도전은
미래를 만든다

제23장 ◆ 대한민국학술원 회원이 되다

2004년 2월말, 대학의 정년과 동시에 연구소를 개설했다. 연구소의 명칭은 뉴트리션 뱅크 리서치 연구소, 즉 NBRI(Nutrition Bank Research Institute)로 정하고 장소는 강남구 논현동의 건물 3층에 자리 잡았다. 제자들과 같이 3년간은 열심히 연구소를 운영했으나 더 이상 계속하고 싶은 생각이 없어졌다. 후에 규모가 작은 오피스텔로 사무실을 옮기고 매일 아침 8시까지 출근하며 주로 인근 교보문고에서 읽고 싶은 책을 구매하여 독서로 소일했다. 그리고 찾아오는 제자들과 가까운 지인들을 만나며 나름대로 게으름 피우지 않는 시간들을 가지려 노력했다. 13년간을 연구소를 유지해 오다가 2017년 4월 1일부로 추대에 의한 건국대학교 총동문회장직을 맡으면서 연구소의 문을 닫았다.

학술원 회원 후보로 추천되다

2005년 5월 중순 어느 날, 80대 중반으로 보이는 인자한 인상을 풍기는 노신사께서 예고도 없이 연구소로 찾아오셨다. 나는 전에 뵌 기억이 전혀 없었다. 본인 소개를 하지 않아서 나도 여쭈어 보지 않았고 나의 명함만 드렸다. 커피를 한잔하시며 말씀을 시작하셨다. 주로 나의 연구업적과 SCI 논문편수 등을 내게 문의하셨고 이미 나에 대해서 자세히 알아보고 오신 듯했다. 그는 "이번에 학술원에서 영양학 분야 회원을 모시고자 하는데 응모하라"며 나를 추천할 수 있는 학회를 알려 달라고 하셨다. 그리고 홀연히 사무실을 나가셨다. 학술원 회원? 나는 감히 꿈도 꾸지 않았었고 내가 학술원 회원이 될 가능성은 추호도 없다는 것이 나의 생각이었다. 얼마 후 다시 나의 연구소를 그 분이 찾아오셔서 전에 다른 분이 학술원에 제출했던 서류를 주시면서 "이것을 참고해서 제출서류를 작성하면 도움이 될 것"이라며 주고 가셨다. 다행히 한국동물자원과학회 상벌추천위원회에서 학술원 회원 후보 복수 추천자 중의 한 사람으로 내가 추천을 받았다. 그리고 한국영양학회에서 추천한 2명 등 4명이 추천되어 경합을 하게 되었다. 각 학회에서 추천받은 4분을 두고 15명(정원)의 자연 제2분과 회원들의 심사 후 투표에 의해서 과반수 이상의 최고득점자로 내가 선정되었고, 다시 75명(정원)의 자연과학부 회원의 투표 그리고 학술원 전체 회원(정원 150)의 인준을 받아 내가 최종 학술원 회원으로 선출되었다.

2005년 7월 29일 학술원 2층 대강당에서 학술원 회원통지서 수여식이 있었다. 꽃다발을 준비해 참석한 가족, 친지 등 축하객이 강당을 꽉 메웠다. 나의 사무실에 찾아오셨던 노신사는 영양학을 전공하는 학술원 부회장임을 회원증서 수여식에서 알았다. 후에 들은 이야기지만 그분은 사전에 사람을 학술 진흥재단에 보내 영양학 전공학자의 논문을 전부 검색하고 회원 적임자를 검토하셨다 했다. 신임 학술원 회원의 증서수여식이 있는 날 명단이 신문지상에 발표되자 많은 분들이 축하 전화를 주셨다. 특히 건국대학교 졸업생으로서 최초의 학술원 회원으로 이는 학교의 명예를 높이는데도 크게 기여했다며 많은 동문들이 진정한 축하의 말과 함께 기쁨을 나타내었다.

대학교수로 재임 중인 1995년 새로 발족한 한국과학기술원 한림원 정회원이 되었고 이듬해에 종신회원으로 추대되었을 때도 학자로서 무한한 영광으로 내 자신이 매우 자랑스러웠다. 1997년 세계 명사 인명사전인 마르퀴즈 후즈후(Marquis Who's who in the world)에 등재되었고, 같은 해에 New York Academy of Science의 정회원으로 추대되었다. 이제 다시 학자로서 최고의 영예인 대한민국학술원 회원이 되었으니 학술원 회원으로서 내게 쏟아지는 명예 이상으로 학자로서의 바른 자세와 학문발전에도 나이를 잊고 최선을 다할 것을 다짐했다. 내가 학술원 회원으로 선임된 것은 전적으로 주진순 선생님의 덕분이었다. 그분의 은혜를 잠시도 잊은 적이 없었다. 이제 고인이 되신 그분을 생각하면 살아생전 좀 더 적극적으로 모시지 못한 것이 못내 마음을 아프게 한다.

　1954년에 개원한 대한민국학술원은 교육부 소속 법정 학술단체이며 우수학자들의 예우기관이기도 하다. 종신회원이신 학술원 회원들의 평균 연세는 80세 전후이다. 사회통념상 연세가 많은 것으로 간주되고 있으나 본인들은 젊은 학자 못지않게 학술활동 뿐만 아니라 각종회의, 각종 학술회의 및 정책토론회, 국제학회에 활발하게 참여하며 학술원 회원으로서의 본분을 다하고 있으며 평생 쌓아오신 고매하신 명예를 잘 지켜가고 있다. 그리고 전문학술활동과 학술원 논문집 투고, 저술활동으로 학문연구의 동향과 쟁점, 학술연구총서 등을 집필하고 있다. 또한 학술원 회원 경륜 사회공유사업의 일환으로 회원의 일생의 업적을 다큐멘터리로 제작하여 방영(EBS)하고 있다.

제24장 ◆ 동덕여자대학교 이사장이 되다

2010년 2월말 서울시내 프레지던트호텔 회의장에서 이사회가 열렸다. 당시 동덕여자대학교의 학내문제로 모든 법인 이사들이 해임되고 관선이사들이 교육부에서 파견되어 최초로 열리는 이사회였다. 그 자리에서 내가 신임 이사장으로 추천되어 만장일치로 선임되었다. 대학에 첫 출근 하는 날, 신입생의 입학식 축사를 시작으로 동덕여대에서 나의 이사장으로서의 일과가 시작되었다. 우선 가장 시급한 것이 총장의 선임과 보직교수의 임명이었다. 처음 부임하여 전체교수들의 신상을 구체적으로 파악하는 것은 쉬운 일이 아니었고 누구의 자문을 구하는 것도 조심스러웠다.

아침 8시에 출근하여 매일 아침 현재의 보직교수들을 이사장실로 오게 하여 커피를 마시면서 학교의 여러 가지 현안 문제점에 대해 이야기를 나누었다. 이외에도 인사자료를 꼼꼼히 살펴보면서 하나하나 인물 파악을 해나갔고 드디어 총장대행을 임명하고 보직인사도 끝냈다. 그리고 법인 내에도 나의 오른팔이 될 수 있는 핵심신복이 절실하여 가장 적임자로 생각되는 제자인 최행석 박사를 이사장 비서실장 겸 기획과장으로 특채했다. 그는 내가 재임 중에도 나의 오른팔로서 핵심역할을 충실히 잘 수행했고 대학이 정상화 되어 내가 동덕여대를 떠난 뒤에도 학교법인의 핵심멤버로 남아 그의 능력을 십분 발휘하면서 일하고 있다. 누구보다 뛰어난 그의 업무능력을 보는 나는 한없이 기쁘다.

모두의 선입관속에 깊이 인식되어 있는 지난날 이사장의 관료적인 권위를 불식하도록 구성원 누구에게나 친절과 웃음으로 접근하였고, 하루도 빠지지 않고 아침 일찍 출근하는 이사장의 모습에서 과거와는 다른 모습을 인식하는 분위기가 커져가는 듯했다. 하루는 본부건물 복도에서 다가오는 직원노조위원장을 향해 웃으며 손을 흔들며 먼저 인사를 건넸더니 그는 그 모습이 너무나 좋았다며, 그 후로 그와 여러 가지 어려운 문제들을 해결하는데 매우 우호적이었다. 점심은 언제나 교직원 식당에서 먹었으며 식당에서 만나는 교수, 직원, 학생들과도 악수하며 간단한 말 한마디가 그들의 마음을 움직였다.

이사회결의가 필요한 안건은 수시로 이사회를 소집하여 적시에 결의하여 학사행정에 지장이 없도록 만전을 기하였으며 기한이 급한 안건은 수시로 조찬이사회를 개최하였다. 임기가 끝나는 대학부속중학교와 고등학교 교장은 공개모집하여 유능한 외부교장을 초빙하여 발령함으로써 새바람을 불러 일어 켰고 수시로 학교를 방문하여 의견을 듣고 애로사항을 시정하려고 노력했다.

동덕여학단의 개교 100주년 기념식을 축제의 분위기에서 성공적으로 치렀다. 대학과 중. 고등학교 그리고 동문들이 다 같이 한자리에 모여 한 가족임을 다지는 의미 있는 행사였고 이순간만은 모두가 한마음이었다. 100년의 역사를 가진 전통 있는 교육재단을 인계받아 운영하는 후손들의 오만과 불성실이 낳은 불행한 오늘의 현실을 진심으로 반성하는지가 그들이 다시 복귀할 수 있는지 여부를 판가름하게 될 것이다. 동덕여학단의 현재의 모습은 우리나라 전체 사립대학들이 다 같이 안고 있는 문제점이며, 이런 모습을 과감히 벗어버려야 우리나라의 교육이 살아나고 대학이 제 모습을 찾으리라 믿는다. 특히 대학을 물려받는 후손들의 자세가 바뀌어야 한다. 이보다 더 중요한 것은 능력 없는 후손들에게는 기득권을 인정하지 말고, 가장 유능한 사람에게 대학 운영을 맡기는 것이다. 고사성어에 식시무지재준걸(識時務之在俊傑)이라는 말이 있다. 이는 일을 처리하는 데는 재능과 인격이 있어야 한다는 뜻이다. 즉 재능과 인격이 모두 뛰어난 인물만이 일을 잘 처리할 수 있고 어리석은 자는 할 수 없다는 것으로 책임질 자리에 있는 사람들이 유념해야 할 말이다.

　교수, 직원과 학생 모두가 구재단과의 악연을 마음속 깊이 가지고 구재단의 접근을 허용할 수 없다는 마음이 단단히 굳어 있었다. 이런 마음을 깨기 위한 노력에는 반발이 심했다. 그러나 이사들은 물론 학교 구성원에도 구 재단을 옹호하는 이사 및 구성원과 구재단은 어떤 경우에도 절대용납 못한다는 이사 및 구성원이 있게 마련이고 이들의 의견을 통합하는 것은 참으로 힘들고 어쩌면 불가능해 보였다. 대학의 미래를 위해 앞장서야 할 위치에 있는 사람들이 학교를 위해 일하기보다는 본인의 이해관계에 따라 행동했다. 스스로의 편견을 깨트리고 무엇이 학교발전을 위해 최선인가를 가장 우선에 두는 합리적인 사고를 기대하는 것이 이토록 어려웠으나 오직 대학의 정상화만을 염두에 두고 최선을 다하였다.

관선이사 체제를 오랫동안 유지하는 것은 대학발전에 도움이 되지 않는다는 것이 이사장인 나의 소신이었다. 따라서 여러 구성원, 즉 설립자 가족, 동문회, 교수협의회 등으로부터 이사들을 추천받아 교육부에 제출하였고, 교육부로부터 정이사를 선임 통보받은 날에 이사장직에서 물러났다. 즉 이사장 취임일로부터 약 20개월이 되어서야 정상화가 이루어졌다.

제25장 ◆ 지워지지 않는 기억들

부모님은 서울로 떠나다

부모님은 일본에서 귀국 후 곧 서울로 가셨다. 나만 떼어놓고 누나랑 동생을 데리고 모두 떠났다. 아마도 나는 장손이니까 할아버지 할머니 슬하에 두었을 것이다. 아니면 서울에 터를 잡을 때까지 고생할 텐데 장 손자만이라도 할아버지 할머니에게 사랑받으며 편히 지내라는 배려였는지도 모르겠다. 나도 부모님과 떨어져 산다는 것에 대해 조금도 서운함이나 불만이 없었다. 지금의 잣대로 생각하면 부모가 어린 자식을 떼어 놓는 것은 상상도 할 수 없는 일이겠지만 나는 시골에서 할머니와의 삶은 너무나 행복했고 시골의 순수한 자연을 만끽하며 어린 시절을 보낸 내가 풍부한 정서 속에 자란 행운아였다고 생각한다.

20여 년간 한 번도 만나지 못했던 대구에 사는 막내 고모가 딸 시집 보낸다고 연락이 왔다. 나보다 몇 개월 먼저 태어나 같이 자란 형제 같고, 친구 같은 고모였다. 만나자마자 "원재야, 너 때문에 나는 어머니 한테 엄청나게 많이 야단맞으며 자랐다"고 했다. 사실 그랬다. 어쩌다 나와 고모가 티격태격 싸우거나, 고모가 내게 눈만 흘겨도 할머니가 고모를 야단치곤 하셨다. 사실 할머니는 나를 지나칠 정도로 과보호 하셨다. 그렇다고 버릇없는 아이로 자란 것은 아니었다. 동네 사람들의 입에 오르내리는 일은 추호도 없었고, 예의 바르고 반듯한 아이로

성장하였다. 동네 아이들처럼 농사일에 전염해야하는 입장은 아니었
지만 내가 할일은 내가 알아서 하는 책임감이 강한 아이임에는 틀림
없었다. 중학생이 되어 여름방학이 되면 서울에 계시는 부모님 댁에
갔다 오긴 했으나 왠지 낯선 곳처럼 느껴졌다. 그럴 수밖에 없는 것이
친어머니가 돌아가시고 계모님이 계셨으나 아직 정이 들지 않았기 때
문이었다. 누나만이 마음이 통하는 유일한 분이었고 누나와 같이 어
머니 산소에 가서 묘소의 풀을 깎고 말없이 눈물을 흘리고 돌아왔다.
저녁에 퇴근하시는 아버지와도 별다른 정이 느껴지지 않았다. 일주일
정도 지내다 다시 시골로 내려왔다. 내가 살 곳은 서울이 아니라 시골
할머니와 같이 사는 것이란 생각이 우세했고 시골을 떠나 산다는 것
은 상상도 할 수 없었다. 지금에 와서 생각해도 시골의 자연환경 속에
서 조부모님과 같이 어린 시절을 보낸 내가 참으로 행복했었다는 생
각을 지울 수가 없다.

나의 아버지

아버지는 초등학교 다닐 때 천재 소리를 들었다고 할머니께서 말씀
하셨다. 따라서 일본인 교장선생님이 일본으로 유학시켜 주겠다고 하
였는데 아버지의 할아버지께서 너무나 강하게 반대하셔서 뜻을 이루
지 못했다한다. 남부러울 것 없고 어려움 없이 사시던 할아버지인지라
구태여 일본에까지 가서 고생할 필요가 없을 뿐만 아니라 신식 교육을
받으면 사람 버린다고 하셨다고 했다. 세상을 멀리 내다볼 줄 모르고
본인의 주관적인 좁은 생각이 전부라고 생각하는 옹고집 어른들이 결
국 후손들의 장래를 막아버린 전형적인 경우라고 생각된다. 내가 아는
아버지의 성격은 교장선생님 말씀대로 일본에 유학하여 학문의 길로

나아가셨다면 분명히 성공할 수 있었을 것으로 생각된다.

아버지는 말이 없으신 분이었다. 자식들에게는 물론 누구에게도 화를 내시는 것을 본적이 없다. 남에 대해서 왈가왈부 하시지도 않고 평생 누구와도 언쟁을 하지 않으셨다. 장남이면서도 집안을 돌보지 않는다고 삼촌들이 심하게 대들어도 "그래 내 잘못이다"하시며 언짢은 표정도 짓지 않으셨다. 옳고 그름을 따지지도 않고 무조건 수긍하는 아버지를 나는 이해할 수가 없었다.

일본에 계시다가 해방 직후 귀국하신 아버지는 장남이면서 시골생활에 적응 못하시고 나만 남겨놓고 이내 서울로 가셨다. 일본에서 익힌 자동차 관련 일을 대기업에서 하신 것으로 알고 있으나 구체적인 것을 나는 알려고도 하지 않았다.

어머니가 돌아가시고 아버지는 다시 결혼을 하셨다. 경기도 주안에 사시는 나의 당숙모께서 중매를 서셨다. 내가 중학교 1학년 때 여름방학을 이용해서 서울에 다니러 왔을 때 아버지께서 "새어머니가 어떠냐"고 물어보셨다. 시골의 촌 아주머니만 보다가 세련돼 보이는 어머니를 대하게 되어 "좋은 분 같아요." 라고 대답했다. 아버지는 아무 말씀도 안 하셨지만 안도하시는 눈치였다. 저녁에 내가 깊은 잠에 빠졌다. 낯 설은 서울의 환경에 지친 탓이었을 것이다. 누가 내 뺨을 때려 깜짝 놀라 잠을 깼다. 아버지의 목소리가 들려왔다. "왜 이리 이를 갈지"하셨다. 나는 밤 내 소리 없이 울었다. 오랜만에 서울에 온 아들이 잠을 자다 이를 갈기로서니 흔들어 깨워도 될 것을, 그렇잖아도 부모에 대한 정이 없는 내 마음에 너무나 큰 상처를 주었다. 아버지의 마음은 그렇지 않았겠지만 자식에 대한 사랑의 표시는 이런 것이 아닐 것이다. 아무리 큰 사랑도 상대가 느끼지 못하면 아무런 값어치가 없다. 더구나 부모와 자식 간에도 올바른 사랑의 표시가 중요하다고 생각되었다. 어느 누가 한말인지는 기억할 수가 없으나 나의 메모노트에 다음과 같은 멋진 말이 쓰여 있다. 즉 '표현하지 않은 사랑과 봉해 놓은 편지는 아무리 시력이 좋아도 보이지 않는다.' 누구나 상대에게 솔직한 마음을 말로서 표현해야 한다는 뜻일 것이다. 우리는 마음속에 담긴 말을 솔직하게 표현하지 못하는 환경에서 성장했고 이것이 대인관계에서 나쁜 영향을 미친다는 사실을 알면서도 쉽사리 고쳐지지 않는다.

중학교를 졸업하고 서울로 온 내게 새어머니는 따뜻한 정을 쏟지는 않으셨다. 나는 그러려니 하고 공부에만 열중했다. 그래서인지 감정적 충돌은 없었다. 그러나 때로는 친어머니라면 이러지는 않았을 텐데 하는 서운한 마음을 품기도 했다. 새어머니께서도 친 자식이 아니기 때문에 야단칠 일도 속으로 삼키며 넘기는 일들이 비일비재 했을 것이다. 가끔 아버지와 어머니가 다투셨다. 새어머니가 소리를 지르며 싸움을 거셨고 아버지는 아무런 말씀을 않고 참으셨다. 정황으로 보아 아버지의 잘못이 아닌데도 아무 말씀도 하시지 않는 아버지를 나는 이해할 수가 없었다.

고등학교에 다니던 어느 주말 담임선생님께서 예고 없이 우리 집에 오셨다. 근처에 오셨다가 갑자기 생각이 나서 들리셨다고 하셨다. 당시에 가정집에는 전화기가 없었던 시절이라 달리 연락할 방법이 없었을 것이다. 모처럼 오신 큰 손님이라 아버지, 어머니 모두 당황하시면서도 큰 영광으로 생각하셨다. 대청마루에 작은 상을 놓고 아버지와 마주앉아 막걸리를 드셨다. 많은 대화를 주고 받으셨으나 지금 생생하게 기억나는 것은 "댁의 아드님이 공부를 잘 한다. 이곳에 물이 좋은가 보다"고 하신 담임선생님의 말씀이었다. 가시는 선생님을 배웅하고 집에 돌아왔다. 매우 기분 좋으신 아버지께서 "우리 듣기 좋으라고 하신 말씀이겠지" 하시며 웃음 띤 목소리가 방안에서 들려왔다. 나는 참으로 언짢았다. 평소에 아버지와 대화가 잦은 편은 아니었지만 공부 잘한다는 담임선생님의 말씀에 "너 참 장하다. 더욱 열심히 해라"정도의 칭찬과 격려를 하셨다면 나는 무척 기뻐하며 더욱 분발하였을 것이다. 60여 년이 지난 지금까지 이를 기억하는 것으로 보아 그때 몹시 서운했음에 틀림없었다. 일반적으로 부모들은 자식이 잘못하면 야단치면서 잘할 때는 칭찬은커녕 무관심하며 이런 행위는 자식들의 의욕을 꺾는 매우 나쁜 영향으로 작용한다. 비록 실수를 하더라도 감싸주고 격려함으로써 더욱 분발하도록 이끌어 주어야 한다. 부모에게 인정받는 자식은 절대로 부모의 기대에 어긋나지 않는다고 한다. 부모의 자식에 대한 사랑은 자식의 성장에 매우 민감하게 작용한다. 부모의 자식사랑은 햇볕과 같다고 했다. 사랑의 햇볕을 받고자란 자식은 성장하여 성공의 열매를 반드시 맺는다.

 나는 유학을 떠났고, 아버지는 40대 후반에 직장을 그만 두셨다. 어릴 때 소아마비를 앓아 거동이 불편한 바로 아래 동생이 집안의 모든 생활을 책임지고 꾸려갔다. 동생은 몸은 불편하지만 마음이 착하고 매우 영리하고 부지런했다. 어릴 때 금은세공과 시계수리 기술을 익혀 금은

방과 시계방을 운영하며 생활을 책임지고 꾸려갔으며 막내 동생을 대학까지 공부시켰다. 장남인 내가 할 책임을 동생이 맡아서 하면서 한 번도 불평을 하지 않은 매우 성실하고 착한 동생이었다. 몸이 성했다면 그의 영리함과 따뜻한 성품으로 보아 학자나 또는 어느 분야에서나 크게 성공했을 것이라 생각된다. 대개 신체가 불편한 사람이 성격이 모나고 고약한 경우가 있다고 말들 하는데 내 동생은 성격이 흠 잡을 데 없이 바르고, 정직하며 부지런하다. 나는 형으로서 해준 것이 없어 항상 미안하다. 특히 내가 외국에 나가 공부하는 동안 집안을 성실히 돌봐 준 동생이 매우 자랑스럽고 고마우며 그런 동생에게 나는 항상 빚진 마음을 지울 수 없다.

내가 유학을 마치고 귀국해 대학교수가 되고 현재까지 30년 이상을 살고 있는 지금의 아파트를 분양받아 이사하는 날, "착하게 사니 복을 받는 구나"하시며 그렇게 기뻐하시던 아버지였다. 그분의 좋은 머리로 학문의 길을 이어 갔다면 크게 성공할 수 있는 성품이었는데 몸에 맞지 않은 옷을 입은 듯, 성격에 맞지 않은 직업을 선택해 빛을 보지 못한 분이라는 생각을 지울 수 없다.

아버지께서 친구들과 점심식사를 하시고 집에 돌아오신 후 갑자기 쓰러지셨다. 평생 아파본적이 없어 병원엘 가본 적이 없는, 매우 건강하신 분이셨다. 어머니가 외출했다 집에 돌아오니 쓰러져 계셨다 한다. 급히 인근병원에 입원시켰으나 의식불명 상태였다. 큰 병원으로 옮기려고 담당의사에게 상의를 했더니 가망이 없다고 했다. 그러면 집으로 모실 테니 돌아가실 즈음 연락을 달라고 부탁했다. 아내가 밤낮없이 간호했다. 입원 4일이 되던 날 오후에 집으로 모시라고 의사가 통보해 왔다. 오후 4시경이었다. 우리 집 아파트로 모시고 평소보다 방 온도를 높였다. 밤 12시가 지나고 다음날 1시쯤에 잠시 의식이 돌아오는 듯 했다. 집으로 모시기 잘했다고 생각하는 순간 다시 의식을 잃고 모든 자식형제가 지켜보는 가운데 76세를 끝으로 운명하셨다. 그날은 1991년 크리스마스 날이며 온 천지가 꽁꽁 얼어붙은 매우 추운 날이었다.

3일장으로 고향의 선산에 모셨다. 선대 조상을 모신 맨 아래, 햇빛이 잘 드는 양지바른 곳, 산으로 둘러 싸여있어 바람이 멈추고 따뜻한 곳이다. 몇 년이 지나 풍수지리를 공부한 셋째 동생이 "지형 상으로 볼 때 묘소에 물이 차는 장소"라고 했다. 그러고 보니 땅을 팔 때 흙이 흑색을 띤 것이 생각났다. 지금 위치보다 20미터 위쪽에 좋은 자리가 있으니 이장하자고 했다. 일부사람들은 "대학총장이 나온 묘 자리를 옮기면 되느냐"고도 했다. 그러나 동생이 원하면 옮기자고 동의했다. 새 묘 자리를 잡아 불도저로 땅을 팠다. 너무나 아름답고 붉은 색의 콩고물처럼 고운 흙이 나왔다. 수맥도 없고 산의 기가 흐르는 장소라고 했다. 전문가가 백골이 된 뼈를 잘 수습해서 새 묘 자리로 옮기고 봉분을 만들고 동그랗게 돌을 입혔다. 기존 묘 자리는 파내고보니 비가 올 때는 물이차고 비가 그치면 물이 빠져나가는 곳이라서 흙이 흑색으로 변해 있었다. 이장하기 잘했다고 생각했다.

나의 어머니

무더운 여름날씨가 기승을 부리는 늦은 오후 무렵이었다. 초등학교에서 돌아와 작은방에 엎드려 공부를 하고 있었다. 할머니가 마당에서 우시는 소리가 들렸다. 깜짝 놀라 마루로 나갔더니 할머니가 나를 처다 보시며 "네 어미가 돌아가셨다"고 하셨다. 순간 내 마음이 걷잡을 수 없이 요동쳤다. 그러나 이내 마음은 안정을 되찾았다. 그때 나의 나이가 12살로 기억된다. 할머니는 계속 울고 계셨다. 저녁에는 하얀 사발 그릇에 물을 떠놓고 두 손을 모으시고 돌아가신 어머님의 명복을 빌고 계셨고 나는 마루에 앉아 할머니를 조용히 지켜보고 있었다. 할머니 어깨너머로 활짝 핀 키다리 접시꽃이 보였고 하늘에는 마당에 피워놓은 모깃불 연기 사이로 무수한 별들이 선명한 빛을 마을위로 쏟아내고 있었다. '사람이 죽으면 저 별들과 같이 하늘에서 살겠지' 그러면 '나의 어머니도…'하는 생각이 머리를 스쳐 지나갔다.

어머니는 그 당시 우리가족 5식구가 일본에서 같이 살다가 해방과 동시에 귀국, 그리고 1년이 못되게 시골에서 살다가 아버지 따라 서울로 가셨다. 6.25 전쟁 전 잠시 어머니만 다니려 오셨고 그것이 어머니와 나의 마지막 상면이었다. 6.25 전쟁 중에 아버지도 집을 비웠고 먹을 것은 떨어지고 날씨는 몹시 더운데다 돌보아 줄 사람도 없고 지칠 대로 지친 상태에서 애기를 낳으시고 산후 조리를 제대로 못해 결국 돌아가셨다고 했다.

해마다 어머니 기일에는 형제들이 모여 제사를 지냈다. 제삿날에는 예외 없이 찌는 듯 덥고 습했다. 세월이 좋아 선풍기에 에어컨까지 볼륨을 높여 제사를 지내지만 전쟁 중의 무덥고, 굶주린 상태에서 산후 몸조리를 제대로 못하신 어머니가 견디기는 쉽지 않았을 것이다.

나는 어머니에 대한 기억이 별로 없다. 일본에서 어머니와 같이 백화점에 가서 회전목마 타던 일, 미군 폭격기 경보소리에 어머니의 손잡고 방공호로 뛰어가던 일, 귀국 후 외갓집에 갔던 일, 어머니가 서울로 떠나기 전에 작은방에서 같이 잠자던 일 등 토막 장면들 뿐이다.

어머니는 거창 신(愼)씨 가문의 2남 3녀 중 맏딸이었다. 안타깝게도 나는 어머니의 얼굴을 잘 기억하지 못한다. 어머니와 이모, 누나 그리고 내가 같이 찍은 오래된 흑백사진 한 장을 내가 보관하고 있었다. 내가 어린 아기인 것으로 보아 일본으로 떠나기 전에 찍은 사진이었을 것이다. 셋째 동생이 어머니의 초상화를 그리겠다고 오래전에 가져갔다. 그러나 초상화 그리는 담당자가 말하기를 "사진이 작고 변해서 초상화를 그리기가 어렵다"고 해 포기했다는 이야기를 전해 들었다. 세 딸들 중에 어머니가 가장 미인이었다고 고모들이 말씀하셨다. 사실 두 분의 이모들도 빠지지 않는 미모를 지니고 있다.

중학생이 되어 서울에 가면 누나와 같이 어머니 묘소에 가서 풀을 베고 절을 올렸다. 서울에서 고등학교 다닐 때는 설, 추석에 누나와 같이 묘소를 찾아뵈었다. 대학을 졸업하고 유학을 떠나면서 등한시 할 수밖에 없었으나 아버지가 돌아가셨을 때 고향 선산에 모시면서 어머니도 같이 합장을 하였다.

휴전을 하니 안하니 나라가 시끄러울 때에 서울에 가셨던 둘째 삼촌이 4살 된 동생, 철재(셋째 동생)을 데리고 시골로 왔다. 어머니가 돌아가시고 돌볼 사람이 없어 데리고 왔다고 했다. 얼마나 똑똑하고 말을 잘하던지 동네 아이들이 졸졸 따라다녔다. 시골로 오는 기차 안에서도 주위사람들이 똑똑하다고 칭찬을 했다고 삼촌이 전해주셨다. 나도 그때 내 동생을 몹시 귀여워했다. 그 후 시골에서 초등학교 다닐 때는 전교 의회 의장직을 맡았고 함양군 주최 글짓기 대회에서 장원에 당선되기도 했다. 지금은 대학을 졸업하고 결혼해서 아들 둘을 낳고 대구에서 행복하게 살고 있다.

천자문을 배우다

어느 날 할머니께서 "할아버지가 서당에서 동네 청년들에게 한문을 가르치니 너도 가서 배우라"고 하셨다. 좋아라고 서당으로 달려갔다. 방안에서 천자문을 외우는 소리가 문밖으로 들려왔다. 방문을 열었더니 낯익은 청년들이 방안에 빼곡히 앉아 있었다. 모두들 고개를 돌려 내게로 시선이 집중되었다. 걸어서 헤집고 들어가 맨 앞에 앉았다. 할아버지께서 놀라시면서 그러나 흐뭇한 표정으로 웃음을 머금은 얼굴로 나를 바라보고 계셨다. 나도 진지한 마음으로 하루의 공부를 끝냈다. 몇 사람이 내게 다가와 친절하게 천자문을 추가로 가르쳐주었다. 얼마나 오랫동안 서당엘 다녔는지 기억이 없다. 그러나 할아버지께서 주신 천자문을 놓고 오랫동안 하늘 천, 따지를 외우고 쓰며 열심히 한문공부를 했다. 책 읽는 소리에 할머니께서 좋아하시며 "열심히 책을 읽어야 훌륭한 사람이 될 수 있다"며 거듭 말씀하시며 칭찬과 격려를 해주셨다.

욕을 입에 담으면 안된다

막내 고모가 할머니 앞에서 무용하는 시늉을 하면서 오늘 좋은 것을 배웠다며 자랑을 했다. 제법 예쁘게 춤을 추는 것이 샘이 났다. 나도 뒤질세라 "할머니, 나도 좋은 것 배웠다"고 했다. 흐뭇한 표정을 지으신 할머니께서 "무엇을 배웠는데?"하셨다. 나는 주저하지 않고 "ㅆ빨놈" 했다. 그 말을 들으신 할머니께서 "원재야, 그것은 욕이다. 다시는 입에 올리면 안 된다. 말은 그 사람의 마음을 나타내는 것이니 고운 말, 예쁜 말을 써야 커서 훌륭한 사람이 된다."며 엄하게 말씀하셨다. 그 이후로 성인이 된 오늘날까지 한 번도 그 말을 입에 담아 본적이 없다. 그리고 동네 아이들이 어떤 욕을 심하게 해도 나는 욕으로 응대하지 않았다. 사람의 인격은 그 사람의 말에서 울어 나올 뿐만 아니라 그를 길러 준 부모의 수준을 대변하기도 한다는 사실을 기억해야 한다. 그 당시 아이들은 험한 욕을 입에 달고 살았다. 서로 말을 주고받을 때는 한두 마디의 욕이 항상 포함되어 있었다. 사실은 그 아이들도 욕인지도 모르고 상습적으로 하는 말이었다. 나는 그들이 무심코 내 뱉는 욕이 섞인 말버릇이 몹시 싫었다. 그 이후로 지금까지도 나는 절대로 욕을 입에 담지 않는다. 그러나 성인이 된 지금, 내주위에 미운사람이 생기니까 나도 모르게 나의 언어가 오염되는 경우가 있어 나도 깜짝 놀랄 때가 있다.

고향마을에서 맞은 6.25 전쟁

일상대로 동네 사람들은 정자나무 밑에서 초여름의 더위를 식히고 있었다. 눈앞에 펼쳐진 앞들에서는 뜨거운 햇볕을 받은 벼 잎이 푸르다 못해 검푸른 색을 띠고 있었다. 굵은 땀방울을 흘리며 이 논, 저 논에서 김을 매는 일꾼들도 눈에 띄고, 새참을 머리에 이고 종종 걸음으로 들로 향하는 아낙네 뒤에 강아지가 꼬리를 흔들며 따라가고 있었다. 정자나무 가지의 푸른 잎 사이에서 왕매미들이 목청을 높여 울다 쉬고를 반복하며 다가올 무더위를 예고하는 듯했다.

봇짐을 진 사람들이 신작로를 따라 띄엄띄엄 걸어가고 멀리서 간간이 '쿵쿵'하는 대포 포탄 터지는 소리가 들려왔다. 신문 구독하는 사람도, 라디오도 없는 오지 농촌마을인지라 동네 밖에서 일어나는 일은 아무것도 몰랐고 관심조차 없었다. 동네에는 점점 '쿵쿵'하는 소리가 자주 그리고 크게 들려 왔고 신작로에 피난민의 행렬이 눈에 띄게 많아지자 전쟁이 났다는 소문이 퍼지기 시작했다.

안의 읍내 대밭산에는 미군들이 적을 상대할 진지를 구축하였고 신작로에는 미군 차량이 빈번히 오갔다. 드디어 동네 사람들과 같이 우리가족들도 뒷산으로 피난을 갔다. 할머니께서 이불을 머리 위까지 덮어주시면서 조용히 엎드려 있으라고 하셨다. 궁금해서 이불을 헤치고 고개를 내밀었더니 처음 보는 군인들이 총을 메고 뒷산에서 계속 내려왔다. 숨어있는 우리들을 힐끔 힐끔 쳐다보면서 동네 마을 쪽으로 내려 갔다. 그들은 인민군(북한군)들이었다. 총소리는 들리지 않았다. 안의 읍은 삽시간에 점령당하고 미군들은 어디론가 철수해 버렸다. 이때부터 우리는 인민군이 국군에 의해 밀려 도망갈 때까지 동네 밖을 나가 본 적이 없었다.

우리 집 사랑방에는 서울에서 피난 온 젊은 부부가 살았다. 할아버지가 기거하시던 방을 그들에게 내어준 것이다. 남자는 좋은 인상에 점잖아 보였고 선생님이었다고 했다. 부인은 미인인데다 상냥하고 서울

말을 쓰며 매우 매력적인 여성이었다. 우리 식구뿐 아니라 동네 사람들도 그들에게 친절을 베풀고 그들에 대한 호기심이 대단했다. 아기가 없다고 우리끼리는 불기부부(아기 못 낳는 부부)라고 소근 거렸다. 우리 집 밭에서 재배한 농산물은 무엇이던 그들에게 나누어 주며 한 가족처럼 지냈다. 남편은 인민군 치하에 들어간 안의 읍에서 무슨 일을 맡아서 하는 것 같았고 낮에는 읍에 가고 저녁이면 돌아오곤 했다. 무슨 일을 하는지 한 번도 물어본 적이 없었다. 인민군들이 후퇴하자 곧바로 작별인사를 하고 우리 집을 떠났고 그 후로 그들로부터 어떤 소식도 들은 적이 없었다. 가끔 할머니께서는 "무사히 집에 돌아갔는지? 그렇다면 연락이라도 있을 텐데"하시며 궁금해 하셨다.

인민군 치하로 들어가니 우리가족은 불안해졌다. 큰삼촌과 둘째삼촌이 군인이기 때문이었다. 가끔 낯선 사람이 찾아와 "두 아들이 군인이죠?"하며 묻고 가곤했다. 그럴 때마다 할머니는 "언행을 항상 조심해야 한다."고 말씀하셨다. 동네에서 인심을 잃었다면 무슨 행패를 당했을지도 모르는 일이었다.

한 무리의 인민군들이 동네로 몰려와 우리 집을 포함한 이집 저집에서 신발을 신은 채 잠을 자고, 밥을 시켜먹고 떠나고, 며칠 지난 후 또 한 무리의 인민군들이 몰려와 잠자고 밥 먹고 떠났다. 한번은 인민군들에게 먹여야 한다고 우리소를 끌고 갔다. 한 살 된 잘생긴 암소였다. 할아버지는 아무 말씀 안하시고 소를 내어 주셨지만 나는 너무나 속이 상했다. 앞 뒷산에 데리고 다니며 풀을 뜯게하고 몸에 붙은 진드기도 정성스레 떼어 주곤 했었다. 그러나 군인가족이라고 조심하는 집안 분위기를 알기에 눈물을 속으로 삼키며 아무런 불만도 나타내지 않았다.

하늘에는 종종 쌕쌕이 비행기(전투기)가 4, 5대씩 편대를 이루어 날아와서 차례대로 저 멀리 어디엔가 폭격을 했다. 호주비행기라고 했다. 요란한 소리를 내며 산등성이를 따라 잽싸게 내려가서 기총사격을 가하고 다시 하늘로 치솟는 모습을 멀리서 지켜보는 나는 신기하고 재미있었기에 비행기가 멀리 사라질 때까지 넋을 놓고 하늘을 쳐다보았다.

동네 아이들은 인민군 노래를 열심히 배웠다. 그러나 우리는 동네밖에는 한 번도 나가본 적이 없고 세상 돌아가는 소식도 어디에서도 전해 들을 수가 없었다. 때때로 낙오병인지 탈영병인지 따발총을 멘 인민군이 며칠씩 동네에 머물면서 우리하고 놀다가 어디론가 사라지곤 했다.

내 친구 큰형이 의용군에 뽑혀간다고 야단법석을 떨었다. 마치 축제 분위기 같기도 하고 두려움에 법석을 떠는 것 같기도 했다. 그러나 요란하게 떠난 그가 며칠 후에 집으로 돌아왔다. 신체검사에서 불합격이되었다고 했다. 그는 한쪽 눈이 정상이 아닌 분이었다.

우리 동네는 그런대로 평온했다. 반동분자를 잡아낸다고 휘젓고 다니는 사람도 없었고 전쟁 중에 사망하거나 부상을 당한 사람도 없었다. 들에는 예전과 다름없이 벼이삭이 알차게 영글어가고 있었다. 동네 어른들이 수근거리기 시작했다. 읍내 사무실에서 나온 사람이 벼이삭의 낱알까지도 세어가면서 수확량을 추산하고 있다는 것이었다. 그러나 벼 수확 전에 그들이 쫓겨 도망간 것이 얼마나 다행이었는지 모른다.

추석이 하루 이틀정도 남았을 때 갑자기 동네가 술렁이기 시작했다. 할머니께서 피난을 가야한다며 재촉하셨다. 먹을 것을 챙겨가지고 동네 뒷산인 황석산 아래 깊은 계곡으로 갔다. 우리식구뿐만 아니라 동네 사람들도 그곳으로 피난을 갔다. 도망가는 인민군들도 큰길을 피해 이곳으로 모여들었다. 머리위에는 정찰 비행기가 원을 그리고 날아다니며 적들의 위치를 알려주고 있었다, 신작로에서 쏘아대는 포탄이 뒤쪽 언덕에 떨어지며 폭발하는 소리가 지척에서 들렸다. 피난민과 인민군들이 한데 섞여 포탄을 피해 바위 뒤에 몸을 숨겼다. 인민군들은 혼쭐나게 큰 산인 황석산을 넘어 도망쳤다. 그들이 도망간 뒷자리에는 총탄과 수류탄이 여기저기 흩어져 있었다. 무게를 줄이기 위해서 모든 것을 버리고 빈 따발총만 가지고 줄 행낭을 친 것이었다.

신작로에는 미군 탱크들이 줄지어 육십 령을 넘어 전라도를 향해 굉음을 내며 달려갔고 하늘에는 여전히 정찰 비행기가 원을 그리며 분주하게 날아다녔다. 가끔 멀리서 대포 쏘는 소리가 들렸고 이따금씩 기관총 소리도 들려왔다. 산으로 도망친 인민군들은 완전히 자취를 감추었다. 산그늘로 어둠이 짙어지기 전에 우리들은 서둘러 집으로 향했다. 우리 동네는 총탄자국 하나 없이 무사했고, 동네도 사람도 전쟁 전의 모습 그대로였다.

하루는 할머니께서 오랜만에 안의 읍에 가자고 하셔서 너무나 좋아하며 따라 나섰다. 신작로에 왔을 때 마침 미군 탱크 하나가 지나갔고, 탱크위에는 4명의 미군병사가 타고 있었다. 그들이 걸어가는 우리에게 드롭프스를 던져 주었다. 생전 처음 먹어보는 매우 맛있는 사탕이었다. 전선에는 아직도 치열한 전투가 진행되고 있는 것이 분명하지만 우리 동네에서는 전쟁의 흔적이 이미 사라졌다. 다행인 것은 인민군들이 잠자고 밥 먹은 것 외에 어떤 피해도 없었고 행패도 부리지 않았으며 동네 사람 어느 누구도 살상을 입지 않았다. 어떤 소식도 들을 수 없는 동네 사람들은 금방 전쟁의 공포를 잊고 일상으로 돌아갔다.

전 재산을 팔아 고향을 떠나다

조상님이 대대로 살아온 고향마을을 전 재산을 팔고 떠난다는 것은 쉽게 결정할 문제가 아니었다. 나의 강한 반대에도 불구하고 그런 결정을 내린 첫째와 둘째 삼촌에게 아직도 나는 원망의 마음을 풀 수가 없다.

산골이지만 고조할아버지, 증조할아버지께서는 대를 이어 수백석 농사를 지으시며 부자소리를 들으면서 후한 인심을 베풀어 존경을 받아온 분들이라고 했다. 많은 재산을 물려받은 큰아들, 즉 할아버지의 형은 재산을 모두 정리해서 대전으로 이사 가셨다가 그곳도 살 곳이 못된다며 이리저리 옮겨 다니다가 알거지 신세가 되어 그 후손들이 교육도 제대로 못 받고 대구에서 힘든 생활을 했다. 내가 어렸을 때 그분의 직계자손이 와서 고향마을 인근의 소나무가 울창한 산을 팔았다는 소식에 울고 싶은 심정이었다.

나의 할아버지는 조상이 물려준 논밭을 지키시며 4남 6녀를 키우셨고 손자인 나와 내 동생에게 어린 시절의 마음의 풍요를 안겨주셨다. 그러나 세월과 더불어 품안의 자식들은 모두 대도시로 떠났다. 이 마을에서 가장 먼저 눈이 떠서 넓은 세상을 찾은 것이었다. 조부모님의 큰아들인 아버지는 일본을 거쳐 서울로, 둘째 아들인 큰삼촌은 대구로, 셋째 아들인 둘째 삼촌은 대구에 살다가 다시 서울로 이주하였고, 넷째 아들인 막내삼촌은 육군 장교로서 전방에 근무하고 계셨다. 여섯이나 되는 딸인 고모들은 모두 출가를 하였다. 맏손자인 나는 서울로, 그리고 막내 손자는 초등학교를 졸업하고 대구에서 중학교에 진학하였다. 모두가 떠난 큰집에서 할아버지 할머니만 남아 머슴을 두고 농사를 지셨다.

나는 고등학교 학생시절 방학이 되면 언제나 시골 할아버지, 할머니께 가서 시간을 보냈다. 밤늦게까지 불을 밝히고 공부하는 나를 할머니께서는 "장래 뭐가 되어도 될 것이라" 며 여러 사람들에게 자랑하고 칭찬하시곤 했다. 그 만큼 내게 거는 기대도 컸다. 나는 어릴 때부터 착한 손자였고 할머니 눈에 어긋나는 일은 절대로 하지 않았다. 동네 아이들이 닭서리, 수박, 참외서리에 온 동네가 발칵 뒤집혀도 나는 거기에 동참하지 아니했다. 온 동네 아이들이 농사일에 동분서주해도 조부모님은 나에게 일을 시키지 않으셨다. 내가 좋아서 할머니를 따라다니며 가지도 따고 고추도 따며 도와드렸다.

내가 대학교 1학년인 여름방학 때였다. 여느 때와 같이 시골에 갔다. 하루는 둘째 삼촌께서 모든 재산을 정리해서 대구 삼촌댁으로 이사를 해야겠다고 하셨다. 나는 깜짝 놀라 "그것은 있을 수 없는 일입니다. 조상으로부터 물러 받은 땅을 팔다니요. 팔면 결국은 다 없어집니다." 그리고 "할아버지, 할머니를 위해서도 좋은 결정이 아니다"며 반대했다. 삼촌은 "네가 무얼 안다고 그러느냐"며 "시골에 아무도 없는데 할아버지와 할머니만 계시게 하는 것은 자식의 도리가 아니다." 라는 것이었다. 대구 큰 삼촌과는 상의가 끝난 모양이었다. 그러나 아버지는 장남이지만 삼촌들과의 상의의 대상에서 제외되었다. 서울로 가신 후 집안일에는 일체 관여를 아니하셨고 또 지나칠 만큼 무관심하셨기 때문일 것이다.

　나는 개학이 되어 서울로 올라왔다. 결국 두 삼촌이 주축이 되어 할아버지 할머니의 전 재산을 정리했다. 동네 맨 앞집인, 내가 태어나고 자란 정든 집, 상답으로 이름난 논 그리고 집 앞과 뒷산아래 밭 등 모두가 딴사람의 소유가 되었다. 고향을 떠나는 날, 동네 사람들이 모두 나와서 배웅하며 울었다고 했다. 오랜 세월동안 정든 고향을 떠나는 할아버지, 할머니의 심정은 오죽했을까를 생각하며, 서울에서 전해들은 나 역시 눈물이 맺혔었다. 집과 논밭을 팔아 버린 삼촌들이 너무나 섭섭하고 야속했었다. 이렇게 해서 나는 고향과는 소원해졌고 오랜 세월동안 찾지 않았다. 그 후 고향에 내려가도 내가 태어난 고향마을에는 가지 않았다. 지금도 어쩌다 고향에 가면 내가 태어난 집을 멀리서 바라보며 할아버지, 할머니의 따뜻한 정을 느끼며 눈시울이 뜨거워지곤 한다.

　재산을 정리한 돈으로 대구 큰 삼촌은 큰집을 세 채를 짓고 두 채는 세를 놓고 맨 앞집은 삼촌이 할아버지, 할머니를 모시고 살았다. 나머지 돈은 어느 큰 시장 가까이에 땅을 샀다고 전해 들었다. 그러나 군인 장교인 고모부가 제방을 막아 넓은 논을 확보할 수 있다는 투자 권유에 솔깃해 계속 투자를 하다 보니 결국은 전 재산을 날렸다. 노력 않고 들어온 돈은 구멍으로 물 새듯 사라지는 것이 만고의 진리처럼 회자되듯, 본인의 확고한 계획 없이 남의 말만 믿고 돈을 투자하는 사람에게 돌아오는 것은 빈손임을 증명해 보였다. 그리고 이 경우는 유산을 지키지 못한 조상에 대한 죄 그리고 후손들에 대한 미안함 또한 크다는 사실을 인식해야 한다. 할아버지, 할머니께서 의도한 바도 아니었고 또 잘못도 아니었지만 이렇게 해서 조상님이 물려주신 전 재산은 송두리째 날아 가 버렸다. 재산을 팔아 그 재산을 지킨다는 것이 얼마나 어리석은 짓인가를 일깨워준 교훈이라고 할까? 신작로를 따라 안의 읍으로 가다 좌측으로 눈을 돌려 우뚝 솟은 황석산을 바라보다가 시선을 아래로 돌리면 시선이 멈추는 곳, 그곳이 나의 어린 시절의 온갖 아름다운 추억이 움트고 자란 내 고향집이 있다. 그러나 이제는 잊혀진, 아니 잊으려고 애를 쓰는 추억속의 안타까운 슬픔으로 남아있다.

할아버지, 할머니는 돌아가시고

나는 서울에서 대학에 다니는 동안 방학이면 대구에 할아버지, 할머니를 뵈러 갔다. 삼촌이 지은 세 채의 집 중에서 맨 앞집 작은방에 두 분께서 기거하셨다. 동생인 철재가 학교 갔다 오면 말벗이 되어드릴 뿐 온 종일 방에 계셨다. 친구도, 갈 곳도 없었다. 왠지 쓸쓸해 보여 마음이 찡했다. 내 집 내 재산 내 맘대로 거느리며 평생을 뜻대로 살아오신 두 분을 창살 없는 감옥과 같은 조그마한 방에 두고 세끼 밥만 드리는 것이 효도하는 것이라고 모셔왔는지 원망스러웠다. 내색은 하지 않으시지만 오갈 곳 없이 방을 지키는 모습이 내겐 날개 잃은 독수리 모습 같았다.

 시골에서의 뒷집 할아버지가 하루에도 수십 번 담너머로 할아버지를 부르는 목소리도 멎었고 머슴을 독려하며 농사일을 지시하시던 할아버지의 자상하신 그러나 엄하신 목소리도 멎었다. 잘 다린 모시적삼을 입고 정자나무 아래에서 매미 울음소리 들어가며 부싯돌로 담뱃불을 붙이시면서 익어가는 벼논을 바라보시며 웃음 짓는 행복한 그 모습도 찾아볼 수 없었다.

 할머니, 지방의 명성 높은 거창 임(林)씨 가문의 한학자의 딸로 태어나 아버지의 아호인 갈천을 그대로 택호로 사용했다. 당시에는 시집온 모든 부녀자들의 택호는 시집오기 전 성장한 마을의 이름을 사용하는 것이 관례였다. 인자하시나 근엄하셨던 우리 할머니, 첫손자인 나에게는 자상하시고 나에 대한 기대가 크셨던 할머니셨다. 부지런한 할머니는 앞밭, 뒷밭을 오가며 정구지, 고추, 가지를 따오시고 앞 돌담위에 주렁주렁 매달린 호박을 따서 먹고 싶을 때 요리하시는 것이 운동이었고 행복한 삶이셨다. 사람은 결국 흙으로 돌아가기 위해 흙과 더불어 사는 삶이 행복인 것인데 그것을 다 빼앗고 대구의 첫째 삼촌댁으로 모셔 세끼 식사만을 챙겨드리는 것이 효도라고 생각하셨는지 두 분의 삼촌에게 진정으로 묻고 싶었다.

 나는 내가 앞으로 이루어야 할 내 목표에 대한 진념이 강했다. 아직은 이루지 못한 일들이 너무나 많아 할아버지, 할머니를 뵈러갈 시간이 없었다. 군대를 갔다 오고 덴마크 유학을 갔다 오고 다시 캐나다로 떠날 준비를 하면서 할아버지, 할머니는 내 마음 저 뒤편으로 밀려나 있었다. 언제나 잊지 못할 향수처럼 밀려오는 그리움이 늘 잠재해 있었지만 지금 내 자신을 위해 서둘지 않으면 영영 기회를 잃을 것 같은 절박함이 할아버지, 할머니를 잊고 지내게 했다. 그래서 눈앞에서 멀어지면 마음도 멀어진다는 속담이 생겼는지도 모르겠다.

캐나다로 떠날 날자가 확정되었다. 보름을 앞두고 결혼식을 올렸다. 부모님 앞에서 결혼식을 올리고 싶었다. 할아버지 할머니께서 결혼식 참석을 위해 서울로 오셨다. 곧 멀리 떠나는 손자가 마지막이라고 생각되셨는지 수심에 찬 모습을 누그러뜨리지 않으셨다. 나는 출국을 위해 정신없이 왔다 갔다 하느라고 그러한 할머니의 마음을 보듬어 드리지 못했다. 그리고 그것이 마지막 상봉이라고는 상상도 하지 못했다. 내가 젊은 것처럼 할머니도 젊다고 생각되었고 내가 오래 살아 있을 것처럼 할머니도 오래 살아계실 것으로 생각하고 있었다. 짧은 신혼여행을 다녀왔는데도 할머니는 이미 대구로 내려가셨다. 나는 출국 준비에 여념이 없었다. 전화도 없으니 전화 인사도 불가능했다. 결국 뵙지도, 인사도 드리지 못하고 비행기 트랩에 올랐고 그것이 조부모님과의 마지막이 되고 말았다.

석사학위과정이 막바지에 이른 때였다. 학점도 다 이수했고 석사논문 실험 결과도 만족스럽게 나왔다. 뿌듯한 마음에 여유를 갖고 보니 곧 음력설이 다가 오고 있었다(1971). 갑자기 할아버지, 할머니 생각이 간절했다. 장학금으로 공부하는 처지이긴 하지만 설날 할아버지, 할머니께 고기 사드리라는 편지와 함께 20달러를 송금했다. 큰 삼촌이 한화로 바꾸어 할머니께 드렸더니 "원재가 돈을" 하시면서 말문이 막혔고 그 후로는 말씀을 못하셨다고 했다. 그 후 일주일 만에 운명하셨다. 음력설이 지난 3일 후였다. 할머니의 슬하 10남매가 모두 지켜보는 가운데, 그리고 문병 온 교회 사람들이 찬송가를 부르는 중에 조용히 눈을 감으셨다고 했다. 10남매가 다 같이 돈을 모아 대구 근교에 묘지 터를 사서 모셨다. 고향에 선대 조상을 모신 선산이 두 곳이나 있는데 왜 대구 근교에 모셨는지 이해할 수 없었다.

할머니는 내가 초등학교 다닐 때부터 교회를 다니셨다. 그때는 예배당이라 불렀다. 우리 동네에서는 두 집만 예배당을 다녔다. 한집은 남편이 타계하고 혼자 사는 분이었다. 당시의 시골 분위기로는 예배당을 다니는 것이 쉬운 일이 아니었다. 할아버지는 예배당을 안가시지만 또 반대하시지도 않으셨다. 일요일이면 성경책을 들고 읍내에 있는 예배당을 한 번도 빠지지 않고 가셨고 나도 가끔 할머니를 따라 예배당을 가곤했었다. 전쟁 후에는 미국에서 보낸 구호물자라며 나의 바지를 가져오셨다. 내가 입어본 어떤 바지보다도 좋아 오랫동안 즐겨 입었다. 수요일 밤에는 두 집 신자가 모여 우리 집에서 예배를 드렸다. 나도 옆에 앉아 찬송가를 불렀다. 그때 익힌 찬송가를 지금도 혼자 부르며 우울한 마음을 달래곤 한다. 울적할 땐 찬송가를 부르면 마음이 한결 가벼워졌다.

할머니는 이름 있는 지방 한학자의 딸이셨다. 키가 크시고 인자하셨다. 해방 후 일본에서 귀국한 부모님이 나를 남겨놓고 서울로 떠난 후 나를 지켜주신 유일한 분이 할머니셨고 엄하면서도 사랑으로 나를 키우셨다. 때문에 나는 부모와 떨어져 살아도 조금도 부모의 부재를 느끼지 않고 어린 시절을 보냈다. 버릇없는 손자로 키우지 않기 위해 예의범절에도 엄격하셨다. 할아버지가 출타하셨다 돌아오시면 반드시 절을 시키셨고 동네 어른들을 어디서 마주치든지 공손히 인사하도록 가르치셨다. 상스러운 말은 절대로 입에 담지 못하도록 엄히 타이르셨다. 식사 시간에는 나는 할아버지와 겸상을 했고 할아버지가 숟가락을 들기 전에는 먼저 들지 못했고 조용히 식사를 해야만 했다. 지상에서 어떤 아름다운 꽃보다 아름다운 것이 어머니의 사랑이라고 했다. 내게는 할머니가 어머니의 사랑을 대신해 주셨다. 태양처럼 사시사철 따뜻한 사랑을, 그리고 콸콸 쏟아지는 샘터의 샘물처럼 아낌없는 사랑을 내게 쏟아주신 할머니셨다. 많은 세월이 지난 지금도 할머니를 생각하면 나도 모르게 두 눈에 눈물이 고인다.

할머니의 삼우제를 지내고 돌아온 할아버지께서 몸져누우시더니 할머니께서 돌아가시고 꼭 일주일 만에 할아버지도 돌아가셨다. 두 분 다 동갑으로 1971년, 75세에 운명하셨다. 할머니 묘소 바로위에 상하로 나란히 모셨다. 두 분이 돌아가셨는데도 내게는 알리지 않았다. 공부하는데 행여 지장을 줄 염려 때문이었다고 했다. 연말이 되어서야 소식을 알고 며칠을 못 견디게 마음이 아팠다. 한 번도 제대로 효도를 못 한 것이 뼈저리게 마음을 아프게 했다. 서울에서 고등학교를 졸업하고 대학 진학을 미루고 시골에서 1년을 조부모님과 같이 보낸 세월은 나에게 더없이 소중한 시간으로 남아있고 그때 조부모님과 함께했던 시간들이 더없이 감사했다.

공부를 마치고 귀국을 해서 제일 먼저 할아버지, 할머니 묘소를 찾았다. 묘소는 높지 않은 산의 거의 정상에 있었다. 산 아래 넓은 들과 마을이 한눈에 들어왔고 그 너머 멀리 아련히 산줄기가 병풍처럼 늘어서 있었다. 평소에 세상을 넓게 보라고 하신 두 분의 말씀처럼 넓은 시야를 가진 장소가 마음에 들었다. 숙부들께서 고향의 선산으로 이장을 하자는 말씀이 오고 갔지만 실행에 옮기지 못하고 아직도 그곳에 영면하고 계신다.

학생들의 함성 4.19 혁명

　대학 2학년이 되어 1학기 강의가 한창 진행되고 있었다. 캠퍼스 중앙 잔디광장에는 누런 잔디가 새싹으로 옷을 갈아입고 추위를 물리친 따뜻한 햇볕에 초록색이 진하게 발산되고 있었다. 축 늘어진 가지를 호수 물에 담근 수양버들에도 파란 잎이 돋아나고 호수 주변 울타리마다 무리 진 개나리가 노란 꽃을 예쁘게 피우고 있었다. 춥지도 덥지도 않은 온화한 날씨에 나무도, 풀도 그리고 조그만 벌레까지도 생기를 되찾아 활기찬 하루가 시작되었다.

　그러나 유독 정치인들의 요란한 구호가 나라 전체를 뒤흔들고 있었다. 정·부통령 선거를 앞두고 집권여당인 자유당과 야당인 민주당 간에 벌어진 이전투구가 도를 넘는 비난 속에 갈피를 잡을 수 없을 정도로 혼란의 속도를 가속화 시키고 있었다. 그러나 도심에서 멀리 떨어져 있는 장안동 캠퍼스는 조용했고 우리는 학업의 열기에 빠져들고 있었다. 학생의 본분은 학업에 매진하며 미래를 준비하는 기간일 뿐 현실의 소용돌이에 휩싸여 우왕좌왕하는 것이 아니라는 것이 나의 소신이었고, 오직 나 자신에 충실하고자 했다.

1960년 4월 19일, 서울시내의 대학생들이 물 밀듯 거리로 쏟아져 나왔다. 그 대열은 누구도 막을 수 없는 막강한 힘을 가지고 있었다. 인화물질에 의해 발화된 불길은 불의의 인화물질이 완전히 소진될 때까지 타게 마련이고 사람의 힘으로는 그 불길을 어찌할 수 없었다. 서울 도심 중앙에 위치한 건국대학교 낙원동 캠퍼스 학생들은 장안동 캠퍼스 학생들과 유기적인 연락망을 가지고 가장 많이 그리고 가장 적극적으로 데모에 참여했고 또 선두에서 데모 참여 학생들을 이끌었다. 청와대를 향해 돌진하는 학생들에게 경찰들이 총을 쏘았다. 수많은 학생들이 총탄에 맞아 쓰러지고 부상을 입었다. 피를 본 학생들은 두려움을 넘어 더 격렬하게 항거하였고 청와대뿐만 아니라 내무부 앞에도 운집하여 이승만 정권 퇴진을 외쳤다.

그날 저녁 축산대학생 일부는 구의동 정수장을 지키라는 지시가 내려왔다. 행여 공비들이 침투해서 서울시민이 마시는 수돗물에 독약을 넣을지도 모른다는 우려 때문이었다. 나는 우리 반 학생들을 이끌고 정수장으로 가서 밤새 한숨도 자지 않고 정수장 주위를 돌며 감시를 했다. 우리들의 감시 때문인지 불상사는 일어나지 않았지만 당시 상황으로 보아 얼마든지 문제가 발생할 수 있었다고 생각되었고 사전 예방을 위한 정수장 파견 감시는 매우 적절했었다고 생각되었다. 일부의 학생들은 성북 경찰서로 달려가 경찰서를 지키는 치안을 담당했고 일부는 시내의 데모대에 합류하기도 했다.

이승만 정권의 정·부통령 선거의 부정이 도화선이 되었지만 이미 곪을 대로 곪은 자유당 집권 정권이었다. 당시에 고령인 이승만 대통령은 신문도 읽지 않는다는 루머가 파다했다. 이승만 대통령의 주변 인물들은 신문기사도 왜곡해서 대통령께 보고하고 눈과 귀를 완전히 막아 세상물정을 아무것도 모르는 허수아비라고 떠들어댔다. 세상을 주름잡는 선진국 정상들은 이승만 대통령을 그토록 높이 평가하는데 우리들만이 그를 늙은 핫바지로 평가 절하하고 있었다. 물론 지금은 아니다. 참으로 훌륭하신 대통령이었고 건국의 아버지로 추앙받아야할 분이다. 세계지도자 모두가 인정하는 그의 위대함을 우리만 모르는 어리석음을 언제쯤 벗어날 수 있을까? 안타까울 뿐이다.

사태가 걷잡을 수 없을 정도로 악화되자 이승만 대통령은 하야했고 하와이로 망명했다. 여기에는 제자들을 사랑한 교수님들의 거리행진도 큰 몫을 했다. 트럭을 빼앗아 타고 구호를 외치며 달리는 대학생들에게 많은 시민들이 손을 높이 들고 호응해 주었다. 어떻게 보면 대학생들의 세상처럼 느껴졌다. 그때처럼 대학생의 위상이 높게 평가될 때는 앞으로도 영원히 없을 것이다.

곧이어 자유당에서 민주당 정권으로 바뀌어 장면 수상이 국가통치의 수장이 되었다. 그러나 나라는 더욱 혼잡스러웠고 그 끝이 어떻게 될지 예측조차 할 수 없었다. 학생들의 시도 때도 없는 연일 데모와 시위 때문에 강의실은 텅텅 비어 있었다. 제방이 터진 봇물은 물이 마르면 끝이 나지만 거리를 누비는 데모꾼들은 거칠 줄 모르고 연일 이어졌고 언제 끝날지 아무도 예측할 수도 없었다. 어수선한 세월이지만 시간은 예외 없이 흘러갔고 그해도 저물어 새해로 접어들었다. 봄기운이 한창인 1961년 4월 1일, 축산대학생 전원이 학보병으로 군에 입대하였다.

국방의무, 육군에 입대하다

대학 3학년이 되는 해였다. 1961년 4월 1일, 축산대학 1기생 전원이 강의실을 뒤로하고 육군에 입대했다. 당시 일반 병은 3년 6개월 동안 군복무를 해야 하지만 대학 재학생이 입대하면 학보병으로 1년 6개월만 복무하면 제대가 되었다. 가능하면 빨리 군복무를 끝내고 학업을 마치고 사회에 진출하자는 의도였다. 서울역 인근 초등학교에 우리 모두 집합하니 우리 외에도 많은 젊은이들이 입대하기 위해 운집했다. 인원 파악이 끝난 후 줄지어 걸어서 서울역으로 향했다. 길가에는 입대자들을 떠나보내는 아쉬운 마음으로 길게 늘어선 가족들이 목청을 높여 이름을 부르며 종종걸음으로 따라왔다. 태연한 입대자들과는 달리 눈물을 글썽이는 나이 많은 부모님들, 애인을 떠나보내는 젊은 여성들의 붉게 변한 눈시울이 4월의 밝은 태양빛에 선명히 눈에 띄었다.

우리들은 지정된 기차 칸에 탔다. 기적소리와 더불어 기차가 출발하자 왁자지껄하던 차창 밖이 조용해졌다. 군대라는 낯설은 환경에 어쩔 수 없이 적응해야 하는 두려움이 엄습한 듯 모두의 표정은 굳어있었다. 기차는 규칙적으로 철거덕 철거덕하는 소리를 내며 쉼 없이 레일 위를 달렸고 모두의 긴장감을 깨우려는 듯 가끔 길게 기적을 울렸다.

드디어 논산훈련소에 도착했다. 안내하는 사병의 지시에 따라 우리는 모두 이발소에서 머리를 빡빡 깎았다. 수명의 숙달된 이발병이 신병들을 앉혀놓고 머리에 바리캉을 갖다 대면 순식간에 까까머리가 되었고 한 사람 한 사람 아쉬운 듯 머리를 매만지며 이발소를 나왔다. 이어서 적성검사를 받고 군번을 받아 목에 걸었다. 부대 배치를 받고 지정된 내무반으로 안내되었다. 내무반은 중앙통로에 양쪽으로 긴 마루가 있고 마루 중앙쯤에 내 자리를 배정받았다. 군복, 담요, 군화, 모자, 식기 등 필요 관물을 지급받고 입고 온 옷을 벗고 군복으로 갈아입었다. 제 각각이던 신병들의 모습이 이제 모두 같아 보였고 군인이 되었다는 실감이 났다. 관물들을 잘 정돈해서 관물대에 한 치의 어긋남이 없이 바르게 정돈해 두어야 했다. 저녁식사 당번이 밥과 국을 내무반으로 운반해 왔다. 각자 식기를 들고 식사를 받아 제자리로 돌아갔다. 처음 먹는 군대 밥에 익숙하지 않아 머뭇거리며 먹을 수밖에 없었다.

취침시간 직전에 점호가 있었다. 모두 양쪽 마루 끝에 차렷 자세로 나란히 섰다. 요란한 인원보고에 이어 3, 4명의 고참병사가 내무반 안으로 들어왔으나 시선을 돌려 쳐다볼 수도 없었다. 내 옆 신병이 갑자기 뒤로 꽈당 넘어졌다. 선임병사가 발을 걸어 넘어뜨린 것이었다. 여기저기서 넘어지는 소리가 들려왔다. 조금이라도 거슬리는 행동이 나타나면 인정사정없이 마룻바닥에 넘어뜨렸다. 이런 저녁점호는 훈련이 끝날 때까지 밤마다 실시되었고 그때마다 우리 신병 모두는 극도로 긴장했다. 복도 양쪽 문에 보초를 세우고 취침해야만 했다. 오늘 하루 격은 일들을 하나하나 떠올리다 보면 이내 잠이 들었다.

꿈인지 생시인지 아련하게 나팔소리가 들려왔다. 아침 6시 기상을 알리는 나팔소리가 전 막사에 울려퍼졌고 기상과 동시에 하루의 일과가 시작되었다. 연일 여기저기 훈련장소를 옮겨 다니며 군사 훈련을 받았다. 처음은 힘들었고 새로운 환경에 적응하는데 시간이 걸렸다. 어차피 내게 주어진 피할 수 없는 일이라면 여기서 반드시 보람된 결실을 얻겠노라고 결심했다. 고된 훈련은 신체단련의 기회로, 교관의 군사교육은 또 다른 배움으로 받아 들였다. 기관병들의 납득하기 어려운 언동은 나의 인내심을 키우고 동료 소대원들과의 단체행동은 단결력과 협동심을 배양하는 촉매제로 받아 들였다. 이렇게 생각하니 모든 시간이 나의 심신과 인격도야를 위해 필요한 과정으로 받아들여져 어려움 없이 나날을 보낼 수 있었다.

　화장실엘 갔다. 입구를 들어서는 순간 멈칫했다. 여기저기 쭈그리고 앉아있는 병사들이 눈에 들어왔다. 어디에도 칸막이가 없었고 서로 시선이 마주치면 애써 모른척하며 볼일을 보고 있었다. 되돌아 나올 수도 없는 처지라 그를 속에 섞여 볼일을 볼 수밖에 없었다. 평소에 수줍음이 많은 나는 난감하기 짝이 없었고 누군가의 시선이 내게로 향하고 있는 것 같아 고개를 들 수가 없었다. 모자를 낚아 채가는 경우가 있으니 조심하라는 동료 병사의 말에 한손으로 모자를 움켜잡고 일을 끝내고 허둥지둥 화장실을 나왔다. 이러한 난처하고 황당한 일들은 여기 저기 산재해 있는 훈련장에서도 비일 비재했다. 철조망으로 경계를 친 훈련장에서도 철조망을 따라 이동하는 훈련병들에게 아주머니들이 접근하여 담배, 껌, 사탕 등을 팔고 있었다. 아주머니들 속에는 젊은 여자, 어린이들도 섞여있었다. 휴식시간에 참았던 용변을 보기위해 바지를 내린 훈련병 앞에 손을 내밀고 물건을 사달라고 간청하듯 매달렸다. 당황한 훈련병의 얼굴이 홍당무가 되었으나 그들은 얼굴 표정 하나 변하지 않고 물건 파는데만 매달렸다. 그 여자들은 오랜 세월동안 이것이 생활수단이었고 이런 생활에 적응되어 당황해하는 병사들은 안중에도 없는 듯했다.

하루는 취사반에 사역병으로 파견되었다. 훈련소의 전체 훈련병에게 제공하는 식사를 준비하는 곳이었다. 수십 개의 어마어마하게 큰 가마솥이 나란히 걸려있고 가마솥뚜껑 가장자리 틈을 뚫고 하얀 김이 새어 나오며 구수한 밥 익는 냄새를 사방에 풍기며 식욕중추를 자극하고 있었다. 우락부락한 인상을 풍기는 취사병이 잘게 썬 배추 잎을 큰 통에 넣고 물을 채우더니 고무장화를 신고 들어가 밟아 씻으라고 했다. 이렇게 발로 씻은 배추를 큰 가마솥에 넣고 배춧국을 끓였다. 식사시간이 되자 각 소대의 식사 당번들이 속속 도착했다. 주걱 대신 땅을 팔 때 쓰는 삽으로 밥을 퍼서 큰 통에 담아 국과 같이 가지고 갔다. 사역병인 우리에게도 밥과 국을 그릇에 담아 먹으라고 주었다. 삽으로 푼 밥과 발로 밟아 씻은 배춧국이 눈앞에 어른거려 밥숟갈이 입에 들어가지 않았다. 주저하는 우리의 눈치를 알아차린 취사병이 소리를 질렀다.

일요일에는 훈련이 없었다. 할 일 없이 내무반에 앉아 있으면 누구누구 면회 왔다고 호명하면 쏜살같이 면회 장으로 달려갔다. 부모며 형제들이 온갖 맛있는 음식을 장만해서 먼 길을 단걸음에 달려왔다. 이날은 즐거운 날이기도, 포식하는 날이기도 했다. 또는 마음 맞는 친구와 온종일 같이하며 이야길 나누기도하고, 집을 떠난 외로운 마음, 오랫동안 못 만난 가족들과 친구들을 향한 그리움과 사랑하는 마음을 편지에 담아 우체통에 넣기도 했다.

전반기 훈련도 막바지에 접어든 어느 날 훈련소가 뒤숭숭했다. 기관병들이 완전무장을 하고 천안까지 출동했다가 되돌아왔다고 했다. 그날이 5.16군사 혁명이 일어난 날이었다. 세상과 담을 쌓은 훈련병들은 오직 주어진 하루의 일과를 잘 소화할 뿐 세상의 변화에 대해서는 알 수도 없고 또 관심을 두지 않았다.

후반기 훈련도 무사히 끝나고 마지막 날이었다. 훈련병 모두를 연병장에 모아 놓고 소원 술을 쓰라고 했다. 훈련 중 훈련소에서 부당한 대우나 건의사항이 있으면 솔직히 적어내라는 것이었다. 사건 하나가 머리에 떠올랐다. 어느 일요일이었다. 무료한 시간은 오후로 접어들어 신병들은 낮잠을 자거나 잡담을 하며 시간을 보내고 있었다. 나는 구두나 깨끗이 닦아야겠다고 생각하고 구두에 구두약을 바르고 광을 내기 위해 천으로 문지르고 있었다. 평소에 나타나지 않던 선임하사가 내무반에 들어오더니 구두 닦는 것을 그만두고 막사주위를 구보하라고 명령했다. 마음속에 쌓여가는 분노를 삼키며 그가 하라는 대로 수십 바퀴를 뛰고 또 뛰었다. 그가 왜 내게 기압을 주는지 도무지 이해할 수가 없었다. 소원 술 용지를 받아들고 선임하사의 얼굴이 어른거렸다. 그의 부당한 기압행위를 지적해야 한다는 생각이 우세했다. 그러면 직업군인인 그의 신상에 불이익이 생기겠지 하는 생각이 겹쳐 떠올랐다. 망설이고 주저하다가 결국은 그냥 덮어 버리자는 생각에 모든 것이 좋았다고 기록하고 소원 술을 제출했다.

전, 후반 훈련이 모두 끝난 우리 모두는 이등병 계급장을 모자에 달았다. 3개월에 걸친 전, 후반기 군사교육을 무사히 끝냈다는 안도감속에 논산 역에서 기차를 타고 춘천 보충대를 향해 북으로 달렸다. 한여름을 맞은 들판에는 벼 포기가 진한 녹색을 띠고, 여기저기 벼논에 엎드린 농부들의 잡풀을 매는 모습들이 차창 밖으로 순식간에 지나갔다.

열린 창문으로 시원한 바람이 얼굴에 맺힌 열기를 씻어주고 멀리 눈에 들어왔다 이내 사라지는 농촌마을이 무척 평화로워 보였다. 그동안 훈련소에서 격은 일들이 하나하나 머릿속을 스쳐갔다. 힘들 때에도 역겨울 때에도 많았으나 견디며 인내심을 키워온 내 자신이 대견하다고 생각되기도 했다. 내가 근무할 최종 종착지가 어딘지도 모른 채 전방 어딘가에 배치되면 제대할 때까지 순응과 복종만이 나를 지켜주는 유일한 적응수단이라 생각되었다. 머릿속의 불안감을 떨쳐버리기 위해 두 손을 번쩍 들고 눈을 크게 떴다. 훈련소에서와 마찬가지로 잘 해낼 수 있다는 자신감을 다지는 동안 기차는 긴 기적소리를 울리며 종착역인 춘천에 도착하였다.

춘천 보충대에서 하룻밤을 자고 다시 군용 트럭에 실려 북을 향해 달렸다. 비포장도로의 흙먼지가 차바퀴 바람에 실려 뿌옇게 트럭전체를 휘감으며 시야를 흐렸고 좀처럼 멀미를 하지 않는 나는 휘발유 냄새와 뒤섞인 흙먼지가 속을 울렁거리게 했다. 산의 계곡을 따라 흐르는 강줄기와 나란히 또는 가까워졌다 멀어지기를 수 없이 반복하며 좁은 비포장도로를 따라 트럭은 계속 앞으로 나아갔다. 어디로 가는지도 모른 채 트럭이 멈추는 곳이 내가 군복무를 해야 되는 곳이려니 생각하며 모든 것을 체념한 듯, 차 꽁무니로 스쳐지나가는 개울물, 깊은 산의 계곡 그리고 산을 덮은 빽빽한 나무들을 멍하니 쳐다볼 뿐이었다. 얼마나 더 북쪽을 향해 깊은 산속으로 들어가야 하는지, 적을 눈앞에 맞대고 군복무를 해야 하는 건지 갖가지의 불안과 초조감이 계속해서 머릿속에 맴돌았다. 장시간을 달려도 사람 하나 눈에 띄지 않았다. 군데군데 산비탈에 옥수수가 자라고 있는 것으로 보아 어디엔가 사람이 살고 있는 것만은 틀림없었다. 시간이 갈수록 엄습해 오는 어떤 불안감이 심하게 흔들리는 트럭만큼 내 머릿속을 뒤흔들었다.

부대 정문을 지키던 위병이 "충성"을 외치며 경례를 하는 소리에 깜짝 놀라 정신이 번쩍 들었다. 우리를 태운 트럭이 부대 정문을 통과하여 영내로 들어가고 있는 중이었다. 수십 대의 군용트럭이 나란히 정차되어 있는 앞을 지나 산골짜기 깊숙이 들어간 트럭은 어느 막사 앞에 멈춰 섰다. 드디어 종착지에 도착했음을 알고 눈을 두리번거리며 트럭에서 뛰어내렸다. 사방이 산으로 둘러싸인 깊은 산골짜기의 동쪽에 연대본부와 본부중대가 자리 잡고 있었고 서쪽으로 넓은 운동장 뒤로 돌로 벽을 쌓은 중대 건물들이 나란히 일렬로 늘어서 있었다. 중간에는 북쪽 높은 산에서 발원한 개울물이 계곡을 따라 맑은 물을 쉼 없이 흘려보내고 있었다.

약간 높은 위치에 자리 잡은 본부 건물 앞에 서면 모든 중대 건물들이 한눈에 들어왔다. 저 어느 건물에 내가 배치되어 군복무를 시작하게 되겠지 하고 생각에 잠겨있는 나에게 처음 보는 중위 계급장을 단 장교가 다가와서 수색중대로 보내주겠다고 제안을 했다. 여기까지 같이 온 가까운 친구와 상의했더니 수색중대는 외관상 막사건물이 좋지 않으니 돌로 지은 막사로 배치되는 것이 좋을 것이라고 했다. 그 장교에게 가서 내 견해를 이야기했더니 이해가 안 된다는 표정을 지으며 결국 12중대로 배치시켜 주었다. 나중에 알고 보니 수색중대는 누구나 가고 싶어 하는 중대라고 했다. 그는 인사장교였고 아무런 안면도 없는 나에게 호의를 베풀어 준 그에게 항상 고마운 마음을 가지고 있었다. 그는 후에도 내게 10일간의 특별휴가를 보내주었다.

이렇게 해서 같이 공부하던 축산대학 동기생 전원이 같이 입대하여 논산훈련소에서 군사교육을 받고 일부는 2사단으로, 그리고 일부는 나와 같이 7사단 3연대로 배치되었고 연대 내에서도 2명 내지 3명씩 각 중대로 분산되어 배치되어 제대할 때까지 군복무를 하였다. 나는 한 친구와 같이 12중대 3소대에 배치되었다. 박격포 소대였다. 다른 소대는 개인병기로 M1 소총을 소지했는데 우리 소대원들은 칼빈총을 소지한 대신 81mm 박격포를 다루어야 했다. 당시 학보병은 모두가 전방에 배치하는 것이 국가의 방침이었다. 다행이 우리보다 먼저 입대한 학보병이 소대의 기재계를 맡으며 소대 내의 크고 작은 살림을 모두 처리하고 있었다. 그는 소대원들을 순서대로 밤에 불침번을 세웠다. 하루의 고된 군사훈련 후에 피곤에 지쳐 세상모르게 곤히 잠든 병사가 잠을 깨서 불침번을 서는 것은 괴로움 중의 하나였다. 그러나 나는 오랜 동안 불침번을 서지 않았다. 알고 보니 불침번을 배정하는 그가 나를 특별히 봐주느라 뺀 것이었다. 후에 내가 소대 기재계를 맡아 불침번을 배정하면서 원칙대로 해야 한다는 명분으로 제대가 임박한 그를 불침번에 세우면서 항상 마음에 걸렸다. 제대 후에 한번 만나 그때의 고마움을 표하며 식사대접이라도 해야겠다고는 늘 마음에 품고 있었으나 고려대에 재학 중인 그에게 한 번도 연락하지 못한 나의 좁은 대인관계를 탓할 때가 종종 있었다.

우리 소대원들은 30여 명이었고 거의 모두가 시골에서 농사를 짓다 입대한 병사들로 한글을 깨우치지 못한 병사가 대부분이었다. 따라서 부대 내에 공민학교를 운영하여 그들에게 한글을 깨우치게 했다. 나는 그들이 매우 측은하여 내가 솔선수범해서 궂은 일을 더 많이 하려고 애썼다. 내가 기재계를 볼 때는 좋은 옷은 그들에게 배정하도록 신경을 쏟았다. 그러다보니 나는 헌옷을 입게 되어 주말이면 찢어진 옷을 바느질 하느라 시간을 보냈다. 소대원이 휴가 갈 때는 소대 내에서 가장 좋은 옷을 골라 입혀 보냈다. 이처럼 당시에는 의복 등 군용품이 말 못하게 부족하고 품질도 형편없었다.

논산훈련소에서는 단체 기압을 받을 때 주로 사용하는 기압이 원산폭격이었다. 즉 뒤 양다리를 세우고 머리를 땅바닥에 꽂는 자세로 머리가 깨질 듯이 아프고 괴로웠다. 그러나 5.16사태 이후는 전군에 가혹한 기압이 금지되었고 필요에 따라 구보가 유일한 기압수단이었다. 그리고 병사들이 먹는 식사도 양과 질이 많이 향상되었다. 새로 임관하여 부대로 부임한 소위들은 군기를 잡는다고 매우 소란스러웠다. 지나치는 병사가 경례를 똑바로 안한다고 호되게 야단치고 군기가 빠졌다고 몰아세웠다. 그러다가 한 달여가 지나가면 그들도 지쳤는지 다시 영내가 조용해졌다. 많은 병사들이 군복무기간에 담배 피우는 습관을 익힌다고 한다. 이는 매주일 일정량의 담배를 공짜로 나누어 주기 때문이었다. 담배뿐 아니라 건빵도 준다. 나는 건빵을 매우 좋아했다. 내 몫으로 나온 담배를 소대장에게 주면 그는 그의 몫인 건빵을 내게 주었다. 나는 지금도 건빵을 좋아해서 종종 사 먹는다.

군대생활 중에 가장 기억나는 것은 연대 기동훈련 때였다. 완전 군장을 한 배낭을 메고 며칠 동안 산속을 헤집고 다녔고 밤에는 아무데나

텐트를 치고 잠을 잤고 새벽 일찍 다시 배낭을 꾸려 이동했다. 나는 무전기를 메고 타 부대원과 상호교신을 하면서 소대장을 따라 산 정상에 올라 박격포 발사지점을 정확히 계산해서 소대병사들에게 전달하면 그것에 맞추어 박격포를 조준하여 발사를 했다. 실제는 포탄을 발사하는 흉내만 낸 것이었다. 평가병들이 제대로 발사했는지 점검하여 점수를 매겼다. 밤에도 군화를 벗지 못하고 신은 채 잠을 잤고 민폐는 절대 용납하지 않는다는 엄명이 하달되어, 무밭을 지나면서 무를 뽑아먹고 싶은 충동이 발동했으나 감정을 억누르며 참았다. 기동훈련 중에 격은 힘든 과정들이 고스란히 보람으로 축적되어 한 단계 나를 성숙시켰고 제대 후에도 이야깃거리로 나를 수다쟁이로 만들었다.

해마다 여름철에는 전방으로 진지공사를 갔다. 깊은 산 중턱에 텐트를 치고 며칠간 야영을 했다. 지난해에 만들어 놓은 전투용 진지를 보수하고 또 새로운 진지를 구축하기도 했다. 부대에 있을 때보다 규율이 엄했다. 적진과 가깝기 때문에 작업장에 갈 때에는 실탄을 지급받고 경계를 철저히 했다. 나는 병사들이 진지공사를 가는 동안 텐트를 지키고 있었다. 가지고 온 책을 읽고 또 읽었다. 그것은 펄벅이 쓴 대지(good earth)로 영어공부를 하기위해서 원서를 20번 이상을 읽었을 것이다. 혼자 조용히 책을 읽고 있을 때, 어디선가 가까운 곳에서 한 번도 들어보지 못한 아름다운 산새소리에 정신이 쏠렸다. 푸드덕 어디론가 날아갔다가 다시 돌아와 고운 목소리로 나의 마음을 유혹했다. 저녁나절에 진지공사를 떠났던 병사들이 돌아오면 제일 먼저 탄환을 회수하고 모두 반환했는지를 철저히 점검했다. 저녁을 먹자마자 병사들은 모두 텐트 속으로 들어갔고 고단한 하루가 그들을 깊은 잠에 빠지게 했다.

길고도 짧은 1년 6개월의 군복무기간이 끝날 무렵이었다. 처음 군인으로서 시작할 때는 그 많은 시간들을 어떻게 보내나 하고 막막했으나 지나고 보니 한순간처럼 지나갔다. 처음은 힘들고 지루했던 훈련과 병영생활이었으나 이제는 다시는 더 이상 가질 수 없는 매우 뜻 깊은 체험이었다는 생각에 병영 곳곳을 돌아보며 하나하나 지난날의 추억을 머리에 다시 담았다. 드디어 제대 날이었다. 군복을 벗고 제대복으로 갈아입었다. 떠나는 우리 일행을 모두가 부러워했다. 서로 연락하자며 발길을 돌렸지만 제대 후 한 번도 편지를 주고받은 적이 없었다. 군대 생활을 떠나 군복을 벗자마자 군에서 쌓은 전우애는 몽땅 사라진 셈이었다.

군 제대 후 나는 어른이 된 기분이었다. 이제 어디에서 무엇을 하거나 세상을 자신 있게 헤쳐 나갈 수 있다는 자신감이 생겼고 두려움도 없어졌다. 이는 힘든 한 과정을 이겨내면 나도 모르게 내안에 축적된 자부심과 성숙감이 나를 이끌기 때문이리라 생각된다. 이듬해에 축산대 1기생 모두가 다같이 3학년에 복학했다. 그때가 1963년 3월이었다.

인용한 도서, 신문 칼럼과 기사, 기타

❖
❖

📖 국내 도서

강영우. 우리가 오르지 못할 산은 없다. 2000. 생명의 말씀사.

강영중. 배움을 경영하라. 2010. 북스캔.

고도원. 위대한 시작. 2013. 꿈꾸는 책방.

구병두. 자녀교육을 위한 부모수업. 2019. 글로벌 콘텐츠.

구자경. 오직 이 길밖에 없다. 1992. 행림출판.

김병준. 모든 관계는 말투에서 시작된다. 2017. 위즈덤하우스.

김영세. 12억 짜리 냅킨 한 장. 2001. 중앙 M&B.

김옥림. 법정 행복한 삶. 2020. 미래북.

김우중. 세계는 넓고 할 일은 많다. 1989. 김영사.

김정일. 아하, 프로이트2. 1997. 푸른숲.

김태길. 삶이란 무엇인가. 2003. 철학과 현실사.

김홍신. 인생사용 설명서. 2009. 해남 출판사.

도정일. 최재천. 대담. 2005. 휴머니스트.

류달영. 인생의 열쇠 꾸러미. 2001. 성천문화재단.

류달영. 새 역사를 위하여. 삼화출판사.

류태영. 나는 긍정을 선택한다. 2007. 비전과리더십.

문학의 숲 편집부. 법정스님의 내가 사랑한 책들. 2010. 문학의 숲.

박용삼. 테드, 미래를 보는 눈. 2017. 일인일북스.

법정. 스스로 행복 하라. 2020. 샘터사.

법정. 좋은 말씀. 2020. 시공사.

서갑경. 철강왕, 박태준의 경영 이야기, 최고 기준을 고집하라. 1997. 한.언.

우문식. 긍정심리학의 행복. 2012. 물푸레.

윤홍균. 자존감 수업. 2016. 심플라이프.

이광조. 쉐마 인생교육.

이기주. 말의 품격. 2018. 황소북스.

안병욱. 지상에서 가장 아름다운 것. 1983. 갑인출판사.

안병욱. 인생론. 1993. 철학과 현실사.

유성은. 행복습관. 2012. 중앙경제평론사.

이서윤. 더 해빙. 2020. 수오서재

이성무. 방촌 황희 평전. 2014. 믿음사.

이시영. 내성적인 사람이 강하다. 1986. 집현전.

이지성. 생각하는 인문학. 2015. 문학동네.

정도언. 프로이트의 의자. 2009. 웅진지식하우스.

정재승. 열두 발자국. 2018. 도서출판 어크로스.

정주영. 시련은 있어도 실패는 없다. 1991. 제삼기획.

정주영. 하버드 상위 1퍼센트의 비밀. 2018. 한국경제신문.

정진홍. 사람공부. 2011. 21세기 북스.

정호승. 내 인생에 힘이 되어준 한마디. 2006. 도서출판 비채

조오현. 죽는 법을 모르는데 사는 법을 어찌 알랴. 1993. 장승.

홍자성. 성경에 비추어 본 채근담에 담긴 삶의 지혜. 2010. 가톨릭출판사.

황능문. 몰입. 2007. 알에이치코리아.

📖 **외국 도서**

가오루 고바야시. 피터 드러커, 미래를 읽는 힘. 2002. 청림출판.

가즈오 이나모리. 생각의 힘. 2018. 한국경제신문.

나폴레온 힐. 놓치고 싶지 않은 나의 꿈 나의 인생. 2015. 국일미디어.

다이사쿠 이케다. 인생좌표. 2018. 중앙북스.

다카마사 도쓰카. 세계최고의 인재들은 어떻게 기본을 실천할까. 2015. 비즈니스.

다카시 사이토. 내가 공부하는 이유. 2011. 걷는 나무.

리웨이원. 인생에 가장 중요한 7인을 만나라. 2015. 비즈니스북스.

맥스웰 존. 사람은 무엇으로 성장 하는가. 2012. 비즈니스북스

맨슨 마크. 신경 끄기의 기술. 2017. 갤리온.

무무. 행복이 머무는 순간들. 2007. 보아스.

쑤린. 어떻게 인생을 살 것인가. 2014. 다연.

스웨이. 인생은 지름길이 없다. 2019. 정민미디어.

스펜스 존슨. 선물(The present). 2003. 램덤하우스 중앙.

에디슨 조셉. 희망명언. 퓨리리베. 2020.07.21.

웨이슈잉. 하버드 새벽 4시 반. 2014. 라이스메이커.

웰치 잭. 끝없는 도전과 용기. 2001. 청림출판.

이치로 가이미, 고가후미타케. 미움 받을 용기. 2014. 인풀루엔셜

자오위핑. 판세를 읽는 승부사 조조. 2014. 위즈덤 하우스.

조오노 히로시. 제갈공명 전략과 현대인의 전술. 1986. 한림문화원.

차알드니 로버트. 설득의 심리학. 2013. 21세기 북스.

톨스토이. 인생론. 1985. 배재서관.

카네기.데일. 인간관계론. 2004. 씨앗을 뿌리는 사람.

카네기 데일. 성공 대화론. 2019. 느낌이 있는 책.

켄베인. 최고의 공부. 2014. 와이즈베리.

켈러 게리, 제이 파파산. 원씽(The One Thing). 2013. 비즈니스북스.

캔필드 잭, 마크 빅터 한센. 영혼을 위한 닭고기 수프. 1997. 푸른숲.

클라인 슈테판. 행복의 공식. 2006. 웅진지식하우스.

킹 래리. 대화의 법칙. 2015. 위즈덤 하우스.

토케이어 마빈. 영원히 살 것처럼 배우고 내일 죽을 것처럼 살아라. 2011. 함께북스.

피터슨 조던. 12가지 인생의 법칙. 2018. 메이븐.

홀린스 피터. 어웨이크. 2019. 프레스트북스.

📖 신문 칼럼과 기사, 기타

강경희. '노력'이라는 재능. 만물상. 조선일보. 2019.12.06.

강병완. 빨리 가려면 혼자가고 멀리 가려면 함께 가라.

강성모. 선행학습 바보짓, 우리나라 영재교육엔 영재가 없다. 중앙선데이. 2016.02.07.

강성태. 공부의 신. 교육 메시지. 여성조선. 2014.05.28.

게이츠, 빌. "확신, 도전만이 성공비결." 매일경제. 2015.03.30.

곽아람. '썩은 사과' 하나 골라내면 그 집단은 4배 건강해진다. 조선일보. 2021.01.09.

김규나. 소설 같은 세상(73) 불행과 고통이 세상에 주는 선물. 조선일보. 2020.08.19.

김규나. 소설 같은 세상(92). 절망이 무르익어야 희망은 현실이 된다. 조선일보 2020.12.30.

김명희. 내가 본 희망과 절망(38). 중앙일보. 2020.08.30.

김선미. 꿈이 뭐예요(횡설수설). 동아일보. 2021.01.02.

김소원. '행복은 특별호텔 뷔페식사권이 아닙니다.' 중앙일보. 2020.02.14.

김연진. 내 인생을 짓누르는 잡동사니 3가지. 조선일보. 2020.05.06.

김준태. 인재를 예우하는 조직이 성공한다(Monday DBR). 동아일보. 2020.09.14.

김지영. 바로 지금 여기[2030 세상/김지영]. 동아일보. 2020.08.25.

김창기. 용기를 낸다는 것. 동아일보. 2020.05.30.

김혜인. 돈보다 훨씬 우리를 행복하게 만드는 것들. 조선일보. 2020.07.22.

김홍선. 행운아만 채용한다는 토머스 누난. 오피니언. 중앙경제. 2012. 03.05.

나민애. 12월(나민애의 시가 깃든 삶). 동아일보. 2020.12.26.

노병천. 손자병법으로 푸는 세상만사(25) 말의 힘. 중앙선데이. 2012.05.13.

류태영. 사랑편지. 존경받는 아버지 10계명.

류태영. 사랑편지. 좋은 인맥 만들기.

류태영. 사랑편지. 겸양이상의 미덕은 없다.

류태영. 사랑편지. 긍정적인 사고.

류태영. 사랑편지. 어머니와 대학교수 딸.

머스크, 일론. "확신, 도전만이 성공비결." 매일경제. 2015.03.30.

문권모. 중앙일보. 2013.12.30.

박창일. 지혜로운 자의 말. 매경춘추. 매일경제. 2007.05.26.

방종임. 공부요? 뇌를 어떻게 쓰느냐에 달렸죠. 맛있는 교육. 2012.02.14.

배명복. 대화가 부족하면 멀어지는 것은 부부만이 아니다. 중앙일보. 2012.05.05.

배명복. 친구 같은 부모도 좋지만 그보다 우선인 것은 부모다운 부모 아닐까. 분수대. 중앙일보. 2012.02.29.

백성호. 현문우답. 통찰력 키우는 독서법. 중앙일보. 2014.10.18.

백영옥. 말과 글(131) 습관에 대하여. 조선일보. 2020.01.04.

백영옥. 말과 글(168) 변화의 속도. 조선일보. 2020.09.26.

백영옥. 말과 글(171) 매일의 오늘. 조선일보. 2020.11.07.

변준수. 살면서 꼭 피해야 할 사람 유형 10가지. 마음건강 길. 조선일보. 2020.09.11.

손병수. 희망이야기. 1%의 가능성. 중앙일보. 2011.10.28.

엄을순. 분수대. 중앙일보. 2015.02.03.

오은영. 감정을 재부팅하면 생기는 변화[부모마음 아이마음]. 동아일보. 2020.08.25.

오준호. 선행학습 바보짓. 우리나라 영재교육엔 영재가 없다. 중앙선데이. 2016.02.07.

원영 스님. 고향, 내 착한 영혼이 숨어있는 곳. 중앙선데이. 2016.02.07.

윤승옥. 운동량 세계 꼴찌, 이것이 미래 경쟁력. 동아일보. 2019.11.29.

윤희영. New English. 조선일보. 2020.04.10.

이규연. 가난한 사람 96%의 공통적 습관은? 조선일보. 2020.08.27.

이규연. 나쁜 인간관계, 조기사망 50% 높인다! 조선일보. 2020.12.11.

이규태. 이규태 코너. 어린이 수신책. 조선일보. 1990.09.22.

이규태. 이규태 코너. 지식과 지혜. 조선일보. 1990.02.07.

이나미. 고통자체가 성공의 자양분이다. 중앙일보. 2013.08.27.

이나미. 영재성과 IQ의 차이. 중앙선데이. 2011.04.17.

이미도 무비 식도락(131). 꿈은 유효기간이 없다. 조선일보. 2019.12.28.

이미도. 무비 식도락(161). What if I have time? 조선일보. 2020.03.07.

이미도. 무비 식도락(190). 고난은 인간을 완성하기도, 망가트리기도 한다. 조선일보. 2020.09.26.

이미도. 무비 식도락(201) You only get one life. 조선일보. 2020.12.12

이우근. 봄에 뿌린 씨앗이 금방 결실로 이어지지 않는다. 중앙일보. 2013.08.19.

이인식. 과학칼럼. 고향생각이 사회생활을 도와준다. 매일경제. 2016.02.05.

이택호. 좋은 리더와 훌륭한 리더. 성숙의 불씨.

이한우. 간신열전(60) 말을 통해 마음을 읽는 공자의 지혜. 조선일보. 2020.12.02.

이훈범. 칼럼. 중앙일보.

이훈범. 분수대. 중앙일보. 2014.01.07.

이훈범. 대통령이 그늘에 있으면 벌어지는 일들. 중앙선데이. 2020.12.05.

임용한. 리더의 가장 무서운 적(임용한의 전쟁사,139). 조선일보. 2020.12.08.

정진홍. 소프트파워. 다음 칸은 희망이다. 중앙일보. 2012.02.11.

최윤정. 늘 행복을 갈망하는데 왜 항상 불행할까? 조선일보. 2020.05.06.

최인아. '새해에는 다시 살아나기' 동아광장. 동아일보. 2020. 12.26.

최인아. 지름길의 덫. 동아광장. 동아일보. 2021.02.20.

한강. 주말 연재. 성공과 행복, 다 이룬 사람들의 공통점. 조선일보. 2020.09.05.

한동일. 더 나은 삶으로 향하는 인간의 역사(동아시론). 동아일보. 2021.01.02.

함영준. 희망명언. 마가렛 대처, 우리는 생각대로 된다. 조선일보. 2019.05.25.

함영준. 다정다감한 사람들이 왜 1등할까요?. 조선일보. 2020.08.26.

허상우. 좋은 배우자와 행복한 가정 꾸리기가 행복조건 1순위. 조선일보. 2020.04.29.

허영엽. 귀를 여세요. 삶과 믿음. 중앙선데이. 2012.03.04.

혜민. 불행비결의 요점. 중앙일보. 2017.03.22.

홍찬식. 횡설 수설. 창의력 교육의 오해. 동아일보. 2014.06.23.

맹 원 재   자 전 적   에 세 이

화보

최선을 다한
인생이 아름답다

●● 나의 아내와

고등학교에
다니다

● ● 고등학교 시절 나의 모습

● ● 누나와 함께

대학교에
다니다

● ● 1965년 2월,
건국대학교에서
학사학위를 받다.

● ● 졸업식에서 가족 및 친구들과 함께

덴마크에 유학하다

●● 1965년, 멜링농과대학 기숙사 앞에서

●● 스웨덴 말뫼로 가는 선상에서. 1966년 4월 7일

●● 유럽여행 중
파리 세느강에서
전기보트를 타면서.
·1966년 8월 6일

구엘프대학교 대학원(석사과정)에 다니다

● ● 한국을 방문한 지도교수 Dr. D. N. Mowat 교수

●● 석사학위를 받고 가족과 같이. 1971년 6월

캘리포니아대학교 대학원(박사과정)에 다니다

●● 박사학위 수여식 중 가족과 함께

●● 박사학위 수여식장에서 입장을 기다리며

중앙대학교 교수가 되다

● ● 중앙대학교 졸업생들과 함께, 1983년 2월

건국대학교
교수가 되다

● ● 건국대학교

● ● 축산대학 맹원재 제18대 학장과 교수들(축산대학 신관 현판식). 1991년 4월 10일

● ● 축산대학 신관 개관식에서. 1991년 5월 15일.
좌측부터 안용교 총장. 유승윤 이사장. 김삼봉 상무이사. 맹원재 학장

총장에 선임되다

● ● 총장에 당선되어
건국대학교
현승종 이사장님으로부터
임명장을 받고 있다.
1998년 8월

제15대 총장에 취임하다

●● 제15대 건국대학교 총장 취임식. 1998년 8월 31일.
상허 중앙도서관 국제회의실에서 진행되었다. (총장취임사를 하고 있다)

● ● 제15대 건국대학교 총장취임식

● ● 현승종 이사장 내외분, 윤형섭 전임총장 내외분,
맹원재 신임총장 내외분

● ●
월드컵 축구감독
히딩크에게
명예박사학위를
수여하고 있다.
2002년 7월 4일

● ● 모교출신 월드컵선수, 황선홍, 이영표, 유상철, 현영민. 2002년 7월 4일

학교를 떠나며

白松 孟元在 教授 停年退任

2004년 2월,
정년퇴임식에서

● ● 정년퇴임식에서 제자들과 함께

대한민국학술원 회원이 되다

● ● 2005년 7월 29일, 대한민국학술원 신임회원 증서 수여식.
신임회원으로써 회원증서를 수여받고 있다.

● ● 당시 학술원 회장, 부회장 및 임원과 신임회원들

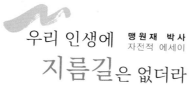

우리 인생에 **맹 원 재 박사**
자전적 에세이
지름길은 없더라

펴 낸 날   2021년 3월 2일

지 은 이   맹 원 재
펴 낸 이   심 재 추
펴 낸 곳   (주) 디플랜네트워크

등록번호   제16-4303
등록일자   2007년 10월 15일
주   소   서울시 성동구 성수일로8길 5 SK V1타워 1004호
전   화   02-518-3430
팩   스   02-518-3478
홈페이지   www.diplan.co.kr

값 18,000 원

ISBN   978-89-86667-29-5